铁路隧道防灾救援技术

王明年 于 丽 赵 勇 李 琦 著

科学出版社

北 京

内 容 简 介

铁路隧道一旦发生火灾，将会造成严重的人员伤亡和重大的经济损失，为提高我国铁路隧道防灾救援技术水平，作者对铁路隧道的防灾疏散与救援技术展开了全面的研究。本书是作者对近些年研究成果的总结，研究成果为铁路隧道的防灾疏散与救援的设计提供了参考，对于解决不同类型铁路隧道防灾疏散设施的通风及土建设计有着重要的理论意义，这将有助于降低铁路隧道的防灾救援工程的建设成本，同时提高人员疏散的安全性和防灾设计的合理性，对我国铁路隧道行业快速稳步发展具有十分重要的意义。

本书可作为铁路隧道工程研究、设计、施工及管理人员的参考用书，亦可作为隧道及地下工程防灾专业的教科书。

图书在版编目(CIP)数据

铁路隧道防灾救援技术 / 王明年等著. —北京：科学出版社，2017.4
ISBN 978-7-03-051002-0

Ⅰ.①铁… Ⅱ.①王… Ⅲ.①高速铁路–铁路隧道–防火 Ⅳ.①U458

中国版本图书馆 CIP 数据核字（2016）第 298100 号

责任编辑：张 展 于 楠 / 责任校对：邓利娜
责任印制：罗 科 / 封面设计：墨创文化

科 学 出 版 社 出版

北京东黄城根北街16号
邮政编码：100717
http://www.sciencep.com

成都锦瑞印刷有限责任公司 印刷

科学出版社发行 各地新华书店经销

*

2017 年 4 月第 一 版 开本：787×1092 1/16
2017 年 4 月第一次印刷 印张：25 1/4
字数：580 千字

定价：198.00 元
（如有印装质量问题，我社负责调换）

前　言

随着我国铁路运输行业的快速发展，长大铁路隧道及大规模隧道群数量日益增多。到 2020 年，铁路隧道总长度预计将达到 20000km，长度超过 10km 的特长铁路隧道总数量将超过 200 座，总长度超过 3000km。其中包含大量的铁路隧道群，如贵广高铁三都同乐段线路，其隧线比达到了 87.8%。而到目前为止，我国铁路隧道发生过 6 起重大火灾，累积伤亡人数约 300 人，其中，死亡人数为 115 人，中断行车时间达到 2500h，而且，隧道衬砌结构损伤严重，其灾后修复和重建的工程巨大。

为了保障旅客列车在隧道内发生火灾后人员的安全疏散与救援，减少火灾发生造成的经济财产损失，推动我国铁路隧道防灾救援技术的进步，中国铁路总公司开展了"长大隧道及特殊环境防灾安全技术——长大及大规模隧道群的防灾救援技术"（2013T001）、"铁路防灾技术研究——城际铁路隧道及水下铁路隧道防灾救援技术研究"（2015T004-B）和"高原特长隧道运营安全与防灾救援技术研究"（2008G030-C）等项目的研究工作。成兰铁路有限责任公司也及时展开了"成都至兰州线——隧道防灾救援疏散工程设计技术国际咨询"（CLRSJ-2011-03）等项目的研究工作。这些科研项目的研究成果不仅为我国铁路隧道防灾救援工程的设计提供有利参考和指导，而且对构建我国铁路隧道防灾救援体系，完善我国铁路隧道防灾疏散救援工程设计规范，统一我国铁路隧道防灾疏散救援工程设计标准，提高我国铁路隧道运营管理水平，都具有十分重要的意义。作者作为上述研究项目的主持者和参与者，深刻觉得有义务和责任推广这些研究成果，为我国铁路隧道的防灾救援事业服务。

本书通过对国内外的 316 组铁路隧道火灾案例进行统计和分析，开发了隧道灾害数据库，探明了铁路隧道灾害特征；通过试验及理论分析，探明了铁路隧道明显段列车火灾烟流的影响范围，结合停车安全距离、火源长度等因素，建立了铁路隧道的分类方法，并明确了铁路隧道防灾救援疏散设施的结构型式；揭示了铁路隧道列车火灾场景及燃烧速率与火灾规模的相关关系，提出了列车火灾规模的确定方法；揭示了铁路隧道火灾温度分布和烟气扩散规律，提出了铁路隧道火灾温度分布和烟流阻力计算方法，建立了紧急救援站火灾网络通风及紧急出口、避难所、横通道等烟流控制通风计算方法；提出了铁路隧道人员必需安全疏散时间的构成及人员疏散的安全时间控制标准，探明了火灾模式下人员疏散特征，建立了铁路隧道紧急救援站、紧急出口、避难所、横通道的人员疏散时间计算方法；提出了铁路隧道紧急救援站、紧急出口、避难所、横通道的设置要求、结构型式、结构设计参数，建立了铁路隧道人员疏散安全评价方法及灾害风险和灾后评估技术；探明了火灾模式下隧道衬砌和围岩的温度分布规律，揭示了在有无防火涂料情况下火灾对衬砌的损伤深度分布规律，并对不同防火涂料厚度、不同燃烧时间、不同火灾规模以及不同围岩级别等条件下的火灾隧道衬砌安全整体稳定性进行了评价；构建了铁路隧道防灾预警系统，提出了铁路隧道紧急救援站、紧急出口、避难所、横通道的机电控制系统配置标准；给出了"V"字型城际及水下铁路隧道火灾烟气的扩散模式，探明了不同控烟措施下列车携火进站时的烟气规律及活塞风对排烟效果的影响规律，建立了基于列车制动速度的活塞风速计算方法。以上研究成果在成兰铁路隧道和关角隧道等多条铁路隧道中得以应用，同时为《铁路隧道防灾疏散救援设计规范》（TB10020-2017）的修编提供了重要的理论依据。

本书共分为 10 章，第 1 章绪论，第 2 章铁路隧道防灾疏散救援体系，第 3 章铁路隧道防灾疏散数值模拟方法，第 4 章铁路隧道火灾烟流及疏散模型试验，第 5 章铁路隧道烟气控制设计方法，第 6 章铁路隧道防灾疏散设施设计方法，第 7 章铁路隧道衬砌结构抗火设计方法，第 8 章铁路隧道机电控制技术，第 9 章城际及水下铁路隧道防灾救援疏散设计，第 10 章铁路隧道防灾工程实例。

本书是在总结了作者近些年来在铁路隧道防灾疏散救援技术方面的研究成果基础上完成的。由王明年、于丽、赵勇、李琦著，其他参与著作人员有严涛、罗欣宇、代仲宇、霍建勋、徐湉源、李博、张子晗、刘祥、王晓亮、谢文强、刘辉、孙志涛等，由中铁第一勘察设计院集团有限公司提供关角隧道相关设计资料，中铁二院工程集团有限责任公司提供成兰线铁路隧道相关设计资料等。同时书中还引用了国内外已有的专著、文章、规范、研究报告等成果。在此对相关编者和作者一并表示感谢。虽然我们尽了很大的努力，但由于学识水平有限，错误之处在所难免，敬请读者批评指正。

作者
2017 年 4 月

目　　录

第1章　绪　　论

我国铁路隧道具有数量多、长度长、分布区域广、所处环境和地质情况复杂等特点。我国铁路隧道现代化修建的标志是 2000 年建成的西康铁路秦岭 I 线特长隧道,之后东秦岭隧道、乌鞘岭隧道、太行山隧道等一批特长铁路隧道陆续建成通车。

随着我国铁路建设的快速发展,近年来,铁路隧道数量越来越多,长度也越来越长,特别是长度大于 10km 的特长隧道总量已超过 350 座,其中,长度大于 20km 的隧道有 13 座,总长约 325km,如表 1-1 所示。高隧线比的隧道群线路层出不穷,如渝利线为 75.6%,川藏线雅安至康定段隧线比为 74.1%,有多条线路的隧线比超过 50%,如表 1-2 所示。另外,随着城市化的不断发展及城市间日益紧密的联系,城际及水下铁路隧道的数量也逐渐增多,如莞惠城际铁路正线全长 99.851km,隧道占线路总长度的 54.52%;武黄城际铁路全长 97km,桥隧所占比例为 71%,如表 1-3 所示。从以上铁路隧道的发展历程可以看出,特长铁路隧道和隧道群数量越来越多,铁路隧道防灾疏散救援工程的建设显得尤为重要。

表 1-1　国内超过 20km 铁路隧道一览表

隧道名称	长度/km	线别	通车时间	线路名称
新关角隧道	32.645	双洞单线	2014 年	西格铁路增建二线
太行山隧道	27.848	双洞单线	2009 年	石太高铁
南吕梁山隧道	23.474	双洞单线	2014 年	晋豫鲁通道
中天山隧道	22.449	双洞单线	2014 年	南疆铁路
青云山隧道	22.161	双洞单线	2013 年	向莆铁路
吕梁山隧道	20.785	双洞单线	2011 年	太中银铁路
乌鞘岭隧道	20.050	双洞单线	2006 年	兰武二线
高黎贡山隧道	34.538	双洞单线	在建	大瑞铁路
平安隧道	28.426	双洞单线	在建	成兰线
西秦岭隧道	28.236	双洞单线	在建	兰渝线
云屯堡隧道	22.923	单洞双线	在建	成兰线
燕山隧道	21.153	双洞单线	在建	张唐铁路
当金山隧道	20.100	单线隧道	在建	敦格线

表 1-2　高隧线比铁路隧道线路一览表

线路名称	隧道座数	隧道长度/km	铁路长度/km	隧线比/%
渝利线	68	184.676	244.269	75.6
川藏线雅安至康定段	36	114.025	153.88	74.1

线路名称	隧道座数	隧道长度/km	铁路长度/km	隧线比/%
三门峡至十堰(襄樊)铁路	64	190.835	280.98	67.92
襄渝线	243	328.592	507	64.81
兰渝线	220	528.696	820	64.48
宜万铁路	123	225.636	377.128	59.83
温福铁路	65	160.723	298.4	53.86
贵广铁路	214	455.868	857	53.19
向莆铁路	117	291.876	603.623	48.35
晋中南线	74	134.504	291.613	46.12
沈丹线	57	90.448	205.57	44
石太客专	32	74.887	189	39.62
牡绥线	16	50.11	137.287	36.5
甬台温铁路	59	88.116	268	32.88
大瑞线	21	103.716	350	29.63
运城至三门峡	6	22.22	82.528	26.92
京沈铁路	100	181.4	687.4	26.39
白河至敦化至东京城际铁路	36	58.3457	234.036	24.93
黔桂线	149	121.211	489	24.79
哈牡客专	39	64.43	289.977	22.22
太中银线	109	159.047	944	16.85
武广客专	228	173.764	1068.8	16.26
包西线	93	151.358	935	16.19
郑西铁路	39	77.332	484.518	15.96
铁力至伊春铁路	8	19.35	121.7	15.90
大西客运专	17	57.8038	477.413	12.11

表 1-3　长度在 5km 以上的城际及水下铁路隧道一览表

隧道名称	长度/km	所属线路	开通时间	备注
松山湖隧道	38.821	莞惠城际铁路	在建	—
东江隧道	15.098	莞惠城际铁路	在建	水下隧道
树木岭隧道	12.86	长株潭城际铁路	在建	—
湘江隧道	12.5	长株潭城际铁路	在建	水下隧道
新八达岭隧道	12	京张城际铁路	在建	—
狮子洋隧道	10.8	广深港高速铁路	2011 年	水下隧道
浏阳河隧道	10.115	京广高铁	2012 年	水下隧道
蓁山隧道	5.505	青荣城际铁路	2014 年	—

铁路隧道主要的事故形式是列车火灾、碰撞和脱轨等，其中，火灾是最具破坏力的。由于铁路隧道是管状结构物，一旦发生火灾，隧道内温度迅速升高，烟雾大，疏散扑救困难，危害程度远远高于其他地面事故形式。因此，隧道火灾造成的影响和损害程度是巨大的，其不仅危及人的生命，造成车辆毁坏，交通中断，而且还损伤隧道结构，影响隧道的使用寿命，甚至会导致局部地区生产秩序的混乱或停顿。

铁路隧道内火灾的根源主要是危险货物列车(如油罐车)、旅客列车(如旅客携带易燃易爆品、电气故障等)及隧道设备等。火灾事故主要有旅客列车在隧道中的各种意外着火事故、货物列车和油罐列车在隧道内发生的重大火灾事故。这些事故的损失往往非常惨重。据统计，1976 年以来，国内发生了七次隧道列车重大火灾事故，累计中断行车时间 2500h，人员伤亡超过 300 人(死亡 115 人)，直接经济损失超过 3 千万元，间接经济损失更是无法估计。

随着铁路隧道及隧道群规模的日益增大，一旦发生灾害，必将导致重大伤亡和损失。因此，如何解决好长大铁路隧道及隧道群的火灾疏散与救援问题，已经成为一个十分重要的研究课题。

1.1　铁路隧道火灾数据库

为了从宏观上掌握隧道火灾的主要原因和规律，了解隧道火灾的危害程度，给出有效的救援策略，研究人员利用现代计算机技术，通过对三百多起隧道火灾事故进行调研，建立了数据库系统，指明了下一步的科研方向，同时，对合理组织安全运营管理具有重要的意义。具体体现在如下两个方面。

(1)由于运用计算机技术，运营安全管理决策实现了自动化，使决策更加科学和可靠。

(2)可以借助该数据库系统，建立有效的事故动态控制系统工程。这样，可在对事故总体波动因素和控制因素进行定性分析的基础上，对单个影响因素进行定量化的描述，可以为事故动态宏观控制决策提供可靠的依据。

1.1.1　基础数据搜集

研究人员统计了国内外铁路、地铁和公路火灾共 316 起，其中铁路隧道火灾 42 起，具体信息如表 1-4 所示。

表 1-4　调研的铁路隧道灾害信息

编号	隧道名称	国家	原因简述	时间	灾害损失	长度/m
1	圣地亚哥－德孔波斯特拉隧道	西班牙	列车从西班牙首都马德里开往北部城市费罗尔，在途经圣地亚哥附近时发生脱轨	2013 年 7 月 24 日	—	—
2	乌鞘岭铁路隧道左线	中国	牵引列车的电力机车突然起火	2007 年 7 月 27 日	—	200000

编号	隧道名称	国家	原因简述	时间	灾害损失	长度/m
3	西延线蔺家川铁路隧道	中国	—	2003 年 6 月 12 日	货物列车火灾，死亡 8 人，伤 10 人，中断正线行车 579h，直接经济损失 561.42 万元	—
4	Mornay 隧道	法国	火灾	2003 年 5 月 2 日	—	2600
5	Tunnel on line Ozieri Chilivani-Decimomannu	意大利	火灾	2002 年 8 月 1 日	—	—
6	Tunnel on line Genova Nervi-Pisa	意大利	在隧道中，由于能源供应系统发生故障，引发 538 型机车车头起火，火灾被车载灭火系统控制在一定范围内	2002 年 5 月 3 日	—	—
7	96 号铁路隧道	法国	火灾	2002 年 5 月 20 日	1 人轻伤	4100
8	Crêtd'eau 隧道	法国	火灾	2002 年 4 月 27 日	—	4000
9	Tunnel on line Nodo di Napoli	意大利	故意使用纸张点燃了斩波器柜	2002 年 3 月 29 日	—	—
10	基茨施坦霍恩山铁路隧道	奥地利	正在隧道内行驶时，旅客违规吸烟，导致发生火灾	2000 年 11 月 11 日	155 人死亡，18 人受伤，隧道的安全标准过低是导致这场悲剧的重要原因	—
11	Mont Blanc 铁路隧道	法国、意大利	不详	1999 年 5 月 24	火灾持续 15min，38 人死亡	—
12	St. Gotthard 隧道	瑞士	火灾	1997 年 9 月 17 日	—	16920
13	Exilles 隧道	意大利	火灾	1997 年 7 月 1 日	—	2100
14	Simplon 隧道	瑞士	火灾	1995 年 12 月 20 日	受影响较小，第二天隧道再次开放	19800
15	St. Gotthard 隧道	瑞士	火灾	1994 年 7 月 5 日	50m 范围内的天花板、路面和设备严重损坏，隧道封闭 2.5 天	16300
16	Eole 运输线	法国	火灾	1994 年 2 月 1 日	—	—
17	蔺家川铁路隧道	中国	18 辆编组油槽车中有 8 辆起火	1993 年 6 月 12 日	中断行车 579.3h	114
18	东京三田线冲日站至白山站间	日本	电车底部设备脱落，引发车站变电所的高速度遮断器运作，使列车紧急停车	1992 年 8 月 29 日	电车受损，无人员死伤，乘客步行走出隧道避难	—
19	大瑶山铁路隧道	中国	旅客抽烟引起火灾	1991 年 9 月 18 日	死 12 人，伤 20 人（旅客跳车引起受伤）	14295
20	重庆梨子园铁路隧道	中国	油槽列车中部爆炸起火	1990 年 7 月 13 日	人员伤亡 18 人，其中直接死亡 2 人，轻伤 5 人，损坏 30 节车辆，烧毁汽油 590t 和几百吨大蒜	1776
21	Brenner 隧道	瑞士	火灾	1989 年 5 月 18 日	2 人死亡，9 人受伤	1236

续表

编号	隧道名称	国家	原因简述	时间	灾害损失	长度/m
22	关西近铁生驹隧道	日本	供电电缆起火，电车停止在隧道内	1988 年 9 月 21 日	烧毁电缆等设备，死亡 1 人，伤患 57 人	—
23	Gare de lyon	法国	制动失灵，和常备火车撞击	1988 年 6 月 27 日	59 人死亡，32 人受伤	—
24	陇海线十里山 2 号铁路隧道	中国	钢轨断裂引起油槽列车颠覆发生火灾	1987 年 8 月 23 日	报废 23 辆车辆，损坏 4 辆，烧毁汽油超过 1000t，3 人死亡，隧道裂损 179m，损坏线路 763m	179
25	Münden 隧道	德国	—	1987 年 5 月 15 日	—	1200
26	San Benedetto 隧道	意大利	炸弹袭击	1984 年 12 月 23 日	17 人死亡，120 人受伤；这场爆炸总共摧毁了两节车厢，但是没有引发大火	18500
27	Shitzuoka 铁路隧道	日本	—	1979 年 4 月 9 日	大火持续了 159h，隧道严重损坏 1100m	—
28	昆哥斯拉奇铁路隧道	西班牙	13 辆编组的油槽车因接触网发生故障，造成洞内停车，并由推车引发火灾	1978 年 9 月 22 日	车辆烧坏，死 7 人	1800
29	Saint Julien 隧道	法国	碰撞	1977 年 5 月 20 日	1 人死亡	1000
30	Guadarrama 隧道	西班牙	火灾	1975 年 8 月 14 日	结构严重损坏约 210m	3330
31	Lötschberg 隧道	瑞士	火灾	1972 年 2 月 1 日	3 人受伤	—
32	北陆铁路隧道	日本	15 辆编组列车在隧道中运行至 5.3km 处因电气取暖器漏电引发火灾	1972 年 11 月 6 日	死 30 人，伤 714 人	13870
33	Crozet 隧道	法国	火灾	1971 年 3 月 20 日	2 人死亡，200 人受伤	2600
34	克洛次铁路隧道	法国	一列货物列车与一列油罐列车在进入克洛次隧道北口附近时相撞发生碰撞起火	1971 年 3 月 21 日	2 人死亡	266
35	18 号铁路隧道	日本	三辆编组的快车，在制动过程中，回路断路器发生故障	1965 年 5 月 17 日	全部车辆被烧毁，死 1 人，伤 42 人	1800
36	石北铁路隧道	日本	三辆编组的列车，最后一辆车的底盘马达失火	1961 年 11 月 7 日	—	4500
37	Penmanshiel 隧道	英国	火灾	1949 年 6 月 23 日	7 人受伤	244
38	生驹山铁路隧道	日本	三辆编组的电车，由于最前面车辆的电阻器失火而燃烧	1947 年 4 月 16 日	全部车辆被烧毁，死 28 人，伤 64 人	3300
39	Armi 隧道	意大利	一氧化碳中毒	1944 年 3 月 3 日	426 人死亡，60 人受伤	1300
40	Torre 隧道	西班牙	火灾	1944 年 1 月 3 日	91 人死亡，六节车厢起火	1000

续表

编号	隧道名称	国家	原因简述	时间	灾害损失	长度/m
41	Batignolles 隧道	法国	由于后至火车接到错误的指令驶进隧道，与前面的火车发生追尾	1921 年 10 月 5 日	28 人死亡	1000
42	Welwyn north 隧道	英国	火灾	1866 年 8 月 6 日	3 列火车完全被摧毁	1000

1.1.2 数据库使用方法

1. 功能分析

该数据库系统包括下列两个模块，要求实现的功能分述如下。

(1)数据库管理模块。该模块实现对数据库的载入以及对数据源进行添加、删除和更改等操作。

(2)统计分析模块。该模块实现对数据库进行查询、排序、统计等操作。可方便地以各种方式对数据库进行复杂的查询和排序操作，并可以将查询、排序结果以一定的格式输出到终端(屏幕、打印机等)或文件中。

2. 系统调查

对该系统进行定量调查后，初步确定系统的规模和建设的工作量，通过分析成本和效益之间的关系，以及系统要解决的问题和目标，预测系统建设的可行性(技术问题、软硬件问题)。从理论和实践上证实了该系统的可行性和实用性。

3. 系统分析

该数据库系统的设计采用目前常用的 New Orlens 方法，主要工作是进行用户需求分析、逻辑设计、概念设计和系统的技术要求设计。其流程见图 1-1 所示。

图 1-1 New Orlens 数据库设计流程图

其中，用户需求分析主要是收集用户的要求，并对这些要求进行周密的分析，确定哪些是合理的，哪些是不合理的，哪些要求是能办到的，哪些要求是暂时办不到的，以便确定系统的功能。

概念设计是根据系统要求产生的输出，画出总体逻辑模型图和总体流程图，确定主要的数据结构、数据存储和处理逻辑。在该阶段，采用 E-R 法(entity-relationship approach)按下列步骤进行：①设计局部 E-R 模型；②设计全局 E-R 模型；③对全局 E-R

模型进行优化。

在隧道火灾事故中，E-R 法的实体为隧道火灾事故，其属性为隧道名称、所属国家、隧道长度、时间、伤亡人数及损失情况、火灾原因及概况、备注。

E-R 法数据库关系图如图 1-2 所示。

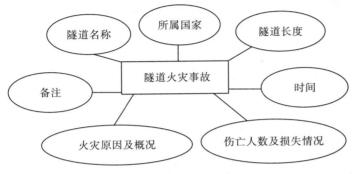

图 1-2　E-R 法数据库关系图

4. 系统设计

现在常用的数据库模型有层次模型、网状模型、关系模型以及面向对象的数据库模型。其中，关系模型由于结构简单、规范，一个关系就是一个二维数据表格，所以结构灵活方便，数据独立性强；同时，基于功能强大的关系代数，该模型可以把二维表进行任意分割和组装，随机地构造出各式各样的用户需要的表格关系，因此，本数据库采用关系型数据库模型。

(1)关系模式。隧道火灾事故，包括隧道名称、所属国家、火灾原因及概况、时间、伤亡人数及损失情况、隧道长度、备注。

(2)关键字。关键字是指能唯一标识一个关系的元组而又不含有多余属性的字段。

(3)关系表。建立的关系表如表 1-5 所示。

表 1-5　隧道火灾事故关系表

隧道名称	所属国家	火灾原因及概况	时间	伤亡人数及损失情况	隧道长度	备注
—	—	—	—	—	—	—

5. 程序设计

(1)开发平台的选择。在 Windows 平台下，面向对象的开发平台有很多种，这些开发系统各具特色。由于 Visual C++ 基于 C/C++ 语言，又来自 Windows 操作系统本身的开发者 Microsoft，是一个运行于 Windows 上的交互式可视化集成开发环境，集程序的代码编辑、编译、连接、调试等于一体，给编程人员提供了一个完整而又方便的开发界面和许多有效的辅助开发工具，因此，在众多的可视化集成开发环境中，Visual C++ 是 Windows 底层编程的最佳选择。所以，本系统以 Visual C++ 为开发平台，研制了隧道火灾数据库系统，该系统可以为隧道防(火)灾提供既有事故资料的查询、统计、分析等功能。

　　（2）开发流程。依据软件工程的思想，采用传统的"瀑布模型"，遵循"分析—设计—编码—测试"的基本流程。首先，确定程序要实现的功能，然后确定程序的总体结构和每个模块的内部逻辑结构。接着进行编码，使设计的内容通过计算机语言在机器上实现。最后，进行程序的全面测试。其对应的瀑布模型如图 1-3 所示。

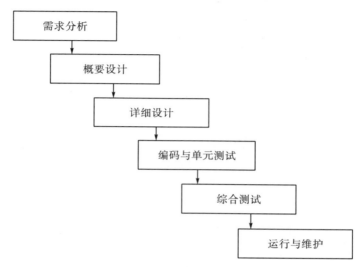

图 1-3　瀑布模型基本流程图

　　（3）程序实现。程序设计以 Visual C++6.0 为开发平台。Visual C++6.0 对数据库编程具有非常友好的支持，它拥有多种数据库访问方式，其中包括 ODBC（open database connectivity，开放数据库连接）、DAO（data access objects，数据仿问对象）、ADO（active data objects，数据对象）等。其中，MFC（Microsoft foundation classes，微软基础类库）DAO 在编程方法上，与 MFC ODBC 相比并没有多大的差别。但是，依据读者使用的不同的数据库系统，选择不同的接口，会导致应用性能方面存在较大差异。例如，要通过 Microsoft Jet 数据引擎访问 Microsoft Access 数据库，使用 DAO 会有着显著的性能优势。

6. 系统实现

　　（1）系统界面。该系统采用 Windows 标准的视窗界面（图 1-4），整个系统的界面由主窗口、多文档子窗口（分割窗口）和多个对话框组成（图 1-5）。

　　（2）操作方式。该系统具有非常直观、灵活、方便的操作方式。如果用户要进行一般的查询操作，则只需用鼠标进行操作就能得到所需的结果，而不需要从键盘输入任何参数。对于有特殊要求的查寻，也只需要从键盘输入少量的数据即可。

　　（3）查询方法。系统采用自定义查询法。该法首先需要用户通过对话框来构造查询条件，然后执行该查询条件即可得到用户需要的记录集。用户自定义的查询条件可以存盘，以备下次使用，也可局部修改后再次使用。这种查询方法支持用户根据需要构造相当复杂的查询条件。

图 1-4　数据库系统用户界面

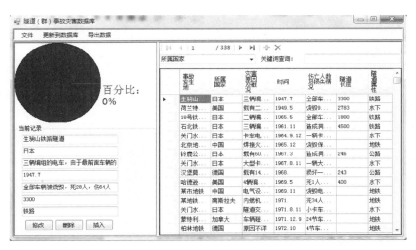

图 1-5　数据库系统运行界面

（4）图形、图像和文本的处理。系统提供了与 Windows 图像处理系统、字处理系统、CAD 系统以及诸如 Photoshop 等软件系统的接口功能。

（5）打印预览及打印。系统支持用户把查询到的记录进行打印预览或打印输出，同时也支持将图形、图像信息进行打印预览或打印。

（6）数据库类型。系统可直接访问 Microsoft Access 的数据库（.mdb），对其他数据库，如 dBASE、FoxPro 等，经过转换后也可进行访问。

7．系统使用说明

（1）系统启动。在 Windows95/98/NT/2000/X/7 平台下，用鼠标单击"开始"菜单，在该菜单中单击"程序"项后弹出另一菜单，在该菜单中再单击"隧道火灾数据库系统"项，即可启动本数据库系统。

（2）载入数据库。用户可以单击"进入查询"项，或者在工具条中单击"打开数据库"的按钮，之后弹出一个标准文件对话框，这时用户可以选择所要打开的数据库名，单击确定，数据库即被打开。

（3）增加记录。如果用户要增加记录，那么可以通过"更新到数据库"菜单"增加记录"项，或者点击工具条上的"＋"按钮，这时会弹出一增加记录对话框。操作界面如图 1-6 所示。

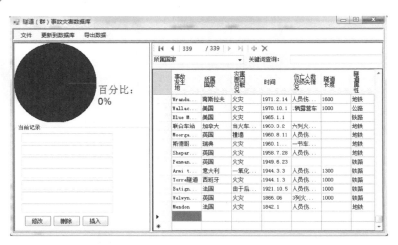

图 1-6　增加记录操作界面

（4）删除记录。删除记录很简单，用户只需在查询所得的记录中，用鼠标单击要删除的记录，然后按下 Del 键或 Delete 键，也可以在"记录"菜单或工具条中拾取"删除记录"项或者点击工具条上的"－"按钮，这样即可将该记录从数据库中删除。

（5）修改记录。如果用户要修改某个记录中的一些域的值，那么首先在由右侧列表所得的记录中用鼠标单击选择该记录，然后在"更新到数据库"菜单或工具条中拾取"修改记录"。当修改完后按"修改"键即可，如图 1-7 所示。

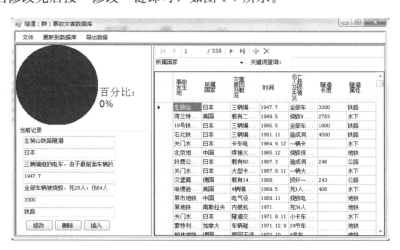

图 1-7　修改记录操作界面

（6）自定义查询。当用户要在一个数据库中进行多表查询或者要进行一些有特殊要求的查询时，右侧列表中有选择的类型，然后在后面输入关键字就可以搜索了。

（7）查询结果的打印。这里所说的打印是指将所查询到的记录内容打印出来，也就是说，将窗口中右边的能看见的记录内容打印出来；而对于图纸或文本文件则在相应的系统中进行，如图 1-8 所示。

图 1-8　打印界面

1.2　隧道火灾案例分析

随着铁路的建设，隧道长度与数量逐年增加，要减少隧道内灾害事故发生的可能性和减少事故发生后造成的危害，就必须采取更有效的安全措施。因此，掌握灾害事故的实际情况，对灾害发生的种类及其发生原因进行分析研究，是采取有效防范措施的重要前提。

1.2.1　隧道火灾原因分析

将数据库中 43 组数据按照旅客列车和火车进行分类，经统计发现，其中客运列车火灾 27 组，货运列车火灾 9 组。因此，在铁路隧道中，旅客列车发生火灾次数比货运列车多，且旅客列车火灾引起的人员伤害更大。经统计，旅客列车火灾中伤亡人数最多为744 人，最少为 11 人。因此，应将旅客列车火灾作为本次研究的重点。

1. 引起火灾的原因

对致灾原因进行分析可以看出，引起火灾的原因比较复杂，概括起来，可以将引起列车火灾的原因分为以下几类。

（1）电气线路故障。此类原因引起的列车火灾事故约占统计事故的38％。

（2）操作失误、机械故障。此类因素导致的列车火灾约占统计事故的22％。

（3）人为纵火。因为人为纵火而引起的列车火灾事故约占统计事故的9％。

（4）车上人员无意识行为引发火灾。因列车上人员无意识行为（如吸烟、电路使用不当、明火等）导致的列车火灾约占统计事故11％。

（5）其他因素（如车厢内座位起火、摩擦起火、钢轨断裂等）引起的列车火灾约占统计事故的13％。

（6）不明因素。由于统计资料残缺，有些列车火灾事故未能探究原因，此类事故约占7％。具体如图1-9所示。

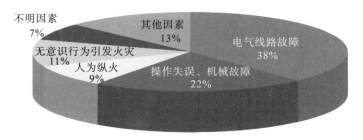

图1-9　各火灾引发原因所占百分比

2. 火灾类型

铁路隧道火灾可以按照起火类型分为危险货物列车火灾、普通货物列车火灾、旅客列车火灾和隧道设备火灾四种。

危险货物列车火灾主要指运输腐蚀性溶液和油品的罐装车所引起的火灾，这种火灾破坏性大，火势发展迅速且扑救困难，危险品起火后容易发生爆炸，使火灾的危险性进一步加剧。

普通货物列车起火的主要原因是货物装载不符合规定、易燃货物的封装不达标、押车人员用火、外来火种、牵引电网打火等。

旅客列车火灾往往导致重大人员伤亡，造成更加严重的社会影响。

隧道设备火灾的原因主要有电气设备老化或短路起火、隧道内垃圾清理不彻底且有外来火种引起火灾、列车在隧道内颠覆并引燃其他设备起火等。

总体来讲，隧道内列车火灾事故的原因分为如下两种：①运输管理因素，主要有制度不严、确认不及时及司机误操作；②设备环境因素，主要有故障或破损、易燃货物、引燃源。

铁路隧道内的火灾可能出现在列车和隧道内运营维修设备两个方面。就运营维修设备自身而言，可能出现设备老化后不能承受负荷而发生爆炸起火、电缆短路起火等，这些都是局部发生的灾害，没有扩散的介质，灾害时间有限，一般不会造成人员伤亡，可能引起短时间的行车中断，通过更新设备即可恢复使用。

铁路隧道内火灾灾源主体是列车本身，而列车又分为机车牵引的列车和动车组。任何列车均有可能发生火灾，其灾害原因集中在列车本身起火和列车与隧道内设备物理接触时产生的不良变化。

所以，目前各国的防灾救援的重点主要是隧道内的列车火灾。根据列车火灾事故的统计可知，列车火灾的起火位置可以分为车厢外部和车厢内部。车厢内部发生的火灾一般容易被发现并能得到及时控制，而且一般情况下，不会影响列车继续运行至邻近车站；而车厢外部发生火灾则不易得到控制，而且如果供电系统或者列车底部的牵引系统因火灾失效时，列车将不能继续行驶。

综合分析统计资料可知，车厢外部发生火灾的主要类型有：①列车制动不当导致摩擦起火；②列车脱轨、撞击等发生火灾；③隧道内的供电网、风机及其他辅助设备发生火灾；④列车底部的牵引动力系统、控制系统因接触不良或短路发生火灾。

车厢内部产生的火灾主要类型有：①列车内部的电气线路、照明、空调器等因短路发生火灾；②列车上人员无意识行为引起火灾；③人为纵火。

3. 各年代发生火灾情况

各年代发生的火灾数及平均受灾人数如表 1-6 所示。

表 1-6　各年代的事故数及平均受灾人数

年代	1950 年以前	1950～1970 年	1970～1990 年	1990～2016 年
发生火灾次数	7	10	72	50
平均受灾人数	89	31	60	190

由表 1-6 分析可知：①近年来，随着隧道数目的增加，事故有增加的趋势；②随着铁路线路载客量的加大，一旦发生事故，其后果会很严重。特别是最近 20 年，平均受灾人数增长较大，这应该引起有关部门的重视。

1.2.2　铁路隧道火灾的特点

铁路隧道火灾的特性如下。

(1)燃烧速度快、温度高。隧道的狭长形管状结构既阻止了热量的散失，又具有风道效应，火灾发生时火势迅速蔓延，隧道内的温度骤然上升，最高可达 1000℃。

(2)产生大量烟雾和有毒气体。隧道内空间狭小，火灾产生的烟雾及有毒气体无法快速排除到洞外，使得隧道内的可视度急速下降，疏散人员看不清前方环境情况。

(3)火灾造成通信中断，阻隔隧道内与外界的信息传递，耽误灭火和抢救的时机。

(4)直接和间接损失严重。

实际上，造成火灾事故的原因多种多样，情况往往比较复杂，一般来说不是一种简单的原因所造成的，而是多种因素相互作用的结果。因此，隧道火灾的预防必须从多个方面入手，着力解决导致火灾事故的隐患才能保证隧道行车的安全。

1.3 国内外研究现状

1.3.1 国外研究现状

对于铁路隧道及隧道群的防灾救援疏散问题，欧洲国家(如德国、瑞士、法国、挪威等)进行了大量研究，并开展了列车车厢实体尺寸火灾试验。亚洲国家(如日本、韩国等)也在长大隧道的工程实例中进行了防灾疏散救援工程设计。

国际大都市的高速铁路一般都进入城市中心区，伦敦、巴黎、东京、纽约等都建有地下火车站。地下火车站最早产生于19世纪的英国，主要应用于城市地铁系统。于2006年5月26日开通的德国柏林新中央火车站可以说是第一个真正意义上的地下火车站，开创了大型铁路客运站设于地下的先河。现在，地下火车站在人口密集、经济发达的欧洲并不鲜见。在瑞士，从苏黎世机场地下火车站到市区中心火车站大约仅需要6min。意大利的米兰地下火车站也是有一定规模的地下火车站。

1. 日本

日本认为普通隧道可不设置救援通道，发生火灾时采用隧道外停车灭火，个别特长隧道内设置消防段和紧急疏散通道。

继上越、北陆新干线之后，日本东北新干线采用以下隧道列车火灾对策：将明线小于400m的相邻隧道设定为一个火灾对策分区，统一设置相应的火灾设施和设备；隧道内列车发生火灾时，如果能在15min内驶出隧道，原则上应该在洞外停车处理。万一列车火灾和列车故障同时发生，不得不在隧道内停车，应考虑相应对策，确保安全。

青函隧道在北海道函馆车站附近设青函线防灾调度中心，以监视这段线路的灾害现象，并进行这段线路的正常调度和灾害现象处理。在火灾监控中，把隧道分成三段，设置了2个海底"定点"站，定点内设有灭火设备，左右还有各500m长的站台与间距约40m的联络通道。通过热敏传感器、烟雾报警器以确定失火的位置，通过隧道中风向和风速计的记录，控制隧道中的通风和排烟。

2. 德国

根据德国铁路标准，隧道可分为短隧道(500～1000m)、长隧道(1000～15000m)和特长隧道(>15000m)。以消防和防灾为基础，长隧道和特长隧道设计为2条单线隧道，2个单线隧道之间每1000m设计一横向通道。如设计为单孔双线，应配备必要的紧急出口和消防措施，如隧道外的救援区、烟气出口及通风系统等。

德国在高速铁路隧道侧边位置设置了贯通的救援通道，用于自救及外部救援，尺寸为1.6m(宽)×2.2m(高)，要求距离中线至少2.2m。为了进行隧道外部救援，每80～100km区段末端设置救援列车，其任务是将工作人员和灭火设备、救援机具运到事故地点，救出受伤旅客，熄灭隧道内的火势，在隧道内有烟雾的情况下，采取辅助措施，保证隧道内工作人员的无线通信联系。此外，对消防给水设备、通信、逃生出口的结构尺寸均有规定。

德国柏林中央火车站被誉为世界上最漂亮的火车站(图 1-10 和图 1-11)。这座历时 10 年、耗资 130 亿欧元建成的五层钢结构玻璃建筑，占地 1.5 万 m^2，是欧洲最大的火车站。每天有超过 1100 列火车进出，可接送 30 万乘客。柏林中央火车站是一个综合性的大型立体化换乘中心，主体是一个上下 5 层贯通的换乘大厅，最上面一层是东西方向的高架站台，最下面一层是南北方向的地下站台，中间为三个换乘层。该站已开通包括 6 股道的 3 个高架站台以及包括 8 股道的 4 个地下站台。从东西方向来的列车从地面以上 12m 处的高架线路进出，高架站台长 450m，天棚长 320m，宽 27m；而从南北方向来的列车则在地下 15m 深处通过，地下月台长度也为 450m。

图 1-10　柏林中央火车站俯视图

图 1-11　柏林中央火车站内部

德国斯图加特地下车站总投资约 50 亿马克(图 1-12 和图 1-13)，站台长约 400m(其中 200m 延伸到城市的中心绿地——宫殿花园)。其宗旨是：城市通过现代化铁路设施获取利润，并要求轨道设施在城市开发中得以完善，从而提供便捷、高速的交通服务，以适应现代人的生活方式和节奏。该项目将火车站设计在地下，目的是恢复地面的土地，以创造一个新的城市区域，使建筑和景观紧密地联系在一起。该项目被认为是零能耗火车站。

图 1-12　斯图加特地下车站外观图

图 1-13　斯图加特地下车站内部图

3. 瑞士

瑞士新圣哥达隧道总长 57km，通过多年评估与建设，其成为具有 2 座单线隧道和 2

座多功能车站的隧道系统，多功能车站用于紧急停车、运营和维修。2座隧道每隔325m通过横通道相连，相互作为紧急备用隧道。

考虑到火灾是运营期间最大的危险，对其做了如下规定。

(1)避免在列车上使用易燃材料。

(2)在列车驶入隧道前，探测火焰或者发热的车轮(通过自动探测器)；着火的列车必须尽力驶出隧道；如果不能驶出，应尽可能驶到多功能车站；当遇到列车被乘客强行阻挡的情况，必须停止隧道运营；当列车不能到达隧道外，也不能到达多功能站，而是停在中间某处这类罕见事件发生时，必须离开列车，并利用一条最近的横向通道到达另一条隧道。

(3)设置在两边的救援通道和应急灯会帮助人们发现这些通道。

(4)有特别装备的救生列车位于靠近入口的位置，值勤的救援人员定期训练以应对紧急事件。

4. 法国

法国认为应该设置救援通道，但目前法国将超过1000m的隧道建设成2座单线隧道，每隔400m必须设置联络通道以作为应急出入口。

英法海峡隧道全长49km，由2条主隧道和之间的服务隧道组成。服务隧道主要用于地质超前钻探、通风和防灾救援。2座主隧道之间每隔375m设置1条与服务隧道相连接的横向通道，每隔250m设置连接2条铁路隧道的横向活塞式泄压风道。隧道内还设置有备用的通风系统，在遇到紧急情况下使用，现有的工作风井是主要通风系统的一部分，服务隧道通风压力保持在低正压力值，以防止发生火灾时烟雾涌入安全通道。

法国巴黎马让达地下火车站(图1-14和图1-15)位于火车北站和火车东站之间，主要为火车线、地铁4号线、城郊高速地铁B线和D线提供服务。在德尔马给大街之下，圣丹尼大厅向上延伸以形成一个换乘长廊。在此，供乘客使用的人行步道伸入火车站，俯视出口标高层面。南面的大厅位于给人深刻印象的火车北站和火车东站的道路中轴线上，是一个巨大的集散中心，并因安置在上空的玻璃屋顶而显得宽敞明亮。

图1-14　马让达地下车站内部图　　　　　图1-15　马让达地下车站结构图

5. 西班牙

西班牙瓜达拉马隧道总长 28.377km，线间距为 30m。根据防灾需要，横通道间距为 250m，步行撤离的最大距离仅为 125m，即使在速度为 0.5m/s 的情况下也能在 4min 之内步行撤离到安全位置；在两座隧道中央的隔离墙内设置长度为 500m 的定点消防及救援系统；通道闸门具有长达 2h 的耐火性。

6. 韩国

韩国高速铁路在前期建成的隧道中采用法国规范，对隧道防灾救援的设置没有规定，之后逐渐认识到隧道防灾救援的重要性，准备在规范中加入如下条款：考虑施工需要、防灾和维护管理，在不超过 2.5km 内设置斜井或者竖井。

韩国黄鹤隧道总长 9.975km，设置了从既有道路引入隧道洞口的便道，并配备停车场及车辆掉头设施；隧道内左右两侧设置紧急避难通道及扶手栏杆，以便在紧急情况下帮助乘客避难，方便维修人员站稳或安全移动；利用隧道内的预留逃生空间，设置临时避难所；保留工程斜井，作为紧急避难通道及避难所；隧道内设置照明灯，平时用作照明，紧急情况下可以用作引路灯，方便为乘客引路；设置引导标志，显示最近的出口方向；隧道内配置灭火器、紧急电话、手机天线等其他设施。

1.3.2　国内研究现状

1. 铁路隧道防灾研究现状

与欧美等发达地区和国家相比，我国在长大隧道防灾救援与疏散工作方面尚处于起步阶段，在石太客专 27.8km 的太行山隧道做了一些尝试，但未经实践检验，防灾救援体系建设无法满足长大隧道建设需要。2012 年 7 月，铁道部下发了《铁路隧道防灾救援疏散工程设计规范》（TB10020－2012），对防灾和救援疏散提出一些明确要求，有了一定的技术基础。但有些规定依据不足，缺乏必要的研究论证，实施难度大，难以达到预期效果。

在研究隧道火灾及特点方面，有学者对我国发生的隧道火灾进行了统计，按旅客列车、货物列车和油罐列车将事故分为三种类型，并且分析了易发生火灾隧道的特点，如隧道较长、地形复杂、形成地扩散区等，分析了铁路隧道火灾特性和火灾事故原因，提出了铁路隧道火灾事故的预防措施，并借鉴国外对于火灾的研究经验，为我国隧道火灾的研究前景提出展望。有学者以我国六起重大的铁路隧道火灾所造成的严重后果为基础，对我国铁路隧道列车火灾进行了集中讨论，并具体分析了每次火灾的损失情况。从隧道、机车、车辆三个方面总结了隧道火灾产生的原因，并对火灾中产生的烟雾及其毒害性进行了分析，提出了降低灾害的措施，在隧道运营消防管理、消防演习、防火教育等几方面提出了建议，并提出了定点"紧急救援站"的构想和设置方法。

在隧道火灾理论方面，研究了隧道火灾火风压、烟流最高温度及沿程分布的计算模型，其中包含了隧道坡度因素，体现出坡度变化对烟气温度的影响。

在铁路隧道火灾试验方面，有学者对不同坡度及纵向通风风速条件下，隧道内火灾烟气流动规律进行了研究，结论为：由于浮升力作用，烟气的扩散速度会随着坡度的增加而增加，隧道坡度越大，冷空气卷吸越强烈，烟气降温越快，烟气沉降速度也越快。有学者对下坡隧道的临界风速也进行了研究，发现在一定的纵向风速下，坡度对下坡方向烟气的混合程度有重要影响。有学者把坡度对隧道烟气温度的纵向衰减和最高温度的影响也进行了相关研究，发现烟气自由蔓延时，无论沿隧道下坡方向还是隧道上坡方向，与火源相同距离处的烟气温度的变化与坡度近似呈线性关系；随着坡度的增加，隧道下坡方向的烟气温度降低，隧道上坡方向的烟气温度则逐渐升高，但温度变化幅度不大；当纵向通风风速较大时，不同坡度间的温度差异性逐渐降低；隧道坡度的存在，既有可能加速燃烧，也有可能降低热量。

在隧道火灾数值计算方面，利用 FDS 软件模拟隧道坡度对火灾烟气流动的影响，有学者认为坡度的存在导致隧道内烟气向上坡方向发生偏移，温度沿纵向上坡方向高于下坡方向。有学者利用大涡模拟方法研究了城市交通隧道火灾在自然通风下烟气的扩散规律，重点研究隧道的坡度对烟气羽流的影响，发现 5% 坡度对烟气纵向分布影响较大，尤其在火源下游的上坡方向，烟气层沉降快。坡度使烟气最高温度点向火源下游偏移，但最高温度值变化不大。有学者分别研究了自然通风条件下无坡度、1% 坡度、2% 坡度、3% 坡度对区间隧道内烟气的流动特点、临界风速的影响。结果表明：坡度对地铁区间隧道火灾烟气的流动及临界风速有一定的影响。上坡隧道的临界风速相对于无坡度隧道的临界风速有所减小，且临界风速随着隧道坡度的增大而减小。下坡隧道的临界风速相对于无坡度隧道的临界风速有所增加，且临界风速随着隧道坡度的增大而增大。

2. 地下车站建设现状

近年来，国内学者及铁路设计单位也开展了一些铁路隧道火灾的相关研究。随着我国城际铁路隧道的大量修建，受城市建筑物和环境条件等影响，同时为了更好地与机场、地铁等交通枢纽相连接，我国修建了数座地下车站。

桃园站是台湾省高速铁路系统的唯一地下站。桃园站有 2 条隧道与站端相连，图 1-16 为隧道布设示意图。地下站有 4 条平行轨道，2 条内轨道为高速道，供时速 300km/h 的直达车通过桃园站。桃园站及邻接隧道通风系统设计采用开放式系统通风理念。在正常运行情况下，隧道通过列车沿隧道运动产生的活塞效应进行通风。通风管道内风门开启，隧道与外界大气气流的交换通过隧道口和通风管道实现。在发生隧道火灾的紧急状态下，采用纵向通风满足烟气控制要求。足量气流会进入事故隧道段，在火灾现场达到临界速度，避免烟气回流。临界速度是防止烟气回流的最小气流流速。该烟气控制方法将形成一条无烟逃生通道，并且便于消防灭火。如车体在邻近车站月台处发生火灾，在启动隧道通风系统时面向轨道，与安装在月台上方的排烟管相连的风门就会打开。纵向通风方案用于处理紧急情况。火灾情况下纵向通风的设计标准旨在达到火灾现场临界速度。

海口美兰机场地下车站(图 1-17 和图 1-18)是国内首个在高速铁路隧道中设置的地下车站，同时还是国内最长的明挖隧道。美兰机场隧道全长 4600m(含美兰地下车站)，设计最高时速为 250km/h，其中部设有地下车站，车站段长度为 804m，为双岛式布置，共设置 2 条到发线和 2 条正线。车站采用大站直达列车和站站停城际列车混合运行，并与环岛客车、部分跨海客车兼容的运输组织模式。本站的主要客流均来自机场，在车站与美兰机场间设置地道换乘通道，实现民航与高速铁路的换乘。车站地下一层为站厅层，地下二层为站台层。站台层设有两座 12.5m 宽的岛式站台，站台有效长度为 230m。站台层两侧设屏蔽门，保证乘客安全。站台层层高 8.05m，满足接触网限界及排热风道高度要求。

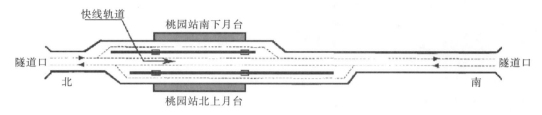

图 1-16 桃园站隧道布设示意图

图 1-17 美兰机场地下车站效果图

图 1-18 美兰机场地下车站站内图

深圳福田地下车站是中国首座、亚洲最大、全世界列车通过速度最快的地下火车站（图 1-19～图 1-23）。车站全长 1023m，最宽处宽 78.86m，平均深度 32.2m，共设 8 线 4 站台，为地下三层站。

图 1-19 深圳福田站效果图

图 1-20 深圳福田站站内图

图 1-21　深圳福田站站台层　　　　　　　　图 1-22　深圳福田站屏蔽门

图 1-23　深圳福田站三层效果图

　　吉林龙嘉机场地下车站站房位于待建航站楼的西侧，总建筑面积 13337m²，为全线客流量最大的一个中间站（图 1-24 和图 1-25）。地下站总长 293m，标准断面宽度 365m。站台为侧式站台，站台有效长度 230m，站台宽 7m，地下车站设置有地下站厅，预留通道、自动扶梯连接既有航站楼和待建航站楼。旅客通过地下站厅通道、自动扶梯进行换乘。城际铁路车站为满足动车组长度的要求，站台长度相应比地铁、公交站长，230m长、7m 宽的站台为旅客提供了良好的候车、换乘场所，成就了一个通畅明亮、舒适宜人的环境。站台上设置了候车座椅、自动扶梯、楼电梯、安全门等设施，充分反映出城际站房的全新、现代形象。

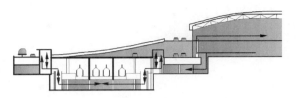

图 1-24　吉林龙嘉机场地下车站效果图　　　　图 1-25　吉林龙嘉机场地下车站横断面图

成都双流地下车站总长 943m，宽 52.4m，深 20.2m，建筑面积约为 8 万 m^2，采用两层结构设计（图 1-26 和图 1-27）。地下一层为多功能候车大厅，集售取车票、旅客候车、快速进站等功能为一体。多功能候车大厅的最大亮点为先进的采光、保暖、通风系统。大厅上方是 6 条总面积约为 5000m^2 的仿生态采光屋顶，该屋顶除人工控制操作外，还可以根据室内外温差、烟雾粉尘浓度、雨雪潮湿度等情况，完成智能开合。双流机场站地下二层为乘车区域，这个站设有一、二两个站台，在候车室与月台间，设有四条通道连接第一层和第二层，为旅客办理检票乘车使用。车站候车厅旁边有一条主通道连接地铁车站和航站楼，旅客不用出车站，直接从车站步行前往乘坐地铁或是乘坐飞机。负一层站房两端设置有停车场，总共有 560 个停车位，市民可以开车进入停车场停放车辆，然后换乘动车。成绵乐客运专线的双流机场站为新建的绵阳—成都—乐山城际客运专线铁路的中间站，是成绵乐客运专线的重点控制工程和标志性工程。车站设有 6 股道、2 个站台、1 个旅客集散大厅。

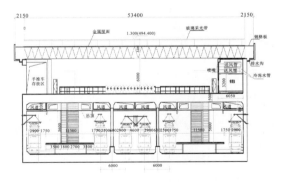

图 1-26　成都双流地下车站效果图　　　　图 1-27　成都双流地下车站断面图（单位：mm）

天津于家堡地下车站是世界最大、最深的全地下高铁站房，也是全球首例单层大跨度网壳穹顶钢结构工程（图 1-28 和图 1-29），占地面积 9.3 万 m^2，建筑面积超过 27 万 m^2，达到地下 60m，最深处为 65m，站房主体结构为地上一层、地下三层，车场总规模为 3 台 6 线，与城市轨道交通及公共交通有机衔接，是集运输生产、旅客服务、市政配套等多功能为一体的综合交通枢纽站，乘客可实现地铁、公交和铁路等交通工具的换乘。其中，地面层为城际铁路地面站房及配套市政工程，以及旅客、车流进出的出入口和地面的景观公园；地下一层是站厅层，为城际铁路售票、候车、出站厅和地铁 B1、Z1、Z4 线站厅层，同时也是出租车停车场；地下二层是轨道层，为城际铁路站台层及地铁 B1、Z4 线站台，同时也是社会场停车场；地下三层是轨道层，为地铁 Z1 线站台。

图 1-28　天津于家堡地下车站鸟瞰图

图 1-29　天津于家堡地下车站内部图

　　贵阳龙洞堡机场地下车站（图 1-30 和图 1-31）设有地下三层：地下一层为共用站厅层，位于地下 10m，总建筑规模为 17550m²，地下二层为轻轨站台层，位于地下 16m，站台长度 120m，地下三层为国铁站台层，位于地下 44m，站台长度 450m。因受机场改扩建工程影响，共用站厅层与轻轨站台层采用明挖法，与机场 T2 航站楼同期施工完成，快铁地下三层车站范围采用三管隧道形式，分别为 2 个站台隧道及 1 个正线隧道，站台隧道用 8 个扶梯通道与站厅层连接，三管隧道间通过联络通道连接。本车站的主体、出入口、风井等的耐火等级为一级。本站共划分了九个防火分区。第一防火分区为地下一层 1~14 轴国铁公共区（含轻轨共用公共区）及通道、国铁站台层；第二防火分区为地下一层 5~8 轴国铁办公及设备用房区；第三防火分区为地下一层夹层 5~8 轴国铁办公及设备用房区；第四防火分区为地下一层 14~20 轴轻轨公共区及轻轨站台层；第五、六防火分区为地下一层 20~25 轴轻轨办公及设备用房区；第七防火分区为地下二层 17~25 轴、A~D 轴处轻轨办公及设备用房区；第八、九防火分区为地下二层 2~8 轴、G 轴和 B 轴处轻轨设备用房区。除公共区外，其他部位的每个防火分区的最大允许使用面积不大于 1500m²，相邻防火分区之间采用耐火极限不低于 3h 的防火墙和甲级防火门分隔，在防火

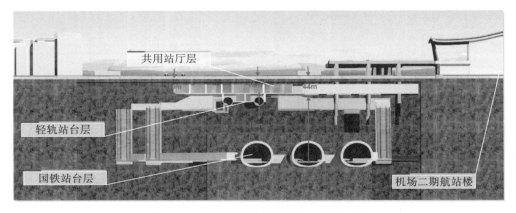

图 1-30　龙洞堡机场隧道车站布置示意图

图 1-31　龙洞堡机场隧道地下三层站效果图

墙设观察窗时，应采用 C 类甲级防火玻璃。站厅层公共区采用自然排烟方式，在站厅层顶部及西侧设排烟窗，火灾发生时开启排烟窗进行自然排烟，站厅至站台楼扶梯洞口设置有挡烟垂壁。

　　八达岭长城地下车站位于北京市八达岭滚天沟停车场内，京藏高速公路及 G110 国道北侧(图 1-32 和图 1-33)。车站中心里程为 DK68km+50m，到发线有效长度为 650m，车站有效站台长 450m，车站总长 470m，地下部分建筑面积为 36143m²，地面部分建筑面积约为 5000m²，总建筑面积约为 41143m²。车站每个侧站台设 2 个进站口到达进站通道，2 个出站口到达出站通道。进站通道与地面站房地下一层相接，出站通道与地面站房地面层相接，进出站通道各设置一部斜行电梯。车站中心处线路埋深约 102.550m，地面站房布置在停车场东侧山脚下，站台至地面站房全程提升高度为 61.77m。车站设 2 组地面风亭，风亭均设在滚天沟停车场西侧山坡中。站台层为 3 洞格局，中洞为正线洞室，2 侧洞各设置 1 条到发线和 1 座侧式站台。站台两端布置少量设备用房，中部为乘车区，站台中部宽 6.2m，东西两端局部宽 4.2m，站台层公共区装修后净高为 4.5m。每个侧站台均设置两个 10m 宽的进站口、两个 10m 宽的出站口，以及两个 4.5m 宽的疏散出口、两个 5m 宽的紧急事故救援出入口。车站站台进站口设置 6.5m 宽(1 部 2m 宽楼梯和 2 部 1m 宽扶梯)的楼扶梯通道与进站通道层相接；站台出站口设置 6.5m 宽(1 部 2m 宽楼梯和 2 部 1m 宽扶梯)的楼扶梯通道与出站通道层相接。

图 1-32　八达岭长城地下车站效果图

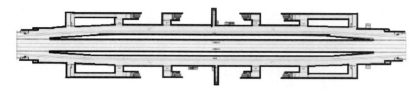

图 1-33 八达岭长城地下车站平面图

以上是众多学者在铁路隧道防火防灾方面所做的研究，针对长大隧道火灾产生的原因、隧道火灾特性进行了诸多讨论，并提出了一些隧道火灾预防和减灾措施。总结起来主要有以下几点内容。

(1)加强对防火理论的研究和防火设备的投入。在理论研究上，跟上世界先进水平的步伐，研究隧道火灾内不同物质热量的产生规律、烟雾扩散规律和列车燃烧的救援办法等，提高隧道防灾的理论支持。在防火设备上，应该在长大隧道内设置足够的消防设施，包括充足的水源和足够水压的消防栓、一定数量的灭火器、温度探测和报警系统，应急情况下的供电、照明、通信、排烟系统和标志等，加强灾害发生时被困人员的逃生保障措施。

(2)建立具有综合功能的隧道消防中心。长大隧道和隧道群应建立涉及铁路、消防、公安、医疗功能的消防指挥中心，以便中心接到火警后能够快速地作出判断和展开扑救工作，能尽量准确及时地掌握火灾情况，快速启动火灾应急设备。

(3)对于易引起火灾的运输物资及车辆，要加强防火工作的重视程度，应格外重视其防火、防爆工作。在油罐车的结构设计、油品装卸、列车操纵、维修保养上都应严格把关。

(4)加强救援工作培训。日常工作中，要注重救灾工作的培训，加强行车调度人员、机车司机、列车乘务员、消防官兵的消防培训和演练，加强各部门工作协调上的顺畅度。

我国铁路隧道防火设计和消防设施配置标准与国外相比，仍然存在着不少差距，对于铁路隧道火灾的理论研究和投入也相对不足，试验环境和救援设备的开发都没有形成规模。

总的来看，目前国内外主要进行的是隧道火灾燃烧特性、烟流传播规律以及人员疏散的研究。对于隧道火灾燃烧特性、烟流传播规律，主要是从火灾现场试验、火灾模型试验以及数值模拟分析几个方面展开研究，取得了一定的成果。

当前，国内外对火灾情形下隧道内烟流控制技术的研究很多，但针对坡度与烟气流动特性关系的研究都是建立在单面坡基础上，针对城际及水下铁路隧道"V"字形断面和单洞双线的特点未见相关成果，有必要对此开展研究。

第2章 铁路隧道防灾疏散救援体系

随着我国铁路隧道数量及长度的增加，隧道火灾事故对人员安全及财产的损害越来越大，因此，建立铁路隧道防灾救援体系具有现实意义。

2.1 铁路隧道防灾救援体系构建

2.1.1 构建理念

（1）主动防灾。改变传统的被动应灾思路，即灾害发生后再总结经验，仅对常见灾害进行改进和应对。主动防灾意味着对未发生的、潜在的可能发生的灾害进行评估、预测，有针对性地建设高速铁路隧道火灾疏散与救援体系，积极借鉴国内外优秀的理念和实践经验，及其他领域防灾救援的策略等。

（2）应对多灾种。实行灾种分离管理机制，避免重复建设，节约隧道建设成本，优化资源配置。形成综合管理、快速反应的防灾管理机制。

（3）因地制宜。高速铁路隧道防灾救援体系的构建应与隧道所在地区的地形环境、水文地质条件、已有的辅助通道等设施相适应。充分利用所在地区的环境、设施优势，既可以减少建设投资，同时能够切合实际，满足防灾和救援的需求。

2.1.2 构建目标

提高铁路隧道整体的防灾能力，预防灾害的发生，保障受灾人员的安全疏散，减少直接经济及间接经济损失，加强灾后重建及恢复交通的能力。完善铁路隧道防灾体系，打造安全耐久的铁路隧道。

2.2 铁路隧道防灾救援体系组成

高速铁路隧道防灾救援体系包括防灾救援安全疏散系统、防灾救援空间系统、防灾救援设备系统及防灾救援安全疏散系统。这些子系统有着明确的分工，相互之间有着密切的联系，共同组成一个有机的防灾救援体系。

2.2.1 防灾救援疏散系统

一般情况下，地下空间人员疏散和火灾发展同时沿着一条时间线不可逆地进行，火灾过程大体分为起火、火灾增长、充分发展、火势减弱、熄灭 5 个阶段，从人员安全的角度出发，主要关注前两个阶段。人员的疏散一般要经历察觉火灾、行动准备、疏散行动、疏散到安全场所等阶段。保证建筑物内人员安全疏散的关键是安全疏散时间（required safe egress time，RSET）必须小于可用的安全疏散时间（available safe egress time，ASET），也就是火灾发展到危险状态的时间。安全疏散应体现以下准则：应根据评估对象的特性设定火灾条件，针对火灾和烟气传播特性及疏散形式，通过采取一系列防火对策，进行适当地安全疏散设施设置、设计，以提供合理的疏散方法和其他安全防护方法，保证建筑物中的所有人员在紧急情况下迅速疏散，或提供其他方法以保证人员具有足够的安全度。

人员疏散的要求是以建筑内的人应该能够脱离火灾危险并独立地步行到安全地带为原则的，这主要通过采取防止火灾蔓延和保护消防安全通道等防火措施来实现。应保证在火灾未达到危险的时间内，任何位置的人都能自由地、无阻碍地进行疏散，并在一定程度上保证行动不便的人有足够的安全度。安全疏散方法应提供多种疏散方式，而不仅仅是一种，因为任何一种单一的疏散方式都可能会由于人为或机械原因而失败。

对于防灾安全疏散设计，则必须引入设计火灾的概念，提出安全疏散的功能要求，即建筑中的所有人员在设计火灾情况下，可以无困难和危险地疏散至安全场所。

隧道内的人员疏散要求为以下 4 点：①在疏散过程中，隧道中的人员应不受到火灾中的烟气和火焰热的侵害；②从隧道的任何一点至少有一条可利用的、通向最终安全场所的疏散通道；③对于不熟悉的人员，应能容易找到安全的疏散通道；④在疏散通道口和其他连接处不发生过度的滞留或排队现象。

1. 停车模式

（1）紧急救援站停车模式。铁路隧道群和单体隧道的紧急救援站停车模式见表 2-1。

表 2-1　铁路隧道紧急救援站停车模式

铁路隧道类型	紧急救援站位置	紧急救援站停车模式
铁路隧道群	两相邻隧道洞口区段	火灾车厢停在两相邻隧道洞口区段中间位置
单体铁路隧道	内部	列车停在横通道加密处

（2）随机停车最不利停车模式。根据火灾列车随机停车模式下人员逃生的疏散工况（表 2-2）。选定车头着火且正对横通道为最不利工况，如图 2-1 所示。此时人员向一个方向疏散，疏散路径长，人员多，逃生线路为上坡。

表 2-2　逃生模式评价

停车位置	着火位置	靠近火源处人数	疏散路径长度	逃生路线是否上坡	逃生模式评价
横通道间停车	车头	较多	较长	否	较不利
	车身中部	一般	一般	硬座段上坡，卧铺段下坡	一般
	车尾	较少	较长	是	较不利

停车位置	着火位置	靠近火源处人数	疏散路径长度	逃生路线是否上坡	逃生模式评价
正对横通道停车	车头	最多	最长	是	最不利
	车身中部	较多	较长	硬座段上坡，卧铺段下坡	一般
	车尾	最多	最长	否	较不利

注：设定该模式从右往左为上坡段；靠近车头处为硬座车厢人员密集段。

图 2-1　横通道间靠近横通道处着火停车

2. 疏散模式

当列车在高速铁路隧道内发生火灾时，有时不能在安全时间内将列车完全驶离隧道，此时就需要在隧道内停靠并进行安全救援。

(1)当列车无法继续行驶时，或火灾车厢内的旅客不能及时疏散到其他车厢时，就必须采用就地临时停车进行疏散的方式。这种随机停车疏散模式在两座单线隧道设置横通道的情况下可方便地进行救援，但在单洞隧道中的救援效果就会受影响。

(2)当车内发生火灾后，通过车厢内的消防措施不能有效控制火情时，可先将旅客通过车间风挡疏散至相邻相对安全的车厢并封闭端门，待列车开入隧道中的"定点"区域后进行疏散。此种方式为高速铁路长大隧道较好的救援方式。

(3)当列车刚开进隧道即发生火灾，如列车继续运行不能及时驶入"定点"区域，可在通知控制中心调整行车安排后，紧急制动逆向拉出洞外。

(4)当发生火灾，无法及时通知控制中心启动应急预案，不能有效控制其他车辆进入隧道，或者隧道内通风系统不能及时启动时，列车不应采用随机停车的疏散方式。

(5)高速动车每节车厢都设有应急锤、逃生玻璃等，可供应急救援，另外在酒吧车和司机室内还配置有逃生梯。但需要注意，不管是哪种疏散方案，都需要在列车停下来后才能进行救援和逃生，若在列车运动中砸碎玻璃，可能会加剧火势的蔓延。

我国高速铁路隧道防灾救援体系已基本形成。在火灾预防、预警等方面都已制定了切实可行的规范。对于每种不同的隧道结构与施工方法，所采取的措施与具体的救援疏散方案也不尽相同，需要结合隧道类型、长度、地质情况及施工辅助坑道的设置情况，具体选择消防及救援方案的设计。尽管隧道防灾救援系统投资较大，但是综合安全性考虑，有必要开发出经济、合理、安全的灾害预防与救援设备。

（1）紧急救援站疏散路径。考虑到列车火灾的烟气扩散等因素，铁路隧道紧急救援站的疏散路径见表 2-3 所示，人员疏散情况如图 2-2 和图 2-3 所示。

表 2-3　铁路隧道紧急救援站疏散路径

铁路隧道类型	紧急救援站位置	隧道形式	疏散路径
铁路隧道群：毗邻铁路隧道群	两相邻隧道洞口区段	单洞	洞内疏散通道　明线段　火车　火源点　洞外疏散通道
		双洞	火源点　火车　疏散横通道　明线段
单体铁路隧道	内部	单洞	平导　加密横通道　火车　火源点　主隧道 / 平导　加密横通道　火车　火源点　主隧道　加密横通道　平导
		双洞	火车　火源点　加密横通道 / 火车　火源点　加密横通道　避难空间

图 2-2　隧道群紧急救援站人员疏散三维图

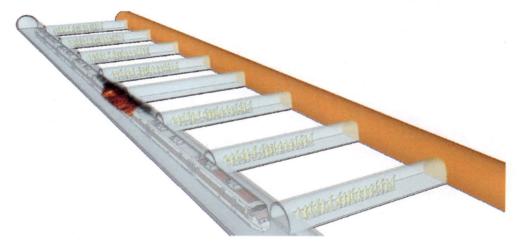

图 2-3　单体隧道紧急救援站人员疏散三维图

（2）随机停车疏散路径。双洞隧道内着火停车位置分别考虑两横通道间以及正对横通道两种工况，每种工况分别考虑车头、车尾、车辆中部着火三种工况。人员疏散路径如表 2-4 所示。

表 2-4　随机停车人员逃生模式

着火位置	停车位置	疏散路径
车头	两横通道间停车	Ⅱ号隧道 / 车头 车体中部 车尾 人员疏散路线 Ⅰ号隧道
车身中部		Ⅱ号隧道 / 车头 车体中部 车尾 人员疏散路线 Ⅰ号隧道
车尾		Ⅱ号隧道 / 车头 车体中部 车尾 人员疏散路线 Ⅰ号隧道

续表

着火位置	停车位置	疏散路径
车头	正对横通道停车	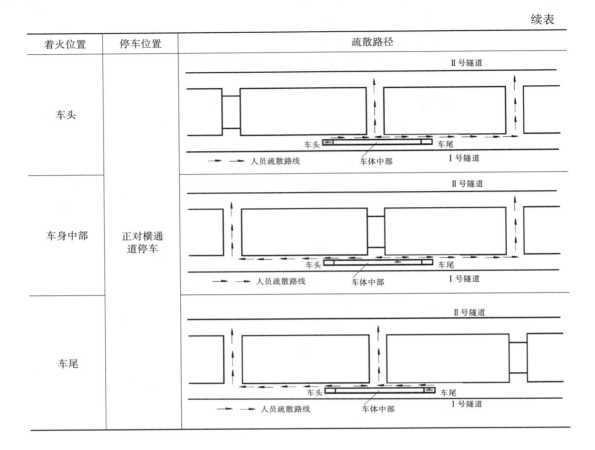
车身中部		
车尾		

2.2.2　防灾救援空间系统

铁路隧道内重要的、人口密集的、具有防灾潜力的空间都应当被纳入防灾救援空间系统里,包括紧急救援站、紧急出口、避难所、联络横通道和整条隧道内可供人员疏散逃生的空间等。不同的空间根据自身的属性以及防灾要求进行设计,以满足防灾的功能需求。

1. 铁路隧道

大量研究成果表明,由于烟囱效应的作用,隧道内火灾烟气与隧道外火灾烟气的流动规律有很大差别。为此,根据烟气在隧道洞口间的流动规律将铁路隧道划分为单体铁路隧道和铁路隧道群两类。

1)铁路隧道类型划分主要因素

为了有针对性地设计隧道防灾救援疏散设施,在考虑了列车火灾烟气影响范围、列车安全停车距离以及相邻隧道洞口间距等主要因素的基础上,对铁路隧道的分类进行研究。

(1)列车火灾烟气影响范围及停车安全距离。

当两相邻隧道洞口间距很小,火灾列车停在此处时,一般存在两种安全隐患:①因洞口间距很小，火灾车厢不能准确地停在明线段，一旦火灾车厢停在隧道内部，则火灾烟气对人员疏散存在很大影响；②因洞口间距很小，火灾燃烧产生的高温烟气更加容易燃及周围植被等易燃物体，造成火灾进一步扩大，甚至引起山林火灾等严重后果。

因此，考虑到火灾烟气的影响范围及火灾列车的安全停车距离，设置紧急停车处的区域对应的洞口间距应控制在一定范围。对火灾列车可选紧急停车的区域长度进行调研，结果见表 2-5 所示。

表 2-5　火灾列车可选紧急停车的区域长度调研结果

隧道群名称	隧道形式	紧急救援站数量	设置救援站的两相邻隧道洞口的长度/m
大瑶山隧道群	单洞双线	1	170
大秦岭隧道群	单洞双线	2	78/147
天华山隧道群	单洞双线	2	151/66
福仁山隧道群	单洞双线	1	249.5
何家梁隧道群	单洞双线	1	85.3
棋盘关隧道群	单洞双线	1	68
金温铁路隧道群	单洞双线	1	153
成贵线云贵段隧道群	单洞双线	1	210

由表 2-5 可知，长大铁路隧道群设置洞外火灾类型事故列车紧急停车处的区域长度均大于 60m。

《列车运行监控装置控制模式设定规范》中规定的停车安全距离为

$$Sa = A + 0.5V_0 \tag{2-1}$$

式中，A——安全距离基本值，站内紧急制动控制时取 20m；

V_0——列车的实际速度，事故列车按 80km/h 取值。

因此，事故列车在紧急救援站处停车的安全距离为 60m。

(2)相邻隧道洞口间距。

为明确相邻隧道洞口间距大小对火灾烟气规律的影响，对其开展了列车火灾烟流模型试验和数值模拟。

第一，列车火灾烟流模型试验。该试验包括火灾烟流对隧道内的温度影响和火灾烟流对隧道内可视度的影响，具体内容如下。

自然风对火灾烟气在隧道内扩散的影响对比如图 2-4 所示。

由图 2-4 可知，在自然风作用下，火源处下游隧道内拱顶温度(约 170℃)远大于无自然风时的温度(约 110℃)，而远离火源的上游隧道内拱顶温度(约 80℃)小于无自然风时的温度(约 130℃)。

不同火源规模时，拱顶温度变化对比如图 2-5 所示。

由图 2-5 可知，15MW 火源规模时，温度上升比较平缓，最高温度大约为 110℃；20MW 火源规模时，温度上升比较急速，最高温度大约为 170℃。

洞口间距不同时，下游隧道内拱顶温度曲线对比如图 2-6 所示。

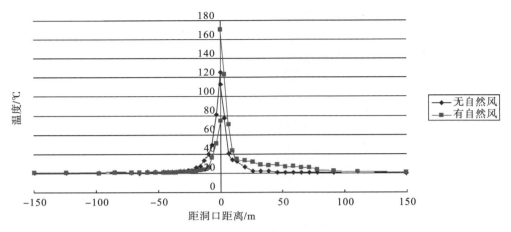

图 2-4　自然风对隧道拱顶温度影响对比

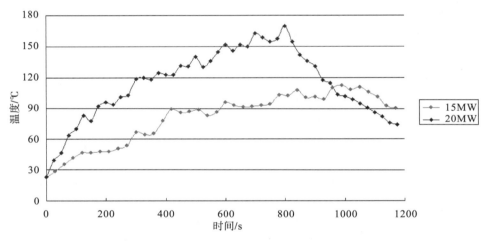

图 2-5　拱顶温度变化对比

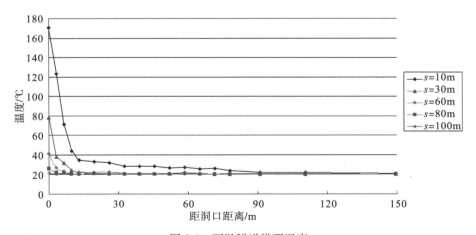

图 2-6　下游隧道拱顶温度

下游隧道内人眼特征高度处温度对比如图 2-7 所示。

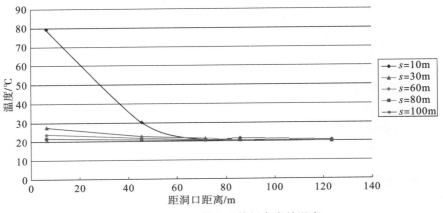

图 2-7　下游隧道人眼特征高度处温度

由图 2-6 和图 2-7 可知，当隧道群间距小于 60m 时，火灾对隧道下游影响较明显，当大于 100m 时，火灾烟气几乎不影响隧道内部环境。

火灾烟流对隧道内可视度的影响如图 2-8 所示。

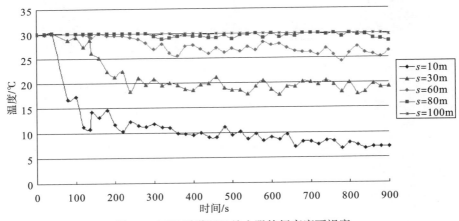

图 2-8　下游隧道洞口处人眼特征高度可视度

由图 2-8 可知，当隧道群间距小于 60m 时，人眼特征高度处可视度受烟气影响较明显；当隧道群间距大于 60m 时，烟气对环境影响不明显。

试验温度结果与数值模拟温度结果对比如图 2-9 所示。

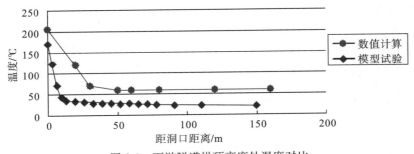

图 2-9　下游隧道拱顶高度处温度对比

由图 2-9 可知，数值计算结果与模型试验结果温度分布规律较吻合，数值上相差
20℃左右，主要原因为模型所采用材料为钢板，散热较大，温度有一定的损失。因此，
通过比较，数值模拟的结果较安全可靠，试验结果较满意，能够满足研究的需要。

第二，列车火灾烟流数值模拟。该部分模拟包括不同间距隧道群火灾烟流计算和外
露区域列车火灾烟流模拟，具体内容如下。

建立不同相邻隧道洞口间距的隧道群火灾模型，分析在风速为 2.5m/s 自然风条件
下，主洞坡度为 2％时，烟气对下游隧道内环境可视度及温度的影响。

建立隧道群模型，火灾车厢停在两隧道之间。隧道群模型图如图 2-10 所示。隧道群
连接处局部放大图如图 2-11 所示

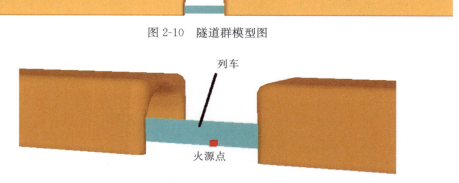

图 2-10　隧道群模型图

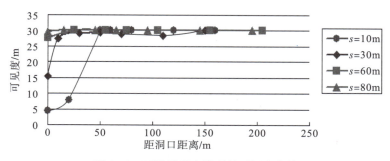

图 2-11　隧道群连接处局部放大图

在不同洞口间距的情况下，拱顶温度及可视度对比如图 2-12 和图 2-13 所示。

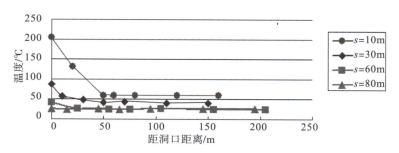

图 2-12　下游隧道内拱顶处可视度曲线

图 2-13　下游隧道内拱顶处温度曲线

人眼特征高度处温度及可视度对比如图 2-14 和图 2-15 所示。

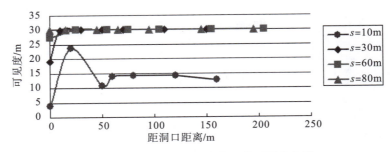

图 2-14　下游隧道内人眼位置处可视度曲线

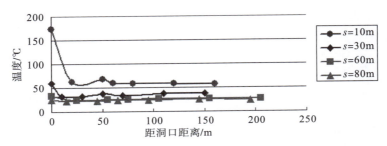

图 2-15　下游隧道内人眼位置处温度曲线

由图 2-12～图 2-15 可知，当隧道间距小于 30m 时，火灾车厢停在洞外，对下游隧道内环境的影响仍较为严重；当隧道群间距大于 80m 时，火灾车厢停在洞外，对下游隧道内环境几乎无影响。

建立外露区域列车火灾模型，假设列车端部车厢着火。敞开区域火灾列车模型图如图 2-16 所示。火灾车厢局部放大图如图 2-17 所示。

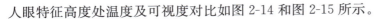

图 2-16　敞开区域火灾列车模型图

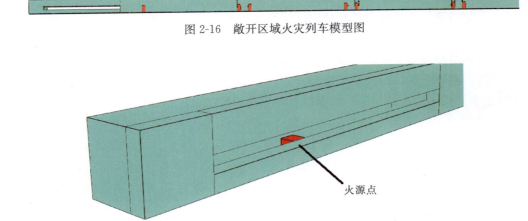

图 2-17　火灾车厢局部放大图

下游10m高度处可视度曲线如图2-18所示。

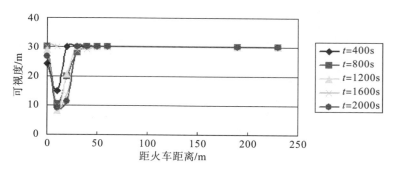

图2-18　下游10m高度处可视度曲线

下游10m高度处温度曲线如图2-19所示。

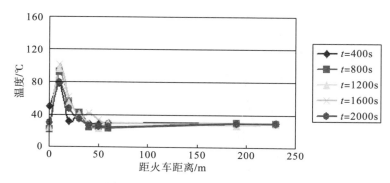

图2-19　下游10m高度处温度曲线

由图2-18和图2-19所示，当距火源点在50～55m以外，列车火灾烟气的温度基本在40℃以下，可视度基本无变化，对疏散的人员基本无危害。

综上分析可知：当两相邻铁路隧道的间距小于60m时，即隧道洞口距离火源点小于30m时，火灾烟气对邻近隧道环境有较大影响，并且火灾列车不易准确停在隧道间明线段；当隧道洞口距离火源点大于55m时，列车火灾烟气基本对环境无影响。

2)毗邻铁路隧道群的定义及其类型

(1)毗邻铁路隧道群的定义。根据以上研究可以看出：停车安全距离为60m，烟气影响范围约为55m，则两端共110m。考虑最不利情况，当火灾列车运行至铁路隧道紧急救援站时，火灾已蔓延到相邻车厢，共三节车厢，约80m。因此，当相邻隧道洞口间距为250m(60m+110m+80m)时，火灾的烟气对隧道内的环境基本无影响。

为此，将两相邻隧道洞口间距小于250m的隧道群定义为毗邻铁路隧道群，如图2-20所示。

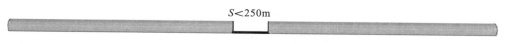

图2-20　毗邻铁路隧道群示意图

（2）毗邻铁路隧道群类型。毗邻铁路隧道群的分类应考虑隧道线形变化和连接方式两个方面。根据隧道线形变化，将毗邻铁路隧道群分为毗邻单洞铁路隧道群、毗邻双洞铁路隧道群和毗邻单-双洞铁路隧道群三种类型，根据隧道与隧道之间的连接方式，又可将毗邻铁路隧道群分为隧道-桥梁-隧道类型和隧道-路基-隧道类型两种，如图 2-21～图 2-23 所示。

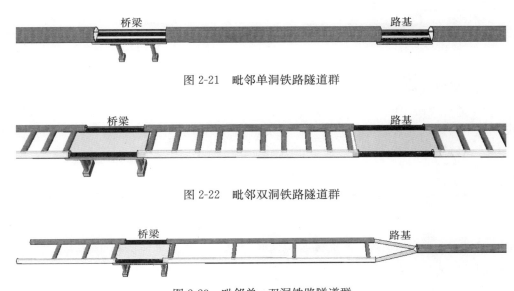

图 2-21　毗邻单洞铁路隧道群

图 2-22　毗邻双洞铁路隧道群

图 2-23　毗邻单-双洞铁路隧道群

3）连续铁路隧道群的定义及其类型

（1）连续铁路隧道群的定义。通过上述研究可知：当相邻隧道洞口间距大于 250m 时，火灾列车停在隧道间明线段中部附近时，火灾烟气对临近隧道内的环境基本无影响。列车的长度一般可视为 400m。因此，定义两相邻隧道洞口间距在 250～400m 的铁路隧道群为连续铁路隧道群。连续铁路隧道群示意图如图 2-24 所示。

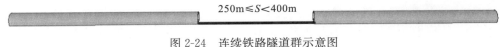

$$250m \leqslant S < 400m$$

图 2-24　连续铁路隧道群示意图

（2）连续铁路隧道群类型。根据铁路隧道线形变化，将连续铁路隧道群分为连续单洞铁路隧道、连续双洞铁路隧道和连续单-双洞铁路隧道三种类型。根据其隧道与隧道之间连接方式，又将连续铁路隧道群分为隧道-桥梁-隧道类型和隧道-路基-隧道类型两种。如图 2-25～图 2-27 所示。

图 2-25　连续单洞铁路隧道

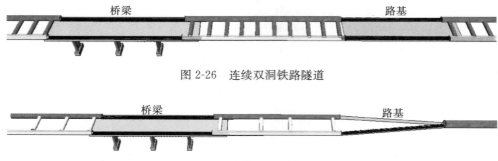

图 2-26 连续双洞铁路隧道

图 2-27 连续单－双洞铁路隧道

4)单体铁路隧道的定义及其类型

(1)单体铁路隧道的定义。单体铁路隧道即为一个独立的隧道。当隧道发生火灾时，火灾烟气不会影响到邻近隧道。因此，定义两相邻隧道洞口间距不小于 400m 的铁路隧道为单体铁路隧道。单体铁路隧道示意图如图 2-28 所示。

图 2-28 单洞铁路隧道

(2)单体铁路隧道类型。根据铁路隧道建设需要，单体铁路隧道可分为单洞铁路隧道、双洞铁路隧道两种类型，如图 2-29～图 2-30 所示。

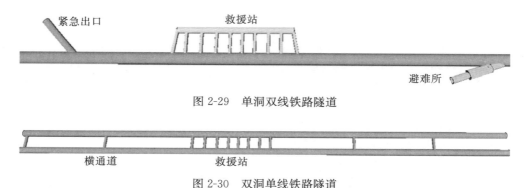

图 2-29 单洞双线铁路隧道

图 2-30 双洞单线铁路隧道

2. 紧急救援站

紧急救援站包括隧道口紧急救援站和隧道内紧急救援站，是隧道防灾体系当中重要的疏散设施。目前国内外已有大量隧道设置了紧急救援站，如表 2-6 所示。

通过以上调研可知，紧急救援站主要有两种结构形式：当紧急救援站设置在隧道内时，在紧急救援站范围内设置加密横通道；当紧急救援站设置在相邻隧道的明线段时，在紧急救援站范围内设置洞内、洞外紧急疏散通道。部分隧道的紧急救援站结构形式见图 2-31～图 2-38 所示。

表 2-6　国内外隧道救援疏散设施结构形式

隧道名称	国家	长度/km	类型	形式	救援设施	数量	最大间距/m	结构形式	备注
青函海底隧道	日本	53.9	单体	单洞双线	紧急救援站	2	—	横通道加密	主洞+双侧平导
圣地亚哥隧道	瑞士	57	单体	双洞单线	横通道	—	600	平导	—
勒岐山隧道	瑞士	34	单体	单-双双洞	紧急救援站	2	—	横通道加密	单洞段：主洞+平导 双洞段：两主洞
					横通道	2	330	—	
Young Dong 隧道	韩国	16.24	单体	单洞双线	紧急救援站	2	—	横通道加密	紧急救援站处过渡为双洞单线隧道
					紧急救援出口	2	4000	斜井	
Korlam 隧道	奥地利	32.8	单体	双洞单线	紧急救援站	1	—	横通道加密	两隧道间设置避难空间
瓜达拉马隧道	西班牙	28.2	单体	双洞单线	紧急救援站	1	—	横通道加密	—
					横通道	1	250	横通道加密	
Pajares 隧道	西班牙	24.6	单体	双洞单线	紧急救援站	1	375	横通道加密	两条主隧道+中间辅助隧道
英法海峡隧道	—	—	单体	双洞单线	横通道	1	—	横通道加密	—
乌鞘岭隧道	中国	20.1	单体	双洞单线	横通道	1	420	横通道加密	—
					紧急救援出口	14	4143	斜井、横洞	
太行山隧道	中国	27.839	单体	双洞单线	紧急救援站	2	14554	横通道加密	其中一处横通道加宽作为避难空间
关角隧道	中国	32.645	单体	双洞单线	紧急救援站	1	16685	横通道加密	两隧道间设置避难空间
青云山隧道	中国	22.175	单体	双洞单线	紧急救援站	1	11151	横通道加密	—
高黎贡山隧道	中国	34.53	单体	—	紧急救援站	2	13300	横通道加密	—
香山特长隧道	中国	23.92	单体	双洞单线	横通道	1	500	横通道加密	—
浏阳河隧道	中国	9.935	单体	单洞双线	紧急救援站	1	5613	横通道加密	两侧平导+横通道+下穿辅助通道

续表

隧道名称	国家	长度/km	类型	形式	救援设施	数量	最大间距/m	结构形式	备注
南梁隧道	中国	11.526	单体	单洞双线	紧急出口	1	4695	斜井	—
五尖大山隧道	中国	6.857	单体	单洞双线	紧急出口	1	6265	斜井	—
云屯堡隧道	中国	22.923	单体	单洞双线	紧急救援站	1	13955	加密横通道	两侧平导＋横通道＋下穿辅助通道
					紧急出口	4	4500	斜井、横洞	—
得利隧道	中国	14.167	单体	单洞双线	避难所	1	—	横洞	—
					紧急出口	1	4600	斜井	—
					避难所	2		斜井	—
天蓬隧道	中国	8.463	单体	单洞双线	紧急出口	1	3908	横洞	—
埂上隧道	中国	5.461	单体	单洞双线	紧急出口	1	3087	平导	—
玉凉山隧道	中国	6.306	单体	单洞双线	紧急出口	1	3464	横洞	—
文阁隧道	中国	5.778	单体	单洞双线	紧急出口	1	2910	横洞	—
姚家坪隧道	中国	8.836	单体	单洞双线	紧急出口	1	6287	横洞	—
高坡隧道	中国	7.940	单体	单洞双线	紧急出口	1	6150	横洞	—
大方隧道	中国	7.130	单体	单洞双线	紧急出口	1	4893	平导	—
铁盆山隧道	中国	5.535	单体	单洞双线	紧急出口	1	3770	横洞	—
泽雅隧道	中国	12.03	单体	单洞双线	避难所	2	6350	斜井	—
汤头隧道	中国	9.645	单体	单洞双线	避难所	1	5710	斜井	—
盘龙寺隧道	中国	9.413	单体	单洞双线	避难所	1	6040	斜井	—
大沃山隧道	中国	6.123	单体	单洞双线	避难所	1	3358	斜井	—
狮子岭隧道	中国	8.673	单体	单洞双线	紧急出口	1	4715	斜井	—
油竹隧道	中国	4.836	单体	单洞双线	紧急出口	1	4189	横洞	—

续表

隧道名称	国家	长度/km	类型	形式	救援设施	数量	最大间距/m	结构形式	备注
大瑶山隧道群	中国	24.7	连续、毗邻	单洞双线	紧急救援站	2	6060	①隧-路-桥-隧 ②隧-桥-隧	①洞内：两洞口各设1处疏散通道（横洞、侧壁开口）；洞外：路基设2处疏散通道，明线段：170m ②洞内：设1处疏散通道（横洞）；洞外：桥面设1处疏散通道，明线段：38.3m
					紧急出口	13	5462	平导、斜井、横洞	—
大秦岭隧道群	中国	44.223	连续	单洞双线	紧急救援站	2	16599	隧-桥-隧	①洞内：两洞口各设2处疏散通道（横洞、斜井），其中一端洞口两侧各增加1处侧壁开口，明线段：78m ②洞内：两洞口两侧各设1处疏散通道（横洞）；洞外：一端桥面设1处疏散通道，明线段：147m
					紧急出口	2	6017	斜井、平导、横洞	—
					避难所	2	7051	斜井	—
天华山隧道群	中国	42.365	连续	单洞双线	紧急救援站	2	18835	隧-桥-隧	①洞内：两洞口两侧均设平导、横道相连，明线段：151m ②洞内：两洞口各2处疏散通道（横洞）；明线段：66m
					避难所	4	6880	斜井	—
福仁山隧道群	中国	24.686	连续	单洞双线	紧急救援站	1	13102	隧-桥-路-隧	洞外：一端桥面两侧各设1处疏散通道，一端路基两侧各设1处疏散通道，明线段：249.5m
					紧急出口	2	6420	平导、斜井	—
					避难所	1		斜井	—
何家梁隧道群	中国	37.656	连续	单洞双线	紧急救援站	1	12607	隧-桥-隧	洞内：两洞口各设2处疏散通道（斜井）；洞外：一端桥面两侧各设1处疏散通道，明线段：85.3m
					紧急出口	3	6210	斜井、横洞	—
					避难所	2		斜井、横洞	—

续表

隧道名称	国家	长度/km	类型	形式	救援设施	数量	最大间距/m	结构形式	备注
棋盘关隧道群	中国	20.787	连续	单洞双线	紧急救援站	1	12472	隧—桥—隧	洞内：两洞口各设 2 处疏散通道（斜井、横洞）；明线段：68m
					紧急出口	1	6087	斜井	—
					避难所	1		斜井	—
金温铁路隧道群	中国	23.213	连续	单洞双线	紧急救援站	1	14143	隧—桥—隧	洞内：两洞口各设 1 处疏散通道（横洞）；明线段：153m
成贵线云贵段隧道群	中国	13.299	连续	单洞双线	紧急救援站	1	10500	隧—桥—隧	距两端洞口大约 2000m，无疏散通道；明线段：210m

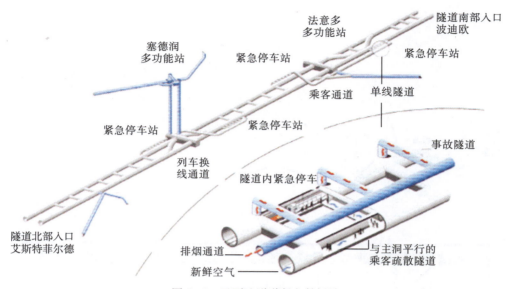

图 2-31　圣哥达隧道紧急救援站

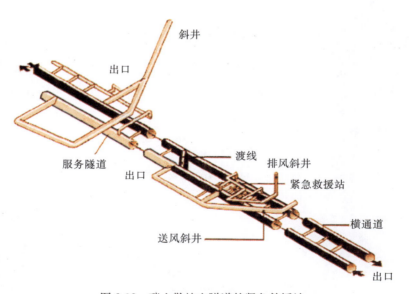

图 2-32　瑞士勒岐山隧道的紧急救援站

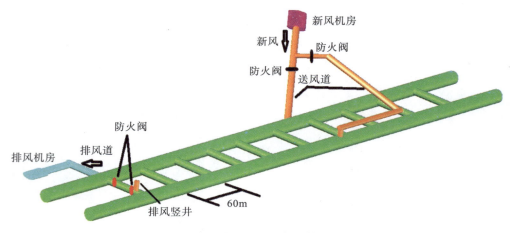

图 2-33　太行山 1 号紧急救援站

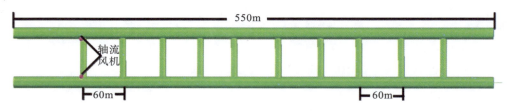

图 2-34　太行山 2 号紧急救援站

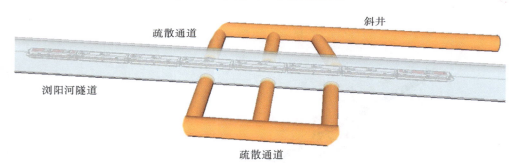

图 2-35　浏阳河紧急救援站

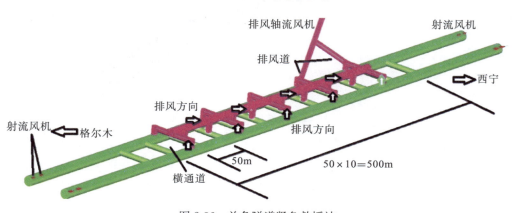

图 2-36　关角隧道紧急救援站

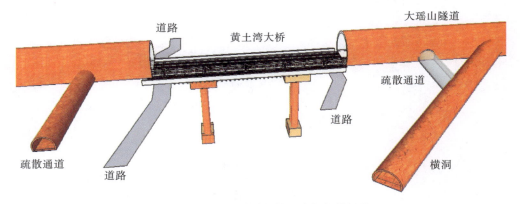

图 2-37 大瑶山隧道群黄土湾紧急救援站

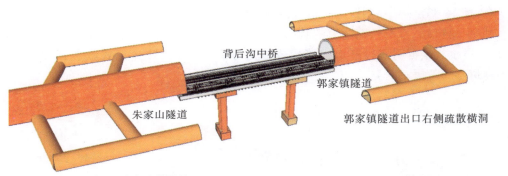

图 2-38 郭家镇—朱家山紧急救援站

根据铁路隧道的分类，各种类型隧道的紧急救援站结构形式也各不相同。

1)紧急救援站结构形式

(1)毗邻（连续）单洞铁路隧道救援站结构形式。

毗邻（连续）单洞铁路隧道的救援站结构形式为救援站设置在隧道间的明线段，如图 2-39 所示。根据明线段隧道连接形式分为隧道－桥梁－隧道形式救援站和隧道－路基－隧道形式救援站两类。

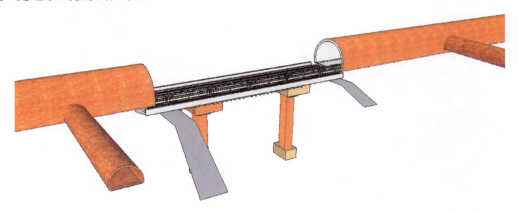

(a)隧道－桥梁－隧道形式

(b)隧道－路基－隧道形式

图 2-39　毗邻（连续）单洞铁路隧道救援站结构形式

(2)毗邻（连续）双洞铁路隧道救援站结构形式。

毗邻（连续）双洞铁路隧道的救援站结构形式为救援站设置在隧道间的明线段，如图 2-40 所示。根据明线段隧道连接形式分为隧道－桥梁－隧道形式救援站和隧道－路基－隧道形式救援站两类。

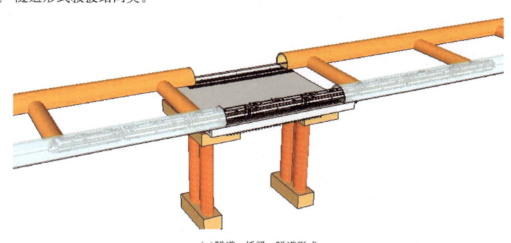

(a)隧道－桥梁－隧道形式

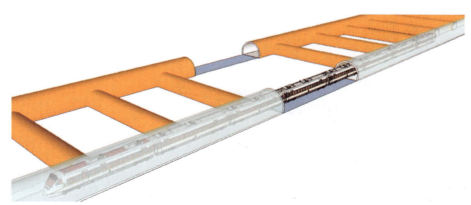

(b)隧道－路基－隧道形式

图 2-40　毗邻（连续）双洞铁路隧道救援站结构形式

（3）单体单洞铁路隧道紧急救援站结构形式。

单体单洞铁路隧道紧急救援站的结构形式通常采用加密横通道的形式，一般会综合利用施工留下来的辅助坑道，将斜井或者横洞作为紧急救援站的进风风道和疏散通道，与加密横通道区域的横通道相连。

单侧加密横通道的单洞铁路隧道紧急救援站结构形式如图 2-41 所示。双侧加密横通道的单洞铁路隧道紧急救援站结构形式如图 2-42 所示。

图 2-41 单体单洞铁路隧道紧急救援站形式（单侧加密横通道）

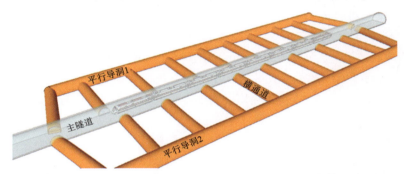

图 2-42 单体单洞铁路隧道紧急救援站形式（双侧加密横通道）

（4）单体双洞铁路隧道紧急救援站结构形式。

对于单体双洞铁路隧道来说，常采用加密横通道的紧急救援站结构形式。利用双洞隧道的有利条件，在隧道中部利用横通道将两座隧道相连，每条横通道均设置双向防火门，形成隧道之间互救、联络的防灾救援格局。

不带有避难空间单体双洞铁路隧道紧急救援站结构形式如图 2-43 所示。带有避难空间的单体双洞铁路隧道紧急救援站结构形式如图 2-44 所示。

图 2-43 单体双洞铁路隧道紧急救援站结构形式（无避难空间）

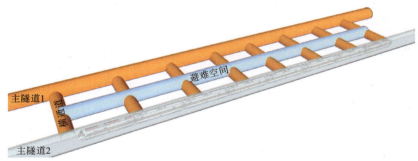

图 2-44 单体双洞铁路隧道紧急救援站结构形式（有避难空间）

2)紧急救援站设置间距

(1)列车性能对间距的要求。

列车性能对间距的要求体现在以下三个方面：列车残余运行速度、列车残余运行时间和列车残余运行能力。

对于列车残余运行速度，根据《铁路隧道防灾救援有关技术标准的研究》成果可知，即使 4M+4T 动车组丧失了 1/2 的动力，在 12‰的直线坡道上也能够维持一定的运行能力，并且动车组在两处动力内同时发生火灾的概率非常小。防灾救援以在一段时间内，同一列列车只有 1 处动力车发生火灾，也就是动车组丧失 1/4 的动力为前提进行研究。

根据《高速铁路设计规范（试行）》（铁建设[2009]47 号）和《新建时速 200～250km 客运专线设计暂行规范》（铁建设[2005]140 号），正线的最大坡度一般情况下不大于 20‰，因此在动车组丧失 1/4 的动力后，列车仍然能够维持 100km/h 以上的速度。

列车残余运行时间的确定可参考图 2-45 所示的瑞士圣哥达隧道列车残余运行时间。即将于 2017 年建成的圣哥达隧道全长 57km，位于瑞士中南部格劳宾登州，对其着火列车的剩余运行能力进行了模拟分析。从图 2-45 中可以看出，列车火灾后残余运行时间主要集中在 1000～1400s，考虑一定的安全富裕度，将列车着火后继续运行的时间定为 15～20min。

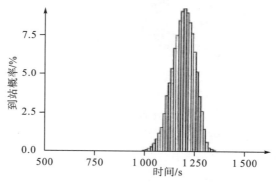

图 2-45　瑞士圣哥达隧道列车火灾后残余的运行时间

通过以上分析可以看出，列车发生火灾后的运行速度约为 80km/h，时间为 15min。由此，列车发生火灾事故后的残余运行能力为 20km。

(2)既有隧道设置的紧急救援站间距。

国内外既有隧道设置紧急救援站的间距如表 2-7 所示。

表 2-7　国内外既有隧道紧急救援站设置间距

隧道名称	国家	长度/km	紧急救援站数量	最大间距/m
青函海底隧道	日本	53.9	2	23000
圣地亚哥隧道	瑞士	57	2	20000
太行山隧道	中国	27.839	2	14554
关角隧道	中国	32.645	1	16685
青云山隧道	中国	22.175	1	11151
高黎贡山隧道	中国	34.53	2	13300
云屯堡隧道	中国	22.923	1	13955

续表

隧道名称	国家	长度/km	紧急救援站数量	最大间距/m
大秦岭隧道群	中国	44.223	2	16599
天华山隧道群	中国	42.365	2	18835
福仁山隧道群	中国	24.686	1	13102
何家梁隧道群	中国	37.656	1	12607
棋盘关隧道群	中国	20.787	1	12472

如表 2-7 可知，长度大于 20km 的铁路隧道设置了紧急救援站，紧急救援站的设置间距均小于 20km。

（3）列车发生火灾事故后达到最高温度的时间。

德国在隧道中分别对地铁车辆和铁路客车进行了燃烧试验，成果如下。

地铁车辆燃烧时顶板范围的最高温度。铝壳车和钢壳车因燃烧引起的顶板范围的温度与火源点距离的关系如图 2-46 所示。由图可知，铝壳车燃烧引起的顶板范围的温度较高，最高超过 1000℃。

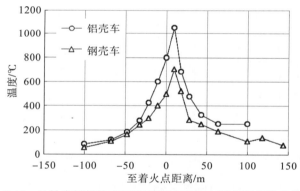

图 2-46　地铁车辆燃烧时顶板范围温度与火源点距离关系曲线

铁路客车燃烧时顶板范围的最高温度。铁路客车燃烧时，引起的顶板范围的温度与火源点距离的关系如图 2-47 所示。以铝壳客运列车＋普通客车组成的列车燃烧最为剧烈，顶板范围的温度最高近 1000℃。

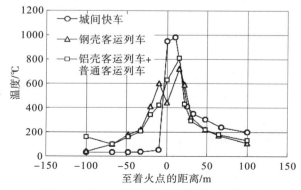

图 2-47　铁路客车燃烧时顶板范围温度与火源点距离关系曲线

地铁车辆燃烧时隧道横断面最高温度分布如图 2-48 所示。

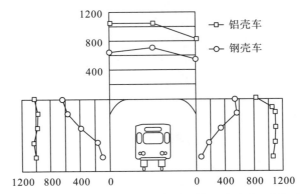

图 2-48 地铁车辆燃烧时隧道横断面最高温度分布（单位：℃）

铁路客车燃烧时隧道横断面最高温度分布如图 2-49 所示。

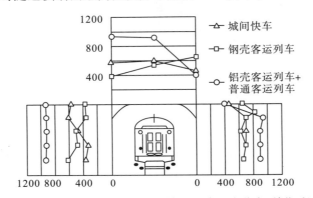

图 2-49 铁路客车燃烧时隧道横断面最高温度分布（单位：℃）

地铁车辆燃烧时最高温度随时间的分布如图 2-50 所示。铝壳车的温升梯度较大。铝壳车大约在燃烧 15min 时达到最高温度，钢壳车大约在燃烧 20min 时达到最高温度。

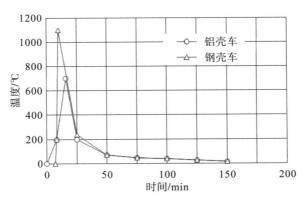

图 2-50 地铁车辆燃烧时最高温度随时间的分布

铁路客车燃烧时最高温度随时间的分布如图 2-51 所示。由铝壳客运列车＋普通客运列车组成的列车，其温升梯度相对于前两种车型温升梯度较小，且呈台阶状升温。三种材料的铁路客运列车在燃烧后大约 50min 才达到最高温度，在 15min 时，列车燃烧的温度刚有所上升并处于稳定状态，说明列车在 15min 以前仍有一定的动力性能。

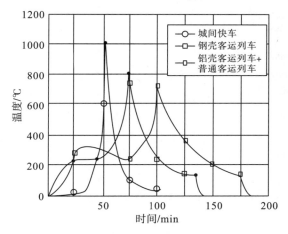

图 2-51　铁路客车燃烧时最高温度随时间的分布

(4)列车发生火灾事故后的残余运行能力。

根据分析，事故列车保守的运行速度约为 80km/h，时间为 15min。由此，列车发生火灾事故后的残余运行能力为 20km。

(5)不能到达"紧急救援站"的概率和风险。

研究人员对圣哥达隧道内列车不能到达"紧急救援站"的概率进行了分析，如表 2-8 所示。

表 2-8　圣哥达隧道内列车不能到达"紧急救援站"的概率

紧急救援站数量/座	紧急救援站间距/km	出事客车不能到达紧急救援站或者出口的可能性/%
1	30	30
2	20	0.01
4	12	0.0025

通过表 2-8 可以看出，紧急救援站的设置间距对旅客疏散救援影响较大。当紧急救援站的间距为 30km 时，列车出事后不能到达紧急救援站的概率是 30%，当间距为 20km 时，则下降到 0.01%；间距为 12km 时，不能到达的可能性仍然存在，但是和间距为 20km 时相比，则不是非常明显。因此，考虑到工程造价和疏散救援的概率，存在一个较优的紧急救援站间距。

综合以上各因素的分析，可以得到如下结论：长度 20km 及以上的铁路隧道或毗邻铁路隧道群应设置紧急救援站，且紧急救援站之间的距离不应大于 20km。

3)紧急救援站设置条件

(1)铁路隧道群紧急救援站设置条件。

由紧急救援站的设置间距研究可知，当毗邻铁路隧道群长度大于 20km 时，需设置紧急救援站，紧急救援站的间距不大于 20km。设置位置应尽量将隧道群长度划分均匀，并且两端距离最近的洞口、紧急出口或避难所距离均不超过 6km。

铁路隧道群紧急救援站设置在两相邻隧道洞口间明线段处，比在隧道内部设置紧急救援站有以下 4 个优点：①两相邻隧道洞口区会产生强烈的烟囱效应，使火灾烟气对隧道内部环境危害较小，可以提高人员的安全性；②两相邻隧道洞口区光线比隧道内明亮，人员疏散时内心恐慌度会降低，从而提高人员疏散的安全性；③两相邻隧道洞口区两侧可以设置露天的疏散通道，相比于在隧道内部设置疏散通道，降低了工程成本；④由于两相邻隧道洞口区对烟气的作用，两相邻隧道洞口区紧急救援站内不用设置排烟道等设施，风机数量可大大减少，降低风机的成本与维护费用。

（2）单体铁路隧道紧急救援站设置条件。

当单体铁路隧道长度大于 20km 时，需在单体隧道中设置紧急救援站，紧急救援站的间距不大于 20km。设置位置应尽量将单体隧道长度划分均匀，并且两端距离最近的紧急出口或避难所距离均不超过 6km。

根据铁路隧道设计原则，单洞铁路隧道一般不超过 15km，通常在受到地形地质条件限制而无法设置紧急出口或避难所时才考虑设置紧急救援站。

根据铁路隧道设计原则，超过 15km 的铁路隧道宜采用双洞铁路隧道，因此，对于双洞隧道设置紧急救援站的情况较多。

3. 紧急出口

1）紧急出口结构形式

通常情况下，单洞隧道多设置紧急出口，而双洞隧道则多采用横通道作为救援疏散设施。紧急出口的结构形式中，以斜井式、横洞式和出、入口平导式居多，也有在隧道侧壁开口作为紧急出口的形式。

斜井式紧急出口如图 2-52(a)所示。其特点为利用斜井作为紧急出口，而斜井具有一定的上坡坡度。因此，在斜井式紧急出口的设计中，要考虑斜井坡度对人员疏散的影响。其关键设计参数包括：斜井入口防护门的宽度、斜井入口段的坡度和宽度、斜井入口段的容量等。

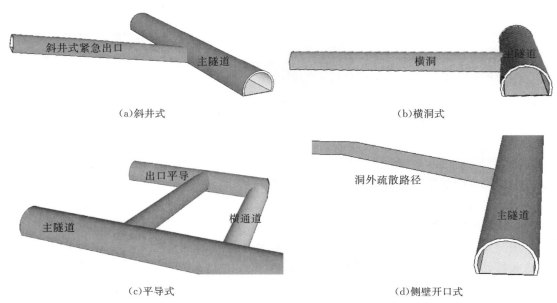

(a)斜井式   (b)横洞式

(c)平导式   (d)侧壁开口式

图 2-52　紧急出口结构形式

横洞式紧急出口如图 2-52(b)所示。其特点为利用横洞作为紧急出口，横洞的上坡坡度很小或为下坡坡度。所以，横洞式紧急出口设计中不需要考虑坡度对人员疏散速度的影响。其关键设计参数包括：横洞入口的防护门宽度和横洞宽度等。

平导式紧急出口如图 2-52(c)所示。其特点为利用隧道洞口的平导作为紧急出口，一般会采用横通道连接主洞与平导的方式增加紧急出口的数量，以增大人员安全的可靠性。其关键设计参数包括：横通道入口防护门宽度和横通道的宽度。

隧道侧壁开口的紧急出口如图 2-52(d)所示。其特点为利用隧道壁处山体较薄或直接在隧道侧壁开口通往隧道外的条件，在隧道侧壁开口作为紧急出口，一般在开口外设置有疏散路径通往安全区域。其关键设计参数包括：开口门宽和疏散路面的宽度。

2)紧急出口设置条件

由国内外紧急救援设施间距调研和列车最大运行距离研究可知，铁路隧道紧急救援站、避难所、紧急出口三者之间设置最大间距为 6km，紧急出口在铁路隧道及隧道群中应布置均匀，根据地形条件，应尽量选择距离短、坡度小的疏散通道作为紧急出口。一般紧急出口的设置形式有以下四种选择：①坡度小于 12％的且长度小于 500m 的斜井可以作为紧急出口；②长度小于 1000m 的横洞可以选择作为紧急出口；③隧道进出口平导＋横通道可以作为紧急出口；④隧道群明线段可设置洞外疏散通道作为紧急出口。

对于毗邻铁路隧道，若紧密相连的毗邻铁路隧道长度之和大于 6km，则需要设置紧急出口，即不考虑相邻隧道洞口之间明线段的存在，将连续的毗邻铁路隧道视为一条单体铁路隧道进行紧急出口的布置。紧急救援站、避难所、紧急出口三者之间间距不大于 6km。

对于连续铁路隧道，考虑相邻隧道洞口之间明线段的存在，即将各段隧道分别视为一条单体隧道，长度大于 6km 的隧道段，在其中需要设置紧急出口。将相邻隧道之间的明线段视为紧急出口，紧急救援站、避难所、紧急出口三者之间间距不大于 6km。

单体铁路隧道紧急出口的设置条件比较简单，即当单体铁路隧道长度大于 6km 时，则需要设置紧急出口。紧急救援站、避难所、紧急出口三者之间间距不大于 6km。

4. 避难所

当隧道受到埋深较大或围岩性质不稳定等特殊复杂的地形地质条件限制时，无法设置紧急出口，此时，需要在隧道内或疏散通道内设置避难所，作为人员暂时休息、等待外界救援的场所。

1)避难所结构形式

避难所的结构形式有斜井式和横洞式两种，且多设置在单洞隧道中，如图 2-53 所示。

无论是斜井式还是横洞式避难所，均是利用了长度过长或坡度过大的施工辅助坑道作为救援通道。因此，考虑到人员体力等问题，一般在通道中会设置避难空间。其关键设计参数包括：避难所入口防护门宽度、避难所通道宽度、避难所入口段坡度以及避难空间的坡度和容量。

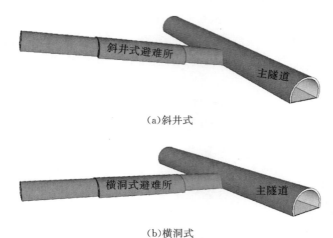

（a）斜井式

（b）横洞式

图 2-53　避难所结构形式

2）紧急出口、避难所设置间距

亚洲各国铁路隧道紧急出口、避难所的间距调研如表 2-9 所示。

表 2-9　亚洲国家铁路隧道紧急救援站、紧急出口、避难所的间距

隧道名称	国家	长度/km	救援通道	最大间距/m	备注
黄鹤隧道	韩国	9.975	紧急出口 1 处	4917	斜井式紧急出口
日直隧道	韩国	10.200	紧急出口 3 处	3086	斜井式紧急出口
金井隧道	韩国	20.333	紧急出口 5 处	5450	斜井式紧急出口 2 处 竖井式紧急出口 3 处
青函隧道本洲侧	日本	13.550	紧急出口 3 处	5710	斜井式紧急出口 2 处 横洞式紧急出口 1 处
青函隧道北海道侧	日本	17.000	紧急出口 2 处	8060	斜井式紧急出口
岩手一户隧道	日本	25.810	紧急出口 3 处	7700	斜井式紧急出口
南梁隧道	中国	11.256	紧急出口 1 处	4695	斜井式紧急出口
石板山隧道	中国	7.505	紧急出口 1 处	5320	斜井式紧急出口
函谷关隧道	中国	7.851	紧急出口 1 处	5480	斜井式紧急出口
张芽隧道	中国	8.483	紧急出口 1 处	4570	斜井式紧急出口
秦东隧道	中国	7.684	紧急出口 1 处	5718	斜井式紧急出口
大别山隧道	中国	13.256	紧急出口 2 处	5760	斜井式紧急出口
金寨隧道	中国	10.766	紧急出口 1 处	6345	斜井式紧急出口
长岭关隧道	中国	5.488	紧急出口 1 处	3686	斜井式紧急出口
得利隧道	中国	14.167	紧急出口 1 处 避难所 2 处	4600	斜井式紧急出口 1 处 斜井式避难所 2 处
南梁隧道	中国	11.526	紧急出口 1 处	4695	斜井式紧急出口
五尖大山隧道	中国	6.857	紧急出口 1 处	6265	斜井式紧急出口
天蓬隧道	中国	8.463	紧急出口 1 处	3908	横洞式紧急出口
埂上隧道	中国	5.461	紧急出口 1 处	3087	平导式紧急出口

续表

隧道名称	国家	长度/km	救援通道	最大间距/m	备注
玉凉山隧道	中国	6.306	紧急出口 1 处	3464	横洞式紧急出口
文阁隧道	中国	5.778	紧急出口 1 处	2910	横洞式紧急出口
姚家坪隧道	中国	8.836	紧急出口 1 处	6287	横洞式紧急出口
高坡隧道	中国	7.940	紧急出口 1 处	6150	横洞式紧急出口
大方隧道	中国	7.130	紧急出口 1 处	4893	平导式紧急出口
铁盔山隧道	中国	5.535	紧急出口 1 处	3770	横洞式紧急出口
泽雅隧道	中国	12.03	避难所	6350	斜井式避难所
汤村隧道	中国	9.645	避难所	5710	斜井式避难所
盘龙寺隧道	中国	9.413	避难所	6040	斜井式避难所
大沃山隧道	中国	6.123	避难所	3358	斜井式避难所
狮子岭隧道	中国	8.673	紧急出口	4715	斜井式紧急出口
油竹隧道	中国	4.836	紧急出口	4189	横洞式紧急出口

根据调研可知，铁路隧道紧急救援站、紧急出口、避难所的间距一般为 2~6km 不等，多数为 6km 以下，因此，由调研初步确定的铁路隧道紧急救援站、紧急出口、避难所的间距宜控制在 6km 以内。

根据现行《铁路隧道防灾救援疏散工程设计规范》的相关规定，隧道长度大于 10km 时，在其洞身段至少应设置 1 处紧急出口或避难所。因此，结合规范考虑，建议紧急出口、避难所间隔的距离不应大于 6km。

(3)避难所设置条件。

由国内外紧急救援设施间距调研和列车最大运行距离研究可知，铁路隧道在紧急救援站、避难所、紧急出口三者之间设置的最大间距为 6km。设置避难所主要是因为所选用的疏散通道条件不满足设置紧急出口的要求，因此，在通道内需设置一定面积的避难空间，为疏散人员提供休息、等待救援的场所。紧急救援站、避难所、紧急出口三者之间间距不大于 6km。

对于毗邻铁路隧道，若紧密相连的毗邻铁路隧道长度之和大于 6km，没有条件设置紧急出口，则需要设置避难所，即不考虑相邻隧道洞口之间明线段的存在，将连续的毗邻铁路隧道视为一条单体铁路隧道进行避难所的布置。紧急救援站、避难所、紧急出口三者之间间距不大于 6km。

对于连续铁路隧道，考虑相邻隧道洞口之间明线段的存在，即将各段隧道分别视为一条单体隧道，长度大于 6km 的隧道段，若没有条件设置紧急出口，则需要设置避难所。将相邻隧道之间的明线段视为紧急出口，紧急救援站、避难所、紧急出口三者之间间距不大于 6km。

单体铁路隧道避难所的设置条件比较简单，即当单体铁路隧道长度大于 6km，若没有条件设置紧急出口，则需要设置避难所。紧急救援站、避难所、紧急出口三者之间间距不大于 6km。

2.2.3　防灾救援设备系统

铁路隧道防灾救援设备系统包括通风控烟系统和机电控制系统两大类。其中，通风控烟系统的作用是控制火灾烟气流动，保障人员的安全，主要包括风机、风阀、防护门等；疏散控制系统的作用是为疏散人群提供照明、导向，降低人员的心理恐惧程度，帮助人员快速撤离事故隧道，主要包括监控设施、照明设施、疏散诱导设施等。

1. 通风控烟系统

一般情况下，隧道内的运营通风系统应具备火灾时的通风排烟功能。高速铁路隧道对于防排烟系统有特殊说明，防排烟气流设计应根据疏散点位置、人员疏散路线及方向进行设计。如隧道内发生火灾，列车需临时停车时，应尽快通知隧道控制中心开启隧道内通风系统。在紧急救援站、紧急出口及避难所应采用机械加压送风防烟措施，送风应从隧道外引入清洁的新鲜空气，在防护门处的风速不应小于 2m/s；且要保证等待区的送风量满足 $10m^3/(人·h)$ 的最小要求。

2. 疏散控制系统

(1)探测和报警系统。一旦火灾发生，如能够尽早探得火源并且能尽快控制灾情的发展，那么将会大大降低灾害损失。要实现这个目的，就需要在列车内和隧道内设置探测和报警系统。在隧道内设置的探测报警系统包括离子感烟探测器、紫外线火焰探测器、红外轴温探测器、红外热度监视器、有毒气体探测器等，与之配合的还需有摄像监控系统等。在西康线秦岭隧道的两端的车站设置了红外轴温探测装置，以阻止带火列车继续运行，在隧道进出口设置火灾警告信号，以避免后续列车进入灾情隧道。在隧道洞内的横通道处还设置了人工报警按钮。动车上的探测系统可以采用光学烟雾探测器及安装在地板或其他设备中的线性热感应探测器，使得在发生火情时，列车驾驶员和列车长能最快地接收到信号，尽快利用列车上的报警按钮或报警电话报告火情。与此同时，自动火灾报警系统可自动关闭发生火灾的车厢的空调系统。

(2)消防灭火系统。消防灭火系统，包括动车上放置的灭火器和隧道内设置的灭火设备。在动车上一般需要在每节车厢两端及车厢内配置灭火器，并且在司机室增加灭火器数量。隧道内的灭火设备一般采用消火栓、干粉或泡沫灭火器，这些装置是高速铁路隧道小型火灾最主要的消防方式。除此之外，在长大隧道的出入口处，作为消防用水储备，均应修建消防水源井或消防蓄水池。

(3)通信系统。为了保障指挥人员、救援人员与火灾现场人员之间实现通信畅通，动车及铁路隧道内应设置有线应急电话系统，并且要充分利用铁路 GSM-R 和 450MHz 无线列调等无线通信手段，以供司乘人员与列控中心联络。隧道内每隔 500m 设置电话终端，并结合紧急救援站、横通道、避难所、紧急出口、隧道洞口等设置情况综合考虑。在隧道出入口、紧急出口等位置处设置视频采集点，并能将视频信息反映在铁路综合视频监控系统中。

（4）供电系统。在救援疏散路线上应设置疏散照明和指示灯，在隧道洞口、紧急出口、横通道口、避难所口等应设置相应的标志灯，在隧道内设置的应急照明系统应有不小于 1h 的持续照明时间。列车供电系统必须有足够的电能储备以备电网失效时列车能够继续运行到"定点"区域。

第 3 章　铁路隧道防灾疏散数值模拟方法

3.1　铁路隧道火灾烟流数值模拟方法

3.1.1　火灾模拟的数值模型

由于火灾过程的复杂性，根据所模拟的不同现象、研究层次和方法，如今对火灾的模拟主要有专家系统（expert system）、区域模拟（zone model）、网络模拟（network model、场模拟（field model）和混合模拟（hybrid model）。

1）专家系统

专家系统是一种经验模拟，即通过搜集、测量和分析实际建筑物火场和模拟试验的数据，用计算机进行处理，归纳总结经验公式，并借助计算机的数据库和图形图像功能，形象地认识火灾的各个分过程和整个火灾过程。但其往往只是针对火灾过程的某一局部问题，是对火灾过程的浅层次的经验模拟。常用的专家系统有美国标准与技术研究院开发的 FPETOOL 模型和丹麦火灾研究所编制的 ARGOS 模型。

2）区域模拟

20 世纪 70 年代，美国哈佛大学的 Emmons 教授提出了区域模拟思想：把所研究的受限空间划分为不同的区域，并设每个区域内的状态参数是均匀一致的，而质量和能量的交换只发生在区域与区域之间、区域与边界之间以及它们与火源之间。从这一思想出发，根据质量、能量守恒原理可以推导出一组常微分方程；而区域、边界及火源之间的质量、能量交换过程则是通过方程中所出现的各个源项体现出来。

目前，世界各国建立了许多室内火灾区域模拟的模型，以 CEAST、ASET、BR12、CCFM-VEN. RS、CFIRE-X、Compbrn、Havardmard4 以及中国科学技术大学的 FAC3 等为典型代表。区域模拟是一种半物理模拟，但是忽略了区域内部的运动过程，不能反映湍流等输运过程以及流场参数的变化，只抓住了火灾的宏观特征，因而是相当近似和粗糙的。

3）网络模拟

网络模拟把每一个受限空间视为一个单元体，假设每个单元体内部的参数（如温度、组分浓度等）是均匀的，火灾过程表现为构成整个模拟空间的各单位内部参数的变化过程，从而将这些内部空间划分为相互连接的网络节点。模型在分析各节点之间的质量、能量守恒基础上，构造出各网络节点状态变化的控制方程，然后求解出节点状态随时间的变化。通常用节点温度、烟气浓度与时间的特性函数来描述火情。网络模型的输入数据为气象数据、建筑特征、火源特性以及室内特性等。

目前国外常用的网络模型主要有：日本的 BRI、加拿大的 IRC、英国的 BRE、美国的 NSIT、荷兰的 TNO。网络模型主要应用于受限空间数目较多、边界条件复杂（如高层建筑、井巷网络）的火灾研究。由于假设烟气与空气的流动特性相似，空气与烟气混合均匀，所以网络模型只适用于远离火场的区域。

4）场模拟

火灾的场模拟研究是利用计算机求解火灾过程中各参数（如速度、温度、组分浓度等）的空间分布及其随时间的变化规律，是一种物理模拟。场模拟的理论基础是自然界普遍成立的质量守恒、动量守恒、能量守恒以及化学反应定律等。自从 1983 年 Kumar 首先建立火灾场模型以来，出现了许多场模拟的大型通用商业软件和火灾专用软件。通用商业软件以 Phoenics、Fluent 等为代表，都具有非常友好的用户界面形式和方便的前后处理系统；用于火灾数值模拟的专用软件有美国 NIST 开发的 FDS 和英国的 Jasmine 等，它们的特点是针对性较强。场模拟可以得到比较详细的物理量的时空分布，能精细地体现火灾现象，但需要较高的计算机能力和较长的运算时间，在工程实际当中难以完全采用这种方法来模拟火灾过程。

5）混合模拟

由于场模拟、区域模拟和网络模拟各有自己的不足和优点，根据具体的研究对象，将它们中的两种（场区模型）或两种以上（场区网模型）的模型结合起来使用，可以节约计算资源，得到准确的计算结果。

目前，混合模拟已成功应用于高层建筑火灾、矿井火灾、隧道火灾等场合。

本章论述的内容以场模拟模型为基础，重点介绍火灾动力学模拟（fire dynamics simulator，FDS）模型和利用 Fluent 软件求解火灾过程中速度、温度、可视度和压力的空间分布。

3.1.2　火灾动力学模拟模型

1. FDS 简介

火灾动力学模拟模型是一个研究由火灾引起流动的流体动力学计算模型。FDS 对于低速、热驱动流的定量计算使用那维尔−斯托克斯方程（黏性流体方程），侧重于火灾产生的烟气和引起的热传输，FDS 有如下特点。

（1）流体动力模型。FDS 对于低速、热驱动流的定量计算使用那维尔−斯托克斯方程，侧重于火灾产生的烟气和热传导。核心运算是一个明确的预测校正方案，在时间和空间二阶上较精确。湍流通过大涡流模拟（large eddy simulation，LES）的 Smagorinsky 来处理。如果基础的数值表足够准确，则可进行直接数值模拟（direct numerical simulation，DNS）。

（2）燃烧模型。对大多数应用来说，FDS 是一个使用混合物百分数燃烧模型。混合物百分数是一个守恒量，其定义为起源于燃料的流动区给定点的气体百分数。模型假定燃烧是一种混合控制（mixing-controlled），且燃料与氧气的反应过程非常快。所有反应物和产物的质量百分数可通过使用"状态关系"（燃烧简化分析和测量得出的经验表达式）由混合物百分数推导出。

（3）辐射传热。辐射传热通过模型中的非扩散灰色气体的辐射传输方程来解决相关问题，在一些有限的情况下使用宽带模型。方程求解采用类似于对流传热的有限体积法，因而，命名为"有限体积法"（FVM）。选用约 100 个不连续的角度，由于辐射传热的复杂性，有限体积解算程序在一次计算中需占约 15% 的 CPU 处理时间。水滴能吸收热辐射，这在有细水雾喷头的场所起很大的作用，在其他设置喷淋喷头的场所也起到一定作用。这种吸收系数以 Mie 理论为基准。

（4）几何结构。FDS 将控制方程近似为直线的栅格（网格），因此用户在指定矩形障碍物时须与基础网格一致。

（5）多网格。这是一个用来在一次计算过程中描述使用不止一个矩形的网格的术语。当使用单网格不易计算时，可采用多于一个的矩形网格。

（6）边界条件。给定所有固体表面的热边界条件，以及材料的燃烧特性，通常将材料特性储存于一个数据库中并可用名称调用。固体表面的热量和质量转换可使用经验公式计算，但当执行直接数值模拟时可直接进行估算。

2. FDS 的模拟原理

1）燃烧模拟

有两个参数可用来描述燃烧：一是单位面积热释放速率；二是蒸发热，在这种情况下，燃料的燃烧率可依照表面的净热反馈来确定。而获得以上两个参数要用到混合燃烧模型，即模拟一种或多种燃料和氧气的反应，其中包含多种相关的参数，包括燃烧反应物（丙醇、氧气、碳氢化合物等）和燃烧生成物（CO_2、CO、H_2O 和煤烟等）的混合比系数。混合比系数确定如下式所示：

$$\frac{Z_{f,off}}{Z_f} = \min\left(1, \xi\frac{D^*}{\delta x}\right) \tag{3-1}$$

$$D^* = \left(\frac{Q}{\rho_\infty c_p T_\infty \sqrt{g}}\right)^{2/5} \tag{3-2}$$

式中，Z_f——理想的混合比系数；

ξ——经验常数；

D^*——火的直径特征，m；

δx——单位长度，m；

Q——火源规模，kW；

ρ_∞——环境密度，kg/m^3；

T_∞——环境温度，K；

c_p——气体比定压热容，$kJ/(kg \cdot K)$；

g——重力加速度，m/s^2。

2）可视度模拟

若用混合方法进行火灾计算，烟中混有其他燃烧物质的成分。在隧道空间，可视性最有用的量是减光系数 K，通过烟气距离为 L 的单色光强度按下面公式衰减：

$$I/I_0 = e^{-KL} \tag{3-3}$$

$$K = Km\rho_{Ys} \tag{3-4}$$

式中，ρ_{Ys}——烟气粒子浓度，ppm。

可利用公式(3-5)评估烟气能见度：

$$S = C/K \tag{3-5}$$

式中，C——烟气中可见物的无量纲特征值，发光物质的 C 值可选为 8，反光物质的 C 值可选为 3。

由于 K 是变量，所以 S 随 K 的改变而改变。FDS 能追踪烟气产生浓度的变化。

3）温度模拟

防火专家通常需要评估燃烧小房间内热烟气与冷烟气的分界面，相对简单的火灾模型就是参考低层和高层的平均温度来直接计算。在 FDS 软件中，没有明显的两层分区，而是一个连续温度画面，并依据垂直温度画面估测分层高度和平均温度。例如，令温度 T 为连续函数 $T(z)$ 在 z 轴上的函数，这里 $z = 0$ 为地面，$z = H$ 是顶棚。定义 T_u 为上层温度，T_1 为低层温度，Z_{int} 为分界高度，根据能量守恒定律得

$$(H - Z_{int})T_u + Z_{int}T_1 = \int_0^H T(z)\mathrm{d}z = I_1 \tag{3-6}$$

根据质量守恒定律(假定为理想气体)得

$$(H - Z_{int})\frac{1}{T_u} + Z_{int}\frac{1}{T_1} = \int_0^H \frac{1}{T(z)}\mathrm{d}z = I_2 \tag{3-7}$$

联立解得

$$Z_{int} = \frac{T_1(I_1 I_2 - H^2)}{I_1 + I_2 T_1^2 - 2T_1 H} \tag{3-8}$$

3. FDS 边界条件

(1)热边界条件。其有四种边界条件：固体的表面温度固定、固体的表面热通量固定、热量分布高的固体、热量分布低的薄板。给定一边界条件，只能选择以上的一种表面。

若固体表面有固定温度，则建立 TMPWAL 作为表面温度，以℃为单位，对于表面热通量一定的情况，建立 HEAT＿FLUX 来作为热通量，其单位为 kW/m³。若 HEAT＿FLUX 是正的，则墙体加热环境空气，反之则反。

固体表面升温是由于热辐射和周围空气的热对流。对于热量分布集中的固体，指定热传导率为 KS[单位为 W/(m·K)]，密度为 DENSITY(单位为 kg/m³)，气体比定压热容为 C＿P[单位为 kJ/(kg·K)]，材料厚度为 DELTA(单位为 m)。KS 和 C＿P 可作为温度的函数，密度不能作为温度的函数。计算一定材料厚度的一维热传导时，材料厚度选择衬层材料厚度。对于热量分散的墙衬，给出 C＿DELTA＿RHO、比热容的值、密度和衬层厚度。假设热量分散的衬层在其上有相同的温度，这三个参数可以使用 C＿P，DELTA 和 DENSITY 来分别给出，C＿P 可以作为温度的依据。

(2)速度边界条件。速度边界条件影响边界速度的法向分量和切向分量。速度法向分量由 VEL 参数来控制。若 VEL 为负数，则流动是进入计算范围内的，反之则反。有时，我们希望得到的是通风口(或燃烧面)的体积流而不是速度，假如是这种情况，则需给出

体积流 VOLUME＿FLUX 而不是速度 VEL。体积流的单位是 m^3/s，若流体进入计算域，则为负值。

（3）时间边界条件。在计算开始，环境、温度、流速处处为零，没有燃烧，所有分段的质量是相同的。在开始计算的时候，温度、速度、燃烧率等都由其初始值开始增加，这是因为数值变化不可能瞬时发生。默认情况下，每个量增加到给定值的时间粗略估计为 1s。边界条件可由已给的或用户自己设定的时间函数得到。参数 TAU＿Q 和 TAU＿V 指的是在 TAU 秒以后热量或液力上升到给定值并保持不变。TAU＿Q 是单位面积热释放速率 HRRPUA 或墙体温度 TMPIGN 随时间增加的特征值。TAU＿V 是表面切向速度 VEL 或体积流 VOLUME＿FLUX 的增加时间。如果 TAU＿Q 为正，则热释放比率按照双曲正切函数 $\tanh(t/\tau)$ 规律增加。如果是负值，则 HRRPUA 符合 $(t/\tau)^2$ 曲线。假如燃烧符合 t^2 曲线，在 TAU＿Q 秒后保持定值，并对 TAU＿V 同样成立。对两者来说，默认值是 1s。若数量的增加不符合 tanh 或者 t^2 曲线，则用户必需根据燃烧历史记录详细说明。

4. FDS 命令编辑

（1）Head。为建立一个输入文件，首先给出一个工作名称，Head 包括 2 个参数，CHID 是字符串或通常给出使用的字符串标记输出文本。

（2）Time。Time 是一组参数的名称，用来定义模拟持续的时间和最初开始的时间阶段，通常提出独立方程来解决。

（3）GRID。GRID 名称列表组包含了栅格单元的各种尺寸。它一般包含 X（表示 I 方向尺寸）、Y（表示 J 方向尺寸）、Z（表示 K 方向尺寸）三个方向的尺寸，其中 Z 方向通常被设为垂直方向，而较长的水平边方向可被当作 X 方向。注意栅格单元越接近于立方体越好，也就是说，单元长、宽、高应尽量接近。另外，因为计算中的一个重要部分必须使用基于傅里叶快速转换公式（FFTs）的泊松分布法，栅格单元尺寸应符合 $2^l 3^m 5^n$ 这一模数，（此处 l、m、n 均为整数）。

（4）MISC。MISC 是各类输入参数的名称列表组，且仅有一个 MISC 工具条可被加入数据文件。当范围或重要性不同，该 MISC 参数均会有所不同。在这一目录下的最重要参数，是一个可以决定是进行大型涡流模拟（LES）计算，还是进行直接数字模拟（DNS）计算的参数。

（5）SURF。SURF 是对固体表面或开口在流域范围内的边界条件。

（6）OBST。OBST 列出关于障碍物的信息。每个 OBST 行都包含流域内矩形固体物质的坐标。这个固体默认为两个点 (x_1, y_1, z_1) 和 (x_2, y_2, z_2)，在 OBST 行中的表达形式即 $XB = x_1$、x_2、y_1、y_2、z_1、z_2。

（7）HOLE。HOLE 用来给现有的障碍物或者是建立的障碍物穿洞，创造空间。

（8）VENT。VENT 用来描述临近障碍物的位置或者墙的外部。为障碍物选定方式相似的通风口，使用六个一组的 XB 来表示紧邻固体表面位面。

（9）SLCF。SLCF 记录多于一个点的各种气态量，根据 XB 的值，它可以是一条线、一个平面或体积。

（10）BNDF。BNDF 允许记录所有固体障碍物表面的量（密度、气体温度、热电偶温度、流动速度、扰动压力等）。

（11）ISOF。ISOF 命令行组允许一条记录并存储一个或者多个单一气体状态量值，并且可以对它们进行排序。这些量包括 DENSITY、TEMPERATURE、HRRPUV 和 MIXTURE_FRACTION。

（12）INIT。FDS 的计算开始于恒定的环境条件，也就是说，温度、空气密度和质量分率的种类是固定的。对于在一些矩形房间内就可以便利地改变环境条件。

5. FDS 典型案例

建立一个混凝土单洞隧道，文件名称"sd"，计算时间 300s，隧道长 500m，宽 7m，高 10m。建立的模型如图 3-1 所示，其 FDS 的命令编辑过程如下。

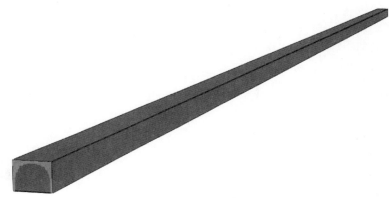

图 3-1　数值模拟模型图

```
&HEAD CHID='sd', TITLE='sd'/
&TIME T_END=300, DT=1/
&DUMP RENDER_FILE='sd'/
&MISC SURF_DEFAULT='CONCRETE', TMPA=20.00/
&MESH ID='MESH1', IJK=10, 9, 10, XB=0, 100, −1, 8, 0, 10/
&MESH ID='MESH2', IJK=20, 9, 10, XB=100, 200, −1, 8, 0, 10/
&MESH ID='MESH3', IJK=50, 18, 20, XB=200, 300, −1, 8, 0, 10/
&MESH ID='MESH4', IJK=20, 9, 10, XB=300, 400, −1, 8, 0, 10/
&MESH ID='MESH5', IJK=10, 9, 10, XB=400, 500, −1, 8, 0, 10/
&SURF  ID='FIRE',
        COLOR='RED',
        HRRPUA=5.0000000E003,
&MATL  ID='MY CONCRETE',
        CONDUCTIVITY=1.0,
        DENSITY=2100,
        SPECIFIC_HEAT=0.88/
&SURF  ID='CONCRETE',
        MATL_ID='MY CONCRETE',
```

```
           BACKING='INSULATED',
           THICKNESS=0.3,
           COLOR='BRICK'/
  &MATL  ID='MY IRON',
           CONDUCTIVITY=1.16,
           DENSITY=7800,
           EMISSIVITY=0.85,
           SPECIFIC _ HEAT=0.46/
  &SURF  ID='IRON',
           MATL _ ID='MY IRON',
           BACKING='INSULATED',
           THICKNESS=0.05,
           COLOR='CYAN'/
  &OBST XB = 0    500    -1    0    0.0    10.0, SURF _ ID ='CONCRETE',
SAWTOOTH=. FALSE. /
  &OBST XB = 0    500    0    0.12    5.6    10.0, SURF _ ID ='CONCRETE',
SAWTOOTH=. FALSE. /
  &OBST XB = 0    500    0.12    0.47    6.45    10.0, SURF _ ID ='CONCRETE',
SAWTOOTH=. FALSE. /
  &OBST XB = 0    500    0.47    1.03    7.17    10.0, SURF _ ID ='CONCRETE',
SAWTOOTH=. FALSE. /
  &OBST XB = 0    500    1.03    1.75    7.73    10.0, SURF _ ID ='CONCRETE',
SAWTOOTH=. FALSE. /
  &OBST XB = 0    500    1.75    2.59    8.1    10.0, SURF _ ID ='CONCRETE',
SAWTOOTH=. FALSE. /
  &OBST XB = 0    500    2.59    4.41    8.2    10.0, SURF _ ID ='CONCRETE',
SAWTOOTH=. FALSE. /
  &OBST XB = 0    500    4.41    5.25    8.1    10.0, SURF _ ID ='CONCRETE',
SAWTOOTH=. FALSE. /
  &OBST XB = 0    500    5.25    5.97    7.73    10.0, SURF _ ID ='CONCRETE',
SAWTOOTH=. FALSE. /
  &OBST XB = 0    500    5.97    6.53    7.17    10.0, SURF _ ID ='CONCRETE',
SAWTOOTH=. FALSE. /
  &OBST XB = 0    500    6.53    6.88    6.45    10.0, SURF _ ID ='CONCRETE',
SAWTOOTH=. FALSE. /
  &OBST XB = 0    500    6.88    7    5.6    10.0, SURF _ ID ='CONCRETE',
SAWTOOTH=. FALSE. /
  &OBST XB = 0    500    7    8    0.0    10.0, SURF _ ID ='CONCRETE',
```

SAWTOOTH=. FALSE. /
　&OBST XB = 0　　500　　−1　8　　0.0　　0.1，SURF ＿ ID =′ CONCRETE′，
SAWTOOTH=. FALSE. /
　&OBST XB=249，251，3，4，0，1.1，SURF ＿ ID=′FIRE′/
　&VENT XB=0　0　−1　8　0　10，SURF ＿ ID=′OPEN′/
　&VENT XB=500　500　−1　8　0　10，SURF ＿ ID=′OPEN′/
　&DEVC XYZ=0　3.5　7.9，ID=′td1′，QUANTITY=′TEMPERATURE′/
　&SLCF QUANTITY=′TEMPERATURE′，PBY=3.5/
　&SLCF QUANTITY=′VISIBILITY′，PBZ=2/
　&TAIL/

3.1.3　流体动力学模拟模型 Fluent

1. Fluent 简介

Fluent 软件是目前国内外使用最多、最流行的计算流体动力学的商业软件之一，由美国私营工程服务公司 Greare Inc 于 1983 年开发出第一版，于 2006 年被 ANSYS 公司收购，并整合进该公司其他软件产品中。

Fluent 软件包含基于压力的分离求解器、基于压力的耦合求解器、基于密度的隐式求解器、基于密度的显式求解器，多求解器技术使 Fluent 软件可以用来模拟从不可压缩到高超音速范围内的各种复杂流场。Fluent 软件包含非常丰富、经过工程确认的物理模型，可以模拟高超音速流场、传热与相变、化学反应与燃烧、多相流、旋转机械、动/变形网格、噪声、材料加工等复杂机理的流动问题。

Fluent 软件具有以下特点。

Fluent 软件采用基于完全非结构化网格的有限体积法，而且具有基于网格节点和网格单元的梯度算法；定常/非定常流动模拟，而且新增快速非定常模拟功能的 Fluent 软件具有强大的网格支持能力，支持界面不连续的网格、混合网格、动/变形网格以及滑动网格等。值得强调的是，Fluent 软件还拥有多种基于解的网格的自适应、动态自适应技术，以及与动网格与网格动态自适应相结合的技术。Fluent 软件包含三种算法：非耦合隐式算法、耦合显式算法、耦合隐式算法。Fluent 软件包含丰富而先进的物理模型，使得用户能够精确地模拟无粘流、层流、湍流。湍流模型包含 Spalart-Allmaras 模型、k-ω 模型组、k-ε 模型组、雷诺应力模型组、大涡模拟模型组以及最新的分离涡模拟和 V2F 模型等。另外，用户还可以定制或添加自己的湍流模型。该软件适用于牛顿流体、非牛顿流体；含有强制/自然/混合对流的热传导，固体/流体的热传导及辐射；化学组分的混合与反应；自由表面流模型、欧拉多相流模型、混合多相流模型、颗粒相流模型、空穴两相流模型和湿蒸汽模型；融化溶化/凝固；蒸发/冷凝相变模型；离散相的拉格朗日跟踪计算；非均质渗透性、惯性阻抗、固体热传导，多孔介质模型(考虑多孔介质压力突变)；风扇、散热器和以热交换器为对象的集中参数模型；惯性或非惯性坐标系，复数基

准坐标系及滑移网格；动静翼相互作用模型化后的接续界面；基于精细流场解算的预测流体噪声的声学模型；质量、动量、热、化学组分的体积源项；丰富的物性参数的数据库。磁流体模块主要模拟电磁场和导电流体之间的相互作用问题；连续纤维模块主要模拟纤维和气体流动之间的动量、质量以及热的交换问题；高效率的并行计算功能，提供多种自动/手动分区算法；内置 MPI 并行机制可大幅度提高并行效率。另外，Fluent 软件特有动态负载平衡功能，确保全局高效并行计算；Fluent 软件提供了友好的用户界面，并为用户提供了二次开发接口；Fluent 软件采用 C/C++语言编写，从而大大提高了对计算机内存的利用率。

在 CFD 软件中，Fluent 软件是目前国内外使用最多、最流行的商业软件之一。Fluent 软件设计基于"CFD 计算机软件群的概念"，针对每一种流动的物理问题的特点，采用适合于它的数值解法，在计算速度、稳定性和精度等各方面达到最佳。由于囊括了 Fluent Dynamical International PolyFlow 和 Fluent Dynamical International 的全部技术力量（前者是公认的在黏弹性和聚合物流动模拟方面占领先地位的公司，后者是基于有限元方法 CFD 软件方面领先的公司），因此 Fluent 具有以上软件的许多优点。

2. Fluent 模拟原理

1）基本控制方程

列车在隧道内运动产生的活塞风、火灾释放的高温烟气均会导致隧道内空气的流动。隧道火灾过程遵循质量守恒方程、动量守恒方程、能量守恒方程以及组分质量守恒方程。

（1）质量守恒方程如下：

$$\frac{\partial \rho}{\partial t} + \frac{\partial}{\partial x_i}(\rho v_i) = 0 \qquad (3\text{-}9)$$

式中，ρ——密度，kg/m^3；

$\quad t$——时间，s；

$\quad v_i$——速度在 x 方向的分量。

（2）动量守恒方程如下：

$$\frac{\partial}{\partial t}(\rho v_i) + \frac{\partial}{\partial t}(\rho v_t v_i) = -\frac{\partial p}{\partial x_i} + \frac{\partial}{\partial x_j}\left[\mu\left(\frac{\partial v_i}{\partial x_j} + \frac{\partial v_j}{\partial x_i}\right)\right] - \frac{2}{3}\frac{\partial}{\partial x_i}\left(\mu\frac{\partial v_i}{\partial x_i}\right) + \rho g_j$$

$$(3\text{-}10)$$

式中，p——流体微元上的压力，Pa；

$\quad \mu$——动力黏度，$N \cdot S/m^2$；

$\quad u_j$——速度为 y 方向的分量；

$\quad g_j$——重力加速度，m/s^2。

（3）能量守恒方程如下：

$$\frac{\partial}{\partial t}(\rho c_p T) + \frac{\partial}{\partial x_i}(\rho v_i c_p T) = \frac{\partial}{\partial x_i}\left(\lambda \frac{\partial T}{\partial x_i}\right) + q_s - q_r \qquad (3\text{-}11)$$

式中，c_p——气体的比定压热容，$J/(kg \cdot K)$；

$\quad \lambda$——气体导热系数；

$\quad q_s$、q_r——辐射热源项和燃烧产生热源项。

（4）组分守恒方程如下：

$$\frac{\partial}{\partial t}(\rho C_s) + \frac{\partial}{\partial x_i}(\rho v_i C_s) = \frac{\partial}{\partial x_i}(D\rho \frac{\partial C_s}{\partial x_i}) - w_s \qquad (3\text{-}12)$$

式中，C_s——组分气体的质量分数；

　　　　D——组分气体扩散系数；

　　　　w_s——燃烧过程中组分气体的化学反应生成率。

设 ϕ 为流场某一通用变量，则对于任一控制容积 P，上述流场控制方程可统一写成如下形式：

$$\frac{\partial}{\partial t}(\rho\phi) + \text{div}(\rho u\phi) = \text{div}(\Gamma \text{grad}\phi) + S_\phi \qquad (3\text{-}13)$$

式中，ϕ——通用变量；

　　　　Γ——广义扩散系数；

　　　　S_ϕ——广义源项。

当 ϕ 为 1、U、e、s（U 为速度，e 为内能，s 为组分）时，式（3-13）分别表示连续性方程、动量方程、能量方程和组分方程。

2）湍流换热模型

隧道火灾过程中烟气的流动是一种在浮力驱动下的湍流流动，湍流流动与换热是自然界以及工程技术领域中很常见的一种现象。采用雷诺时均方法对湍流流动进行处理，湍流量的瞬时值可以分解为平均值与脉动值的线性叠加，定义脉动速度 $\phi' = \phi - \bar{\phi}$，代入到以上各基本方程，就得到了如下雷诺时均方程组：

$$\begin{cases} \frac{\partial \rho}{\partial t} + \frac{\partial}{\partial x_i}(\rho \bar{v}_i) = 0 \\[2mm] \frac{\partial}{\partial t}(\rho c_p \overline{T}) + \frac{\partial}{\partial x_i}(\rho \bar{v}_i c_p \overline{T}) = \frac{\partial}{\partial x_i}(\lambda \frac{\partial \overline{T}}{\partial x_i}) - \frac{\partial}{\partial x_i}(\rho \overline{v_i c_p T'}) - \overline{q_r} + \overline{q_s} \\[2mm] \frac{\partial}{\partial t}(\rho \bar{v}_j) + \frac{\partial}{\partial t}(\bar{v}_i \bar{v}_j) = -\frac{\partial p}{\partial x_j} + \frac{\partial}{\partial x_i}\left[\mu\left(\frac{\partial \bar{v}_i}{\partial \bar{v}_j} + \frac{\partial \bar{v}_j}{\partial \bar{v}_i}\right)\right] - \frac{\partial}{\partial t}(\rho \overline{v_i v_j}) - \frac{2}{3}\frac{\partial}{\partial x_j}\left(\mu \frac{\partial \bar{v}_i}{\partial x_i}\right) + \rho g_j \\[2mm] \frac{\partial}{\partial t}(\rho \overline{C_s}) + \frac{\partial}{\partial x_i}(\rho \bar{v}_i \overline{C_s}) = \frac{\partial}{\partial x_i}(D\rho \frac{\partial \overline{C_s}}{\partial x_i}) - \frac{\partial}{\partial x_i}(\rho \overline{v_i C_s}) - \overline{w_s} \end{cases}$$

$$(3\text{-}14)$$

式中，$\rho \overline{v_i v_j}$——雷诺应力；

　　　　$\rho \overline{v_i C_s}$——雷诺物质流；

　　　　$\rho \overline{v_i c_p T'}$——雷诺热流，分别表征湍流脉动引起的动量、质量及能量的变化。

为求解方程组（3-14），必须模拟雷诺应力项以使方程组封闭。采用 Boussinesq 假设，认为雷诺应力与平均速度梯度成正比，表达式如下：

$$\begin{cases} -\rho \overline{v_i v_j} = \mu_{\text{T}}\left(\frac{\partial \bar{v}_i}{\partial \bar{v}_j} + \frac{\partial \bar{v}_j}{\partial \bar{v}_i}\right) \\[2mm] -\rho \overline{v_i C_s} = \frac{\mu_{\text{T}}}{\sigma_{\text{c}}}\frac{\partial \overline{C_s}}{\partial x_i} \\[2mm] -\rho \overline{v_i c_p T'} = \frac{\mu_{\text{T}}}{\sigma_{\text{T}}}\frac{\partial \overline{T}}{\partial x_i} \end{cases} \qquad (3\text{-}15)$$

式中，σ_c、σ_T——湍流 Prandtl 数和 Schmidt 数；

μ_T——湍流黏性系数。

采用带有浮力修正（RNG）的 k-ε 双方程模型来考虑湍流效应，形式如下。

(1)湍流动能 k 方程：

$$\frac{\partial \rho k}{\partial t} + \frac{\partial}{\partial x_i}(\rho u_i k) = \frac{\partial}{\partial x_i}\left[\left(\mu_i + \frac{\mu_T}{\sigma_k}\right)\frac{\partial k}{\partial x_i}\right] + G_k + G_b - \rho \varepsilon \tag{3-16}$$

(2)湍流耗散率 ε 方程：

$$\frac{\partial}{\partial t}(\rho \varepsilon) + \frac{\partial}{\partial x_i}(\rho u_i \varepsilon) = \frac{\partial}{\partial x_i}\left[\left(\mu_i + \frac{\mu_T}{\sigma_s}\right)\frac{\partial \varepsilon}{\partial x_i}\right] + \frac{\varepsilon}{k}\left[C_1(G_k + G_b) - C_2 \rho \varepsilon\right] \tag{3-17}$$

(3)湍流黏性系数：

$$\mu_T = c_u \rho k^2 / \varepsilon \tag{3-18}$$

式中，$G_k = \mu_T\left(\dfrac{\partial u_i}{\partial x_j} + \dfrac{\partial u_j}{\partial x_i}\right)\dfrac{\partial u_j}{\partial x_i}$，为湍流动能生成项；

$G_b = -g_i \dfrac{u_T}{\rho} \dfrac{\partial \rho}{\partial x_i}$，为浮力修正项。

3)辐射传热模型

凡是温度高于绝对零度的物体，在其表面都会以电磁波和粒子的形式不停地向外界传送能量。这种传递能量的方式称之为辐射，物体通过辐射所放出的能量，称为辐射能，辐射的性质与介质的吸收和散热能力相关。

工程上有 5 种常见的辐射传热模型：Rosseland 辐射模型、离散传播辐射模型、P-1 辐射模型、表面辐射模型、离散坐标辐射模型。运用上述辐射模型，就可以在计算中考虑流体相由辐射引起的热量源以及壁面受辐射而引起的加热。本节在数值计算中采用了 Rosseland 辐射模型，其适用条件为光学深度 $aL > 3$，L 为计算域大致的长度标尺，对于燃烧室内的流动，L 为燃烧室的直径，该模型可用于隧道火灾且计算量较小，计算方程为

$$q_r = -\frac{1}{3(a + \sigma_s) - C\sigma_s}\nabla G \tag{3-19}$$

式中，a——介质吸收系数；

σ_s——介质散射系数，在本书中取介质吸收系数 $a = 0.1$，介质散射系数 $\sigma_s = 0.01$；

G——入射辐射，J/kg；

C——线性各向异性相位函数系数，取值为 $-1.0 \sim 1.0$，为负表示向后的散射辐射量大于向前的散射辐射量，为零表示各向同性，为正表示向前的散射辐射量大于向后的散射辐射量。

引入参数 Γ：

$$\Gamma = \frac{1}{3(a + \sigma_s) - C\sigma_s} \tag{3-20}$$

将方程(3-19)可简化为

$$q_r = -\Gamma \nabla G$$

其中，入射辐射 G 等于当地温度下的黑体辐射，即 $G = -4\sigma T^4$，代入方程(3-20)中得到

$q_r = -16\sigma\Gamma T^3\nabla T$。该公式可以转化为类似于傅里叶热传导定律的形式，具体如下。

$$\begin{cases} q_r = -(k + k_r)\nabla T \\ k_r = 16\sigma\Gamma T \end{cases} \tag{3-21}$$

3. Fluent 边界条件

（1）速度入口边界条件（velocity-inlet）：给出入口速度及需要计算的所有标量值。该边界条件适用于不可压缩流动问题。

（2）压力入口边界条件（pressure-inlet）。压力入口边界条件通常用于给出流体入口的压力和流体的其他标量参数，对计算可压和不可压问题都适合。压力入口边界条件通常用于不知道入口流率或流动速度时的流动问题，这类流动在工程中较常见，如浮力驱动的流动问题。压力入口条件还可以处理外部或者非受限流动的自由边界。

（3）压力出口边界条件（pressure-outlet）：需要给定出口静压（表压），而且，该压力只用于亚音速计算（$M<1$）。如果局部变成超音速，则边界上的压力将从流场内部通过插值得到，其他流场变量均从流场内部通过插值获得。

（4）质量入口边界条件（mass-flow-inlet）：给定入口边界上的质量流量。主要用于可压缩流动问题，对于不可压缩问题，由于密度是常数，可以使用速度入口条件。如果压力边界条件和质量边界条件都适合流动时，优先选择用压力入口条件。

（5）压力远场边界条件（pressure-far-field）。如果知道来流的静压和马赫数，Fluent 软件提供了压力远场边界条件来模拟该类问题。该边界条件只适合用理想气体定律计算密度的问题，而不能用于其他问题。为了满足压力远场条件，需要把边界放到我们关心区域足够远的地方。

（6）自由流出边界条件（outflow）。不知道流出口的压力或者速度，这时候可以选择流出边界条件。

（7）固壁边界条件（wall）。对于黏性流动问题，Fluent 软件默认设置是壁面无滑移条件。壁面热边界条件包括固定热通量、固定温度和对流等。

（8）进口通风（inlet vent）：给定入口损失系数（loss-cofficient）、流动方向和进口环境总压、静压及总温。

（9）进口风扇（intake fan）：给定压力阶跃（pressure jump）、流动方向、环境总压和总温。

（10）出口通风（outlet vent）：给定静压、回流条件、辐射系数、离散相边界条件、损失系数等。用于模拟出口通风情况，需要给定损失系数、环境（出口）压力和温度。

（11）排风扇（exhaust fan）：用于模拟外部排风扇，给定一个压值和环境压力。

（12）对称边界（symmetry）：用于流动及传热时对称的情形。

4. Fluent 动网格模拟

Fluent 软件中的动态网格（简称为动网格）模型可用于模拟列车在隧道内运动过程中空气域随时间变化的问题。每一个时间步上，体网格的更新是由解算器根据边界的新的位置来自动完成的，即解算器可以根据边界的运动和变形自动地调节内部体网格节点的分布。守恒型动网格流场的计算方程如下。

对于边界移动的任意控制体积 V 上的一般标量 ϕ 的守恒性动量方程可写为

$$\frac{\mathrm{d}}{\mathrm{d}t}\int_V \rho\phi\,\mathrm{d}V + \int_{\partial V}\rho\phi(\boldsymbol{u}-\boldsymbol{u}_g)\cdot\mathrm{d}\boldsymbol{A} = \int_{\partial V}\Gamma\,\nabla\phi\cdot\mathrm{d}\boldsymbol{A} + \int_V S_\phi\,\mathrm{d}V \tag{3-22}$$

式中，$V(t)$——空间中大小和形状都随时间变化的控制体积；

$\partial V(t)$——控制体积的运动边界；

$\boldsymbol{u}_g$——运动网格的运动速度，m/s；

ρ——流体密度，kg/m³；

$\boldsymbol{u}$——流体速度矢量，m/s；

Γ——耗散系数；

S_ϕ——标量 ϕ 的广义源项。

式(3-22)中时间导数项用一阶向后差分公式可得

$$\frac{\mathrm{d}}{\mathrm{d}t}\int_V \rho\phi\,\mathrm{d}V = \frac{(\rho\phi V)^{n+1} - (\rho\phi V)^n}{\Delta t} \tag{3-23}$$

式中，上标 n 和 $n+1$ 代表当前和下一步的时间层。

第 $n+1$ 个时间步控制体积 V^{n+1} 由下式得到。

$$V^{n+1} = V^n + \frac{\mathrm{d}V}{\mathrm{d}t}\Delta t \tag{3-24}$$

式中，$\dfrac{\mathrm{d}V}{\mathrm{d}t}$——控制体积对时间的导数。

为了满足网格的守恒定律，控制体积对时间的导数可由下式计算：

$$\frac{\mathrm{d}V}{\mathrm{d}t} = \int_{\partial V}\boldsymbol{u}_g\cdot\mathrm{d}\boldsymbol{A} = \sum_j^{n_f}\boldsymbol{u}_{g,j}\cdot\boldsymbol{A}_j \tag{3-25}$$

式中，n_f——控制体积上面的数目；

$\boldsymbol{A}_j$——第 j 面积向量。

每个控制体积的面上的点积 $\boldsymbol{u}_{g,j}\cdot\boldsymbol{A}_j$ 可由下式计算。

$$\boldsymbol{u}_{g,j}\cdot\boldsymbol{A}_j = \frac{\delta V_j}{\Delta t} \tag{3-26}$$

式中，δV_j——控制体上的面 j 在时间步 Δt 内扫出来的体积。

动网格算法主要用来计算内部网格节点的调节，在 Fluent 软件中主要有铺层 (layering)、弹性光顺(spring smoothing)、局部重构(local remeshing)。本书计算中采用了铺层(layering)计算列车的运动。

5. Fluent 模拟案例

本书基于动网格技术，采用湍流模型、辐射模型及组分运输模型，建立了长度为 700m 的车站—隧道模型，如图 3-2 和图 3-3 所示，车站站台层长度按《城际铁路设计规范》取为 220m，宽度为 11.5m，站台层与站厅层交界的楼梯口尺寸为 5×6m，车站轨行区顶部有四个 2.5×2m 的排烟风阀。列车为 CRH2 型，长、宽、高分别为 200m、3.38m、3.7m。

为探究火灾列车进站时的烟气分布规律，设置列车以 80km/h 的速度行驶一段距离

后开始匀速制动，最终停在站台。火源位于列车中部，考虑列车在区间隧道行驶时已经
发展到最大火灾规模，计算时取 15MW 的定常火源。

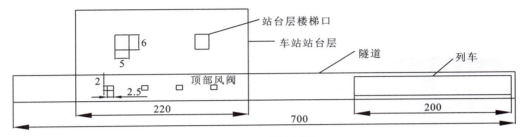

图 3-2　模型平面图(单位：m)

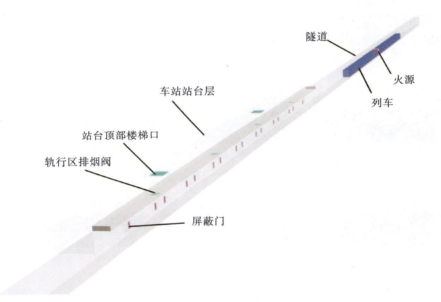

图 3-3　计算模型图

列车在行驶过程中由于活塞风的作用，以及列车本身车速和阻塞比的影响，纵向烟
流分布随时间呈现出不同的分布规律。图 3-4 和图 3-5 所示为隧道中心纵断面的烟气分布
云图。图 3-6 所示为列车进站后不同屏蔽门处的烟气浓度变化图。

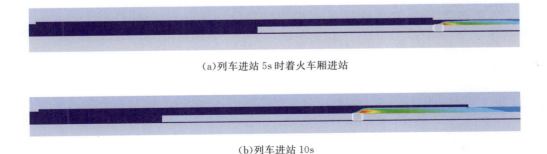

(a)列车进站 5s 时着火车厢进站

(b)列车进站 10s

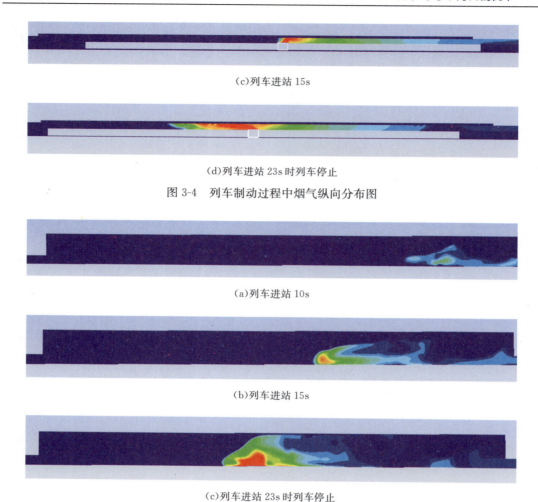

(c)列车进站 15s

(d)列车进站 23s 时列车停止

图 3-4　列车制动过程中烟气纵向分布图

(a)列车进站 10s

(b)列车进站 15s

(c)列车进站 23s 时列车停止

图 3-5　列车制动过程中烟气水平截面分布图

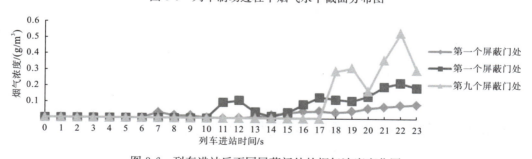

图 3-6　列车进站后不同屏蔽门处的烟气浓度变化图

3.1.4　网络通风计算方法

1. 网络通风计算简介

火灾情况下需要开启横通道的防护门进行人员疏散，如此便形成了一个多通道的通风网络。为了实现自动查找、快速计算等功能，编制了网络通风的计算软件。

1）开发平台的选择

在基于 Windows 的平台下，面向对象的开发平台有很多种可供选择，如 Visual C++、Visual Basic、Power Builder、C++ Builder、Delphi 等。在众多的可视化集成开发环境中，Visual C++是 Windows 底层编程的最佳选择。所以，本系统以 Visual C++为开发平台，研制了隧道火灾通风计算系统，该系统可以进行隧道火灾通风计算。

2）开发流程

依据软件工程的思想，采用传统的"瀑布模型"，遵循"分析－设计－编码－测试"的基本流程。首先，确定程序要实现的功能，然后确定程序的总体结构和每个模块的内部逻辑结构，接着进行编码，使设计的内容通过计算机语言在机器上实现，最后，进行程序的全面测试。软件开发的原则为：①严格化原则；②分隔化原则；③模块化原则；④抽象化原则；⑤预见变动原则；⑥通用化原则；⑦逐步完善化原则。

3）程序实现

程序设计以 Visual C++6.0 为开发平台。程序可以读入 AutoCAD 的 DXF 格式的文件，借助于 CAD 软件的强大的画图功能，从而使建模更加省时省力。同时，程序也具有一些简单灵活的图形操作功能以便对模型进行处理，使之更加完善。系统实现了火灾情况下烟雾影响区段的自动查找并计算相应的火风压，以及竖井底部的升压力分支的自动查找与计算功能。

4）系统实现

（1）系统界面。

系统采用 Windows 标准的视窗界面，整个系统的界面由主窗口、多文档子窗口（分割窗口）和多个对话框组成，如图 3-7 所示。

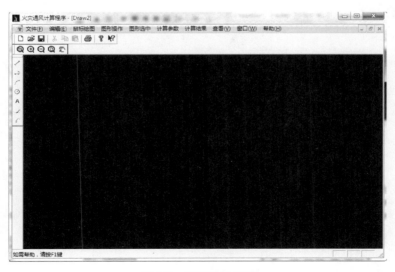

图 3-7　系统运行界面

（2）程序操作。

本程序读入基础数据和图形时，需要读入基础的数据文件，基础风网可以在系统中自动绘制，也可以读入 Auto CAD 的 DXF 文件，然后对图形进行相应的操作，使之具有我们所需要的风网信息。当建立的数据文件中没有图形信息时，系统会提示用户尚未建立图形信息，需要再读入图形信息以便进行操作，如图 3-8 所示。

图 3-8　系统提示载入图行

若读入图形信息后，系统会提示用户图形已经读入，可以对图形进行操作，如图 3-9 所示。

图 3-9　系统提示图形信息

打开数据文件和图形文件过后，需要设置工作路径以便进行计算过程中文件的管理工作，此时在工程名中输入所要建立的工程名称，文件名与工程名称相同，则在运行程序的过程中所产生的所有文件均保存在设定的路径下以工程名称所命名的文件夹中，如图 3-10 所示。

图 3-10　设定工作路径

如果需要更改路径，可点击"浏览"按钮，改变工作路径。点击"浏览"按钮弹出图路径选择对话框，如图 3-11 所示。

如果设定的路径和目录不存在，则单击"工程与工程文件"对话框中的"确定"键，会弹出对话框，提示所设定的路径和目录不存在，如果点击"是(Y)"则创建目录。如果点击"否(N)"按钮则不创建目录，如图 3-12 所示。

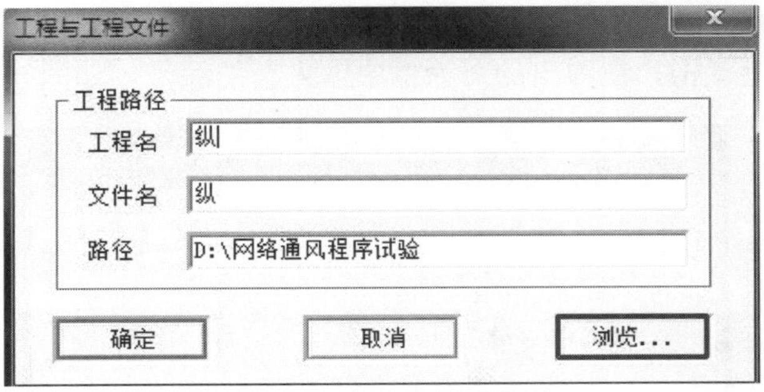

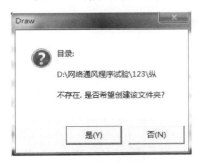

图 3-11　路径选择对话框

图 3-12　创建新路径

（3）对图形进行基本处理。

载入图形信息时，以图形原来的坐标系统显示，有可能看不到图形，需要点击"图形操作"菜单下的"显示全图"命令来查看全图，如图 3-13 所示。

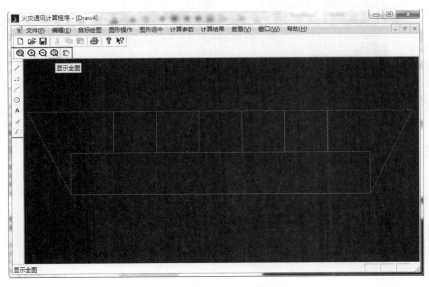

图 3-13　图形操作菜单选项

（4）图形编号。

当从 DXF 格式文件中读取了一个图形时，其各边的编号是用户在绘图时系统自动生成的，可能会不尽人意。我们可以单击"图形操作"菜单下的"分支编号"菜单，然后在要重新编号的边上双击，在弹出的对话框中输入新的编号，如图 3-14 所示。

图 3-14 分支编号对话框

（5）设定迭代精度。

所有分支的编号都符合程序计算要求后，就可以输入迭代控制精度，单击"计算参数"菜单选项中的"迭代精度"，设定本次迭代的计算精度，如图 3-15 和图 3-16 所示。

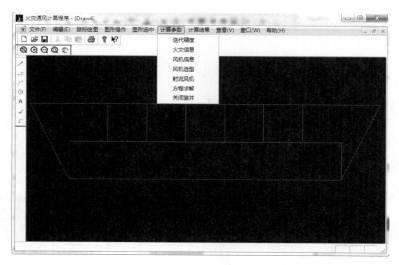

图 3-15 迭代精度菜单选项

图 3-16 迭代精度对话框

（6）设定火灾信息。

以上各步都设定完毕后，单击"计算参数"菜单选项中的"火灾信息"选项，在发生火灾的分支上双击，弹出火灾信息对话框，可以在对话框中输入风网中的火灾信息，如发生火灾的编号、火灾后最高温度增量、火灾点的初始温度、火灾规模以及岩石导热系数等，如图 3-17 所示。

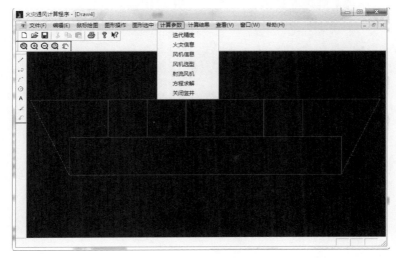

图 3-17　火灾信息菜单选项

图 3-18　设定火灾信息对话框

　　输入了发生火灾的分支后(图 3-18)，在每次迭代过程中，程序根据发生火灾的位置、各分支的风流的流向，以及各分支与火灾点分支的连接关系，查找出受烟流影响的分支，并根据公式以及输入的火灾参数计算各影响分支的火风压，将计算得出的火风压代入迭代公式，进行迭代求解。程序每次迭代都需要这样一个过程，因为在迭代过程中，各分支的风流方向可能发生变化，所以在上次迭代过程中受火灾烟流影响的分支，在本次迭代中可变成不受烟流影响的分支，而上次迭代过程中不受火灾烟流影响的分支，在本次迭代中可变成受火灾影响的分支。

　　(7)轴流风机信息输入。

　　在风网中安装了轴流风机的分支，输入对应的轴流风机的信息便可进行轴流风机的特性曲线的模拟，进而进行风网计算。若风网中无轴流风机，此步骤可以跳过。输入轴流风机信息时，可以点击"计算参数"菜单选项中的"风机信息"菜单，然后在安装了轴流风机的分支上双击，弹出轴流风机信息对话框，然后输入轴流风机信息，包括轴流风机的序号、轴流风机特性曲线的拟合点(3 个点)的风压值和风量值(图 3-19 和图 3-20)。

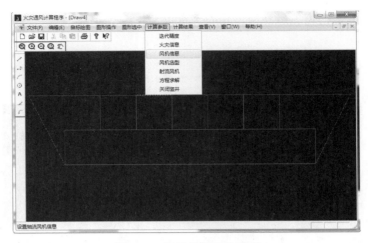

图 3-19　风机信息菜单选项

图 3-20　轴流风机信息对话框

(8)射流风机数量设置。

在计算过程中，为射流风机设定一个初始值，并需要根据实际情况进行重新调整，则点击"计算参数"菜单选项中的"射流风机"菜单，然后在需要调整射流风机布置的分支上双击，弹出射流风机布置对话框，在对话框中重新输入射流风机的台数，如图 3-21 和图 3-22 所示。

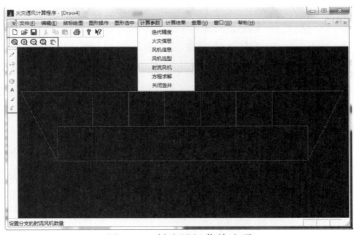

图 3-21　射流风机菜单选项

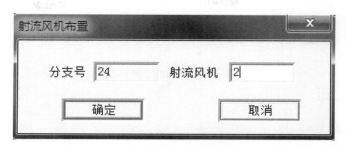

图 3-22 射流风机对话框

查看风网的其他信息时直接在分支上双击，则弹出该分支的基本信息对话框。可以对其基本信息进行修改，如图 3-23 所示。

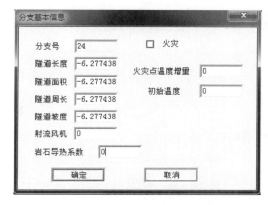

图 3-23 分支基本信息对话框

（9）风网求解。

风网基本信息都设定完毕后可以进行风网迭代计算。单击"计算参数"菜单选项中的"方程求解"选项，系统提示此次计算发生火灾的分支序号，如图 3-24 和图 3-25 所示。

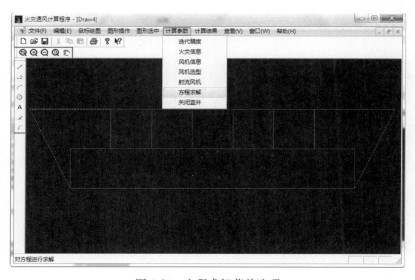

图 3-24 方程求解菜单选项

图 3-25　求解提示对话框

计算完毕系统提示解算已经完成，然后查看结果。

2. 网络通风计算案例

采用火灾网络通风的计算方法，对特长铁路隧道救援站在分段纵向通风方式下的火灾情况进行计算研究。计算结论对特长铁路隧道救援站的防灾救援、风机配置具有一定的指导意义，现举例说明。

1）计算数据

根据单体隧道救援的结构形式，主线隧道采用分段纵向通风方式。洞内设射流风机，其升压可产生纵向气流，轴流风机向隧道内送风并通过斜井排风。具体计算数据如下。

隧道断面积如下：主线隧道 $A_r = 87.13 \mathrm{m}^2$。隧道当量直径：$D_r = 9.04 \mathrm{m}$。横通道：共设 6 条，间距 60m。人行横通道 $S = 29.58 \mathrm{m}^2$，$L = 35 \mathrm{m}$，$D = 5.35 \mathrm{m}$。

2）计算原则

计算是基于下述情况进行的。

（1）火灾模式下通风分为两个阶段：疏散救援阶段通风，以控制风量分配为主；灭火阶段通风，以控制温度分布为主。

（2）在火区上游横通道中，要保证横通道风流由横通道流向火灾隧道。风速控制在2m/s 以上，最大风速不超过 10m/s。在满足上述条件的情况下，风流可以在其余疏散通道间自然分配。

（3）考虑到人员的撤离速度及火区下游最高温度，火灾计算风速为 2～3m/s。排烟阶段，火区下游主隧道段烟流由距离火区最近的排风井排出，以达到火灾时烟流蔓延距离最短的目的。风向由射流风机控制。

（4）自然风速均按不利情况 $v = -2.5 \mathrm{m/s}$ 计算。

由于以上假定都是发生火灾时的最不利情况，所以基于以上假定计算出的射流风机数量即为火灾情况下所需布置的最大值。

3）火灾区段划分

将单体隧道救援站的通风结构进行转化，如图 3-26 所示，支路 14～20 为隧道主线，支路 8～13 为横通道，支路 23～25 为虚拟支路。

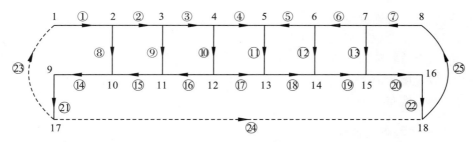

图 3-26　通风网络简图

4）单体隧道救援站火灾分区解算

假设列车火灾发生在隧道紧急救援站中部，即 17 号分支（最不利位置），由于列车火灾烟气的蔓延，关闭火灾点最近的 12 号横通道，其余横通道的防护门全部打开。

开启 1、7 号射流风机（每组 2 台）向救援站辅助送新风，新风通过横通道流向火灾隧道，乘客迎着新风进入横通道疏散。开启排烟道（即 21 号分支），有 1 台轴流风机进风，开启 22 号分支，也有 1 台轴流风机进风。

通过结果可知，火灾点所在区域风向由 13 号节点至 12 号节点，无逆向风流，火灾烟雾从 21 号分支排出，距离最近的横通道内风速最大，并且火源点两侧的横通道风速变化大，火区下游疏散通道风速高于火区上游。火灾事故隧道风速由火区上游至火区下游依次增大。

同样，根据上述方法，可实现其他风机配置以及通风形式的通风计算，为铁路隧道站防灾救援的风机配置提供计算依据。

3.2　铁路隧道火灾人员疏散数值模拟方法

3.2.1　火灾人员疏散数值模型

随着计算机技术的发展，人员行为和心理研究的深入，研究人员开始用计算机直接模拟人员在建筑物内的运动过程，并建立了大量的疏散模型。人在疏散过程中出现的拥挤、堵塞、避让、减速以及资源使用不平衡等现象都会降低疏散效率。发生火灾时，时间就是生命，如何获得最佳的疏散效率，不仅受周围环境因素的影响，而且和人员自身的素质及心理变化也是密切相关的。为了有效地预防和减少火灾时的人员伤亡，达到安全疏散的目的，就必须对人员疏散过程进行研究。利用计算机软件模拟实际环境进行科学试验，具有省时、省力、经济、灵活、可多次重复使用等优点。近年来，国内外利用计算机建立了多种不同层次的模型，研究人员疏散行为的规律和特征。

1.　宏观模型与微观模型

Henderson 最早提出了人员疏散宏观模型。他认为行人的运动行为类似于气体或流体的流动。宏观模型直接继承了流体力学中已经成熟和完善的方法，把行人视为连续流动的介质。模型中通常用密度、局部平均速度等参数来描述人群的运动特征，并不区分行人的个体差异。在宏观模型中，行人行为的动力学方程与 Boltzmann 方程相似，不同的是，宏观模型中考虑了行人之间的相互影响和行人的目的。微观模型则在综合考虑不同类型的行人个体特征后，将每个行人都视为独立的个体，再考虑与其相应的路径选择等问题。所以，微观模型可以模拟一些典型的疏散动力学现象。微观模型根据建模机理可以分为三类，即基于力的模型、基于元胞的模型和基于排队网络的模型。

2. 随机模型与确定性模型

在随机模型中，行人的行为是通过一定的数学概率进行控制的，而确定性模型则通过当前状态确定行人下一时刻的状态和行为。所以，即使面对相同的情况，人员也可能采取不同的行动。模型的随机性在一定程度上可以反映真实紧急情况下，人们对当前情况认识的不完备性和产生的决策具有的不确定性。

3. 基于规则的模型与基于力的模型

行人之间的相互作用可以通过两种不同方式进行表达，一种是规则，另一种就是力。基于规则的模型中的人员行为是根据其当前状态和邻近行人的情况来确定的，而基于力的模型中，人员之间及人员与周围环境间的相互作用能决定该人的行动，并且通常用牛顿力学方程来表示。基于规则的模型有格子气模型和元胞自动机模型等，而基于力的模型的典型代表则是社会力模型。

4. 连续模型与离散模型

一个人群系统包括空间、时间和人三个基本要素，如果要模拟人群运动，疏散模型需要对人群系统的这三个要素进行表达。根据采用的表示三个要素的不同方法，疏散模型又可分为连续模型和离散模型。通常情况下，基于力的模型被认为是连续模型，此类模型中的三要素用实数来表达；而大部分基于规则的模型是离散模型，此类模型中的三要素用整数来表达。

目前，在人员疏散模型研究中，离散模型因为其计算效率高而被广泛应用，其主要包含三类模型，分别是排队网络模型、元胞自动机模型和格子气自动机模型。

（1）元胞自动机模型。将空间进行均匀划分，再构建有限状态的变量（或称元胞）的离散动力系统，即是元胞自动机模型。元胞自动机的特点是将空间、时间和状态都进行离散化，并且模型中的每一个变量都只取有限个状态，可以看成为无穷维动力系统中的一类。

（2）格子气自动机模型。格子气自动机模型其实是元胞自动机在统计物理与流体力学中的具体化，起初是利用元胞自动机的动态特征，来模拟流体粒子的运动。法国的 Hardy 等人在 1973 年提出了第一个具有完全离散的空间、时间、速度等变量的格子气自动机模型。

（3）排队网络模型。针对离散事件，排队网络模型进行蒙特卡洛模拟。该模型不关注建筑的详细布局和尺寸，只是按照房间、走廊等将建筑划分为多个节点，再用链路将各个节点相连，并且在节点内将使用各条链路所需的疏散时间进行保存。模拟疏散时，行人首先通过加权随机从所有可用链路中选择一条运动路径，如果该链路不可用，行人会等待或继续寻找下一链路，直到找到可用的链路。接着行人从相应的节点出发，在选择的链路中排队进入下一个节点。到达目标节点之前，行人会一直采用相似的规则进行运动。

本书论述的内容是排队网络模型、元胞自动机模型和社会力模型，重点介绍运用人员疏散模型 Exodus、Subfe（subway fire evacuation）和 FDS + Evac（fire dynamics simulator with evacuation）求解火灾过程中人员疏散的速度、时间及分布情况。

3.2.2　人员疏散模拟模型 Exodus

1. Exodus 简介

铁路隧道火灾人员疏散计算模型主要有 Exodus，它是一套为模拟复杂建筑物中大量个体的逃离及行动而设计的工具软件。Exodus 软件考虑了人与人、人与火、人与建筑物之间的交互影响。当个体逃离困境或克服火灾造成的高温、烟雾及有毒气体时，模式将追踪其行动轨迹。该软件采用 C++ 面向对象编程技术及规则库概念对模拟过程进行控制。因此，模拟中的个体行为和行动均取决于一系列的直观判断和规则。为了增加其移动性，这些规则被分为五种相互作用的子模式，即"被困者"、"行动"、"行为"、"毒性"及"灾险"子模式（图 3-27）。这些子模式构建了一个代表封闭的几何空间区域。每一个模式都将在下述内容中依次简要地进行描述。

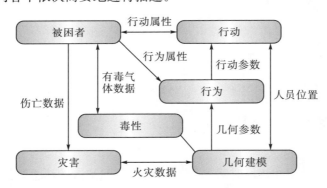

图 3-27　Exodus 子模式的相互作用

2. Exodus 模拟原理

（1）人员移动属性参数。人员移动参数有两个功能。一是确定初始移动性，它用于在人员中引入身体上的残疾。一个没有残疾的人员将有一个初始移动属性，而一个有着轻微残疾的人员，如一只胳膊敷着石膏，将稍许减少移动性值，取值为 0.9。一个重残疾，如失明或断腿，将会大大减小移动性值，取值 0.2。二是降低暴露在大量麻醉气体和浓烟下人员的行走速度和敏捷性。移动性属性减少是由于氮氧化物生成量（FIN）增加或烟雾的浓度增加。刺激性烟雾也直接影响个体的移动速度和其健康。应该强调的是，刺激性烟雾对个体的移动只有瞬间的影响。随着碳氧化物生成量（FIC）增加，个体的移动能力减小，个体的行走速度也降低。下列方程表示 FIC 水平和人员移动性属性(Mob)的关系。

$$Mob = \frac{e^{((FIC \cdot 1000)/160)^2} + (-0.2 \cdot FIC + 0.2)}{1.2}$$ (3-27)

（2）温度参数。不同时间下对流热的生成量如下式所示。

$$FIH_C = t \cdot 2.0 \cdot 10^{-8} \cdot T^{3.4}$$ (3-28)

式中，T——温度，℃。

不同时间下辐射热的生成量如下式所示。

$$FIH_r = \frac{q^{1.33}}{D_r} \cdot t \cdot 60$$ (3-29)

式中，q——热辐射通量，kW/m^2；

$\quad\quad D_r$——辐射分母，$s(kW/m^2)^{4/3}$。

D_r 为导致所期望效果的辐射剂量，有两个值可提供，$D_r = 80$ 表示"痛阀"，$D_r = 1000$ 表示"丧失行为能力"。

（3）有害气体生产参数。不同时间下一氧化碳生成量（A_{CO}）如下式所示。

$$FI_{CO} = 3.317 \cdot 10^{-5} \cdot A_{CO}^{1.036} \cdot RMV \cdot \frac{t}{PID}$$ (3-30)

式中，RMV——肺活量，L/min；

$\quad\quad PID$——导致个体丧失行为能力的剂量，%。

不同时间下氢氰酸生成量（A_{HCN}）如下式所示：

$$FI_{HCN} = e^{\left(\frac{A_{HCN}}{43}\right)} \cdot \frac{t}{220}$$ (3-31)

不同时间下低压氧含量如下式所示：

$$FI_{O_2} = \frac{t}{e^{(8.13 - 0.54 \cdot (20.9 - A_{O_2}))}}$$

不同时间下二氧化含量如下式所示：

$$FI_{CO_2} = \frac{t}{e^{(6.1623 - 0.5189 \cdot A_{CO_2})}}$$ (3-32)

3. Exodus 典型案例

1）计算参数

人员疏散的仿真模拟在建模时需要给出活动的范围和人的属性。进行铁路隧道内人员疏散建模时，需要的计算参数主要有隧道尺寸参数、列车参数以及人的参数。

（1）隧道尺寸参数。

由于人在地面进行逃生，因此，隧道的尺寸参数包括事故隧道宽度、事故隧道纵向人行通道的宽度及台阶的高度、横通道加密处的长度、横通道的长度及宽度、横通道的间距，以及横通道与事故隧道之间的门的宽度等。具体参数值如表 3-1 所示。

表 3-1　隧道尺寸参数

主隧道			横通道				
宽度 /m	人行通道 宽度/m	台阶 高度/m	加密处 长度/m	长度 /m	宽度 /m	间距 /m	门宽 /m
6.3	1.15	0.25	540	30	4	60	2

（2）列车参数。

所选取的列车共 17 节车厢，其尺寸参数包括火车车厢内部宽度、每节车厢内部长度、相邻车厢内部间距、车厢内纵向通道宽度，以及每辆车两侧前后各门宽度。具体参数值如表 3-2 所示。

表 3-2　列车尺寸参数

车厢宽度 /m	车厢长度 /m	车厢间距 /m	通道宽度 /m	车厢门宽 /m
3	24.5	1	0.5	0.8

（3）人的参数。

一是人员数量，列车满员时乘客人数是 1480 人，工作人员约 50 人，共 1530 人。硬座车厢按超载 60％计算，则列车所载人数大约为 2145 人。列车前面车厢为卧铺车厢，后面车厢为硬座车厢，如图 3-28 所示。

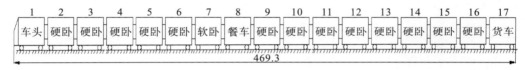

图 3-28　火车示意图

因此，列车上人员分布密度是前部小、后部大。具体每辆车满载时人数如表 3-3 所示。

表 3-3　每辆车规定人数

车辆类型	硬座车	硬卧车	软卧车	餐车
人数/人	128	66	36	90

二是人员疏散速度，人员在火灾隧道中疏散的速度主要与人的年龄、隧道内的可视度，以及路面的不平整度有关系。

对于隧道内火灾人员疏散情况，目前还没有资料明确说明人在隧道中的逃生速度，但是可以根据其他建筑物的烟气能见度、安全出口路标的引导下，推断有秩序的行走速度为 0.5~1.5m/s。PIARC(permanent international association of road congresses)根据实际观测数据，给出了人员在有刺激性和无刺激性烟气中的行走速度。

人员在火灾中的逃生速度与消光系数 K_s 有关。在看不清的情况下，疏散速度只有 0.3m/s，消光系数的临界值为 0.4。因此，在模拟中应该考虑烟气对疏散速度的影响。但在火灾初期，烟雾浓度达不到临界值，因此，这里取消光系数为 0.35。其中，烟气对人员移动速度的影响，采用的是 Frantzich 和 Nilsson 通过一系列试验得到的拟合经验公式，具体如下：

$$v_i^0(K_s) = \max\left\{v_{i,\min}^0, \frac{v_i^0}{\alpha}(\alpha + \beta K_s)\right\} \tag{3-33}$$

式中，K_s 为消光系数，参数 α 和 β 分别为 0.706m/s 和 $-0.057\text{m}^2/\text{s}$，$v_{i,\min}^0 = 0.1v_i^0$。

人在火灾隧道内逃生时，要考虑到隧道空间有限，人行道宽度窄小，以及是否需要穿过火源发生位置等情况，同时，在逃生过程中，有时候是在不平的地面或铁轨上行走，由 Exodus 软件分析得出，人在不平的地面或铁轨上行走的速度比在平地上行走的速度下降 30%~40%。

不同类别人群中的速度分布采用均匀分布模式，不同人群疏散速度见表 3-4。

表 3-4　模拟计算中不同人员类型的疏散速度取值

人员类型	平坦地面无烟行走速度/(m/s)	平坦地面有烟行走速度/(m/s)（K_s=0.35）	不平地面有烟行走速度/(m/s)（K_s=0.6）	忍耐度
儿童	0.8	0.78	0.47	1~3
成年男性	1.2	1.17	0.7	3~5
成年女性	1	0.97	0.58	3~5
老年人	0.72	0.7	0.42	2~4

三是人员分配比例和人员属性。人员分配比例和人员属性见表 3-5 和表 3-6。

表 3-5　人员分配比例

性别	男性				女性			
年龄	8~16	17~30	31~50	51~80	8~16	17~30	31~50	51~80
比例	6%	30%	17%	4%	4%	23%	13%	3%
人数	129	643	365	86	86	493	279	64

表 3-6　人员属性平均值

年龄	身高/m	体重/kg	移动速度/(m/s)	反应时间/s
46.5	1.7	65.23	0.57	15.2

2）模拟步骤

用 Exodus 软件进行人员疏散模拟的步骤如下：建立活动区域（画出网格）→链接网格→设置出口→人员属性设置→运行计算→结果输出。

（1）建立活动区域（画出网格）。

在本研究中建立活动区域主要是画出隧道内的活动区域以及列车中的活动区域。点击 Exodus.exe 进入建模窗口。

进入 Geometry Mode（几何模型）的建模窗口，窗口上方有标题栏、菜单栏和工具栏。如图 3-29～图 3-31 所示。

图 3-29　标题栏

图 3-30　菜单栏

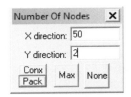

图 3-31　工具栏

画出一节车厢长度范围内的隧道活动区域。工具栏中的图标"■"是自由单元图标，每个单元大小为 0.5×0.5m。选择自由单元图标，在绘图窗口中点击鼠标左键拖动，定出隧道纵向人行通道的区域，松开鼠标，这时会出现如图 3-32 所示的窗口，继而输入隧道纵向人行通道的长度与宽度，换算成单元格的个数即为图 3-32 所示的数量。

图 3-32　自由单元设置窗口

点击"回车"后，即可画出一侧纵向人行通道的范围。以同样方法画出另一侧纵向人行通道的范围，两条通道距离为 10 个单元格的距离。两侧的人行通道画完后如图 3-33 所示。这里如若画错需要删除重画，可点击菜单栏中 Edit 菜单中的 Delete 项，里面有删除连接、删除线条和删除单元等选项。

图 3-33　两侧的纵向通道

画出隧道纵向人行通道的台阶。工具栏中图标"■"是楼梯单元图标，选择该图标，在绘图窗口中点击鼠标左键拖动，确定出隧道纵向人行通道台阶的区域，松开鼠标，这时会出现如图 3-34(a)所示的窗口，在其中输入隧道纵向人行通道台阶的总长度、宽度和台阶方向。

阶梯的方向可以选择，此软件规定：若出口设置在阶梯上方，选择阶梯方向中的"up"表示上楼，"down"表示下楼；若出口设置在阶梯下方，选择阶梯方向中的"up"表示下楼，"down"表示上楼。这里设置出口在隧道的下方，因此，图中上侧的台阶设置时选择"up"，下侧的台阶选择"down"。

进入高级选项，在这里可以设置每节台阶的水平宽度和高度，如图 3-34(b)所示。

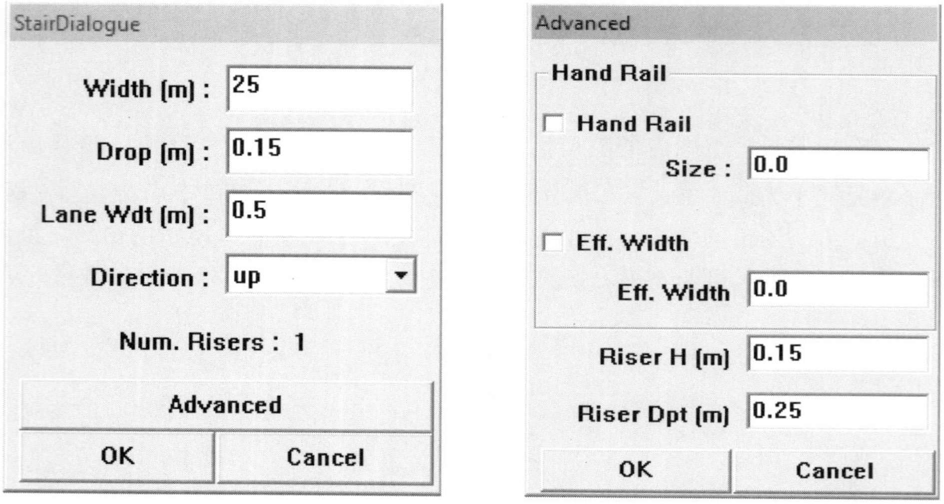

StairDialogue

Width (m): 25

Drop (m): 0.15

Lane Wdt (m): 0.5

Direction: up ▼

Num. Risers: 1

Advanced

OK | Cancel

(a)

Advanced

Hand Rail

☐ Hand Rail

Size: 0.0

☐ Eff. Width

Eff. Width 0.0

Riser H (m) 0.15

Riser Dpt (m) 0.25

OK | Cancel

(b)

图 3-34　楼梯单元设置窗口

设置完毕后点击"OK"便可画出隧道纵向通道的台阶，如图 3-35 所示。

图 3-35　两侧带有台阶的纵向通道

画出列车的活动区域。同样选择自由单元图标，画出列车内部的纵向通道和车厢之间连接区域的范围。需要说明的是，虽然车厢门宽实际为 0.8m，但在建模时按 0.5m 建模。因为每个自由单元格是边长为 0.5m 的小方格，在人员疏散过程中，同一时间，一个车厢门只能通过一个人，而软件默认一个自由单元只能容纳一个人通过。因此，车厢门宽度在建模时按 0.5m 建模。工具栏中的图标"└"为座位图标，选择该图标，将每节车厢的座位位置确定下来。车厢的模型图如图 3-36 所示。

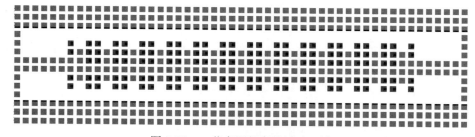

图 3-36　一节车厢长度的活动区域

工具栏中的图标"🔍"、"🔍"可以将模型放大和缩小。

（2）连接单元格。

单元格画好后，需要将其连接成一个完整的区域。工具栏中的图标"⬉"具有选择的功能，点击该图标，单击鼠标左键，选择需要连接的单元格，再在菜单栏中找到 Tools →Auto Connect，其中有水平连接、垂直连接、水平和垂直连接、对角连接以及全部连接等选项。根据人员实际的疏散路线进行选择。比如，在隧道内人员可以随意向任何方向移动，这时可以选择全部连接，而在车厢里则有一些活动限制，根据具体情况选择连接方式。如图 3-37 所示。

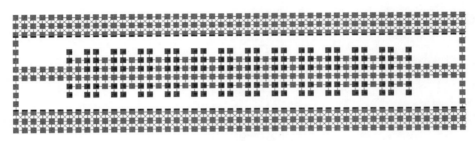

图 3-37　连接后的活动区域

当一节车厢长度范围内的活动区域均画好后，可以点击选择图标，选择已画好的全部单元，再点击工具栏中的复制和粘贴选项，画出其他 16 节车厢，通过移动，排好每节活动区域。最后将每节之间进行连接。

选择自由单元图标，画出一条横通道的区域，其中包括门的宽度。再选择工具栏中的复制和粘贴选项，画出其他 9 条横通道并连接。再以同样方法画出另一条隧道。最后几何模型如图 3-38 所示。

图 3-38　完整活动区域模型图

（3）设置出口。

在横通道与无事故隧道的交界处设置出口。选择工具栏中的图标"▣"，画出出口的门，再选择图标"✎"将出口与活动区域连接为一体。如图 3-39 所示。

（4）人员属性设置。

点击工具栏中的图标"≫"进入 Population Mode(人的模型)。同样，人的模型建立窗口上方有菜单栏和工具栏，菜单栏与几何模型建立窗口的一样。工具栏如图 3-40 所示。

选择人所在区域。点击工具栏中的图标"🏃"，选择一节车厢作为区域，例如第 9 节车厢，即硬座车厢。

设置人员属性。选择完区域后点击图标"🔗"，出现人员设置的窗口。可以通过点击 Create 和 Remove 选项进行增减人员类型。在这里可以设置所选区域的总人数，及每种类型人员的数量比例。如图 3-41 所示。

图 3-39　横通道及出口的放大模型图

图 3-40　工具栏

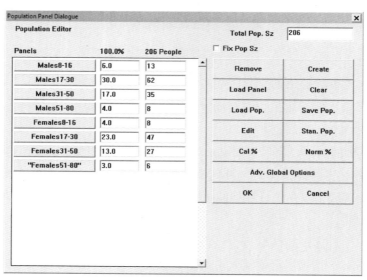

图 3-41　人员数量比例设置窗口

　　双击每一种人员类型的名字，即可对该类型的人的属性进行参数设置，包括人的移动速度、反应时间、忍耐程度、年龄、体重和身高等参数。以 8~16 岁的男性为例，如图 3-42 所示。

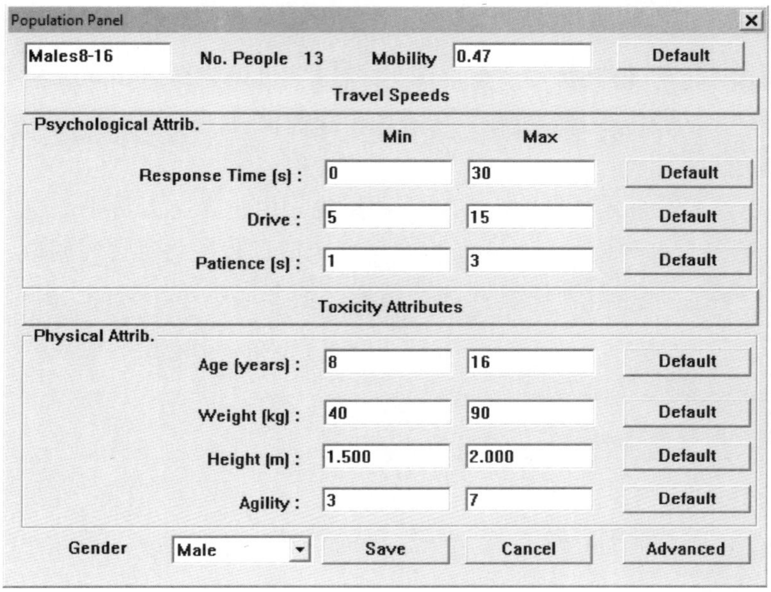

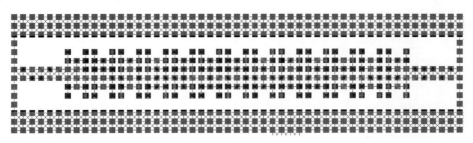

图 3-42　人员属性设置窗口

　　人员属性设定好后点保存退出。可以看到如图 3-43 所示的车厢模型，人员已被随机安排。

图 3-43　包含人的车厢模型

　　再重复上述步骤，将其余 16 节车厢的人数及人员属性进行定义和布置。这里如若画错需要删除重画，可点击菜单栏中 Edit→Delete，里面有删除每个人的选项和删除选定区域的人的选项。此时，人员疏散的模型已全部建完，可点击保存。

　　(5)运行计算。

　　点击工具栏中的图标"≫"进入 Simulation Mode(模拟模型)。同样，该窗口上方有菜单栏和工具栏。如图 3-44 和图 3-45 所示。

File Edit Simulation View Rulebase Help Window

图 3-44　菜单栏

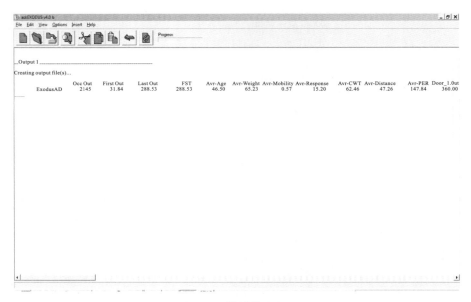

图 3-45　工具栏

之后进行运算。点击工具栏中的图标"▶"，模型将进行运算。需要暂停记录时间时可以点击图标"Ⅱ"使其暂停。点击图标"⊞"可以隐藏自由单元格，有助于观察人员在疏散过程中的情况。计算完毕后保存退出建模窗口。

（6）结果输出。

点击 Analyst.exe 进入结果输出窗口。结果输出中包含有人员全部进入安全区域所经历的时间、第一个人和最后一个人所用时间、疏散过程中的等待时间以及人的平均反应时间、平均年龄、平均身高体重等计算结果。根据需求从中提取。结果输出窗口如图 3-46 所示。

图 3-46　结果输出窗口

3）计算结果分析

人员在疏散时，所有人以距离出口最短的距离向出口移动，我们所关心的是全部人员每时刻所在位置及所用的疏散时间。人员的疏散情况如图 3-47～图 3-50 所示。

图 3-47　火灾发生 60s 人员疏散情况

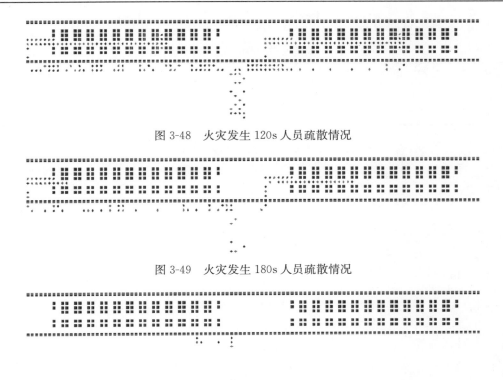

图 3-48 火灾发生 120s 人员疏散情况

图 3-49 火灾发生 180s 人员疏散情况

图 3-50 火灾发生 240s 人员疏散情况

全部疏散完毕后的计算结果如表 3-7 所示。

表 3-7 人员疏散计算结果

总人数	疏散平均距离/m	进入横通道时间/s	进入无火灾隧道时间/s
2145	56.9	252	291

由表 3-7 可知，列车上 2145 人全部由事故隧道进入无事故隧道需要的必需安全疏散时间为 291s。需要说明的是，这种结果是在横通道间距为 60m、横通道的门宽为 2m 的情况下得到的结论。如果需要研究横通道的间距或门宽对人员疏散的影响，可以变换其计算参数，将计算得到的结果进行对比分析。

下面分别构建加密横通道间距为 70m 和 80m 的人员疏散模型。如图 3-51 和图 3-52 所示。

图 3-51 横通道间距为 70m 的人员疏散模型

图 3-52 横通道间距为 80m 的人员疏散模型

表 3-8 是横通道间距为 70m 和 80m 情况下的人员疏散时间。

表 3-8　不同横通道间距的人员疏散计算结果

总人数	横通道间距/m	疏散平均距离/m	进入横通道时间/s	进入无火灾隧道时间/s
2145	70	59.5	273	315
2145	80	63.7	310	349

由表 3-8 可知，人员疏散的必需安全疏散时间随着横通道间距的增大而增加。因此，在设计时考虑到人员疏散的安全性以及修建隧道的经济成本，选择最为合理的加密横通道间距。

3.2.3　人员疏散模拟模型 Subfe

1. Subfe 简介

Subfe 软件可仿真火灾情况以及正常情况下人员疏散状况，可用于火灾安全设计与评估。

该软件主要包含如下功能：①用户可以按需要输入 bmp 格式的车站平面图，支持多层平面图的导入；②自动识别平面图元素（出口、楼梯、闸机、障碍物等）；③提供系统参数的载入和保存，在运行时可动态调整参数；④支持程序运行中断和恢复；⑤支持程序运行结果的导出和实时保存，用于分析。

该软件主要包含如下功能模块。

（1）系统模型导入。系统调用 Fnn Setting 完成系统模型的导入工作。直接读取 INI 文件导入模型运行参数，并提供窗口直接修改参数，并可另存为 INI 文件以备以后调用。

系统可以直接读取 bmp 图片文件，通过像素分析，调用 Map Setup 方法，自由建立站点平面模型。

（2）系统仿真。系统通过稽核模型初始化标志 BoolSet&BoolBmp 参数，确认已经完成模型初始化后，通过调用 Creat Persons 方法，初始化人员信息。在完成人员初始化后，开始进行模型重复。

在每一时间步内，首先设定稽核火源，检视是否有一新的火源点开始发挥作用。接下来调用 P-Choice 方法，仿真各个个体在现有环境下的行为选择，并检查冲突条件后予以实行。当所有个体在当前环境下的行为选择完毕后，调用 Map Change 和新的模型平面数据，修正动态场、静态场、火焰影响力等数据，为下一时间步做好准备。系统不断重复以上工作，直到所有人员疏散完成后，系统仿真结束。

（3）结果输出。提供实时输出和仿真结果导出。根据显示频率 DisplayFre 参数值，系统在相应时间步调用 PicDraw，实时输出相关楼层疏散情况。在程序运行完成后，调用 FrmShow 显示人员疏散时间列表。

2. Subfe 命令操作

（1）bmp 建筑图的读入。系统支持 bmp 地图的导入和识别。使用者可根据楼层次序，依次批量导入各楼层地图。需注意的是，在多层模型中，为保证各楼层的楼梯接口，各楼层地图的大小应保持完全一致。

系统将 bmp 位图的每一个像素识别为一个单元格(0.2m×0.2m)。通过地图颜色区分每一个单元格的通行能力和功能。白色代表可通行区域；绿色代表闸机区域，可通行，速度为正常速度的一半；红色代表出口区域，可通行，在单层模型中，即为最终逃离出口。

在多层模型中，非最终出口层中红色识别为楼梯出口，抵达红色区域即逃离本层。其他颜色代表墙壁、栏杆等，不可通行。在软件运行过程中，当地图导入后，软件将根据以上颜色规则形成地图模型。

(2)模型参数的导入和设定。为方便分析研究，软件提供了对 INI 文件的支持功能。模型所有的运行参数均可通过 INI 文件导入，并在系统内提供修改界面，可对模型参数直接修改后再继续运行，并提供模型参数的保存功能，方便调用，有利于多次研究。

(3)时间步和人员行进速度的确定。通常情况下，人员步行速度为 1.2m/s，紧急情况下速度可达到 1.8m/s。据此，为提高系统模拟精度，每一系统模拟时间内程序进行 9 次模拟(时间步)。每一时间步内人员可行动，其范围为一个单元格。

(4)单元格的数据结构。人员的行为选择基于当一前单元格的各项参数值，系统采取如下集合类型定义单元格。

RMap＝record
N：byte；　　　　　　　　　　//原始值
N_：byte；　　　　　　　　　//墙壁值
D：double；　　　　　　　　　//当前动态场数字
newD：double；　　　　　　　//当前情况领域对于该点的动态场影响
Smax：integer；　　　　　　　//领域静态场最大值
Sd：integer；　　　　　　　　//当前的静态场
E：double；　　　　　　　　　//当前火源场
newE：double；　　　　　　　//当前情况领域对于该点的火源场影响
Speedlimit：byte；　　　　　//速度影响参数
End；

系统在此集合类型的基础上，建立三维数组 ArrayMap 记录各单元格参数。

(5)人员的数据结构。系统对于人员的定义采用如下集合类型。

RPerson＝reoord
FM：byte；　　　　　　　　　//人员类型，0~3 分别代表男、女、老、幼
State：byte；　　　　　　　　//速度等级，0~2 分别代表快速、中等、慢速
Fioor：byte；　　　　　　　　//楼层
P_X：integer；　　　　　　　//左上角坐标
P_Y：integer；　　　　　　　//右上角坐标
Escapetime：Longword；　　//最终逃离时间
Outs：integer；　　　　　　　//逃离出口

End；

系统在此集合类型的基础上，建立一维数组 Persons 纪录各单元格参数。

3. Subfe 典型案例

建立某车站人员疏散模型，车站站台层平面图如图 3-53 所示，站厅层平面图如图 3-54 所示。

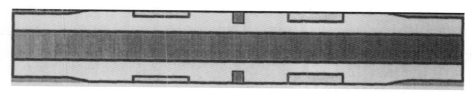

图 3-53　站台层平面图

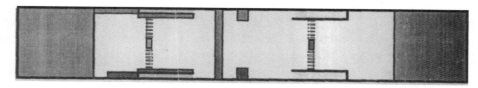

图 3-54　站厅层平面图

其中，灰色部分为障碍物，即人不可通行区域，红色部分为出口区域，黄色部分为楼梯，绿色部分为闸机通行区域，白色部分为人员活动区，即可通行区域。共有 4 座楼梯，其中 2 座为 2.5m，另 2 座为 1.5m，因为火灾情况下会切断电源，故不考虑自动电梯的作用。疏散的初始状况是有一列车（6 节编组）停靠在车站，满载乘客。同时站台上原有 200 人（候车乘客和工作人员），以一节车厢有 280 人计算，则站台上共有 1880 人。人员用方点表示，青点表示小孩，红点表示男人，蓝点表示女人，绿点表示老人。疏散开始人员分布状况如图 3-55 所示，疏散开始后 50s 人员疏散状况如图 3-56 所示，疏散进行 150s 时如图 3-57 所示，疏散进行 200s 时如图 3-58 所示。

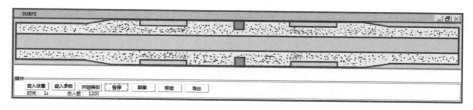

图 3-55　疏散仿真初始状况

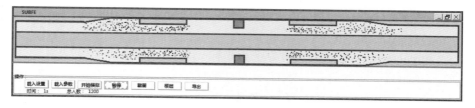

图 3-56　疏散仿真开始 50s 的状况

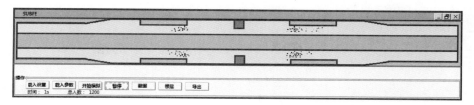

图 3-57　疏散仿真进行 150s 的状况

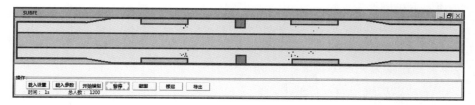

图 3-58　疏散仿真进行 150s 的状况

通过仿真计算得到火灾影响力为 4 时，火源强度为 10WM，疏散 1880 人所需总疏散时间为 248s。通过统计输出数据得到四类人员平均疏散时间如表 3-9 所示。

表 3-9　平均疏散时间统计表

人员类型	男人	女人	老人	儿童
平均疏散时间/s	71.84	81.22	96.80	100.51

3.2.4　人员疏散模拟模型 FDS+Eva

1. FDS+Eva 简介

FDS+Eva 模型将每个逃生人员看成一个独立个体，他们的行为受到移动方程控制，每人都有各自的逃生策略和特性。逃生人员受外界物理力与社会心理力的同时影响。运用耗散粒子动力学的方法解决旋转自由度和平移的问题是移动控制方程的目的。FDS+Eva 能够模拟高度拥挤时逃生人员在火灾发生时的疏散情况。FDS+Eva 把模型中的逃生人员看成在建筑物楼层里移动的一个几何图形，采用三圆模型来定义每个逃生人员的身体特征，中大圆为身体圆，两个小圆为肩膀圆，椭圆代表人体在地面上的投影，如图 3-59 所示。

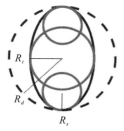

图 3-59　人类身体特征

注：R_s 为肩膀圆半径；R_t 为人体圆半径；R_d 为人体中心到肩膀边界距离。

2. FDS+Eva 模拟原理

(1)人员的控制移动方程如下。

$$m_i \frac{\mathrm{d}^2 X_i(t)}{\mathrm{d}t^2} = f_i(t) + \xi_i(t) \tag{3-34}$$

式中，$X_i(t)$——人员 i 在 t 时刻的位置函数；

$\quad\quad m_i$——人员的质量，kg；

$\quad\quad f_i(t)$——人员 i 在 t 时刻受到的环境力，N；

$\quad\quad \xi(t)$——t 时刻受到的较小的随机波动力，N；

$\quad\quad$人员 i 的速度为 $v_i = \mathrm{d}x_i/\mathrm{d}t$，m/s。

(2)人员 i 所受环境力的方程如下。

$$f_i = \frac{m_i}{\tau_i}(v_i^0 - v_i) + \sum_{j \neq i}(f_{ij}^{\mathrm{soc}} + f_{ij}^{\mathrm{c}} + f_{ij}^{\mathrm{att}}) + \sum_w (f_{iw}^{\mathrm{soc}} + f_{iw}^{\mathrm{c}}) + \sum_k f_{ik}^{\mathrm{att}} \tag{3-35}$$

等式右边的第一部分表示人与人间的相互作用，第二部分表示人与建筑物的相互作用，第三部分表示人和环境的相互作用。第一部分表示逃生人员的自驱动力，逃生者都想以自己特定的速度 $v_i^0 = |v_i^0|$ 向安全出口处逃，v_i^0 是流场里特定的角度。τ_i 为修正时间因素，它表示人的驱动力是否加强，也就是逃生者是否加快疏散时的步行速度。

(3)人员 i 和人员 j 的社会力方程如下。

$$f_{ij}^{\mathrm{soc}} = A_i \mathrm{e}^{-(r_{ij} - d_{ij})/B_i}\left[\lambda_i + (1 - \lambda_i)\frac{1 + \cos\varphi_{ij}}{2}\right]n_{ij} \tag{3-36}$$

式中，r_{ij}——人体 i 和 j 的人体半径之和，m；

$\quad\quad d_{ij}$——人员 i 和 j 的人体中心距离，m；

$\quad\quad n_{ij}$——人员 i 和 j 的单位向量；

$\quad\quad \varphi_{ij}$——人员 i 感受的力的方向和人员 j 的运动方向的夹角，(°)。

(4)人员 i 与人员 j 间的物理衰减力方程如下。

$$f_{ij}^{\mathrm{c}} = (k_{ij}(d_{ij} - r_{ij}) + c_{\mathrm{d}}\triangle v_{ij}^n)n_{ij} + \kappa_{ij}(d_{ij} - r_{ij})\triangle v_{ij}^t t_{ij} \tag{3-37}$$

式中，c_{d}——阻尼参数；

$\quad\quad \Delta v_{ij}^t$——接触圆的切线速度差，m/s；

$\quad\quad t_{ij}$——接触圆的单位；

$\quad\quad k_{ij}$——径向弹力，N；

$\quad\quad \kappa_{ij}$——摩擦力，N。

(5)每个人自己的转动自由度方程如下。

$$I_i^z \frac{\mathrm{d}^2 \varphi_i(t)}{\mathrm{d}t^2} = M_i^z(t) + \eta_i^z(t) \tag{3-38}$$

式中，I_i^z——惯性矩，m⁴；

$\quad\quad \varphi_i(t)$——人员 i 在 t 时刻的角度，是人员的转动惯量，kg·m²；

$\quad\quad \eta_i^z$——小随机波动小随机；

$\quad\quad M_i^z(t)$——人员 i 所受到的环境力矩，N·m。

(6)人员 i 的转动力矩守恒方程如下。

$$M_i^z = M_i^c + M_i^{soc} + M_i^\tau \tag{3-39}$$

式中，M_i^c——接触力力矩，N·m；

　　　M_i^{soc}——社会力力矩，N·m；

　　　M_i^T——移动会力矩，N·m。

（7）人员 i 的接触力力矩控制方程如下。

$$M_i^c = \sum_{j \neq i} (R_i^c \times f_{ij}^c) \tag{3-40}$$

式中，R_i^c——人员 i 身体圆的中心到接触点的径向力臂向量。

（8）人员 i 所受到环境施加的总力矩如下。

$$M_i^{soc} = \sum_{j \neq i} (R_i^{soc} \times f_{ij}^{soc}) \tag{3-41}$$

式中，R_i^{soc}——人员的身体圆中心到社会力接触点的径向力臂向量。

（9）人员 i 的移动力矩控制方程如下。

$$M_i^\tau = \frac{I_i^z}{\tau_i^z}\{[\varphi_i(t) - \varphi_i^0]\omega^0 - \omega(t)\} = \frac{I_i^z}{\tau_i^z}(\bar{\omega}_i^0 - \omega(t)) \tag{3-42}$$

式中，w_i^0——人员的最大目标转角，rad；

　　　$w(t)$——人员 i 在 t 时刻的瞬时转角速度，rad/s；

　　　ϕ_i^0——人员 i 的目标角度，rad；

　　　$\bar{\omega}_i^0$——目标角速度，rad/s。

3. FDS＋Eva 典型案例

疏散模型尺寸如下：主隧道建筑界限 9.0×5.0m，人行横通道建筑界限为 2.0×2.5m，车行横通道建筑界限为 4.0×4.5m，横通道的间距取最不利长度 300m。模拟当火灾发生在人行横通道口附近，并导致该横通道无法正常使用时，人员向火源点两侧横通道进行疏散的情况，如图 3-60 所示。

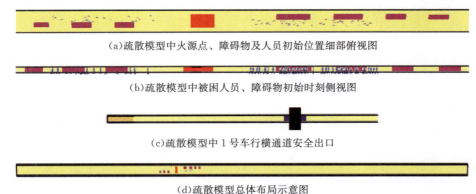

（a）疏散模型中火源点、障碍物及人员初始位置细部俯视图

（b）疏散模型中被困人员、障碍物初始时刻侧视图

（c）疏散模型中 1 号车行横通道安全出口

（d）疏散模型总体布局示意图

图 3-60　建立隧道疏散模型相关信息

模拟如下 4 种情况：被困车辆及被困人员左、右侧各分布 7 人；左侧分布 9 人、右侧分布 13 人；左侧分布 21 人、右侧分布 38 人；左侧分布 48 人、右侧分布 41 人。建模示意图见图 3-61。

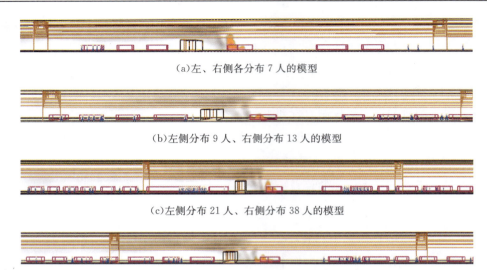

(a)左、右侧各分布 7 人的模型

(b)左侧分布 9 人、右侧分布 13 人的模型

(c)左侧分布 21 人、右侧分布 38 人的模型

(d)左侧分布 48 人、右侧分布 41 人的模型

图 3-61　不同人员数量及分布下的火灾疏散模型侧视图(局部)

对不同人员数量及分布下的人员疏散进行模拟,结果见表 3-10。

表 3-10　不同人员数量及分布下的人员疏散结果汇总

设计年份	左侧用时/s	右侧用时/s	备注
2015	720	630	—
2020	699	821	—
2029	880	860	被困车辆中有大客车
2034	1001	938	被困车辆中有大客车

第4章　铁路隧道火灾烟流及疏散模型试验

针对铁路隧道的火灾疏散救援技术研究，本书分别进行了隧道群火灾及紧急出口和避难所控烟试验；火灾烟流规律及随机停车控烟试验；紧急出口和避难所的加压防烟试验；列车车厢、紧急救援站、紧急出口、避难所人员疏散试验；人员疏散现场测试；隧道衬砌结构防火抗灾现场原型试验。

4.1　铁路隧道火灾烟流试验

4.1.1　相似准则

基于前人提出的受限空间火灾模拟的尺度准则，本书采用弗劳德尺度准则。弗劳德尺度准则是在基本保持无量纲的热释放速率 $\dot{Q}$ 不变的前提下，模拟研究火灾现象时提出来的，其基本思想是将水平对流和浮力关联，且速度按照 $v - \sqrt{gL}$ 的比例关系变化。若定义弗劳德数为

$$Fr = \frac{\overline{V}^2}{gL} \tag{4-1}$$

式中，$\overline{V}$——流体平均速度，m/s；

　　　L——流速长度，m；

　　　g——重力加速度，m/s²。

则弗劳德尺度准则可简单理解为：在惯性力和浮力起主导作用的流体流动中，欲使两个几何相似的研究对象满足动力学相似，必须保证模型和实物流动的弗劳德数相等。上式定义的弗劳德数是流体力学中表征流体惯性力和浮力相对大小的一个重要的无量纲参数。弗劳德尺度准则被广泛地用于模拟火灾烟气的流动与传热问题。下面将对描述火灾烟气运动的控制方程组无量纲化，给出弗劳德尺度准则的推导过程，并最终给出本书研究需要的主要尺度准则。

在推导之前，对隧道内的火灾及烟气流动过程作如下假设：①不考虑化学反应细节，以及由化学反应引起的烟气成分的变化；②火灾烟气满足 boussinesq 假设，即只在重力项中考虑密度的变化；③火灾烟气为不可压缩流体，且与空气热物理性质相同；④固壁传热为一维热传导过程。

火灾过程的一维形式控制方程如下。

（1）质量方程为

$$\frac{\partial \rho}{\partial t} + \frac{\partial (\rho u)}{\partial x} = 0 \tag{4-2}$$

式中，ρ——密度，kg/m^3；

　　　　u——流速，m/s。

　　（2）动量方程（竖直方向）为

$$\rho\left(\frac{\partial u}{\partial t}+u\frac{\partial u}{\partial x}\right)=-\frac{\partial p'}{\partial x}+g(\rho_\infty-\rho)+\frac{4}{3}\mu\frac{\partial^2 u}{\partial x^2} \tag{4-3}$$

其中，

$$p'=p-p_\infty \tag{4-4}$$

$$\frac{\mathrm{d}p_\infty}{\mathrm{d}x}=-\rho_\infty g$$

式中，p'——压力，N；

　　　　p_∞——环境压力，N；

　　　　ρ_∞——环境密度，kg/m^3。

　　（3）能量方程为

$$\rho c_p\left(\frac{\partial T}{\partial t}+u\frac{\partial T}{\partial x}\right)=k\frac{\partial^2 T}{\partial x^2}-4\kappa\sigma T^4+\int_0^{4\pi}\kappa I\,\mathrm{d}\omega+\dot{Q}^m+\frac{\partial p}{\partial t} \tag{4-5}$$

式中，$\dot{Q}^m$——热释放速率，J/s。

　　（4）辐射方程为

$$\frac{\mathrm{d}I}{\mathrm{d}x}=-\kappa\left(I-\frac{\sigma T^4}{\pi}\right) \tag{4-6}$$

　　（5）组分方程为

$$\rho\left(\frac{\partial Y_i}{\partial t}+u\frac{\partial Y_i}{\partial x}\right)=\frac{\partial}{\partial x}\left(\rho D_i\frac{\partial Y_i}{\partial x}\right)+m_i^m \tag{4-7}$$

式中，m_i^m——组分 i 单位体积质量产生速率，$kg/(m^3 \cdot s)$。

　　（6）壁面传热方程为

$$\frac{\partial T_s}{\partial t}=\left(\frac{k}{\rho c_s}\right)\frac{\partial^2 T_s}{\partial x^2} \tag{4-8}$$

　　引入如下的无量纲量，对上述控制方程无量纲化得

$$\hat{\rho}=\frac{\rho}{\rho_\infty},\quad \hat{T}=\frac{T}{T_\infty},\quad \hat{x}=\frac{x}{L},\quad \hat{u}=\frac{u}{V}$$

$$\hat{t}=\frac{t}{\tau},\quad \tau=\frac{L}{V},\quad \hat{p}'=\frac{p'}{p^*},\quad p^*=p_\infty V^2$$

$$\hat{I}=\frac{I}{\sigma T_\infty^4},\quad \hat{Q}=\frac{\dot{Q}^m L}{\rho_\infty V c_p T_\infty},\quad \hat{M}_i=\frac{\dot{m}_i^m L}{\rho_\infty V}$$

式中，T_∞——环境温度；

　　　　$\bar{V}$——特征速度；

　　　　τ——特征时间

　　　　L——特征长度。

由此得到无量纲化之后的控制方程如下。

（1）质量方程为

$$\frac{\partial \hat{p}}{\partial \hat{t}} + \frac{\partial (\hat{p}\hat{u})}{\partial \hat{x}} = 0 \tag{4-9}$$

（2）动量方程（竖直方向）为

$$\hat{\rho}\left(\frac{\partial \hat{u}}{\partial \hat{t}} + \hat{u}\ \frac{\partial \hat{u}}{\partial \hat{x}}\right) = -\frac{\partial \hat{p}'}{\partial \hat{x}} + \Pi_1(1-\hat{\rho}) + \frac{4}{3}\Pi_2\frac{\partial^2 \hat{u}}{\partial \hat{x}^2} \tag{4-10}$$

（3）能量方程为

$$\hat{\rho}\left(\frac{\partial \hat{T}}{\partial \hat{t}} + \hat{u}\ \frac{\partial \hat{T}}{\partial \hat{x}}\right) = \Pi_3\frac{\partial^2 \hat{T}}{\partial \hat{x}^2} + \Pi_4\left(\int_0^{4\pi}\hat{I}\mathrm{d}\omega - 4\hat{T}^4\right) + \hat{Q} \tag{4-11}$$

（4）辐射方程为

$$\frac{\mathrm{d}\hat{I}}{\mathrm{d}\hat{x}} = -\Pi_5\left(\hat{I} - \frac{\hat{T}^4}{\pi}\right) \tag{4-12}$$

（5）组分方程为

$$\hat{\rho}\left(\frac{\partial Y_i}{\partial \hat{t}} + \hat{u}\ \frac{\partial Y_i}{\partial \hat{x}}\right) = \Pi_6\frac{\partial}{\partial x}\left(\hat{\rho}\ \frac{\partial Y_i}{\partial \hat{x}}\right) + \hat{M}_i \tag{4-13}$$

（6）壁面传热方程为

$$\frac{\partial \hat{T}_s}{\partial \hat{t}} = \Pi_7\frac{\partial^2 \hat{T}_s}{\partial \hat{x}^2} \tag{4-14}$$

上述方程中的无量纲系数（Π 参数组）如下：

$$\Pi_1 = \frac{gL}{V^2} = \frac{1}{Fr}, \quad \Pi_2 \approx \frac{\mu}{\rho_\infty VL} = \frac{1}{Re}$$

$$\Pi_3 = \frac{k}{\rho_\infty C_p VL} = \frac{1}{Re \cdot P_r}$$

$$\Pi_4 = \frac{\kappa\sigma L T_\infty^3}{\rho_\infty C_p V}, \quad \Pi_5 = \kappa L$$

$$\Pi_6 = \frac{D_i}{V}, \quad \Pi_7 = \left(\frac{k}{pc_p}\right)\frac{\tau}{\delta_w^2}$$

式中，Re——雷诺数；

　　　P_r——对比压力；

　　　δ_w——壁面厚度。

在一般大气环境条件下进行的火灾模拟试验，其烟气流动的主要驱动力是浮力，因此，首先要保证在缩尺度模拟试验中无量纲系数 Π_1 保持不变，即保证弗劳德数守恒；忽略壁面边界效应，不考虑雷诺数的影响；对于其他的 Π 系数，则不可能同时保持不变，需要根据物理现象控制机制的重要性，判断优先保持哪些参数不变，其他参数则需要采取近似的办法进行模拟。此为弗劳德准则的基本思想，即

$$Fr = \frac{1}{\Pi_1} = \frac{V^2}{gL} \sim 1 \tag{4-15}$$

整理上式得

$$V \sim L^{\frac{1}{2}} \tag{4-16}$$

将式(4-16)带入无量纲火源功率 $\dot{Q}$ 的定义式中，有

$$\frac{(\dot{Q}/L^3)L}{\rho_\infty C_p T_\infty} \sim L^{\frac{1}{2}} \tag{4-17}$$

整理得

$$\dot{Q} \sim L^{\frac{5}{2}} \tag{4-18}$$

将式(4-16)带入无量纲质量流率 $\dot{M}_i$ 的定义式中，有

$$\dot{m}_i \sim L^{\frac{5}{2}} \tag{4-19}$$

将式(4-16)带入无量纲时间 $\hat{t}$ 的定义式中，有

$$t \sim L^{\frac{1}{2}} \tag{4-20}$$

将式(4-16)带入无量纲压力 p' 的定义式中，有

$$p' \sim L \tag{4-21}$$

另外，从有量纲的密度 $\hat{\rho}$ 和温度 $\hat{T}$ 的定义知道，密度和温度只与相应的环境量有关，与模拟尺度无关，于是有

$$\rho \sim 1, T \sim 1$$

利用弗劳德尺度准则，即可以建立缩小尺度模拟试验和全尺寸原型间的尺度关系，将模拟研究的结果应用到实际火灾场景中去，具体如下：

①几何尺寸(m)比：l_m/l_s；

②流量(m^3/s)比：$V_m/V_s = (l_m/l_s)^{5/2}$；

③火源规模(MW)比：$Q_m/Q_s = (l_m/l_s)^{5/2}$；

④速度(m/s)比：$v_m/v_s = (l_m/l_s)^{1/2}$；

⑤时间(s)比：$t_m/t_s = (l_m/l_s)^{1/2}$；

⑥温度(℃)比：$T_m/T_s = 1：1$；

⑦压力(Pa)比：$p_m/p_s = l_m/l_s$。

4.1.2　隧道群火灾及紧急出口和避难所控烟试验

1. 试验概述

1)试验目的

(1)通过带有斜井式紧急出口、避难所的隧道内部烟流试验，测得不同火源规模条件下及不同通风条件下，隧道内和斜井内的温度、风压的变化情况，以及斜井内烟气进入的长度情况，分析斜井对主隧道纵向温度、风压的影响变化规律，得到保证烟气不进入斜井内时，斜井内与主隧道内的压力差值，确定出斜井内的最小保压值。

(2)通过隧道群烟流试验，分析得到火源发生在两隧道之间区域，不同通风条件下，火灾烟流对隧道环境的影响，包括温度、风压和烟气烟雾浓度。确定出隧道环境内受到严重污染的隧道最大间距和对人员不造成危害时两隧道最小间距，从而为划分铁路隧道群定义提出依据。

（3）通过隧道群防烟试验，分析得到不同隧道洞口间距及风速条件下烟气的扩散长度，确定隧道洞口间距不同时，紧急救援站防烟的临界风速。

2）试验内容

（1）带有斜井式紧急出口、避难所的隧道内部火灾烟流试验。

（2）隧道群火灾烟流试验。

2. 试验设计

1）模型简介

（1）相似比确定。

弗劳德模拟要求模型与实体中流体流动的雷诺数必须处于湍流自模拟区，流动的相似性和雷诺数无关，从而实现流动相似。一般地，当流动的雷诺数大于 10^5 时，可使流动处于湍流自模拟区，即有

$$\frac{u_p d_p}{v} > 10^5 \tag{4-22}$$

$$\frac{u_m d_m}{v} > 10^5 \tag{4-23}$$

式中，u——特征风速，m/s；

$\quad\quad d$——当量直径，m；

$\quad\quad v$——流体运动黏性系数，m²/s。

其中，下标"p"表示实体，下标"m"表示模型。流速越大，当量直径越大，流动的雷诺数越大，流动越容易进入湍流自模拟区。

以火源功率取 15MW 为例，$d_p = 10.53$m。一般取 $v = 1.9 \times 10^{-5}$ m²/s，则雷诺数为

$$\frac{u_p d_p}{v} = \frac{1.9 \times (15000 \times 0.7)^{1/5} 10.53}{1.9 \times 10^{-5}} = 67.09 \times 10^5 > 10^5$$

由弗劳德相似原理可知：

$$\frac{u_m}{u_p} = \sqrt{\frac{d_m}{d_p}}$$

因此，最小的尺度比例要求为

$$\frac{u_p \left(\frac{d_m}{d_p}\right)^{1/2} d_p \left(\frac{d_m}{d_p}\right)}{v} = \frac{1.9 \times (15000 \times 0.7)^{1/5} \times 10.53 \times \left(\frac{d_m}{d_p}\right)^{3/2}}{1.9 \times 10^{-5}} > 10^5$$

由此得

$$\frac{d_m}{d_p} = \frac{1}{16.51}$$

即 $\lambda_L = \frac{l_m}{l_p} = \frac{d_m}{d_p} = \frac{1}{16.51}$，可采用 $\lambda_L = \frac{1}{13}$ 缩尺寸比例对试验模型进行设计，即试验模型与实际隧道的相似比为 1：13。

（2）模型长度确定。

气体进入隧道后形成充分发展湍流需要流经一段距离（即入口段），隧道入口段长度与隧道截面当量直径和流动雷诺数有关，对于模型隧道，该段距离约为

$$L_e = 1.44 Re^{1/6} d_e \tag{4-24}$$

取 1：13 的模型比例，代入上式可得 $L_e=8.4m$，动车的长度为 200m。因此模型隧道长度必须大于 200/13+8.4=23.8m。考虑工程的经济性和模型制作的可操作性等因素，模型隧道由多个分节组合拼装而成，每个分节长 2.5m，共 10 节，模型隧道长度定为 25m。

(3)模型材料的确定。

为保持隧道内气体流动的相似，还需尽量保证模型隧道与实体隧道气体流动的摩阻系数守恒。在湍流形态下，流动的摩阻系数与雷诺数以及壁面的相对粗糙度有关，因此，在设计模型隧道时，应对壁面材料粗糙度进行选择或加工，使模型隧道与实体隧道的摩阻系数守恒。

出于试验的高温要求，隧道模型将采用不锈钢等金属材料制作。根据《公路隧道通风照明设计规范》，实体隧道内壁平均壁面粗糙度为 1~9.0mm；而模型选用的带锈钢板壁面平均壁面粗糙度约为 0.25mm(引自全国通用通风管道计算表)。在采用 1：13 比例模型下，模型隧道和实体隧道雷诺数分别为 1.43×10^5 和 6.71×10^6，由莫狄图(图 4-1)可知，模型隧道沿程摩阻系数约为 0.018，实体隧道沿程摩阻系数为 0.012~0.019。模型隧道摩阻系数介于实体隧道摩阻系数范围之内，可见模型隧道与实体隧道的摩阻系数可以守恒。

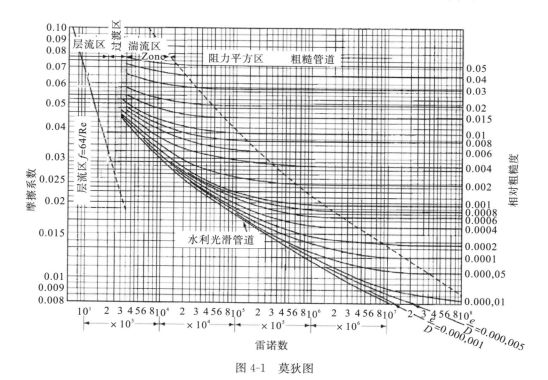

图 4-1　莫狄图

(4)风机参数。

首先确定风机频率。调节风机频率，得到风机在隧道或斜井中产生不同风速时对应的频率，得到风机风速与频率的性能曲线。要求风机出口风量为 350~3200m³/h，风机升压最小值为 5.3Pa。

风量最小值为
$$Q_{\min} = A \cdot v_r = 0.175 \times 0.55 = 0.1 \mathrm{m^3/s} = 360 \mathrm{m^3/h} \tag{4-25}$$
风量最大值为
$$Q_{\max} = A \cdot v_r = 0.52 \times 1.66 = 0.87 \mathrm{m^3/s} = 3116 \mathrm{m^3/h} \tag{4-26}$$
风压最小值为
$$\Delta p = \left(1 + \xi_e + \lambda_r \cdot \frac{L}{D_r}\right) \cdot \frac{\rho}{2} \cdot v_r^2 = \left(1 + 0.6 + 0.02 \cdot \frac{25}{0.81}\right) \cdot \frac{1.2}{2} \cdot 2^2 = 5.3 \mathrm{Pa} \tag{4-27}$$

式中，Q——需风量，$\mathrm{m^3/h}$；

$\qquad A$——隧道断面面积，$\mathrm{m^2}$；

$\qquad v_r$——设计风速，$\mathrm{m/s}$；

$\qquad \Delta p$——隧道通风阻抗力，Pa；

$\qquad \xi_e$——隧道入口损失系数，取 0.6；

$\qquad \lambda_r$——隧道壁面摩擦损失系数，取 0.02；

$\qquad L$——隧道长度，m；

$\qquad D_r$——隧道当量直径，m；

$\qquad \rho$——空气密度，取 $1.2 \mathrm{kg/m^3}$。

风机频率确定后应进行风机标定。主隧道风机标定曲线如图 4-2 所示。

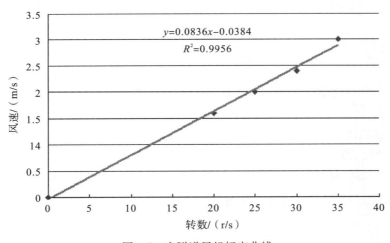

图 4-2 主隧道风机标定曲线

由图 4-2 可知，主隧道风机风速与转数的关系曲线的公式为
$$V = 0.0836r - 0.0384 \tag{4-28}$$
式中，V——风机风速，$\mathrm{m/s}$；

$\qquad r$——风机转数，$\mathrm{r/s}$。

由上述公式可以计算得出试验风速与风机转数的关系，如表 4-1 所示。

表 4-1 主隧道风机风速与转数的关系

实际风速/试验风速/（m/s）	转数/（r/s）
1/0.28	3.8
2/0.55	7
2.5/0.69	8.7
3/0.83	10.4
4/1.11	13.8
5/1.39	17.1

斜井风机标定曲线如图 4-3 所示。

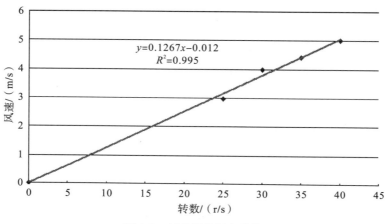

图 4-3　斜井风机标定曲线

由图 4-3 可知，主斜井风机风速与转数的关系曲线的公式为

$$V = 0.1267r - 0.012 \tag{4-29}$$

式中，V——风机风速，m/s；

　　　r——风机转数，r/s。

由上述公式可以计算得出试验风速与风机转数的关系，如表 4-2 所示。

表 4-2 斜井风机风速与转数的关系

实际风速/试验风速/（m/s）	转数/（r/s）
1/0.28	2.3
2/0.55	4.4
3/0.83	6.6
4/1.11	8.9
5/1.39	11.1

试验所用风机及变频器如图 4-4 和图 4-5 所示。

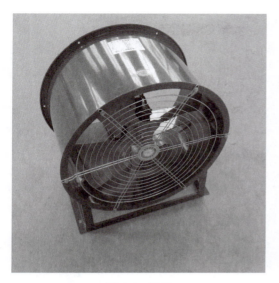

图 4-4　风机

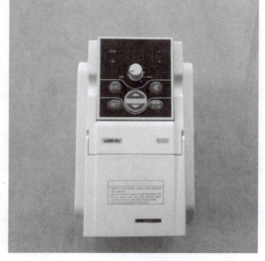

图 4-5　变频器

（5）隧道材料。

隧道由热轧钢板＋防火玻璃＋亚克板材料制作，如图 4-6～图 4-8 所示。

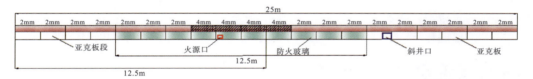

图 4-6　隧道材料示意图

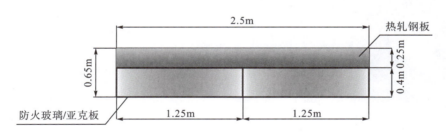

图 4-7　一段隧道材料示意图

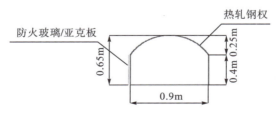

图 4-8　隧道材料断面示意图

模型现场图片如图 4-9~图 4-14 所示。

图 4-9　模型支架制作

图 4-10　隧道焊接制作

图 4-11　隧道底部轮子

图 4-12　隧道连接制作

图 4-13　隧道内部

图 4-14　点火处

试验完成模型现场图如图 4-15 和图 4-16 所示。

（6）火源参数。

火源选择油池火，即为燃烧物质（乙醇、汽油）＋发烟物质（烟饼、稻草、艾条）。

油盘尺寸决定火源热释放速率，火源的热释放速率（heat release rate，HRR）为单位时间内可燃物燃烧后释放出来的热量，是表征火灾发生过程的最重要参数。根据燃烧速率与质量损失速率相乘的方法来计算热释放速率，公式如下。

$$\dot{Q} = \eta \cdot \dot{m}_f \cdot \Delta h_c \tag{4-30}$$

式中，η——燃烧效率，乙醇取 1，汽油取 0.75；

$\dot{m}_f$——燃烧质量损失速率，kg/(m² • s²)；

Δh_c——燃烧的热值，乙醇为 26.8MJ/kg，汽油为 43.7MJ/kg。

图 4-15　单体隧道现场模型

图 4-16　隧道群现场模型

用燃烧失重速率来表征燃料的燃烧释放速率。中南大学和中国科技大学试验火源均采用燃烧失重法计算火源的热释放速率，对油盘尺寸试验结果进行总结，得到油池盘尺寸与火源热释放速率的关系如表 4-3 和图 4-17、图 4-18 所示。

表 4-3　油池盘尺寸与火源热释放速率关系

燃料	油池盘尺寸/cm	油池盘面积/cm²	火源热释放速率/kW
乙醇	12×12	144	4.18
	14×14	196	5.15
	16×16	256	6.91
	18×18	324	9.97
	20×20	400	11.26

续表

燃料	油池盘尺寸/cm	油池盘面积/cm²	火源热释放速率/kW
汽油	6×6	36	2.06
	8×8	64	7.16
	10×10	100	10.21
	12×12	144	17.46
	14×14	196	21.02
	18×18	324	57.57
	50×50	2500	334
	60×60	3600	425
	70×70	4900	600
	100×100	10000	1800

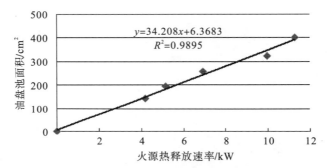

图 4-17　火源热释放速率与油盘池面积关系(乙醇)

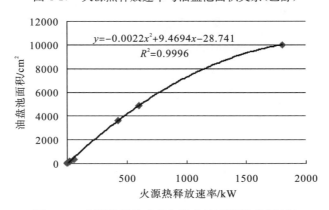

图 4-18　火源热释放速率与油盘池面积关系(汽油)

由图 4-17 和图 4-18 可知，燃烧拟合出曲线的公式为

$$A_{乙醇} = 34.208Q + 6.3683 \tag{4-31}$$

$$A_{汽油} = -0.0022Q^2 + 9.4694Q - 28.741 \tag{4-32}$$

式中，A——油池面积，cm²；

Q——火源热释放速率，kW。

由上述公式可以计算得出试验所需酒精油池盘的面积及尺寸，如表 4-4 所示。

表 4-4　试验油池盘尺寸

试验内容	比例尺	实际火源热释放速率/MW	试验火源热释放速率/kW	油池盘面积/cm²		油池盘尺寸/cm	
				乙醇	汽油	乙醇	汽油
隧道试验	1∶13	15	24.62	849	203	25×34	14×15
		20	32.82	1129	280	25×45	17×17

油池与燃料如图 4-19 和图 4-20 所示。

图 4-19　油池

图 4-20　酒精

2）数据采集系统

（1）采集设备。

采集仪器采用 TST3826E 静态应变测试分析系统，TST3826E 静态应变测试分析系统每台采集箱为 40/60 测点，同一台计算机可控制 32 台采集箱同时工作。采用德国进口 WAGO 压线端子，接线方便，具有程控切换桥路、以太网接口，数据传输更加稳定可靠。可对输出电压小于 20MV 的电压信号进行巡回检测，分辨率可达到 1μV。该系统具有高速 ARM 处理器，配合自主研发的软、硬件信号处理技术，提高了系统的稳定性，大大增强了现场抗干扰能力。内置 Q-FAN 温度控制系统，进一步减小温度对测量结果的影响。适用于测量精度要求较高和现场复杂以及测点相对集中的场合。设备利用交直流供电。本次使用 2 台采集仪器，每台有 60 个通道，共 120 个采集通道，其中 100 个通道是采集温度，其余 20 个通道为采集标准电流信号。其技术指标见表 4-5。数据采集台和数据采集仪如图 4-21 和图 4-22 所示。

表 4-5　技术指标

仪器接口	以太网接口
单台采集箱测点数	40、60
单台计算机可控制最大测点数	1280、1920（32 台采集箱）
最高采样频率	1Hz
A/D 分辨率	24 位
显示/控制方式	计算机
扩展方式	串行
最大采集箱距离	100m
最高分辨率	1με

续表

仪器接口	以太网接口
测量应变范围	$\pm20000\mu\varepsilon$
自动平衡范围	$\pm15000\mu\varepsilon$($R=120\Omega$、$K=2.0$ 时应变计阻值的 $\pm1.5\%$)
应变计电阻值范围	$50\sim10000\Omega$,任意设定即可
应变计灵敏度系数	$1.0\sim3.0$,自动修正
长导线电阻修正范围	$0.0\sim100\Omega$
系统准确度	0.5 级(不大于 $0.5\%\pm3\mu\varepsilon$)
漂移	小于或等于 $\pm3\mu\varepsilon/4$ 小时(零漂);小于或等于 $\pm1\mu\varepsilon/℃$(温漂)
供桥电压	DC $2V\pm0.1\%$
电源	AC 220V($\pm10\%$)50Hz($\pm2\%$)DC12V($9\sim18$V)
功率	约 20W
电磁兼容试验	符合 A 类指标
使用环境	适用于 GB6587.1-86-Ⅱ组条件
外形尺寸	335mm×320mm×100mm;481mm×320mm×100mm
仪器自重	40 测点约 6kg,60 测点约 8kg

    TST3826E 静态应变测试分析系统软件是基于 VC++ 开发平台的一款静态信号处理软件,包含实时采集、实时显示、实时分析、实时保存等模板。功的参数管理模块功能强大,用户只需简单的输入设置参数值,所有计算都由软件自动完成,拥有强大的分析、处理能力。CPU 为 pentiumⅢ 600M 以上,内存不小于 128M,1G 以上剩余硬盘空间。

    操作系统:Windows XP 及以上操作系统。适用的仪器范围:TSTDAS 系列静态信号采集仪。适用的仪器接口:以太网、USB。

图 4-21   数据采集台

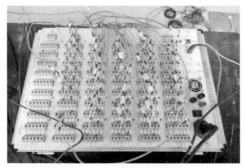

图 4-22   数据采集仪

（2）温度数据采集。

温度传感器采用的是插入式铠装热电偶。热响应时间≤8s。偶丝直径为 $\Phi 3$。温度为 0℃～1200℃和 0℃～500℃。偶丝材质为 GH3030 1Cr18Ni9Ti。温度测试仪器如图 4-23 和图 4-24 所示。

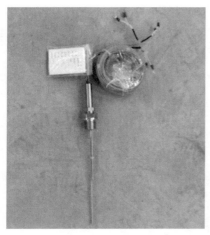

图 4-23　热电偶树

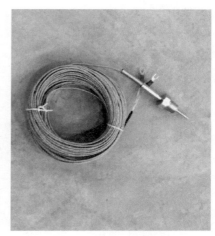

图 4-24　铠甲热电偶

（3）风压数据采集。

风压测试传感器采用的是 DEL 3210 微差压传感器，外壳为 ABS 耐高温防腐蚀材质，变送器基于热传感元件测量差压，所需空气极少，即使在恶劣环境中，性能同样稳定可靠；相比传统模式的差压传感器，可获得更好的低压端重复性与宽量程比，及更精确的差压测量和精度。通过内部微控制器将检测数据进行全量程精确标定，线性补偿和温度补偿均由数字化实现，因此，精度和分辨率高（可达 0.05Pa）；无零点漂移，使其性价比更高，使用更方便，长期稳定性也更好。

其技术指标如下。量程（可选）：0～100Pa；精度：0.2％FS；介质：空气、氮气等无腐蚀性气体；工作温度：－10～＋60℃；存储温度：－40～＋80℃；允许过压：1bar。风速测试仪器如图 4-25 和图 4-26 所示。

图 4-25　微差压传感器

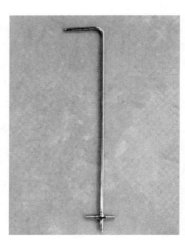

图 4-26　皮托管

（4）浓度数据采集

烟气浓度测试仪器采用 DEL 7513 照度传感器（室内检测专用），采用工程塑料外壳开发加工，体积小，便于安装，输出标准的信号，可广泛用于温室、建筑等环境中。

其技术指标如下。测量范围：0～2000Lux 或 0～20kLux。光谱范围（可见光）：400～700nm；电源电压：24VDC；输出信号：4～20mA；测量误差：小于±4%；工作环境温湿度：0～60℃或 0～70%RH；储存环境温湿度：−10～+50℃或 0～80%RH；烟气浓度测试仪器如图 4-27 所示。

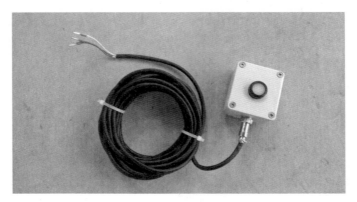

图 4-27　照度传感器

3）测点布置

（1）温度测点布置。

一是单体铁路隧道火灾试验温度测点布置。主隧道纵向布置 10 个烟气温度测试断面（ZW1～ZW10），间距如图 4-28 所示，每个断面有 5 个测点。主隧道顶部布置 41 个测点，间距如图 4-28 所示（Z1～Z41）。斜井内设置 2 个温度测试断面（XW1～XW2），间距如图 4-29～图 4-31 所示，一个断面有 3 个测点。共 87 个温度测点。

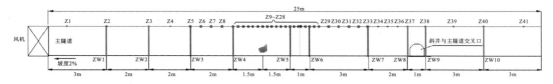

图 4-28　主隧道纵向温度测点布置图

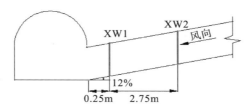

图 4-29　隧道横向温度测点布置图

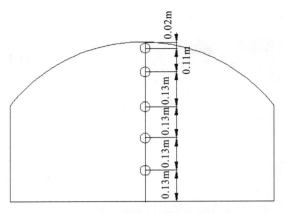

图 4-30　主洞横断面温度测点布置图

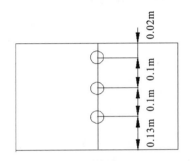

图 4-31　斜井横断面温度测点布置图

二是铁路隧道群火灾试验温度测点布置。隧道群纵向布置 10 个测试断面（QW1～QW10），间距如图 4-32 所示。每个横断面有 5 个温度测点。隧道顶部布置测点 41 个，间距如图 4-33 所示，共 81 个测点。

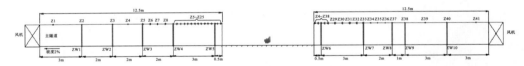

图 4-32　隧道群纵向温度测点布置图

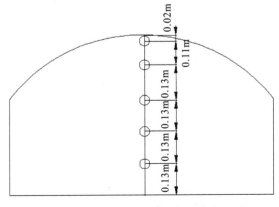

图 4-33　隧道洞口横向温度测点布置图

热电偶布置如图 4-34 和图 4-35 所示。

图 4-34　热电偶布置

图 4-35　电偶补偿导线布线

（2）风压测点布置。

一是单体铁路隧道火灾试验风压、风速测点布置。主洞纵向布置 5 个风压/风速测点（ZY1～ZY5），间距如图 4-36 所示。斜井内部纵向设置 2 处风压/风速测点（XY1～XY2），间距 3.5m。每个横断面 1 个风压/风速测点，共 7 个测点（图 4-37）。

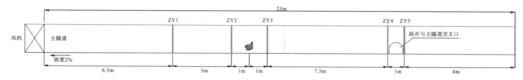
图 4-36　主隧道纵向测点布置图

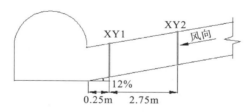
图 4-37　隧道横向测点布置图

二是铁路隧道群火灾试验风压、风速测点布置。主洞隧道布置 6 个测试断面（QY1～QY6），间距如图 4-38 所示。每个断面 1 个测点，共 6 个测点。

图 4-38　隧道群纵向风速风压测点布置图

（3）浓度测点布置。

一是单体铁路隧道火灾试验浓度测点布置。主洞纵向布置 5 个烟气浓度测试断面（ZN1～ZN5），一个断面有 2 个测点，共 10 个浓度测点，如图 4-39 和图 4-40 所示。

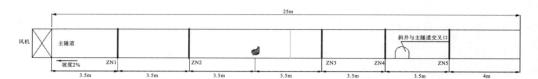

图 4-39　主隧道纵向浓度测点布置图

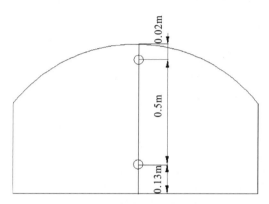

图 4-40　主洞横断面浓度测点布置图

　　二是铁路隧道群火灾试验浓度测点布置。隧道纵向 4 个测试断面（QN1～QN4），间距如图 4-41 和图 4-42 所示。每个横断面 2 个烟雾浓度测点，共 8 个测点。

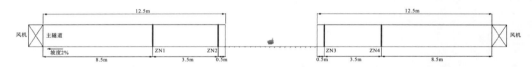

图 4-41　隧道纵向浓度测点布置

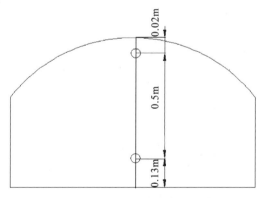

图 4-42　隧道横断面浓度测点布置图

　　4）试验工况

　　（1）单体铁路隧道火灾试验工况。试验变化参数如下：①两种火源规模：15MW、20MW；②主洞坡度：2%；③主洞 2 种通风速度：0m/s、2.5m/s；④斜井坡度：12%；⑤斜井 5 种通风工况：关闭斜井出口门、开启斜井出口门时 0m/s、1m/s、2m/s、3m/s；⑥斜井加宽（避难所）3 种通风工况：1m/s、2m/s、3m/s。测试工况见表 4-6。

表 4-6 测试工况

工况	火源规模/kW	斜井风速/(m/s)	主洞风速/(m/s)	斜井坡度	主洞坡度	发烟点
1	24.62	关闭出口	不通风	12%	2%	斜井与主洞交叉口附近
2	32.82					
3	24.62	开启出口				
4	32.82					
5	24.62	1				
6	32.82	0.28				
7	24.62	2				
8	32.82	0.55				
9	24.62	3				
10	32.82	0.83				
11	24.62	关闭出口	2.5、0.69			
12	32.82					
13	24.62	开启出口				
14	32.82					
15	24.62	1				
16	32.82	0.28				
17	24.62	2				
18	32.82	0.55				
19	24.62	3				
20	32.82	0.83				
21	24.62	1	不通风			
22	32.82	0.28				
23	24.62	2				
24	32.82	0.55				
25	24.62	3				
26	32.82	0.83				
27	24.62	1	2.5、0.69			
28	32.82	0.28				
29	24.62	2				
30	32.82	0.55				
31	24.62	3				
32	32.82	0.83				

注：表中火源规模、斜井风速、主洞风速的值均为试验参数，由实际参数按一定比例尺转换而来。

（2）铁路隧道群火灾试验工况。试验变化参数如下。①两种火源规模：15MW、20MW；②六种隧道群间距：10m、30m、60m、80m 和 100m；③主洞风速：0m/s、2.5m/s；④紧急救援站风速：0m/s、2m/s、3m/s、4m/s。具体见表 4-7，测试防烟工况见表 4-8。

表 4-7　测试间距工况

工况	火源规模/kW	隧道群间距实际/模型/m	主洞风速	火源点
1	24.62	10/0.77	不通风	两隧道洞口之间明洞段中间位置
2	32.82			
3	24.62	30/2.31		
4	32.82			
5	24.62	60/4.62		
6	32.82			
7	24.62	80/6.15		
8	32.82			
9	24.62	100/7.69		
10	32.82			
11	24.62	10/0.77	2.5、0.69	两隧道洞口之间明洞段中间位置
12	32.82			
13	24.62	30/2.31		
14	32.82			
15	24.62	60/4.62		
16	32.82			
17	24.62	80/6.15		
18	32.82			
19	24.62	100/7.69		
20	32.82			

表 4-8 测试防烟工况

工况	火源规模/kW	隧道群间距实际/模型/m	主洞风速	火源点
1	24.62	10/0.77	不通风	隧道内部距隧道洞口 2m 处
2	32.82			
3	24.62	30/2.31		
4	32.82			
5	24.62	60/4.62		
6	32.82			
7	24.62	10/0.77	1、0.28	
8	32.82			
9	24.62	30/2.31		
10	32.82			
11	24.62	60/4.62		
12	32.82			
13	24.62	10/0.77	2、0.55	
14	32.82			
15	24.62	30/2.31		
16	32.82			
17	24.62	60/4.62		
18	32.82			
19	24.62	10/0.77	3、0.83	
20	32.82			
21	24.62	30/2.31		
22	32.82			
23	24.62	60/4.62		
24	32.82			
25	24.62	60/4.62	不通风	隧道洞口处
26	32.82			
27	24.62		2、0.55	
28	32.82			
29	24.62		3、0.83	
30	32.82			

4.1.3　火灾烟流规律及随机停车控烟试验

1.　试验概述

1）试验目的

（1）隧道内火灾烟流规律特性试验。①分析不同火灾规模和通风风速下，温度场的分布、传播规律。②分析不同火灾规模和通风风速下，压力场的分布、传播规律。③分析不同火灾规模和通风风速下，烟雾的性态及其扩散规律。

（2）随机停车通风组织试验。在正常运营情况下，横通道是关闭的。当有一条隧道发生火灾时，横通道必须打开供人员疏散至非火灾隧道内。横通道的打开和关闭会对火灾的发展产生影响。

通过分析因横通道的打开和关闭导致隧道两线通风网络发生改变而引起的风流流动变化情况，掌握火灾发生后隧道内的温度、压力、烟雾发展变化规律，并以此为基础指导实际救灾时的通风组织工作。

2）试验内容

（1）隧道内火灾烟流规律特性试验，包括：①火灾时隧道内温度场的传播分布规律；②火灾时隧道内烟气的扩散规律及其传播速度；③火灾时隧道内压力的变化情况；④火灾时隧道内火风压的产生、分布规律；⑤火灾发生前后隧道内气流流量的变化情况。

（2）随机停车通风组织试验，包括：①横通道的启闭对火灾时主隧道内温度场分布的影响；②横通道的启闭对火灾时主隧道内烟气扩散规律及其传播速度的影响；③横通道的启闭对火灾时主隧道内压力的变化情况的影响；④横通道的启闭对火灾时主隧道内火风压分布规律的影响；⑤横通道的启闭对火灾发生前后主隧道内气流流量的变化情况的影响；⑥横通道的启闭对辅助隧道内温度、压力、气流流动的影响。

2.　试验设计

1）模型简介

（1）相似关系。

在进行火灾模型试验时，通过如下 4 个方面的相似，可以保证火灾试验的相似性。

一是几何相似。通过几何相似，可以保证流动边界的相似。

原型隧道的截面相关数据如下。截面面积：$S_{real} = 70.443 m^2$。当量直径：$D_{real} = 8.682 m$。高度：$h_{real} = 7.68 m$。

试验模型隧道的截面相关数据如下。截面面积：$S_{test} = 2.3901 m^2$。当量直径：$D_{test} = 1.8 m$。高度：$h_{test} = 1.6 m$。

通过以上数据，则有

$$\frac{h_{real}}{h_{test}} = \frac{7.68}{1.6} = 4.8,$$

$$\frac{D_{real}}{D_{test}} = \frac{8.682}{1.8} = 4.823$$

故有

$$\frac{h_{\text{real}}}{h_{\text{test}}} \approx \frac{D_{\text{real}}}{D_{\text{test}}} \approx \frac{4.8}{1}$$

所以截面的几何相似比例尺为 4.8：1。

二是流动相似。在一维有压流体的相似分析中，主要分析反映黏性力和惯性力相似关系的雷诺准则，即

$$\frac{c_{\rho} c_v c_l}{c_{\mu}} = 1 \tag{4-33}$$

即保证：

$$\text{Re} = \frac{\rho v l}{\mu} = 常数$$

式中，ρ——流体密度，kg/m^3；

v——流体速度，m/s；

l——特性长度，m；

μ——运动黏性系数。

同时，由于隧道摩阻对风流速度的分布有很大影响，因此，在进行流动相似的分析中必须保证摩阻的相似。在保证几何相似的前提下，只要使模型流动进入充分发展的紊流即可。

三是温度场相似。隧道中发生火灾时，隧道内流场升温的热源主要包括两部分，即对流导热和火源辐射传热，而后者只在火区附近较为显著，在分析火灾隧道温度场时予以忽略。根据 R-G 公式计算火灾隧道沿程烟流温度的分布，并通过相似变换，引入各物理量的相似比尺后，可得

$$c_t = \frac{c_{\alpha_b}}{c_{c_p} c_{\rho} c_v} \tag{4-34}$$

上式右端实际上是斯坦顿相似准数，改写成相应的物理量得

$$S_t = \frac{\alpha_b}{c_p c_{\rho} c_v} \tag{4-35}$$

式中，α_b——烟流与隧道物体间的不稳定传热系数，$w/(m \cdot K)$。

因此，若要使烟流温度分布满足相似准则，必须保证 $\frac{c_{\alpha_b}}{c_{c_p} c_{\rho} c_v} = 1$，此时 $c_t = 1$，可以保证风速相等，满足温度场分布相似的要求。

四是压力场相似。通过对风流一维非稳定流动微分方程进行相似变换，并引入各物理量的相似比尺后，可得

$$c_{\rho} c_t = 1 \tag{4-36}$$

结合气体状态方程 $P = \rho g R T$，可得

$$c_p = c_{\rho} c_t = 1 \tag{4-37}$$

可见，在考虑温度场变化的一维非稳定流的流动相似时，模型与实物流的压力必须相等。而重力因素对风流产生的影响，在海拔高程相差不大的时候，是极其微弱的，故可认为压力场相似。

综上所述，在忽略某些次要因素的条件下，当满足流动边界几何相似、流动充分发展为紊流以及风速相等的条件时，可以保证火灾模型试验的相似性。

（2）模型制作。

一是隧道模型制作。隧道模型如图 4-43 所示。采用混凝土管片拼接，在管片与管片之间预留 3cm 缝隙。管片连接如下：燃烧床附近有 40m 耐火材料（铝酸盐水泥、耐火粉、耐火骨料），其余 80m 长度内的接缝材料为普通混凝土。

图 4-43　模型隧道

二是风道施工及风机的安装。在主隧道两洞口附近各设一个送风道，分别安装风机，如图 4-44 所示。同时，在主隧道两端洞口处各装一道密封门。当一侧风机运行时，则关闭该侧的密封门，开放另一侧的密封门。

图 4-44　风道布置图

三是横通道的修建。经过分析发现，要模拟隧道火灾情况下的通风状况，主隧道和辅助隧道至少有三条横通道相连接。横通道内径为 0.5m，与主隧道和辅助隧道呈 40℃连接，在靠近主隧道端设有上、下开关的阀门。修建横通道后的试验模型见图 4-45。

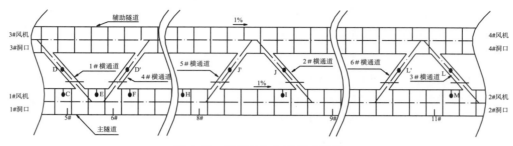

图 4-45　横通道与主隧道连接图

四是观察窗的制作及安装。观察窗的主要作用是观察隧道内烟流的流动状态和烟层厚度，如图 4-46 所示。

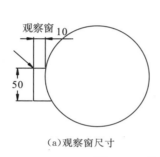

(a)观察窗尺寸　　　　　　　　　　　　　(b)观察窗实景

图 4-46　观察窗示意图(单位：cm)

2)火灾参数

(1)火灾规模的确定。火灾试验的火灾规模分别选取为 2.5MW(A 规模)、20MW(B 规模)和 100MW(C 规模)三种规模。2.5MW(A 规模)由 10 升柴油、1 升汽油和 15kg 木材模拟。20MW(B 规模)由 24 升柴油、1 升汽油和 30kg 木材模拟。100MW(C 规模)由 48 升柴油、2 升汽油和 50kg 木材模拟。

(2)燃烧剂及尺寸的选择。为较真实地模拟隧道火灾时的情况，采用隧道内燃烧油料。油料盛放在由钢板焊成的燃烧床内，燃烧床的面积根据火灾案例调研得到的油料扩散范围确定，并通过加入燃料量的多少及燃烧面积的大小来模拟不同的火灾规模。

同时，考虑燃料能够充分燃烧的因素，试验所用燃烧床采用钢板(厚 3mm)制造。为倒梯形形状，上部宽 1m，长 1.65m，底部宽 0.8m，长 1.5m，高为 0.1m。内部再焊接钢板，围成小一档的面积，以模拟不同的燃烧扩散面积。

3)数据采集系统

(1)采集系统。由于测点数量多，要求数据采集速度快，准确性高，传统的人工采集方法难以胜任。试验数据采集系统采用德国 Bosch 公司开发的有效支持分布式控制和实时控制的串行通信网络——CAN 现场总线系统。该系统采用双绞线作为通信载体，采用短帧结构进行传输，检错、抗干扰能力强，数据传输速度快。系统示意图如图 4-47 所示。

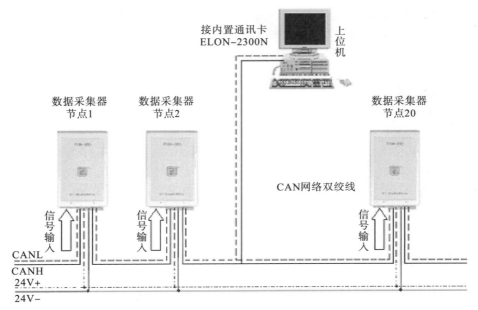

图 4-47　数据采集系统布线示意图（通信卡内置）

（2）温度、风压数据采集。试验所选用温度、压力探头如图 4-48 和图 4-49 所示。现场总线（信号线）和电源线全部采用 PVC 管包裹，然后集中通过专门的电缆沟布设。

图 4-48　热电偶、压力探头的安装方式

图 4-49　现场总线网络的布设

4）测点布置

（1）火灾烟流规律试验测试断面布置。试验设测温断面、测压断面及测速断面各 13 个（依次编号为 A～M）。其中，温度量测点 49 个，压力量测点 18 个，速度量测点 18，烟层厚度观察点 11 个。沿上坡方向（坡度 2%）通风时，测试断面示于图 4-50 中。

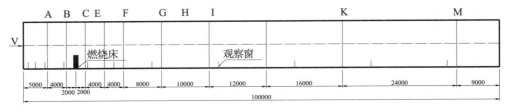

图 4-50　模型测试断面布置（单位：mm）

当沿下坡方向通风时，由设在另一端洞口的风机供风，通风方向为 M→A。燃烧床分别设在 G 断面与 H 断面之间（距 G 断面 2m），以及 K 断面与 M 断面之间，距 K 断面 2m 的位置。

（2）随机停车控烟试验测试断面布置。在主隧道和横通道中，共设测温断面、测压断面各 13 个（依次编号为 A～M）。其中温度量测点 49 个，压力量测点 36 个，烟层厚度观察点 11 个。如图 4-51 所示。

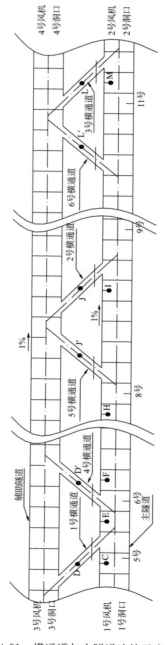

图 4-51　横通道与主隧道连接示意图

5)试验工况

(1)火灾烟流规律特性试验工况。试验分上坡和下坡两个系列进行，以便对比。上坡试验测试系列如表 4-9 所示，下坡试验测试系列如表 4-10 所示。

表 4-9　试验测试系列(沿上坡方向 A→M)

试验序号	通风风速/(m/s)	火灾规模/MW	试验序号	通风风速/(m/s)	火灾规模/MW
1	不通风	2.5	10	4.0	2.5
2		20	11		20
3		100	12		100
4	2.0	2.5	13	5.0	2.5
5		20	14		20
6		100	15		100
7	3.0	2.5	16	6.0	2.5
8		20	17		20
9		100	18		100

表 4-10　试验测试系列(沿下坡方向 M→A)

试验序号	风速/(m/s)	火灾规模/MW	燃烧床位置	试验序号	风速/(m/s)	火灾规模/MW	燃烧床位置
1	不通风	2.5		10	2.0	2.5	
2		20		11		20	
3		100		12		100	
4	3.0	2.5	K、M 断面间，距 K 断面 2m	13	5.0	2.5	G、H 断面间，距 G 断面 2m
5		20		14		20	
6		100		15		100	
7	5.0	2.5		16	—	—	
8		20		17	—	—	
9		100		18	—	—	

(2)随机停车通风组织试验工况。试验组合工况见表 4-11 所示。

表 4-11 随机停车通风组织试验组数

火灾规模/MW	风速/(m/s)		横通道启、闭情况
	主隧道	辅助隧道	
2.5	3	3	下坡试验启、闭2号和3号横通道；上坡试验启、闭4号和5号横通道
20	3	3	
100	3	3	
2.5	3	5	
20	3	5	
100	3	5	
2.5	5	3	
20	5	3	
100	5	3	
2.5	3	3	启、闭1、2、3号（或4、5、6号）横通道
20	3	5	
100	5	3	

4.1.4 紧急出口和避难所的加压防烟试验

1. 试验概述

（1）试验目的。通过紧急出口、避难所的加压防烟试验，测得不同主隧道及紧急出口、避难所风速组合条件下，隧道内和紧急出口、避难所内的烟气浓度变化规律，得到不同紧急出口、避难所烟气浓度条件下的内、外压力差值，确定出紧急出口、避难所的最小保压值。

（2）试验内容如下。①不同压差条件下，紧急出口、避难所烟气浓度分布规律。②开启不同面积防护门条件下，紧急出口、避难所烟气浓度分布规律。

2. 试验设计

1）模型简介

（1）模型修建。隧道采用钢筋混凝土管段模拟。管段内径1.8m，壁厚15cm，混凝土等级为C20，管道底部铺设混凝土垫层，断面形状为马蹄形，内、外侧均用混凝土抹面，保证了模型的密封性和耐久性，紧急出口和避难所为密闭空间结构，有横通道与隧道相连，模型如图4-52和图4-53所示。

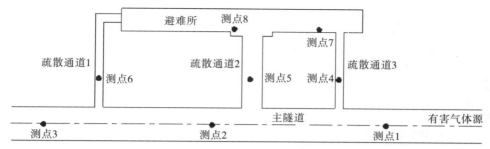

图 4-52 模型示意图

(a)隧道模型

(b)紧急出口和避难所模型

图 4-53 模型的修建

(2)通风系统。隧道洞口附近和洞身段各设一个送风道,分别安装风机。选用 1 台 11kW 和 1 台 15kW 的轴流风机。为模拟紧急出口和避难所加压情况,在紧急出口和避难所安装有 1 台 11kW 轴流风机,风机的安装如图 4-54 所示。

图 4-54 风机安装

(3)防护门的安装。为了模拟连接通道防护门的开闭,在模型中安设有防护门模型,如图 4-55 所示。防护门可以开启不同面积。

(4)烟流模拟。试验中用一氧化碳作为示踪剂模拟烟流,由高压存储罐储存(图 4-56)。通过减压阀和流量计释放,经软管释放到指定位置,由示踪剂检测仪器检测(图 4-57)。

(a)隔离 50%

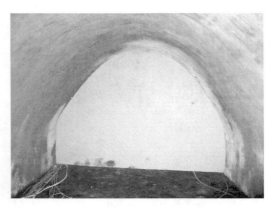
(b)隔离 100%

图 4-55　横通道隔离门

图 4-56　示踪剂释放源

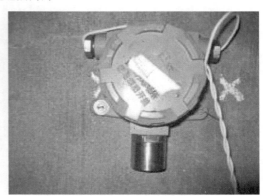
图 4-57　示踪剂检测仪器

2)数据采集系统

整个量测系统包括上位机(即计算机)、风速数据采集器、风速探头、通信线路、电源、稳压器等，如图 4-58 所示。

图 4-58　数据采集区

试验中用到的风速检测仪如图 4-59 所示。为了测试紧急出口和避难所的压力分布，设有压力测点。压力测量仪器采用美国 TSI 公司 DP-CALC 微型风压计 8705，如图 4-60 所示。这种仪器测量精度高，性能稳定，技术指标见表 4-12 所示。该仪器能根据压力源的波动情况实时反应压力变化值。

（a）风速检测仪

（b）风速检测仪器

图 4-59　风速测试

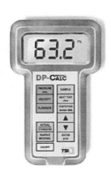

（a）压力检测仪

（b）压力现场测试

图 4-60　压力测试

表 4-12　主要技术指标表

压力范围	−1245~3735Pa	精度	±1%±1Pa
分辨率	0.1Pa(0.001mmHg)	风速范围	1.27~78.7m/s
精度	±1.5%atm/0.16m/s		
工作温度范围	主机	0~70℃	精度	−40~85℃
求均值能力	每个压力中最大的 255 个值		
风量范围	最大 9999000CFM		

3）测点布置

试验设置了 8 个测点，其中，隧道设置了 3 个测点；3 个连接通道各设有 1 个测点；紧急出口和避难所设置有 2 个测点，各测点位置如图 4-61 和图 4-62 所示。

图 4-61 试验测点布置位置

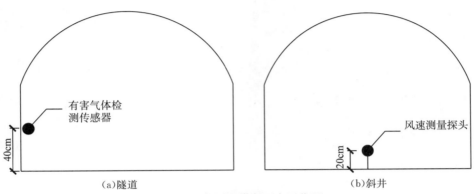

(a)隧道 (b)斜井

图 4-62 各测点横断面布置位置

4)试验工况

试验分别考虑了隧道和斜井中的通风速度以及斜井防护门开启的面积。具体工况如表 4-13 所示。

表 4-13 试验工况

工况	斜井内风速/(m/s)	防护门开启情况	隧道风速/(m/s)
1	不通风		
2	1		
3	2	开启 100%	
4	3		
5	4		
6	不通风		
7	1		
8	2	开启 75%	不通风
9	3		
10	4		
11	不通风		
12	1		
13	2	开启 50%	
14	3		
15	4		

工况	斜井内风速/(m/s)	防护门开启情况	隧道风速/(m/s)
16	不通风		
17	1		
18	2	开启 25%	
19	3		
20	4		
21	不通风		
22	1		
23	2	关闭	
24	3		
25	4		
26	不通风		
27	1		
28	2	开启 100%	
29	3		
30	4		3
31	不通风		
32	1		
33	2	开启 75%	
34	3		
35	4		
36	不通风		
37	1		
38	2	开启 50%	
39	3		
40	4		
41	不通风		
42	1		
43	2	开启 25%	
44	3		
45	4		

工况	斜井内风速/(m/s)	防护门开启情况	隧道风速/(m/s)
46	不通风	关闭	
47	1		
48	2		
49	3		
50	4		
51	不通风	开启 100%	
52	1		
53	2		
54	3		
55	4		
56	不通风	开启 75%	
57	1		
58	2		
59	3		
60	4		
61	不通风	开启 50%	6
62	1		
63	2		
64	3		
65	4		
66	不通风	开启 25%	
67	1		
68	2		
69	3		
70	4		
71	不通风	关闭	
72	1		
73	2		
74	3		
75	4		

4.2　铁路隧道火灾人员疏散试验

4.2.1　人员疏散原型试验

1. 试验概述

1）试验目的

（1）通过火灾车厢内部人员疏散试验，分析得到不同人员荷载和拥挤环境下，人员每时刻距离假定火源的位置和全部人员离开火灾车厢的时间，最终确定不同人员荷载条件下人员的疏散速度。

（2）通过隧道内部人员疏散试验，分析得到人员分别在紧急救援站和紧急出口处不同疏散方式下，人员疏散完毕所用的时间以及人员的疏散速度。

（3）通过隧道内部人员疏散试验，得到列车车厢不同出口数量对人员疏散的影响，以及不同隧道出口宽度对人员疏散的影响。

（4）通过横通道的人员疏散试验，得到不同宽度条件下人员疏散所需的时间、拥堵程度以及横通道的人员通行能力。

（5）校核人员疏散仿真计算中的人员疏散关键参数，包括疏散时间、疏散速率、拥堵程度以及人员通过率，验证数值计算的可靠性。

2）试验内容

（1）火灾车厢内部人员疏散试验。

（2）隧道内部人员疏散试验，包括紧急救援站疏散试验和紧急出口疏散试验。

（3）横通道通行能力人员疏散试验。

3）试验场地

试验场地如图 4-63 所示，为校园室外足球场。

图 4-63　试验场地全景

4)试验人员组织

(1)试验工作人员。工作人员共 33 人，主要担任工作为指挥、安全、记录、摄像和拍照等。具体工作人员分配如表 4-14 所示。

表 4-14　工作人员分配表

担任工作	人员数量/人
总指挥	1
辅助指挥	1
安全疏导员	3
摄影	3
摄影安全员	4
拍照	2
记录	6
引导员	6
变换模型	6
放置烟幕弹	1

(2)试验受测人员。试验受测人员共 457 人，年龄在 18~23 岁，其中女生占 12%，男生占 88%。

2. 试验设计

1)车厢内部人员疏散试验

(1)试验工况。模拟三节车厢，考虑最不利工况，火灾车厢内仅有一端门供人员疏散撤离。试验模型示意图如图 4-64 所示，测试工况如表 4-15 所示，疏散现场如图 4-65 所示。

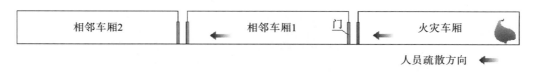

图 4-64　试验模型示意图

表 4-15　测试工况表

工况	开启车门	火灾车厢人数	相邻车厢 1 人数	相邻车厢 2 人数
A1	侧门全部关闭，车厢间隔门开启	128	180	149 人
A2	侧门全部关闭，车厢间隔门开启	90	128	149 人

(a)　　　　　　　　　　　　　　　　　　　(b)

图 4-65　疏散现场

（2）试验规模。每节车厢尺寸宽 3.05m，长 25.5m（均按车厢实际内部尺寸），车厢间间隔 1m，三节车厢共长 78.5m。座椅摆放为 3+2 模式。走道宽度为 0.55m。车厢门宽 0.8m（按比例 1：1）。如图 4-66～图 4-70 所示

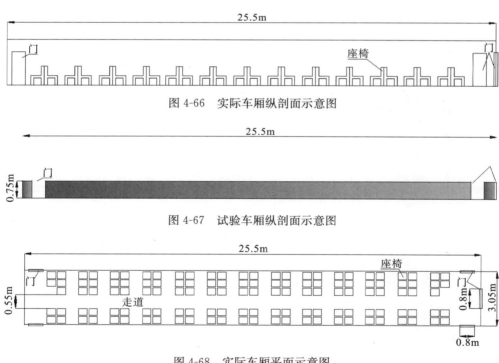

图 4-66　实际车厢纵剖面示意图

图 4-67　试验车厢纵剖面示意图

图 4-68　实际车厢平面示意图

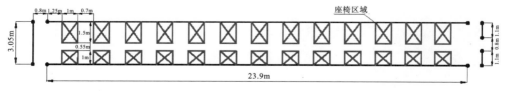

图 4-69　试验车厢平面示意图

图 4-70 人员疏散试验模型图

(3)试验测点。火灾车厢纵向有 10 个观测点,间距大约为 5m,测点布置如图 4-71 和图 4-72 所示。

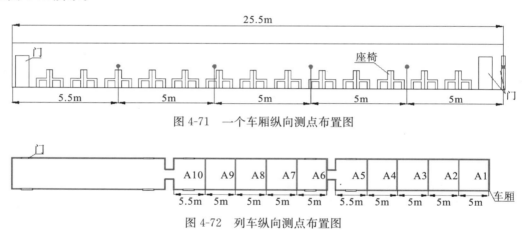

图 4-71 一个车厢纵向测点布置图

图 4-72 列车纵向测点布置图

(4)疏散路径。2、3 号车厢内人员通过车厢间隔门向 1 号车厢内疏散,如图 4-73 所示。

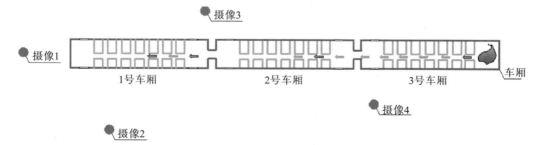

图 4-73 车厢内部疏散路线图

2）紧急救援站人员疏散试验

（1）试验工况。模拟三节车厢，人员分别由车厢站台侧车门撤离车厢。站台宽度为 2.5m，横通道出口宽度分别为 2m 和 3m，具体见表 4-16。

表 4-16　试验工况

工况	出口宽度/m	站台宽度/m	开启车门	火灾车厢	其余车厢
B1	2	2.5	单侧	人数：128 人 开启车门数：1	人数：130 人 开启车门数：2
B2	3	2.5	单侧	人数：128 人 开启车门数：1	人数：130 人 开启车门数：2

（2）试验规模。车厢尺寸不变，隧道侧壁长度为 80m，出口通道长度为 5m，站台宽度为 2.5m，出口宽度为 2m 和 3m。横通道出口设置在距隧道端 52m 处。模型尺寸示意图如图 4-74 所示。

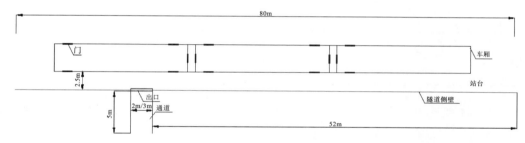

图 4-74　模型尺寸示意图

（3）试验测点。紧急救援站人员疏散共设置 4 个观测点。如图 4-75 所示。

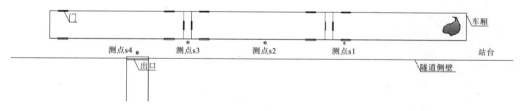

图 4-75　纵向测点布置图

（4）疏散路径。1、2 号车厢内人员由车厢两端侧门疏散，3 号车厢内人员由车厢前门疏散。如图 4-76 和图 4-77 所示

图 4-76　车厢内人员疏散立面示意图

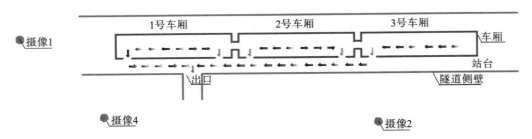

图 4-77　人员疏散平面示意图

3)紧急出口人员疏散试验

(1)试验工况。模拟三节车厢，人员分别由车厢两侧车门撤离车厢。人行通道宽度为1.5m，紧急出口宽度为3m。试验工况如表 4-17 所示。

表 4-17　试验工况

工况	出口宽度/m	人行通道宽度/m	开启车门	火灾车厢	其余车厢
C1	3	1.5	双侧	人数：98人 开启车门数：2	人数：120人 开启车门数：4

(2)试验规模。车厢尺寸不变，隧道侧壁长度 80m，出口通道长度 5m，人行通道宽度为 1.5m，紧急出口门宽 3m，设置在隧道端部，如图 4-78 所示。

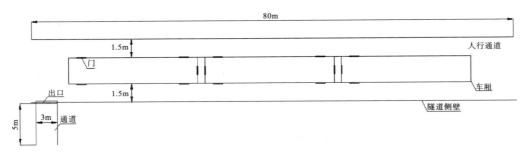

图 4-78　模型尺寸示意图

(3)试验测点。紧急出口处人员疏散共设置 9 个观测点，如图 4-79 所示。

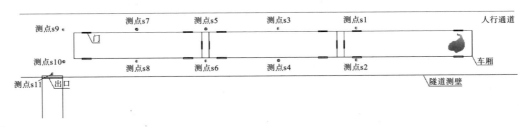

图 4-79　纵向测点布置图

(4)疏散路径。1、2 号车厢内人员由车厢两端侧门疏散，3 号车厢内人员由车厢前门疏散。如图 4-80 和图 4-81 所示。

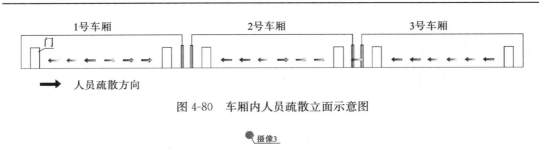

图 4-80　车厢内人员疏散立面示意图

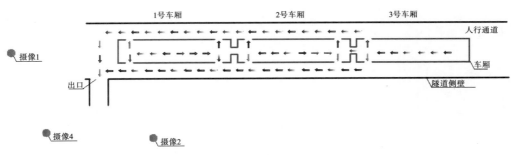

图 4-81　人员疏散平面示意图

4)横通道人员疏散试验

(1)试验工况。模拟长度为 20m 的横通道,人员分别由横通道一端疏散至另一端。横通道宽度分别为 1m、1.5m、2m、2.5m 和 3m。具体见表 4-18。

表 4-18　测试工况

工况	横通道宽度/m	受测人员数量/人
D1	1	39
D2	1.5	39
D3	2	39
D4	2.5	39
D5	3	39

(2)试验规模。横通道长度为 20m,横通道宽度分别为 1m、1.5m、2m、2.5m 和 3m,如图 4-82 所示。

图 4-82　模型尺寸示意图

(3)试验测点。横通道人员疏散共设置 2 个观测点如图 4-83 所示。

(4)疏散路径。1、2 号车厢内人员由车厢两端侧门疏散,3 号车厢内人员由车厢前门疏散如图 4-84 所示。

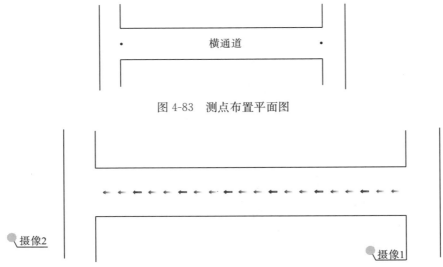

图 4-83　测点布置平面图

图 4-84　人员疏散平面示意图

4.2.2　人员疏散现场测试

1. 测试概述

(1)测试目的。测试不同车型(动车、特快、快速)人员下车速度；统计不同车型(动车、特快、快速)人员年龄、性别组成比例；测试人员通过出站通道时间、速度；测试不同车型(动车、特快、快速)车厢内部尺寸。

(2)测试内容。人员下车疏散测试；人员出站疏散测试；车厢尺寸测量。

2. 测试设计

(1)测试地点。地点选择成都火车东站，图 4-85 为成都火车东站现场图。

图 4-85　成都火车东站

(2)测试摄影点位。摄影固定点位 5 处，分别为车厢两个侧门各 1 处，2 个出站通道进口 1 处，出站通道出口 1 处。出站通道如图 4-86 和图 4-87 所示。

图 4-86　通道进口　　　　　　　　　　　　图 4-87　通道出口

(3)测试方案及对象。一是测试车次。调查成都东站各车型车辆到站时刻表，选取不同车型及出发地点车辆进行测试，测试车辆如表 4-19 所示。

表 4-19　成都东站各车型车辆到站时刻表

列车类型	列车车次	出发站	到站时间
普快	K577	长沙	10：54
	K827	广州	11：08
特快	T246	武昌	9：32
动车	D5103	重庆	10：18

二是测量车厢，包括车厢内长度、宽度、走道宽度；车厢门高度、宽度；车厢间间距；车窗尺寸、个数。

第 5 章　铁路隧道烟气控制设计方法

5.1　铁路隧道火灾蔓延规律

5.1.1　隧道火灾蔓延过程

隧道火灾大致可以分为以下三个阶段：发展阶段、稳定阶段、衰减阶段。

1. 发展阶段烟流状态

在火灾发展阶段，烟流中含有大量的有毒有害气体，随着时间的增加，烟流温度逐渐升高，烟流中的氧气浓度下降，二氧化碳、一氧化碳、氢气、甲烷等有毒有害气体的浓度不断增大。

在火区下风侧沿程断面上，烟流的平均温度随着时间的增加而升高。发展阶段的燃烧状态不稳定，风流流动状态为非稳定状态，所以，沿程烟流温度随烟流最高温度的变化规律不明显。由于火区烟流的节流效应、浮力效应等作用，火区的烟流阻力增大。当外部通风条件不变时，火区入风端的风速较火灾前下降。火灾过程中，燃烧生成的气体进入流过火区的风流，风流经火区后受热膨胀，所以，火区回风端的烟流速度大于入风端的风速，火区两端的静压差也因此增大。

2. 稳定阶段烟流状态

在火灾稳定阶段，烟流最高温度不变，烟流在流动中的热交换便决定了火区下风侧烟流温度的变化，其变化规律如下：

①随着与火区距离的增加，火区下风侧断面上的烟流温度下降；

②离火区较近的一段，随火灾时间的增加，沿程烟流的温度梯度增大，离火区较远处，随火灾时间的增加，沿程烟流的温度梯度减小。

由于节流效应、浮力效应等对烟流的作用，火区的烟流阻力比火灾前相同段内的风流阻力大，因此，当向火区的供风动力不变时，火区入风端的风速较火灾前下降。风流流过火区时受热膨胀，所以，当火区入、回风端的断面面积不变时，火区回风端的烟流速度大于入风端的风流速度。在火灾过程中，由于风流流过火区的温度变化量恒定，所以烟流热膨胀系数基本不随时间而变化。随着时间的增加，火区两端的静压差下降。

3. 衰减阶段烟流状态

在衰减阶段，烟流的最高温度不断下降。由于火焰的热辐射效应和烟流与其周围物质间的不稳定换热系数随时间不断变化，火区下风侧沿程烟流温度的变化规律为：随着与火区距离的增加或火灾时间的增加，烟流的温度和沿程烟流的温度梯度减小。由于火区的节流效应和浮力效应对风流作用的减弱，火区两端的静压差和烟流的热膨胀系数都随时间的增加而下降。

隧道发生火灾时，在火灾区域形成高温烟气火场。如果氧气供给不足，物质燃烧不充分，将产生大量的固体微粒，同时，热空气比重较周围空气低，所以形成明显的上升气流，尤其在隧道内，随着气流移动，高温高热烟流快速在隧道内扩散和蔓延。

影响隧道火灾中烟气流动的主要因素是烟气层本身的流动性和隧道内的空气流动。一般情况下，靠近火场的地方，烟气层本身的流动性占支配地位，远离火场的地方，隧道内空气流动影响较大。

所以，隧道火灾烟气一般会受烟囱效应、热浮力效应、热膨胀效应及通风的影响。其中，在隧道内垂直通路的空气因空气温差而上升即为烟囱效应。火焰上方的高温气体与周围冷空气有密度差，烟气的密度较低，则相对烟气就产生了向上的浮力作用，即烟气的热浮力效应。燃烧产生高温，气体在高温环境下体积膨胀，即产生气体的热膨胀效应。此外，机械通风改变隧道内部空气流动情况，在火灾工况下，机械通风会影响烟气本身的流动特性，有效通风能够组织火灾烟气的流动，控制烟气蔓延。

5.1.2　隧道火灾温度蔓延时空规律

隧道内发生火灾时，燃烧从一个点或面开始，随着时间的推移，火焰向周围蔓延，火区渐渐变成一个区域，随着参与燃烧的可燃物数量逐渐增多，热量集聚增加，火灾烟流的温度也随之升高。

通过试验分析可以发现，发生火灾时，隧道内温度的变化并不是按照标准温度-时间曲线逐渐上升，而是有一个急剧增加的过程，如图 5-1 所示。

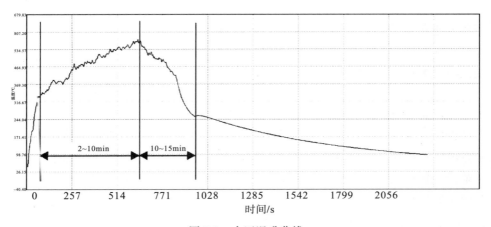

图 5-1　火区温升曲线

由图 5-1 可以看出，铁路隧道内的温度一般在起火后的 2~10min 内达到最高。其中，温度的最高值与燃烧物种类、数量、燃烧延续时间、燃烧速度以及隧道本身的特征有关。

火灾进入稳定燃烧阶段后，其持续时间随火灾规模、通风风速以及燃料自由表面积的大小而变化。在同等条件下，火灾规模越大，火灾的持续时间越长；燃料的自由表面积越大，燃烧速度越快，则火灾的持续时间越短。同时，在同等条件下，随着通风风速的增大，火灾的持续时间缩短。

对旅客列车来说，主要燃烧物是旅客行李及衣物，因此，燃烧达到最高温度的时间较长。

1. 火灾时纵向温度分布特征及变化规律

由于燃烧引起的冷、热空气对流和隧道壁面对于高温烟流的冷却作用，使得高温烟流的热量被空气及非燃烧物质（主要是隧道壁面）所吸收，而使其温度沿程下降。因此，温度场在隧道纵断面方向的分布规律是：温度随着与火源点距离的增加而降低，如图5-2所示。

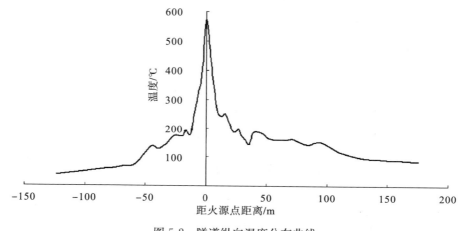

图 5-2　隧道纵向温度分布曲线

通风风速和火灾规模对温度的纵向分布有很大影响，在同等条件下，随着通风风速的增大，火区附近的温度下降，而沿程温度上升。同等条件下，随着火灾规模的增大，温度场纵向影响范围也增大；随着与火区距离的增加，火灾规模对温度场分布的影响减弱。

由于火灾是一个动态变化的过程，因此，其纵向温度分布也随着时间的变化而不断变化。可以发现，发生火灾后，随着时间的推移，隧道内各个断面的温度都在逐渐上升，当火源点温度达到最高时，隧道内各点的温度也基本达到最高，之后，温度随时间逐步下降。整个变化过程中，火源点的温度梯度较火区下游大，远离火区的区域，温度梯度有逐渐减小的趋势。

2. 火灾时横向温度分布规律

不通风状态下，隧道断面上部高温烟流向两端洞口移动，断面下部则由外界新鲜空气向洞内流入，断面中部为高低温气流进行热传导和对流的紊流层。高温烟流由于较轻而上升，隧道底部有相对较冷的空气作为补充，因此，其温度的横向分布规律是拱部最高，拱腰、边墙次之，底部最低，如图 5-3 所示。

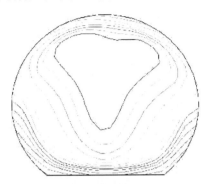

图 5-3　隧道横断面温度分布

在机械通风状态下，当通风风速≥2.0m/s 时，由于火焰被吹倾斜，火区下游附近一段距离内断面底部受火焰的影响，温度急剧上升，断面温度横向分布呈现底部高、拱顶最低的规律。随着远离火区，由于高温烟气逐渐上升，断面温度的横向分布变为拱部最高，拱腰、边墙次之，底部最低。同时，随着与火区距离的增加，横断面上温度的分布渐趋均匀。

在火区，随着通风风速的增加，断面底部温度逐渐增高，断面温度分布呈现底部最高、拱部最低的规律。在火区下游，不论通风风速的大小，温度分布都呈现拱顶高、底部低的规律。随着火灾规模的增大，沿隧道纵向，各断面的温度均有升高，但温度横向分布规律不变。

5.2　铁路隧道火灾烟流温度及研究阻力计算方法

5.2.1　隧道火灾温度计算方法

发生火灾时，从火区流出的烟流在机械通风动力、自然风压和火灾动力效应的作用下，向火区下风侧流动。随着时间的增加，烟流前沿到火区的距离增大，污染区域的范围不断扩大。由于烟流温度高于隧道周围物体的温度，所以烟流流动过程中不断与隧道周围的物体进行热交换，热能从烟流流向周围的物体，烟流失去热能，内能减少，温度下降；隧道周围的物体不断接受烟流热能，其温度随时间的增加而升高。

沿程烟流温度的计算方法主要来源于试验数据的回归分析或由控制体的能量平衡计算。本书采用烟流能量平衡微分方程建立了隧道沿程烟流温度计算模型。

在稳定流动状态下，引入表达摩擦力系数和传热系数之间关系的斯坦顿数 S_t，通过调整 S_t 的大小，可改变隧道沿程的温度分布。其计算公式为

$$T = T_0 + (T_1 - T_0) \cdot \exp\left[-\frac{S_t x}{D_n}\left(1 - \frac{T_a}{T_1}\right)\right] \tag{5-1}$$

式中，T——隧道入风端烟流的温度，K；

T——距离隧道入风端 x 处烟流的平均温度，K；

T_a——隧道围岩的原始温度，K；

D_n——隧道断面面积与周长之比，m。

5.2.2 隧道火灾烟流阻力计算方法

隧道发生火灾时，燃烧火焰在浮力的作用下，从底部向顶部运动，破坏了火区及其附近的烟流结构。同时，由于火焰的存在，减小了火区段隧道的有效过流断面面积。风流在火区受热膨胀，烟流体积流量较风流密度小，流过火区的烟流温度逐渐下降，体积流量减小。因此，对于同一段隧道，火灾前的风流阻力与火灾时期的烟流阻力不同。火区烟流阻力由节流效应烟流阻力、隧道摩擦阻力和浮力效应烟流阻力三部分组成。火灾时产生了推动（或阻止）烟流流动的热力风压，且烟流阻力的大小与热力风压的大小及燃烧的规模密切相关。

火灾过程中，由于火焰的存在减小了火区段隧道的有效过流断面面积，且风流在火区受热膨胀，使得流过火区的风流阻力较火灾前明显增加，在火区附近形成一个局部阻力，这个局部阻力就像一个节流阀作用于流过火区的烟流。这种由于燃烧火焰阻碍烟流在隧道内的流动，以及由于烟流体积流量变化而产生的阻碍烟流流动的现象，称为火灾烟流的节流效应。由节流效应产生的阻力，称为火灾的节流效应烟流阻力。

由于烟流与隧道壁面的摩擦，在靠近壁面的流体中形成边界层，引起内外摩擦，造成风流流动过程中损失动量。由流体与隧道壁面的摩擦和流体内部的湍流团相互摩擦产生的阻力，称为摩擦阻力。烟流的摩擦阻力与密度成正比，与烟流速度的平方成正比。

风流在流经火区后，由于受热膨胀，烟流密度较风流密度变小，同时，火灾产生的高温烟流在流动过程中，其温度沿纵向不断下降，密度不断增大。当隧道具有坡度时，由于火区上游风流密度与火区下游烟流密度的明显差异，会形成推动或阻碍烟流流动的作用力。这种由于隧道沿程烟流密度与标高不同，使烟流本身产生推动或阻止其流动的附加力，称为火灾烟流的浮力效应烟流阻力。

1. 节流效应烟流阻力

节流效应烟流阻力是由于燃烧火焰的湍流和风流在火区受热膨胀引起的。通过分析火区烟流的动量变化和能量变化，可得出节流效应烟流阻力的计算方法。

当隧道断面面积不变时，烟流流动过程中受到的摩擦阻力不引起烟流的动量变化。在分析节流效应烟流阻力时，假设节流效应对烟流的作用是在隧道的一个断面上完成的，即节流效应对烟流的作用长度为无穷小量，因此，烟流重力变化不引起烟流的动量变化，则有

$$h_j = \frac{1}{2}\rho_1\left[v_1^2\left(\frac{1}{M_k}-1\right)+gh_m \cdot \cos\beta(1-M_k)\right] \tag{5-2}$$

式中，ρ_1——火灾前风流的密度，kg/m³；

v_1——火灾前风流的速度，m/s；

M_k——火灾燃烧生成物的相对变化量，$M_k = T_1/T_2$；

h_m——隧道的高度，m；

β——隧道的坡度。

节流效应烟流阻力由两部分组成。第一部分为 $\dfrac{1}{2}\rho_1 v_1^2 \left(\dfrac{1}{M_k}-1\right)$，它是由烟流的温度变化和质量流量的变化引起的，其形式与节流阀的局部阻力计算式相同，该部分是火焰对烟流的节流效应，即火焰占用了过流断面，使过流断面减小，烟流阻力增大，其大小与燃烧状态有关，与隧道形状无关。第二部分为 $\dfrac{1}{2}\rho_1 gh_m \cdot \cos\beta(1-M_k)$，它是由烟流流动过程中的温度变化引起的。由于隧道本身具有一定的高度，当烟流温度变化时，断面内的流束受力不均，使烟流受力。它是火灾烟流的湍流节流效应，其大小与隧道特性、燃烧状态和烟流的流动状态等有关。

2. 烟流摩擦阻力

流体的沿程摩擦阻力表达式，即 dx 长度内隧道的摩擦阻力为

$$\mathrm{d}h_f = \lambda\,\frac{\rho v^2}{2d} \cdot \mathrm{d}x \tag{5-3}$$

式中，$\mathrm{d}h_f$——摩擦阻力，Pa；

　　　d——隧道的水力直径，m；

　　　λ——摩擦系数。

隧道中的烟流密度、速度是距离的函数。长度为 L 的隧道的烟流摩擦阻力为

$$h_f = \int_0^L \frac{R_a S^2 \rho v^2}{\rho_a} \cdot \mathrm{d}x \tag{5-4}$$

式中，h_f——烟流摩擦阻力，Pa；

　　　S——隧道断面积，m²；

　　　ρ——烟流密度，kg/m³；

　　　v——烟流速度，m/s；

　　　ρ_a——火灾前风流的密度，kg/m³；

　　　L——隧道段长度，m；

　　　R_a——火灾前单位长度隧道的风阻，kg/m⁸。可由下式给出

$$R_a = \frac{\lambda \rho_a U}{8S^3} \tag{5-5}$$

式中，U——隧道断面周长，m。

可以看出，火灾前的隧道摩擦阻力不等于火灾时期的隧道摩擦阻力。烟流摩擦阻力与火灾前隧道风阻 R_a、烟流体积流量 $(Sv)^2$、风流密度和烟流密度之比 ρ/ρ_a 成正比。当隧道的断面结构和面积不变时，温度越高，速度越大，烟流摩擦阻力也越大。

在污染区域内，当隧道入风端的烟流体积流量等于火灾前的风流体积流量时，火灾时期的烟流摩擦阻力小于火灾前的风流摩擦阻力。为安全起见，火灾时期烟流的摩擦阻力仍然采用火灾前隧道内摩擦阻力的计算公式：

$$h_f = \frac{\lambda}{8} \frac{\rho U}{S^3} L = \frac{1}{2} \frac{\lambda}{d} \frac{\rho}{S^2} L = R_\lambda \cdot Q^2 \tag{5-6}$$

式中，R_λ——摩擦风阻，kg/m^8。h_f 总是对通风气流起阻碍作用，即与 v 的方向相反。

3. 浮力效应烟流阻力

火灾烟流在倾斜隧道中流动时，由于流动过程中烟流温度不断下降，烟流密度不断增大，烟流位压也较火灾前风流位压发生很大的变化，因而产生浮力效应，形成对烟流的作用力。这种发生在倾斜隧道，由于火灾前的风流密度与火灾时期的烟流密度不同而引起的对火灾烟流的附加作用，称为火灾烟流的浮力效应。习惯上称由浮力效应所引起的烟流阻力为火风压。

浮力效应烟流阻力是由烟流密度变化引起的作用于烟流的附加力，也就是说，浮力效应烟流阻力是针对火灾前相同隧道段的风流位压而言的，由此给出火灾时期浮力效应烟流阻力的理论计算式：

$$h_b = \int_0^L (\rho - \rho_a) g \sin\beta \, dx \tag{5-7}$$

式中，ρ_a——火灾前的风流密度，kg/m^3。

对上式积分，可得污染区域内的隧道浮力效应烟流阻力：

$$h_b = \frac{\rho_1 T_1 g \sin\beta}{A_k B_k} \cdot \ln\left[\frac{A_k + (T_1 - A_k) \cdot \exp(-B_k L)}{T_1 \cdot \exp(-B_k L)}\right] - \rho_a g L \sin\beta \tag{5-8}$$

$$A_k = T_0 - \frac{mJg}{\alpha_b U}, B_k = \frac{\alpha_b U}{mc_p} \tag{5-9}$$

式中，T_0——火区入风端的风流温度，K；

m——烟流质量流量，kg/s；

J——井巷坡度，m；

α_b——烟流与井巷物体间的不稳定传热系数，$W/(m^2 \cdot K)$；

U——井巷断面长度，m；

c_p——烟流定压比热，$kJ/(kg \cdot K)$。

由式(5-8)可以看出，污染区域内隧道的浮力效应烟流阻力由两部分组成。计算式的后半部分为 $\rho_a g L \sin\beta$，这是火灾前隧道入风端与回风端的位压差，其大小与燃烧状态和烟流状态无关，只与隧道特性和风流状态有关。

经简化计算，假定烟气流经隧道后，各点的气压值不变，浮力效应烟流阻力按下式计算：

$$h_b = 11.77 \Delta Z \frac{\Delta t}{T} \tag{5-10}$$

式中，h_b——浮力效应烟层阻力，Pa；

ΔZ——高温气体流经隧道的标高差，m；

Δt——高温气体流经隧道内空气平均温度增量，K；

T——高温气体流经隧道内火灾后空气的平均温度，K。

4. 污染区域的烟流阻力

火灾时期，烟流受到节流效应、摩擦、浮力效应的作用，因此，烟流阻力是以上三种效应引起阻力的代数和，即有

$$h_z = h_j + h_f + h_b \tag{5-11}$$

式中，h_z——火灾烟流阻力，Pa。

把污染区域隧道的节流效应烟流阻力、摩擦阻力和浮力效应烟流阻力进行合并计算，得出污染区域的烟流阻力为

$$
\begin{aligned}
h_z ={}& \frac{1}{2}(\rho_2 v_2^2 - \rho_1 v_1^2) + \frac{1}{2}g h_m \cdot \cos\beta(\rho_1 - \rho_2) + \frac{R_a \rho_1 L_0 (S v_1)^2}{\rho_a T_1} \\
& \times \left\{ T_0 + \frac{(T_1 - T_0)[1 - \exp(-B_k L_0)]}{B_k L_0} \right\} \\
& + \frac{\rho_1 T_1 g \sin\beta}{A_k B_k} \times \ln\left[\frac{A_k + (T_1 - A_k) \cdot \exp(-B_k L_0)}{T_1 \cdot \exp(-B_k L_0)} \right] - \rho_a g L \sin\beta
\end{aligned}
\tag{5-12}
$$

即

$$
\begin{aligned}
h_z ={}& \frac{\rho_1 (T_1 - A_k)[\exp(-B_k L_0) - 1]}{2} \times \left[\frac{v_1^2}{T_1} + \frac{g h_m \cos\beta}{A_k + (T_1 - A_k)\exp(-B_k L_0)} \right] \\
& + h_a \left(\frac{\rho_1}{\rho_a} \right)\left(\frac{v_1}{v_a} \right)^2 \times \left\{ \frac{A_k}{T_1} + \frac{(T_1 - A_k)[1 - \exp(-B_k L_0)]}{B_k T_1 L_0} \right\} \\
& + \frac{\rho_1 T_1 g \sin\beta}{A_k B_k} \times \ln\left[\frac{A_k + (T_1 - A_k) \cdot \exp(-B_k L_0)}{T_1 \cdot \exp(-B_k L_0)} \right] - \rho_a g L \sin\beta
\end{aligned}
\tag{5-13}
$$

即

$$
h_z = \frac{1}{2}\rho_1 \left[v_1^2 \left(\frac{1}{M_k} - 1 \right) + g h_m \cdot \cos\beta(1 - M_k) \right] + R_\lambda \cdot Q^2 + 11.77 \Delta Z \frac{\Delta t}{T} \tag{5-14}
$$

5. 其他通风力的计算方法

（1）隧道自然通风力。自然通风力是由于自然风的影响、气压差及温差所产生的压力差形成的通风力。根据隧道内自然风速 V_n 与通风气流速度 V 方向相同或相反，自然通风力对通风起辅助作用或阻碍作用。它有两部分组成，即沿程摩擦阻力和局部阻力。已知 V_n 时，自然通风力 ΔP_w 按下式计算：

$$\Delta P_w = \left(1 + \xi_{in} + \lambda \frac{L}{D} \right) \cdot \frac{\rho}{2} V_n^2 \tag{5-15}$$

式中，ΔP_w——洞口间的自然通风力，Pa；

L——隧道长度，m；

D——隧道断面当量直径，m；

ξ_{in}——隧道入口损失系数；

V_n——自然风速，m/s。

自然通风力的作用方向与 V_n 方向相同，设计计算时将自然通风力作为阻力考虑。

（2）局部阻力。风流发生突然扩大或突然缩小、转弯、交叉、汇合等状况，风速的大

小和方向均会改变，因此引起的压力损失，称为局部阻力，按下式计算：

$$\Delta P_\xi = \xi \cdot \frac{\rho}{2} \cdot V^2 = R_\xi \cdot Q^2 \qquad (5\text{-}16)$$

式中，ΔP_ξ——局部阻力，Pa；

ξ——局部阻力系数；

R_ξ——局部风阻，kg/m^7，由下式计算：

$$R_\xi = \xi \cdot \frac{\rho}{2} \cdot \frac{1}{S^2} \qquad (5\text{-}17)$$

其他符号意义同前，ΔP_ξ 也对通风气流起阻碍作用，即与 V 的方向相反。

(3)射流风机的升压力。射流风机以高速吹出的风，将能量传递给隧道内的空气柱而引起纵向通风风流。一台射流风机的升压力如下，其中，$\phi = A_j/A_r$，$\psi = u_r/u_j$。

$$P_j = \frac{1}{2}\rho V_j^2 \cdot 2\phi(1-\psi)/k \qquad (5\text{-}18)$$

式中，P_j—— 一台射流风机的推力，Pa；

A_j——射流风机出口面积，m^2；

V_j——射流风机出口风速，m/s；

u_r——隧道断面风速，m/s；

A_r——隧道断面面积，m^2；

k——射流风机损失系数(由于安装等原因)，取 $k=1.1$。

设有 n_j 台射流风机，则射流风机的总升压力 ΔP_j 为

$$\Delta P_j = n_j P_j \qquad (5\text{-}19)$$

5.3 铁路隧道火灾规模的确定

5.3.1 列车火灾的规模

火灾规模与火灾中可燃物组成成分及燃烧是否充分等诸多因素有关，火灾场景不同，火灾的热释放速率也不相同。由于列车火灾全尺寸试验的开展非常困难，有关客运列车火灾热释放速率的公开数据很少。欧洲九国联合开展的"隧道火灾499"项目进行了大规模隧道实体尺寸火灾试验，测试了不同车辆火灾的最大热释放速率和隧道内最高温度，如表5-1所示。

表 5-1　不同车辆的火灾热释放速率

车辆类型	小轿车	货车	载重卡车	铁路客车车厢
最大热释放速率/MW	3~5	15~20	50~100	15~20
最高温度/℃	400~500	700~800	1000~1200	800~900

调研到的不同国家的地铁和铁路的热释放率峰值，见表5-2所示。

表 5-2　国内外列车火灾热释放率峰值

国家	地铁/铁路线路	热释放率峰值/MW
新加坡	南北线(NSL)	24(2 个车厢)
	东西线(EWL)	24(2 个车厢)
	东北线(NEL)	15(2 个车厢)
	环线(CCL)	10(2 个车厢)
中国	香港东涌线	5
	香港机场快线	10
澳大利亚	新南线	10
泰国	chaloem ratchamongkhom MRT line(曼谷)	7
希腊	雅典地铁	10
英国	St. Paul's city thamelink(伦敦)	16
美国	mount lebanon tunnel light rail transit(匹兹堡)	13.2
	amtrak new york city tunnel	31.1
	ventilation system upgrade study for Washington DC(WMATA) system	23.1

通过表 5-1 和表 5-2 可以看出，列车火灾热释放速率的大小与列车种类、材料、开口尺寸大小、内部可燃物数量和种类、外界环境等条件有关。各国在研究时取值也有所差异，但多集中在 5～30MW。

国内外对地铁列车的火灾热释放速率的取值如表 5-3 所示。

表 5-3　列车火灾最大热释放速率数据

研究人员或部门	出处	类型	最大热释放速率/MW
美国国家防火协会	条文规定	火车	20
瑞士及挪威	条文规定	火车	15～20
Miclea、Mckinney	Simulation of tunnel fires using zone model	地铁	10
深圳福田站	性能化设计报告	地铁	16
程远平	火灾过程中火灾热释放速率模型及其试验测试方法	地铁	23.8
冯炼	地铁火灾烟气控制的数值模拟	地铁	13.6
王艳飞、张建文	地铁列车火灾烟气流动及传热的数值模拟	地铁	10.5
王迪军、罗燕萍等	地铁隧道火灾疏散及烟气控制	地铁	5～15
顾正洪、程远平等	地铁车站火灾时事故通风量的研究	地铁	7.5～15
陈涛、杨锐等	地铁车站安全疏散模拟计算与性能化分析	地铁	10.2
杨晙、曹丽英	地铁火灾场景设计探讨	地铁	10
Miclea P C、Mckinney D	Fire development, smoke control and evacuation options in case of amidtrain tunnel fire	列车	10
Liu Y、Liu X、Paroz B	CFD-aided tenability assessment of railway tunnel train fire scenarios	列车	6～15

可见，地铁列车火灾热释放率的取值为 5～20MW。

考虑到火灾热释放速率与列车材料、尺寸等有着较密切的关系，因此对试验中不同的列车类型进行了对比，见表 5-4。

表 5-4　三个类型列车参数

列车类型	城际快线客运列车	城际列车	地铁列车
长×宽×高/m	26.4×2.96×4.05（车厢内高 2.4m）	26.4×2.96×4.05（车厢内高 2.4m）	18×2.9×3.55（车厢内高 2.35m）
材料	不锈钢	不锈钢	铝
内装类型	较为现代	符合 IC 标准	座椅的可燃性和燃烧特性符合现代的设计标准，其他内装则较为老式
总火灾荷载/MJ	62480	76890	41360
可燃物	包括聚氨酯泡沫等座椅材料、芯板材地板、地毯、PVC 线缆等	包括 Lenzing 纤维、起绒织物等座椅材料、芯板材地板、地毯、PVC 线缆等	包括聚氨酯泡沫等座椅材料、喷涂软木地板和侧墙、芯板材侧墙材料、PVC 线缆等
最大热释放速率/MW	19	13	25
达到最大热释放速率的时间/min	80	25	5

为了更加准确地获得不同列车车型的尺寸，通过现场实地测量，如图 5-4 和图 5-5 所示，获得了不同旅客列车车厢内的尺寸，如表 5-5 所示。

（a）普快列车硬座车

（b）特快列车硬座车厢

(c)动车组车厢

图 5-4 不同类型列车内部图

(a)普快车窗

(b)特快内门

(c)动车组车厢

图 5-5 列车尺寸现场测量

表 5-5　各类型车厢尺寸 （单位：m）

尺寸 车型	车厢 长度	车厢 宽度	车厢 内高	走道 宽度	隔门 宽度	隔门 高度	外门 宽度	外门 高度	车厢间 宽度	车窗 尺寸
普快	25.7	2.95	2.5	0.57	0.8	1.85	0.8	1.9	1.2	1×1
特快	25.7	2.95	2.5	0.57	0.8	1.9	0.8	1.9	1.2	1×1
动车	22.8	3.05	2.1	0.7	0.9	1.85	1/0.7	1.85	0.2	1.6×0.65

可见，从空间尺寸上，目前运行的旅客列车和试验车型相差不大。对 CRH1 型列车车厢内的可燃物类别进行了统计，如表 5-6 所示。

表 5-6　列车内可燃物类别

位置	种类	材料	防火标准
车厢内	座椅	坐垫：聚氨酯发泡 蒙面：涤纶	阻燃性能：难燃级
	地毯	聚酯	阻燃性能：难燃级
	地板布	氯乙烯树脂地板布	阻燃性能：难燃级
	窗帘	涤纶	阻燃性能：难燃级
	门胶条、门板芯材、内部门上窗户、内装垫板、前灯罩等	各种橡胶材料、纸蜂窝材料、PVC 垫板、尼龙、聚碳酸酯	阻燃性能：难燃级

通过上表可以看出，我国铁路列车内采用了大量的阻燃材料，因此火灾规模较地铁要低。

5.3.2　列车火灾的燃烧速率

火灾发展速率的计算需要综合考虑可燃物、外界环境的影响。在美国消防协会的分类中，将火灾的发展分为超快速、快速、中速和慢速四种类型。不同火灾发展级别的火灾发展速率，以及与典型可燃材料的对应关系如表 5-7 所示。

表 5-7　火灾增长系数 α 参考值

火灾发展等级	典型可燃材料	$\alpha/(\mathrm{kW/s^2})$
慢速	粗木条、厚木板制成的家具	0.002931
中速	无棉制品聚酯床垫	0.01127
快速	塑料泡沫、堆积的木板、装满邮件的邮袋	0.04689
超快速	油池火、轻质窗帘、快速燃烧的软垫座	0.1876

基于调研发现：乘客人均所携带的行李重量约为 3.9kg，最大的行李重量约为 11kg。在所有旅客中，那些探亲旅客行李较多，多数携带有大行李包和旅行箱，行李物品多为衣服和食品，其平均重量在 6.37kg 左右。

天津消防所据此开展了试验研究，获得了旅客携带行李的燃烧发展速度曲线，经比对，行李的燃烧速率为慢速，如图 5-6 所示。

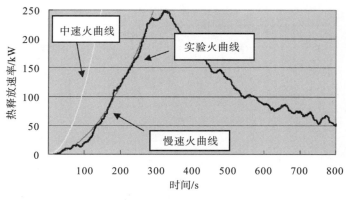

图 5-6　旅客行李燃烧发展速率

5.3.3　隧道火灾规模与最高温度及燃烧速率的关系

（1）隧道火灾规模与最高温度的关系。对于隧道火灾拱顶最高温度研究，则以日本的 Kurioka 等人的研究最具代表性。Kurioka 等人通过不同尺寸模型，对不同纵向通风速率下隧道发生火灾时火源区域附近的温度进行研究。通过对试验所得数据的拟合分析，得到了预测隧道火源上方拱顶处最高温度的理论模型，具体如下式。

$$\frac{\Delta T_{\max}}{T_{\mathrm{a}}} = \gamma \left(\frac{Q^{*2/3}}{Fr^{1/3}} \right)^{\varepsilon} \tag{5-20}$$

式中，$\dfrac{Q^{*2/3}}{Fr^{1/3}} < 1.35$，$\gamma = 1.77$，$\varepsilon = 6/5$；$\dfrac{Q^{*2/3}}{Fr^{1/3}} \geqslant 1.35$，$\gamma = 2.54$，$\varepsilon = 0$，$Q^*$ 为无量纲的火源热释放速率。

（2）隧道火灾规模和燃烧速率的关系。为获得不同列车的火灾规模，需基于试验温度曲线反推火灾规模及火灾发展速度。为此，运用 FDS 进行数值模拟。模型尺寸为宽 8m、高 9m、长 900m（图 5-7），各类车厢尺寸按实际测量结果选取（表 5-5），即车厢长 26.7m、宽 3m、高 3.8m，所用材料为不锈钢，火源位置位于车厢中部，计算工况见表 5-8 所示。隧道无通风，距火源位置前后 200m 的拱顶为温度监测点。

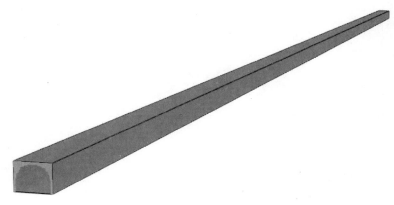

图 5-7　数值模拟模型图

表 5-8 工况表

工况	火灾规模/MW	燃烧速率
1	5	慢速增长，即 $\alpha=0.002931$
2	10	
3	15	
4	20	
5	5	中速增长，即 $\alpha=0.01172$
6	10	
7	15	
8	20	
9	5	快速增长，即 $\alpha=0.04689$
10	10	
11	15	
12	20	

通过计算，得到不同燃烧速度下的温度曲线如图 5-8 所示。通过以上结果可以得出如下结论。

在图 5-8(a)所示的慢速燃烧速率下，随火灾规模的增大，温度逐渐升高，具体为：火灾规模为 5MW 时，火源点位置拱顶最高温度达到近 550℃；火灾规模为 10MW 时，火源点位置拱顶最高温度达到近 850℃；火灾规模为 15MW 时，火源点位置拱顶最高温度达到近 900℃；火灾规模为 20MW 的情况下，火源点位置拱顶最高温度稍稍高于 1000℃。

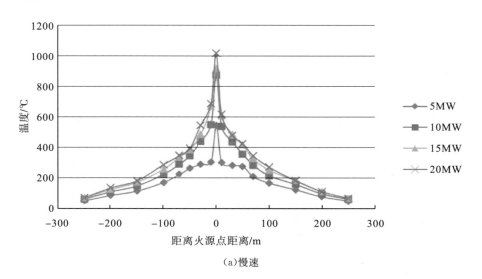

(a)慢速

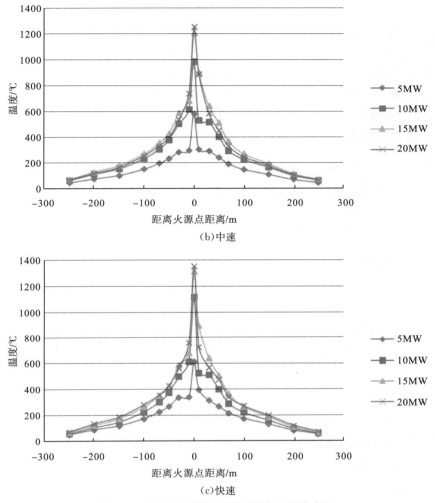

图 5-8　不同火源参数下拱顶最高温度分布图

　　同样，在图 5-8(b)所示的中速燃烧速率下，也有类似的规律。火灾规模为 5MW 时，火源点位置拱顶最高温度达到近 600℃；火灾规模为 10MW 的情况下，火源点位置拱顶最高温度达到近 1000℃；火灾规模为 15MW 时，火源点位置拱顶最高温度达到近 1200℃；火灾规模为 20MW 时，火源点位置拱顶最高温度达到近 1250℃。

　　在图 5-8(c)所示的快速燃烧速率下，火灾规模为 5MW 时，火源点位置拱顶最高温度达到近 650℃，火灾规模为 10MW 时，火源点位置拱顶最高温度达到近 1150℃；火灾规模为 15MW 时，火源点位置拱顶最高温度达到近 1250℃；火灾规模为 20MW 时，火源点位置拱顶最高温度约为 1350℃。

　　由以上分析可以看出，不同燃烧速率条件下，火灾产生的温度和火灾规模之间的关系比较相似；在同一种燃烧速率下，随火灾规模的增大，最高温度也不断增高。

5.3.4 隧道火灾规模的确定

根据国外现场试验（图 5-9），IC-Wage 城间快车单节列车燃烧的最高温度达到 700℃，列车内温度为 30~700℃；ICE-Wagen(st.)特快（钢）单节列车燃烧的最高温度达到 850℃，列车内温度为 100~850℃；1/2ICE（铝）＋1/2 普通客车燃烧的最高温度达到 1000℃，列车内温度为 180~1000℃。

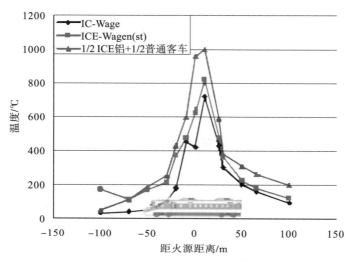

图 5-9　不同材质列车着火最高温度与至着火点距离的分布图

根据已有的隧道火灾最高温度与火灾规模的关系，结合列车火灾试验曲线，对数值计算和现场试验进行对比，如图 5-10 和图 5-11 所示。

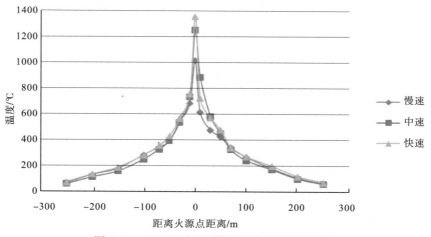

图 5-10　20MW 时不同燃烧速率的温度分布图

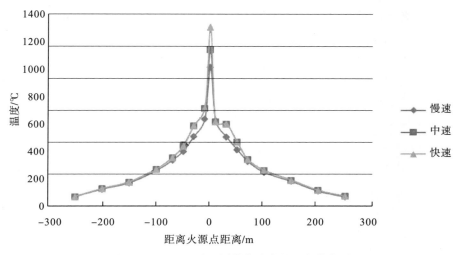

图 5-11　10MW 时不同燃烧速率的温度分布图

由上两图可以看出：

①火灾规模为 20MW 且慢速情况下，在距离火源点 50m 的位置，拱顶温度在 360℃左右，距离火源点 100m 的位置，拱顶温度在 220℃左右；

②火灾规模为 10MW 且中速情况下，在距离火源点 50m 的位置，拱顶温度在 400℃左右，距离火源点 100m 的位置，拱顶温度在 220℃左右。

表 5-9 为各工况最高温度与普通客车的现场试验最高温度对比情况。

表 5-9　各工况最高温度与普通客车现场试验最高温度对比

工况	火灾规模/MW	燃烧速率	数值计算最高温度/℃	试验最高温度/℃
1	5	慢速增长，即 $\alpha=0.002931$	570	1000
2	10		850	1000
3	15		910	1000
4	20		1020	1000
5	5	中速增长，即 $\alpha=0.01172$	590	1000
6	10		960	1000
7	15		1180	1000
8	20		1220	1000
9	5	快速增长，即 $\alpha=0.04689$	620	1000
10	10		1100	1000
11	15		1280	1000
12	20		1320	1000

表 5-10 为各工况最高温度与城间快车的现场试验最高温度对比情况。

表 5-10　各工况最高温度与城间快车现场试验最高温度对比表

工况	火灾规模/MW	燃烧速率	数值计算最高温度/℃	试验最高温度/℃
1	5		570	700
2	10	慢速增长，即 $\alpha=0.002931$	850	700
3	15		910	700
4	20		1020	700
5	5		590	700
6	10	中速增长，即 $\alpha=0.01172$	960	700
7	15		1180	700
8	20		1220	700
9	5		620	700
10	10	快速增长，即 $\alpha=0.04689$	1100	700
11	15		1280	700
12	20		1320	700

表 5-11 为各工况最高温度与特快列车的现场试验最高温度对比情况。

表 5-11　各工况最高温度与特快列车现场试验最高温度对比

工况	火灾规模/MW	燃烧速率	数值计算最高温度/℃	试验最高温度/℃
1	5		570	850
2	10	慢速增长，即 $\alpha=0.002931$	850	850
3	15		910	850
4	20		1020	850
5	5		590	850
6	10	中速增长，即 $\alpha=0.01172$	960	850
7	15		1180	850
8	20		1220	850
9	5		620	850
10	10	快速增长，即 $\alpha=0.04689$	1100	850
11	15		1280	850
12	20		1320	850

　　根据火灾规模与温度的关系，以及现场试验与数值模拟的对比，可以发现火灾规模为 15～20MW 且慢速情况下，火灾最高温度与现场客车列车试验符合较好。结合目前我国旅客列车所用材料及乘车人的特征，获得不同列车类型下的火灾规模及火灾发展速度

见表 5-12 所示。

表 5-12　不同类型列车火灾规模

列车类型	火灾规模/MW	火灾燃烧速率
城际快车	5～10	慢速
特快	10～15	慢速
客车	15～20	慢速

5.4 铁路隧道火灾通风排烟设计

随着隧道长度的增加，隧道的安全风险也不断增加。特长铁路隧道内发生火灾时，列车如果不能到达出口而停止在隧道中，将对人员逃生产生极其不利的影响。欧洲各国规定：符合长时间地下运营客车标准的客运车辆在确定发生火灾后应该能够行驶 20km。而已建或在建的许多特长隧道都超过 20km，如英法海峡隧道（49.4km）、瑞士在建的 Gotthard Base Tunnel（57km），及中国在建的太行山特长铁路隧道（27.8km）等。为安全起见，长度超过 20km 的特长隧道一般均设置紧急救援站，以便于发生火灾时乘客能疏散逃生。对于圣哥达特长铁路隧道，Gerber 调查研究了客车不能到达隧道双洞中的一个紧急救援站或者出口的可能性。其结果表明：当紧急救援站间距为 30km 时，出事列车不能到达紧急救援站或出口的可能性约为 30%；而当紧急救援站间距为 20km 时，对应的可能性降低至 0.01%。说明紧急救援站的设置能极大降低隧道火灾风险，从而保证隧道内人员安全并减少经济损失。为应对当前的工程需要，对救援站等不同疏散设施火灾环境及通风控制等相关问题的研究是非常重要且迫切的一个问题。

5.4.1　隧道火灾通风控烟方式

隧道烟气控制方式指的是各种能减轻或消除隧道火灾烟气危害的方法。在隧道防火安全设计中，烟气控制的实质是控制烟气合理流动，使烟气不流向疏散通道、安全区和非着火区。

烟气的控制方式有"防烟"和"排烟"两种。"防烟"是防止烟的进入，是被动的方式，"排烟"是通过改变烟的流向，使之合理排出隧道，是主动的方式，两者互为补充。防烟措施主要有两种：①限制烟气的产生量；②设置机械加压送风防烟系统。防烟的具体方式有隔断或阻挡、机械防烟、烟气稀释等。排烟措施主要有两种：①充分利用隧道结构进行自然排烟；②设置机械装置进行机械排烟。

1. 基本控烟方式

（1）自然排烟。自然排烟是借助隧道内、外气体温度差引起的热压作用和隧道外风力所造成的风压作用，使隧道内烟气和隧道外空气进行对流运动的一种排烟方式。自然通风不消耗机械动力，是一种经济的排烟方式。

（2）加压防烟。加压防烟是采用强制性送风的方法，使疏散路线和避难所空间维持一定的正压值，以防止烟气进入。即在隧道发生火灾时，对着火区以外的避难区域进行加压送风，使其保持一定的正压，以防止烟气侵入避难区。此时，着火区处于负压区，着火区开口部位不能出现中性面，开口部位上缘的火灾区压力的最大值不能超过加压疏散通道内的压力。

加压送风防烟主要有两种机理：①使用风机在防烟分割物的两侧造成压力差，从而抑制烟气；②当没有分割物时，直接利用空气流阻挡烟气。即当隧道疏散通道的门关闭时，通过风机可使疏散通道侧形成一定正压，以阻止火灾产生的热烟气通过各种建筑缝隙侵入到正压侧。若门处于开启状态，空气以一定风速从门洞流过，以防止烟气进入疏散通道或避难区。

（3）机械排烟。调研得到的国内外隧道紧急救援站火灾通风方式如表 5-13 所示。

表 5-13　国内外特长隧道救援站通风形式

隧道名称	隧道长度/km	隧道形式	火灾通风排烟方式
日本青函隧道	53.9	单洞双线	通过服务通道送风
瑞士圣哥达隧道	57	双洞单线	斜井送风排烟
瑞士勒岐山隧道	34	双洞单线	斜井送风排烟
奥地利 Koralm 隧道	32.8	双洞单线	斜井送风、纵向排烟
西班牙瓜达拉马隧道	28.2	双洞单线	通风服务隧道送风
中国乌鞘岭隧道	20.1	双洞单线	无
中国太行山隧道	39.5	双洞单线	斜井送风、竖井排烟

通过调研可知：目前国内外的隧道救援站通风排烟方式主要有三种：纵向通风排烟、半横向通风排烟和全横向通风排烟。其中，纵向通风排烟和半横向通风排烟方式应用较为广泛。

纵向通风排烟方式是指气流在隧道内沿着隧道轴线流动的一种通风方式，在铁路隧道运营与防灾通风中应用都很广泛，其又分为全射流通风和分段通风两种方式，具体如图 5-12 和图 5-13 所示。

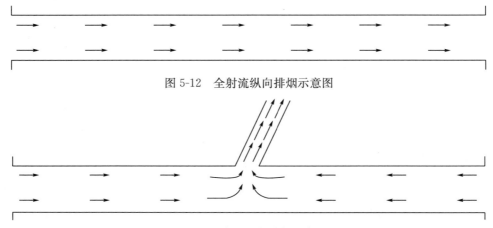

图 5-12　全射流纵向排烟示意图

图 5-13　分段纵向排烟示意图

纵向通风的主要优点有：投资少，营运成本低，设备简单，管理方便，能够充分应用列车活塞风的作用。

半横向通风是在隧道内专门设置排风道或者进风道的一种通风方式，主要有排风型和送风型两种形式，如图 5-14 所示。排风型是将新鲜空气从主隧道两端洞口吹入，并通过风道与主隧道之间隔板上的排风口吹入风道，最后由集中风机排出；送风型是指把新鲜空气从风井中吹入，通过隔板上的风口吹入主隧道，最后由主隧道两端洞口排出。

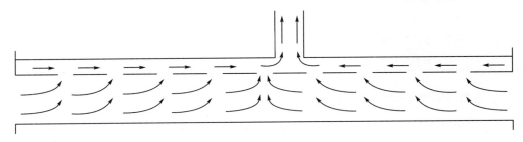

图 5-14　半横向排烟示意图

全横向通风是指隧道内的气流沿着隧道横向流动的一种通风方式，如图 5-15 所示。这种通风方式安全可靠，性能稳定，且不受隧道长度的限制，但是投资成本高并且对主隧道断面面积影响大。

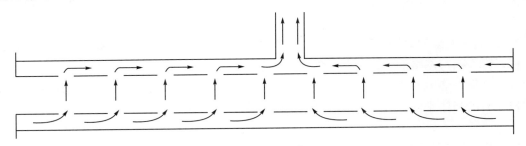

图 5-15　全横向排烟示意图

2. 紧急救援疏散设施的控烟方式

紧急救援站按火灾工况进行防灾通风设计，紧急出口、避难所按非火灾工况进行通风设计，针对紧急救援站、紧急出口、避难所以及随机停车处的疏散救援，结合控烟方式的优缺点，本书建议不同疏散救援设施所采用的控烟方式具体见表 5-14 所示。

表 5-14　各防灾救援疏散设施的控烟方式

序号	结构形式		控烟方式
1	紧急救援站	隧道内紧急救援站	机械排烟+加压防烟
		隧道口紧急救援站	机械排烟+加压防烟
2	紧急出口、避难所		加压送风
3	随机停车		加压防烟

5.4.2　隧道火灾通风排烟设计

不同铁路隧道救援疏散设施，存在相应的通风排烟方式，详细情况如表 5-15 所示。

表 5-15　不同疏散设施条件的通风方式

疏散设施	通风方式
隧道内紧急救援站	半横向式排烟通风方式、集中排烟通风方式或其他有效的通风方式
隧道口紧急救援站	采用自然排烟和机械加压排烟方式
紧急出口、避难所及横通道	纵向通风方式

1. 隧道内紧急救援站通风排烟设计

隧道内紧急救援站防灾通风标准应能满足横通道和待避空间无烟气扩散的要求。

隧道内发生火灾，在隧道紧急救援站实施救援时，横通道门打开，火灾隧道与安全隧道或辅助坑道连通，形成复杂的通风网络，此时简化的算法已不适用于此种工况的计算，需要通过网络法进行防灾通风计算。

(1)将主隧道与辅助坑道(横通道、斜井、竖井等)所形成的多进口、多出口的复杂通风体系，抽象成为由节点和分支构成的通风网络，赋予每个分支相应的通风阻力和通风动力。

(2)通风网络的关联矩阵 B_k 是描述通风网络节点之间连接情况的矩阵，基本关联矩阵可以唯一确定网络的连接关系。独立回路矩阵 C_k 是反应通风网络中的独立回路结构的矩阵。在得到隧道通风网络的最小树和余树弦以后，将通风网络各分支按余树弦在前、树枝在后的顺序排列，调整基本关联矩阵的顺序，则基本关联矩阵 B_k 可变为

$$B_k = (B_{11}, B_{12}) \tag{5-21}$$

其中，B_{11} 是隧道通风网络中余树弦分支所对应的基本关联矩阵中的项，B_{12} 是最小树所对应的基本关联矩阵中的项。由基本关联矩阵 B_k，可以算出独立回路矩阵 C_k，即有

$$C = (I - B_{11}^{\mathrm{T}} (B_{12}^{-1})) = (IC_k) \tag{5-22}$$

(3)由风量平衡定律可知，流进某节点的风量应等于流出该节点的风量，即 $\sum Q_j = 0$。用基本关联矩阵可表示为

$$\sum_{i=1}^{n} B_{ijg} Q_j = 0 \tag{5-23}$$

式中，B_{ij}——关联矩阵中第 i 行第 j 列的元素值；

$\quad\quad Q_j$——第 j 分支通过的风量，m^3/s。

由风压平衡定律可知，风网中任一回路或网孔的风压代数和应等于零，即 $\sum \Delta P_i = 0$。用回路矩阵可表示为

$$\sum_{j=1}^{n} c_{ij} h_j = \sum_{j=1}^{n} c_{ij} p_j \tag{5-24}$$

式中，C_{ij}——回路矩阵中第 i 行第 j 列的元素值；

h_j——第 j 分支的通风阻力，Pa；

p_j——第 j 分支的压力，包括自然风压、风机风压和火风压等，Pa。

由风量平衡定律和风压平衡定律，以及风量与风压的阻力定律组成了隧道通风网络非线性方程组，即有

$$\sum_{j=1}^{n} B_{ij}gQ_j = 0$$
$$\sum_{j=1}^{n} c_{ij}h_j = \sum_{j=1}^{n} c_{ij}p_j$$
$$h_j = R_jQ_j^2 \tag{5-25}$$

式中，h_j——隧道风路上的通风阻力，Pa。

R_j——隧道风路上的风阻系数，kg/m^7。

Q_j——通过隧道风路的风量，m^3/s。

(4)利用回路风量法进行非线性方程组求解，最终获得隧道通风网络的各分支风量和风压结果。由于通风网络较复杂，可采用电算法进行求解，或使用 SES、IDA 等专业软件进行网络通风计算。下面举例简要说明其计算流程及步骤。

已知资料如下：某隧道长 20km，断面面积 $56.7m^2$，周长 29.7m，为双洞单线隧道，线间距 60m，火灾规模为 20MW，隧道内 10km 处设置紧急救援站，紧急救援站每隔 50m 设置一个横通道，着火车厢位于左线隧道中间位置，横通道净空 6m×4.35m，共设置 11 个，防护门规格 1.7m×2m。

首先，绘制通风网络图，如图 5-16 所示

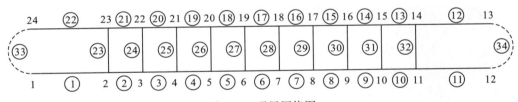

图 5-16　通风网络图

其次，将各段隧道风阻、自然风压、火风压、断面面积、周长、长度、坡度等参数赋予对应网络分支，建立通风网络模型。

最后，试算不同风机布置直到满足防灾通风控制标准。

2. 隧道口紧急救援站通风排烟设计

隧道口紧急救援站排烟设计应满足隧道内部无烟气侵入的要求。

1)火灾临界风速的计算

向隧道提供纵向风速，可以阻止烟气沿人员疏散方向流动，保证人员的疏散速度和延长可用疏散时间。同时，向隧道通风有利于降低烟气温度和隧道壁温度，冷却隧道支护衬砌，减少壁面的热反馈等。在纵向通风的隧道中，防止烟气逆流所需的最小纵向风速称为临界风速，如图 5-17 所示。

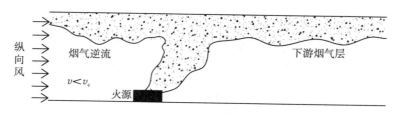

（a）通风速度过小，烟气逆流

（b）通风速度合适，烟气不发生逆流

图 5-17　单体隧道通风的临界风速

临界风速可按下式计算：

$$v_c = k_1 k_g \left(\frac{gHQ}{\rho_0 c_p A T_f} \right)^{\frac{1}{3}} \tag{5-26}$$

$$T_f = \frac{Q}{\rho_0 c_p A v_c} + T_0 \tag{5-27}$$

$$k_g = 1 + 0.0374 i^{0.8} \tag{5-28}$$

式中，v_c——临界风速，m/s；

k_1——量纲为 1 的常数，量值为 0.606；

k_g——坡度修正系数，无量纲；

i——隧道坡度；

g——重力加速度，m/s^2；

H——隧道最大净宽高度，m；

Q——火灾规模，kW；

ρ_0——火场烟气空气密度，kg/m^3；

A——隧道断面面积，m^2；

T_f——热空气温度，K；

T_0——火场远区空气温度，K。

临界风量计算方法如下：

$$Q_{min} = A \cdot v_c$$

式中，A——隧道面积，m^2。

2）临界风速数值模拟计算

（1）计算工况。隧道群紧急救援站外露区段小于 60m，火灾列车的着火车厢很容易停到隧道内部，所以，根据两种隧道群的特点，给出铁路隧道群救援站的烟流数值计算工况，如表 5-16 所示。

表 5-16　工况表

工况	火源规模/MW	主隧道风速/(m/s)	隧道群间距/m	火源点
1	20	0		
2	20	1(对吹)		
3	20	2(对吹)	10	隧道内
4	20	3(对吹)		
5	20	0		
6	20	1(对吹)	60	隧道洞口
7	20	2(对吹)		

　　(2)计算模型及参数。建立间距为 10m 和 60m 的隧道群模型，假设列车中部的车厢着火，火灾车厢停在两隧道之间。隧道群模型图如图 5-18 所示。隧道群模型透视图如图 5-19所示。火源局部放大图如图 5-20 所示。

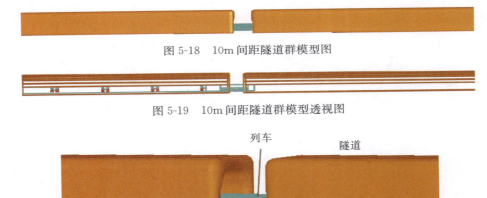

图 5-18　10m 间距隧道群模型图

图 5-19　10m 间距隧道群模型透视图

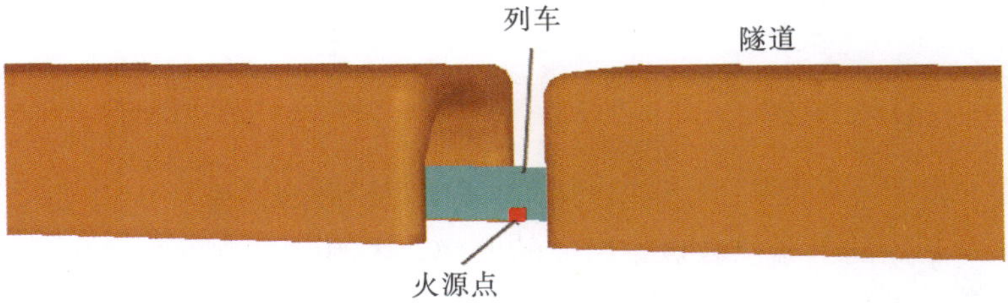

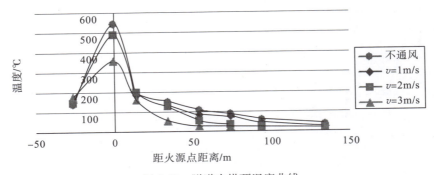

图 5-20　10m 间距隧道群连接处局部放大图

　　(3)数值计算结果分析。当火灾车厢停在隧道内，不同风速下隧道内拱顶温度变化曲线如图 5-21 所示。

图 5-21　隧道内拱顶温度曲线

由图 5-21 可知，随着紧急救援站风速的增加，拱顶最高温度逐渐降低，在火源上游侧，隧道内拱顶温度逐渐降低。距离火源 50m 范围以外，温度变化不大。

不同风速下，隧道内人眼特征高度处温度变化曲线如图 5-22 所示。

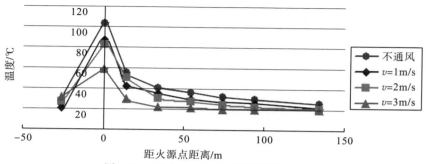

图 5-22　隧道内人眼特征高度处温度曲线

由图 5-22 可知，随着紧急救援站风速的增加，人眼特征高度处最高温度逐渐降低，在火源上游侧，隧道内人眼特征高度处温度逐渐降低。距离火源 30m 范围以外，温度变化不大。

不同风速下，隧道内拱顶可视度变化曲线如图 5-23 所示。

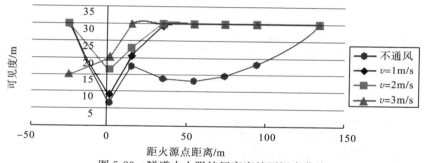

图 5-23　隧道内人眼特征高度处可视度曲线

由图 5-23 可知，随着紧急救援站风速的增加，人眼特征高度处可视度逐渐降低，在火源上游侧，隧道内人眼特征高度处可视度逐渐降低。当火灾车厢停在隧道洞口，不同风速下隧道内拱顶温度变化曲线如图 5-24 所示。

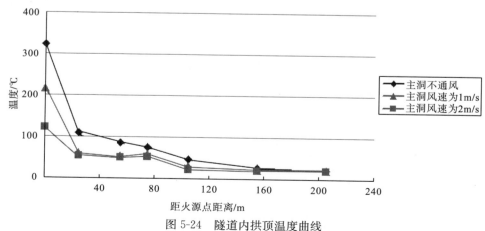

图 5-24　隧道内拱顶温度曲线

　　由图 5-24 可知，随着紧急救援站风速的增加，拱顶最高温度逐渐降低，在火源上游侧，隧道内拱顶温度逐渐降低。当紧急救援站不进行通风时，隧道拱顶温度可达到 330℃。

　　不同风速下，隧道内人眼特征高度处温度变化曲线如图 5-25 所示。

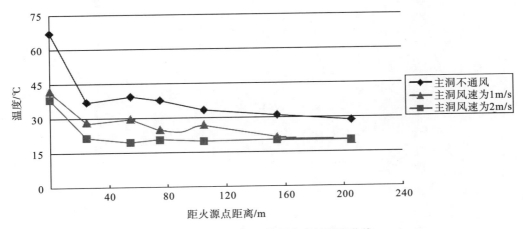

图 5-25　隧道内人眼特征高度处温度曲线

　　由图 5-25 可知，随着紧急救援站风速的增加，人眼特征高度处最高温度逐渐降低，在火源上游侧，隧道内人眼特征高度处温度逐渐降低。当紧急救援站不进行通风时，人眼特征高度处温度约为 68℃。

　　不同风速下，隧道内拱顶可视度变化曲线如图 5-26 所示。

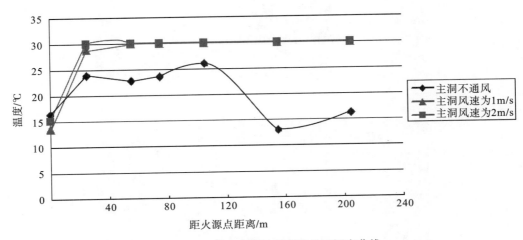

图 5-26　隧道内人眼特征高度处可视度曲线

　　由图 5-26 可知，随着紧急救援站风速的增加，人眼特征高度处可视度逐渐降低，在火源上游侧，隧道内人眼特征高度处可视度逐渐降低。当紧急救援站不进行通风时，隧道人眼特征高度处可视度达到约 16m。

3)临界风速火灾模型试验

(1)当火源在隧道内部。

首先研究不同风速条件下温度分布规律，试验现场图片如图 5-27 所示。

(a)隧道群火灾试验

(b)隧道群烟雾试验

(c)烟雾测试

图 5-27　试验现场图

不同风速条件下拱顶温度分布曲线如图 5-28 所示。

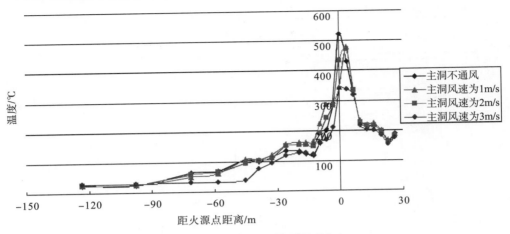

图 5-28　不同风速下拱顶温度分布

由图 5-28 可知，拱顶最高温度随着紧急救援站通风速度的增大而逐渐降低，当主隧道不通风时，拱顶最高温度为 520℃。

不同风速条件下，人眼特征高度处温度分布曲线如图 5-29 所示。

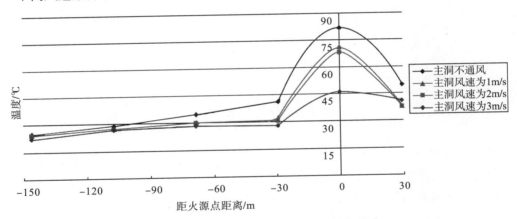

图 5-29　不同风速下人眼特征高度处温度分布

由图 5-29 可知，人眼特征高度处最高温度随着救援站通风速度的增大而逐渐降低，当主隧道不通风时，人眼特征高度处最高温度为 85℃，高于人员安全疏散的温度。

其次，研究不同风速条件下风速分布规律。不同风速条件下拱顶处风速分布曲线如图 5-30所示。

由图 5-30 可知，不同风速下，拱顶处风速分布随着救援站通风速度的增大而逐渐升高，火源上、下游侧拱顶处风速都相对高于火源点位置。当主隧道不通风时，拱顶处最高风速达到 2.3m/s。

最后，研究不同洞口间距条件下温度分布规律。不同洞口间距条件下拱顶温度分布对比曲线如图 5-31 所示。

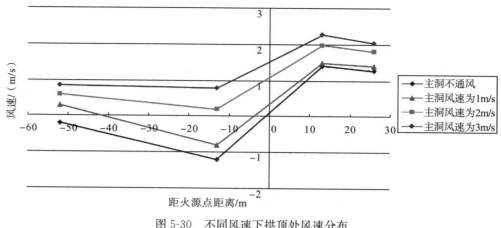

图 5-30　不同风速下拱顶处风速分布

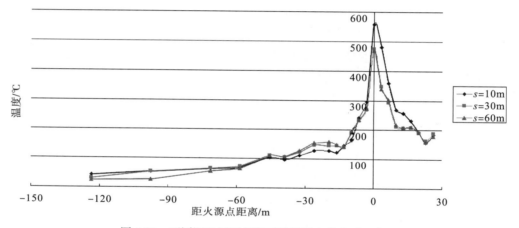

图 5-31　不同洞口间距条件下拱顶温度分布对比曲线

由图 5-31 可知，不同洞口间距条件下，拱顶最高温度随着洞口间距的增大而逐渐降低，而随着与火源位置间距的增大，拱顶温度有快速降低趋势。

不同洞口间距条件下，人眼特征高度处温度分布对比曲线图 5-32 所示。

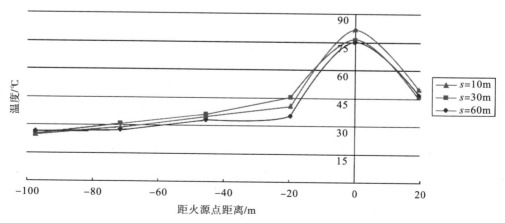

图 5-32　不同隧道群间距条件下人眼特征高度处温度分布对比曲线

由图 5-32 可知，人眼特征高度处最高温度随着隧道群间距的增大而逐渐降低，当间距大于 30m 后，明线段的长度对隧道内的温度影响不明显。当洞口间距 10m 时，人眼特征高度处最高温度达到 85℃，当洞口间距为 30m、60m 时，人眼特征高度处最高温度达到 75℃。

（2）当火源在隧道洞口处。

首先研究不同风速条件下温度分布规律。不同风速条件下，拱顶温度分布曲线如图 5-33 所示。

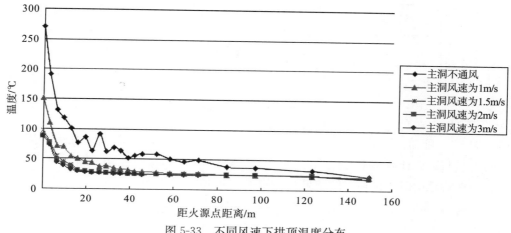

图 5-33　不同风速下拱顶温度分布

由图 5-33 可知，拱顶最高温度随着紧急救援站通风速度的增大而逐渐降低，火源上游侧温度同样随着紧急救援站通风速度的增大而有逐渐降低趋势，火源下游侧温度变化不明显。当主隧道不通风时，拱顶最高温度达到 270℃。

不同风速条件下，人眼特征高度处温度分布曲线如图 5-34 所示。

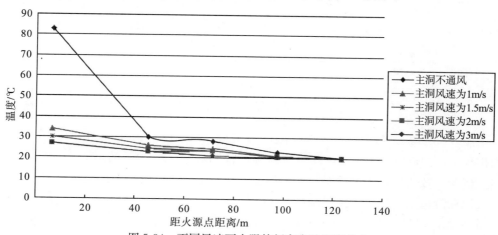

图 5-34　不同风速下人眼特征高度处温度分布

由图 5-34 可知，人眼特征高度处最高温度随着紧急救援站通风速度的增大而逐渐降低。当主隧道不通风时，人眼特征高度处最高温度达到 83℃。

其次，研究不同风速条件下，烟气的回流长度。不同风速条件下，拱顶处风速分布曲线如图 5-35 所示。

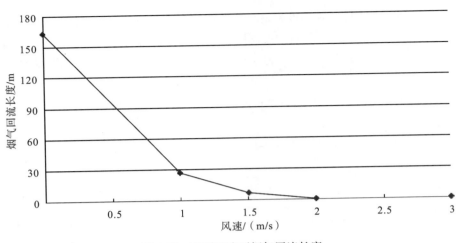

图 5-35　不同风速下烟气回流长度

由图 5-35 可知，当风速达到 2m/s 时，烟气回流长度几乎为 0，即不发生回流。

4)试验与数值计算结果对比

火源在隧道内时，拱顶温度结果对比如图 5-36 所示。

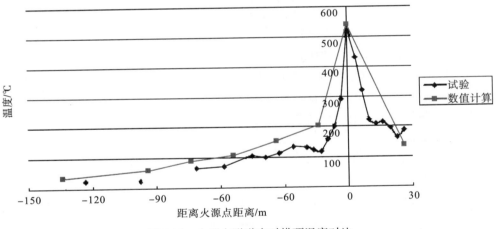

图 5-36　火源在隧道内时拱顶温度对比

由图 5-36 可知，数值计算火源在隧道内拱顶最高温度约为 550℃，而试验火源在隧道内拱顶最高温度约为 520℃，并且拱顶温度都随着与火源间距的增大而降低，但可以看出，试验与数值模拟的火源在隧道内拱顶温度变化趋势相似，并且最高温度相近。

火源在隧道洞口处时，拱顶温度结果对比如图 5-37 所示。

由图 5-37 可知，数值计算火源在隧道洞口时拱顶最高温度为 330℃，而试验火源在隧道内拱顶最高温度为 280℃，并且拱顶温度都随着与火源间距的增大而降低，但可以看出，试验与数值模拟的火源在隧道内拱顶温度变化趋势相似，并且最高温度相近。

综合以上分析可知：无论火源在隧道洞口或者隧道内部，试验与数值模拟的火源在隧道内拱顶温度变化趋势相似，并且最高温度相近；同时，在模型试验条件下，当风速达到 2m/s 时，烟气回流长度几乎为 0，即不发生回流。

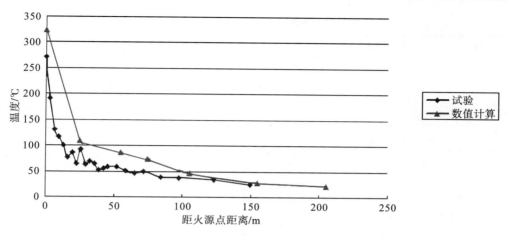

图 5-37　火源在隧道洞口时拱顶温度对比

3. 紧急出口、避难所通风设计

紧急出口、避难所可采用纵向通风方式。其通风设计应满足疏散人员的换气要求。在设计时需要计算在防护门开启时的最大压差。

防护门内外压差过大，会导致人员疏散时开门困难。因此，通常需规定最大允许正压值或压差值。当系统的余压超过最大压差时，应设置余压调节阀或采用变速风机等措施。

门轴上的力矩平衡方程可表示为

$$M_f = A \Delta p \times \frac{W}{2} - F(W - d) \tag{5-29}$$

式中，M_f——关门器和其他摩擦力的力矩，N·m；

　　　W——门的宽度，m；

　　　A——门的面积，m²；

　　　Δp——门两侧的压差，Pa；

　　　d——把手与门外边缘的距离，m；

　　　F——开门推力，N。

整理得

$$F = \frac{M_f}{W - d} + \frac{WA\Delta p}{2(W - d)} = F_f + F_p \tag{5-30}$$

式中，F_f——克服关门器和其他摩擦力的分力，N；

　　　F_p——克服空气压差的分力，N。

由此可得

$$\Delta p = \frac{2(F - F_f)(W - d)}{WA} \tag{5-31}$$

最大压差需保证疏散人员可以顺利开启防护门。在研究了不同人群的开门力后，表 5-17 列出了一些代表结果，可以看出，5~6 岁的小女孩的最小推力为 46N，老年妇女的最小推力只有 83N。

表 5-17   儿童与老年人的开门力测试数据

年龄	作用方式	性别	平均开门力/N	最大开门力/N	最小开门力/N
5~6 岁	推	男	90	155	32
		女	73	126	46
	拉	男	120	184	82
		女	86	141	48
60~75 岁	推	男	237	540	92
		女	162	309	83
	拉	男	306	786	102
		女	201	407	100

根据美国消防协会《生命安全规范》(2000 年版)中的规定，打开安全逃生设施任意门的力不应超过 133N。从表 5-17 中数据可以看出，将 133N 为推开防护门的临界推力值是合理的。

5.4.3   隧道火灾通风排烟风机选型及设计

满足不同通风要求的不同类型风机，详细情况如表 5-18 所示。

表 5-18   救援设施内风机配置

疏散设施	通风方式	风机类型
隧道内紧急救援站	半横向式排烟通风方式、集中排烟通风方式或其他有效的通风方式	根据排烟量选用轴流风机，射流风机
隧道口紧急救援站	采用自然排烟和机械加压防烟方式	射流风机
紧急出口、避难所及底部疏散廊道	纵向通风方式	射流风机

1. 射流风机

需要根据相关需求，选择射流风机型号，根据射流风机型号确定风机出口风速、出口面积、安装损失系数等。具体计算方法如下。

拟选用 $\Phi 63$ 型射流风机，出口风速为 34.7m/s，风机功率为 15kW，出口面积为 $0.312m^2$，安装损失系数 K_j 为 1.162。

单台风机压力计算公式如下：

$$p_j = \rho v_j^2 \frac{f}{F}\left(1 - \frac{v_e}{v_j}\right)\frac{1}{K_j}$$

$$= 1.225 \times 34.7^2 \times \frac{0.312}{39.4} \times \left(1 - \frac{0.114}{34.7}\right) \times \frac{1}{1.162} = 10.02\text{Pa} \quad (5\text{-}32)$$

式中，ρ——空气密度，kg/m^3；

v_e——风机出口面积，m^2；

v_j——内机出口风速，m/s。

需要风机台数计算公式如下：

$$n = \frac{P_n + P_\lambda + P_\xi}{p_j} = \frac{8.147 + 0.047}{10.02} = 0.82 \tag{5-33}$$

即需用 1 台射流风机，其功率为 15kW。

2. 轴流风机

以隧道内紧急救援站半横向式通风中排烟机风机功率计算为例。

某隧道火灾规模为 20MW，列车高度 4m，隧道净高 8.5m，断面面积 56.7m²，隧道内紧急救援站每隔 50m 设置一个横通道，共设置 11 个，防护门规格 1.7m×2m，拱顶处每隔 100m 设置一个联络通道，共设置 5 个，联络烟道内径 4m，长度 25m，排烟道长度 450m，净空尺寸为 4m×4.5m，排烟斜井 2000m，断面面积 50m²，周长 25m。

(1)烟气生成量计算。

最小清晰高度为 2.45m，假设燃料面为车辆顶面，当所产生的烟气全部被排出时，烟气层底部即为排烟联络通道底部，此时 Z 即为车辆顶面到排烟联络通道的高度，取值为 4.5m。

当隧道火灾规模为 20MW 时：

$$Z_1 = 0.166 Q_c^{2/5} = 0.166 \times (20000 \times 0.7)^{2/5} = 7.56\text{m} > 5.5\text{m} \tag{5-34}$$

所以羽流质量流率为

$$m_p = 0.032 Q_c^{3/5} Z = 0.032 \times (20000 \times 0.7)^{3/5} \times 4.5 = 44.26\text{kg/s} \tag{5-35}$$

烟气的绝对温度为

$$T = T_0 + \frac{Q_c}{m_p c_p} = 293 + \frac{20000 \times 0.7}{44.26 \times 1.02} = 603\text{K} \tag{5-36}$$

烟气生成量为

$$V = \frac{m_p g T}{\rho_0 T_0} = \frac{44.26 \times 603}{1.2 \times 293} = 75.9\text{m}^3/\text{s} \tag{5-37}$$

(2)进气量计算。

当 11 个横通道的门均开启后，由防护门流入火灾隧道的空气量为

$$11 \times 1.7 \times 2 \times 2 = 74.8\text{m}^3/\text{s} \tag{5-38}$$

为确保烟气不会扩散至两端的隧道内，假设限制烟气蔓延的临界风速为 1.2m/s，则两端隧道进风量为

$$56.7 \times 2 \times 1.2 = 136.1\text{m}^3/\text{s} \tag{5-39}$$

火灾区域进风量为

$$74.8 + 136.1 = 210.9\text{m}^3/\text{s} \tag{5-40}$$

因为 210.9m³/s＞75.9m³/s，考虑轴流风机 20% 漏风量，所以隧道内排烟量为 210.9×1.2=253m³/s。

(3)风机压力计算排烟道动态风压为

$$v = \frac{V}{A} = \frac{253}{4 \times 4.5} = 14\text{m/s} \tag{5-41}$$

$$P_b = \frac{\rho}{2} v^2 = \frac{1.2}{2} \times 14^2 = 117.6 \text{Pa} \tag{5-42}$$

排烟道沿程阻力为

$$P_\lambda = \lambda \frac{L}{d} g \frac{\rho v^2}{2} = 0.02 \times \frac{450 \times (4+4.5) \times 2}{4 \times 4 \times 4.5} \times \frac{1.2 \times 14^2}{2} = 249.9 \text{Pa} \tag{5-43}$$

联络风道动态风压计算如下。每个联络风道通风量为排烟道的1/5，即有

$$Q = 253/5 = 50.6 \text{m}^3/\text{s} \tag{5-44}$$

$$v = \frac{Q}{A} = \frac{50.6}{3.14 \times 2 \times 2} = 4 \text{m/s} \tag{5-45}$$

$$P_b = \frac{\rho}{2} v^2 = \frac{1.2}{2} \times 4^2 = 9.6 \text{Pa} \tag{5-46}$$

联络通道沿程阻力为

$$P_\lambda = \lambda \frac{L}{d} g \frac{\rho v^2}{2} = 0.02 \times \frac{25}{4} \times \frac{1.2 \times 4^2}{2} = 1.2 \text{Pa} \tag{5-47}$$

联络通道局部阻力为

$$P_\zeta = \zeta \frac{\rho v^2}{2} = 6.3 \text{Pa} \tag{5-48}$$

排烟斜井动态风压为

$$v = \frac{V}{A} = \frac{253}{50} = 5 \text{m/s} \tag{5-49}$$

$$P_b = \frac{\rho}{2} v^2 = \frac{1.2}{2} \times 5^2 = 15 \text{Pa} \tag{5-50}$$

排烟斜井沿程阻力为

$$P_\lambda = \lambda \frac{L}{d} g \frac{\rho v^2}{2} = 0.02 \times \frac{2000 \times 25}{4 \times 50} \times \frac{1.2 \times 5^2}{2} = 75 \text{Pa} \tag{5-51}$$

风机压力为

$$\begin{aligned} P_F &= 1.1 \times \left(\sum P_b + \sum \Delta P_\zeta + \sum \Delta P_\lambda \right) \\ &= 1.1 \times (117.6 + 249.9 + 11 \times (9.6 + 6.3 + 1.2) + 15 + 75) \\ &= 645.6 \text{Pa} \end{aligned} \tag{5-52}$$

（4）风机功率计算。

计算风机轴功率时，假设 $t_0 = t_1$，$P_1 = P_0$，$\eta = 0.8$，则有

$$N_g = \frac{Q_g H_g}{1000 \eta} \left(\frac{273 + t_0}{273 + t_1} \right) \frac{P_1}{P_0} = \frac{253 \times 645.6}{1000 \times 0.8} = 204 \text{kW} \tag{5-53}$$

轴流风机的电机功率为

$$N_{eD} = \frac{N_g}{\eta_m} K_D = \frac{204}{0.9} \times 1.15 = 261 \text{kW} \tag{5-54}$$

式中，N_e——电机功率，kW；

　　　　K_D——电机容量安全系数，取 1.15；

　　　　η_m——电机效率，一般取 $90\% \sim 95\%$。

第6章 铁路隧道防灾疏散设施设计方法

铁路隧道的防灾疏散救援设施包括紧急救援站、紧急出口、避难所等，不同的疏散设施有不同的结构形式和功能定位。目前，国内外已有大量的工程进行了防灾救援设计。

当隧道内发生火灾时，最重要的是保证人员的安全。影响隧道火灾人员疏散的因素主要集中在三个方面：隧道结构、疏散人员特征、火灾特性。而火灾中的人员疏散是一个复杂的过程，人在紧急情况下的心理活动和行动能力也较难准确模拟。当前，国内外有大量的人员疏散模型。本章主要针对铁路隧道内（尤其是列车停靠在紧急救援站）的人员疏散进行分析。

6.1 火灾烟气对人员的影响

火灾烟气对人员的人身安全构成了巨大威胁，其主要集中在四个方面：辐射热、对流热、可视度、毒性。

（1）辐射热。

在温度为常量的无限烟气层中，辐射是由温度所产生的，并可以由下列公式表示：

$$E_f = 5.67 \times 10^{-8} \times \varepsilon_r \times T^4 \tag{6-1}$$

式中，ε_r——辐射率，$W/(m^2 \cdot Sr)$；

T——烟气温度，K；

E_f——辐射，W/m^2。

辐射的程度取决于烟气的温度及其辐射率。当烟气层中的温度不是常量时，辐射的程度则需要通过积分来进行计算。辐射是由火焰本身和热烟气层共同产生的，图 6-1 给出了不同情况下高温烟气与路面热辐射值的关系。

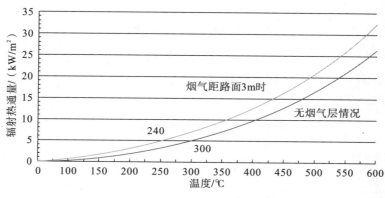

图 6-1 高温烟气层与路面热辐射通量的关系

图 6-1 中，下部曲线表示在温度为常量的无烟气层中，会对逃生人员产生影响的辐射计算值；上部曲线表示烟气层已经弥漫到距地面高 3m 位置时的辐射数值。两种情况下辐射率均取 0.8。着火点附近由于火焰的影响，数值应有所增加。

根据人体对辐射热耐受能力的研究结果，人体对烟气层等火灾环境的辐射热的耐受极限是 2.5kW/m²，相当于上部烟气层的温度达到 180~200℃。人体耐受时间如表 6-1 所示。

表 6-1 辐射热与人体忍受时间关系

热辐射强度/(kW/m²)	<2.5	2.5	5	10
耐受时间/min	>30	30	10	4

(2)对流热。

试验表明，在潮湿环境下容忍时间见图 6-2 所示，具体表达式为

$$T_{in} = e^{5.1849-0.0273T} \tag{6-2}$$

式中，T——温度，℃；

T_{in}——时间，min。

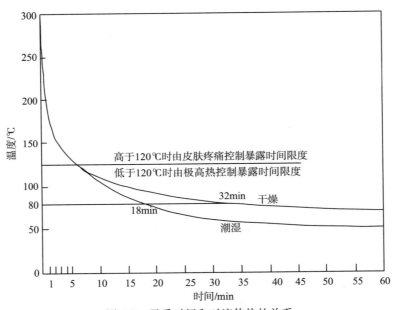

图 6-2 忍受时间和对流传热的关系

《建筑火灾安全工程导论》中指出，若空气温度高达 100℃，一般人只能忍受几分钟，且根据人体对对流热耐受能力的研究，人体在火灾环境中，对流热的耐受极限是 80℃，具体见表 6-2 所示。

表 6-2 人体对对流热的耐受极限

温度和湿度条件	<60℃ 水分饱和	80℃ 水分含量<10%	180℃ 水分含量<10%
耐受时间/min	>30	15	1

（3）可视度。

烟气体积分数较高，则可视度降低，使得逃生时确定逃生途径和做决定所需的时间都将延长。烟气的性质通常可以用可视度、光学密度或者衰减系数（也称消光系数）等来表示。

烟气的可视度 L_v 定义如下：

$$L_v = l_x / l_0 \tag{6-3}$$

式中，l_x——烟气初始光强度，cd；

　　　l_0——烟气通过路径长度后所保持的光强度，cd。

单位长度的光密度与可视度的关系如下：

$$\delta = -(\lg L_v)/x \tag{6-4}$$

式中，x——光传播的距离（路径长度）。m

单位长度的衰减系数（消光系数）K 的定义和光密度的定义方式相同，但是采用自然对数表示：

$$K = -(\ln L_v)/x \tag{6-5}$$

$$K = 2.303\delta \tag{6-6}$$

可视度 D 能够用空气和烟气混合物的衰减系数（消光系数）K 来表示：

$$D = A/K \tag{6-7}$$

式中，A 是取值为 $2\sim6$ 的常数，它根据反光或照明的可视标志情况而定。相关文献指出，$K=0.4$ 是隧道中烟气消光系数的临界值。图 6-3 给出了刺激性烟气和非刺激性烟气两种情况下，反光标志的可视度与消光系数之间的关系。

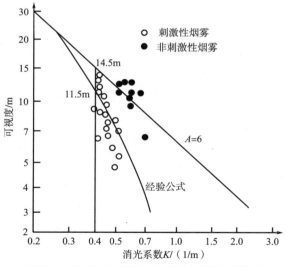

图 6-3　刺激性和非刺激性烟雾下可视度与消光系数之间的关系

从图 6-3 可以看出，当消光系数为临界值 0.4 时，刺激性烟雾的可视度为 11.5m，注意到烟雾中黑色炭粒子对可视度的不利影响，临界可视度会更低。

在"Handbook of Fire Protection Engineering"中，依据建筑火灾时期人员的紧张不安情绪和不熟悉建筑物环境的情况，通过统计试验数据，获得了刚好能看清安全出口的可接受可视度参考值约为 13m。

澳大利亚《消防工程师指南》中根据统计研究，大空间环境下人员相对小空间环境需要看得更远才能找准疏散方向，因此，要求可视度更大。铁路隧道结构狭长，人员需要看得更远，具体可视度临界值参见表6-3。

表6-3 建议可采用的人员可以耐受的可视度界限值

参数	小空间	大空间
光密度/(OD/m)	0.2	0.08
可视度/m	5	10

（4）毒性

根据"Fire and Smoke Controlin Road Tunnels"中的相交内容表明，火灾中的热分解产物及其体积分数因燃烧材料、建筑空间特性和火灾规模等不同而有所区别，具体见表6-4所示。

表6-4 火灾常见有害气体产物的人体承受浓度

气体		人所能承受的浓度/ppm		参数（物种，时间）
		5min	30min	h=人，r=老鼠，m=老鼠，p=灵长类，gpg=猪，ham=大颊鼠类，rbt=兔子，cat=猫
CO_2	二氧化碳	>150000	>150000	r
C_2H_4O	乙醛	—	>20000	$LC(m, 240)=1500$ $LC(r, 240)=4000; LC(ham, 250)=17000$ $LC(r, 30)=20000; LC(r, 420)=16000$
NH_3	氨气	20000	9000	$EC(m, 5)=20000; EC(m, 30)=4400$ $EC(r, 5)=10000, EC(r, 30)=4000$
HCl	氯化氢	16000	3700	r、p $LC(r, 5)=40989$
CO	一氧化碳		3000	$LC(r, 30)=4600; LC(h, 30)=3000$
HBr	溴化氢	—	3000	$LC(m, 60)=814; LC(r, 60)=2858$
NO	一氧化氮	10000	2500	毒性相当于 NO_2 的1/5 $LC(h, 1)=15000$
H_2S	硫化氢	—	2500	$LC(m, 60)=673; LC0(h, 30)=600$ $LC0(ham, 5)=800; LC(h, 30)=200$
C_3H_4N	丙烯腈		2000	$LC(gpg, 240)=56; LC(r, 240)=500$
COF_2	碳酰氟		750	$LC(r, 60)=360$
NO_2	二氧化氮	5000	500	$EC(m, 5)=2500; EC(m, 30)=700$ $EC(r, 5)=5000; EC(r, 30)=300$ $LC(m, 5)=83331; LC(r, 5)=1880$
C_3H_5O	丙烯醛	750	300	$LC(m, 360)=66; LC0(p, 10)=153$ $LC(p, 5)=505\sim1025$
CH_2O	甲醛	—	250	$LC0(r, 240)=250; LC(r, 30)=250$ $LC(r, 240)=830$ $LC(cat, 480)=700; LC(r, 5)=700$
SO_2	二氧化硫	500	—	$LC(m, 300)=6000$ $LC(var, 5)=600\sim800$
HCN	氰化氢	280	135	$LC(r, 5)=570; LC(r, 30)=110$ $LC(r, 5)=503; LC(m, 5)=323$ $LC(h, 30)=135; LC(h, 5)=280$

注：EC 是影响浓度，LC0 是观察时的最低致命浓度，LC 表示 LC50，即导致50%致死率的浓度。

各种组分的热解产物生成量及其分布规律比较复杂，不同组分对人体的毒性影响也有较大差异，在消防安全分析预测中很难准确地进行定量描述。因此，工程应用中通常采用一种有效的简化处理方法：如果烟气的光密度不大于 0.1OD/m，则视为各种毒性燃烧产物的体积分数在 30min 内将不会达到人体的耐受极限，通常以 CO 的体积分数为主要定量判定指标。通过研究，CO 的浓度达到危险值时所对应的人眼特征高度的可视度值约为 11m。

6.2　火灾情况下的人员疏散规律

人员疏散运动时间的影响因素主要是人员的疏散速度。总体来说，影响人员安全疏散的因素，包括通道内人员密度、移动速度，以及人在火场中的行为、心理，对建筑物的熟悉程度，建筑物的结构、布局是否合理，疏散标志及事故照明系统能否有效地引导人员疏散等，这些都直接影响了人员疏散的时间和效果。

（1）人员密度。

人员密度是决定室内人员在疏散通道中的群集迁移时间、流动速度和疏散出口宽度及人流量的重要参数。在通常情况下，当疏散通道空间人均占有面积为 0.28m²/人时，则该通道空间就可能出现人流迁移流动的危险事故，当人均占有面积为 0.25m²/人时，则会出现人体前后紧贴而相互挤推等情况。因此，在应急情况下，就会在疏散通道中发生室内人员因相互阻塞、践踏、堆叠而伤亡的结果。

由此，在安全疏散通道中，为确保疏散人流迁移流动的安全性，则必须保证人均占有最小面积为 0.28m²/人。

（2）人流移动速度。

人的步行速度和人员密度有关，如果人与人之间空隙较大，人可以以正常的步伐快速行进，反之则越来越慢。人与人之间的距离是指一个人的中心到前面一个人的中心距离，从侧面看和正面看都是这个定义。在疏散过程中，当人群拥挤时，每一个人的疏散速度通过人员间距离与行走速度的关系来取值。

速度与人员密度的关系模型有很多种，虽然各模型的关系表达式不一样，但是总体规律是一致的。相应的研究成果表明：当人群密度为 1 人/m² 左右时，人流迁移流动呈自由流动状态，相应的迁移流动的水平速度为 1.3m/s；当人群密度为 2 人/m² 左右时，则人流迁移流动开始呈现滞留流动状态，相应的迁移流动的水平速度为 0.7m/s；当人群密度为 5.2 人/m² 左右时，则人流迁移流动完全处于停滞状态，相应的人流迁移流动水平速度为 0m/s。

应该指出的是，上面的疏散速度-人员密度模型针对一般人群是适用的，但对于特殊人群，如残疾人、老人和小孩等，由于可移动性不同程度地下降，疏散速度也相应有所降低。

对于隧道内火灾人员疏散情况，目前还没有资料明确地说明人在隧道中的逃生速度，但是可以根据其他建筑物的烟气可视度、安全出口路标的引导下，推断有秩序的行走速度为 0.5～1.5m/s。PIARC 根据实际观测数据，给出了人员在有刺激性和无刺激性烟气中的行走速度。

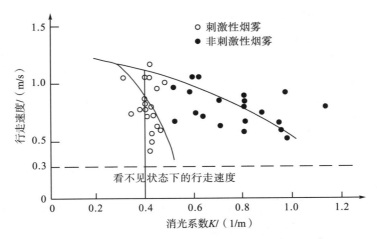

图 6-4　人员在刺激性和非刺激性烟雾下的行走速度

根据图 6-4 可以看出，人员在火灾中的逃生速度与消光系数 K 有关。在看不清的情况下，疏散速度只有 0.3m/s，因此在模拟中应该考虑烟气对疏散速度的影响。

以上为国内外科研机构对人员的行走速度的研究结论，虽然试验研究获得了部分数据，但还没有一套完整的归纳统计结果和标准出台。在进行相关的疏散研究和设计时，大部分都是参考国外的研究成果，或者国内外权威机构出版的标准和规范等。

《消防工程手册》对人员疏散参数进行了系统归纳，被消防安全工程界广泛采纳。该手册对人员步行速度的规定如表 6-5 所示。

表 6-5　SFPE 中规定的疏散人员步行速度

建筑物类别	通道类型	疏散方向	步行速度/(m/min)
剧院等其他用途	楼梯	上	27
		下	36
	座位之间	—	30
	其他	—	60
百货店、医院、旅馆等	楼梯	上	27
		下	36
	其他	—	60
学校、办公楼、住宅	楼梯	上	35
		下	47
	其他	—	78

人员在隧道内进行疏散，没有楼梯的影响，且对疏散路径、疏散出口不熟悉，因此推荐采用表 6-5 中 1m/s 的疏散速度。人员类别的差异对疏散速度也有较大的影响，根据调研结果中不同类别疏散速度之间的比例，计算得到无烟状态各类别的疏散速度，再取消光系数 $K=0.4$(临界值)，得到有烟状态下的疏散速度如表 6-6 所示。

表6-6 计算得到不同类别的人员疏散速度 （单位：m/s）

环境状态	成年男性	成年女性	儿童	老人
无烟状态(平原)	1	0.85	0.67	0.6
平原有烟状态($K=0.4$)	0.65	0.55	0.43	0.39

（3）横通道的疏散能力分析。

横通道的宽度小于隧道的宽度，因此大批人员拥到门口时必定会受到阻挡，因而计算人群通过门的时间比较复杂，工程上采用移动速率的概念来表征人群通过门的难易程度。移动速率是指单位时间单位门宽度所通过的人员的数目。

研究表明，在某一通道或线路中的人员流速还取决于通道的宽度，这里所说的宽度指的是有效宽度。有效宽度定义为实际的宽度减去疏散时并未使用的墙边距离，这个靠近墙边的"边界层"是因人员不想太贴近墙行走以防撞在墙上而产生。对于一个楼梯间来说，每侧的边界层大约是0.15m，如果墙壁的表面是粗糙的，那么这个距离还会更大些。而当边界为扶手时，有效宽度约为0.9m。在楼梯的侧面如果有数排座位，例如在体育馆或剧院，这个边界层是可以忽略的。对于横通道以及隧道来说，每侧的边界层取0.15m，则人行横通道的有效宽度为1.7m。

根据消防工程学中经过实测统计的数据，单股人流在平地的疏散通行能力大约为43人/(m·min)，按照规范，2m宽的人行横通道的疏散能力为129人/(m·min)，根据香港九广铁路公司计算的疏散口疏散能力为65人/(m·min)，则按照规范，2m宽的人行横通道，疏散能力为130人/(m·min)。

参考国内外其他文献，本书将横通道的平均通过率取为40人/(m·min)。

6.3 人员疏散时间计算方法

人员在铁路隧道中的疏散时间主要为疏散的行动时间，即从疏散开始至疏散结束的时间。疏散行动时间预测的模型主要有行为模型和水力模型两种。

行为模型计算方法不仅考虑建筑空间的物理特性，而且考虑每个人对火灾信号的响应及其个体行为。

水力模型计算方法为将人流作为一种整体进行分析，完全忽略人的个体特征。该模型假设：①疏散人员具有相同的特征，且具有足够的身体条件疏散到安全地点；②疏散人员是清醒的，在疏散开始的时刻，同时并然有序地进行疏散，且在疏散过程中不会中途返回选择其他疏散路径；③疏散过程中，人流的流量与疏散通道的宽度成正比，并以此进行分配；④人员从每个可用的疏散出口疏散，且在同一疏散路径所有人员的疏散速度一致并保持不变。

6.3.1 《建筑设计防火规范》人员疏散计算方法

《建筑设计防火规范》中规定了体育馆、电影院、剧场等有大量人员聚集的公共场所发生火灾时，每 100 个人员疏散时需要的最小出口宽度的公式如下所示。

$$百人指标 = \frac{单股人流宽度 \times 100}{疏散时间 \times 每分钟每股人流通过人数} \tag{6-8}$$

由上述公式可以得到，100 个人在规定时间内完成疏散所需的最小宽度，式中，单股人流宽度取 0.55m，疏散时间根据不同场所的疏散时间要求得到，每分钟每股人流通过人数如表 6-7 所示。

表 6-7 每分钟每股人流通过人数

通道类型	通过人数/人
阶梯	37
平坡	43

得到百人指标后，可以通过下式计算得到某场所进行疏散所需的出口宽度和数量。

$$出口总宽度 = \frac{总人数}{100} \times 百人指标 \tag{6-9}$$

上述两个公式主要用于多方向上有多个出口的建筑结构，可以根据需要疏散完毕的时间反推出满足疏散要求的出口宽度和数量。

6.3.2 《地铁设计规范》人员疏散计算方法

地铁站台层的事故疏散时间按下列公式计算。

$$T = 1 + \frac{Q_1 + Q_2}{0.9[A_1(N-1) + A_2 B]} \tag{6-10}$$

式中，Q_1——列车乘客数量，人；

Q_2——站台上候车乘客和站台上工作人员数量，人；

A_1——自动扶梯通过能力，人/(m·min)；

A_2——人行楼梯通过能力，人/(m·min)；

N——自动扶梯数，台；

B——人行楼梯总宽度，m。

上述公式主要用于地铁车站具有较宽站台及多处楼梯及电梯的情况，通过人员的数量及具体通道宽度和数量可以计算得到人员疏散的时间，或根据规定的时间反算出车站可以满足人员疏散的通道宽度及数量。

6.3.3 日本水力模型计算方法

日本相关人员提供了一种被广泛采用的水力模型计算方法。疏散行动时间包括从最远疏散点至安全出口步行所需的时间和通过限制出口所需要的时间，即有

$$t_{action} = t_{travel} + t_{queue} \tag{6-11}$$

式中，t_{travel}——步行时间，按从最远一点经折线距离至出口所需的时间，min；

t_{queue}——出口通过时间，人员通过某一限制出口所需要的时间，也即出口排队时

间，min。

步行时间计算公式如下：

$$t_{\text{travel}} = \max\left(\sum \frac{l}{v}\right) \tag{6-12}$$

式中，t_{travel}——步行时间，min；

　　　　l——步行最大距离，m；

　　　　v——步行速度，m/min。

出口通过时间按下式计算：

$$t_{\text{queue}} = \frac{\sum p \cdot A}{\sum N \cdot B} \tag{6-13}$$

式中，t_{queue}——出口通过时间，min；

　　　　p——人员密度，人/m^2；

　　　　A——建筑面积，m^2；

　　　　N——出口有效流出系数，人/(m·min)；

　　　　B——出口有效宽度，m。

6.3.4　疏散时间计算方法

根据上述人员疏散时间计算分析可知，水力模型计算方法适用于铁路隧道内火灾的人员疏散情况。因此，针对铁路隧道内人员的紧急疏散情况，对水力模型给予一定的修改，从而形成针对铁路隧道紧急救援站、紧急出口、避难所处的人员紧急疏散时间计算公式。

由于铁路隧道人员进行疏散时，人员首先需要从列车内疏散到列车外，因此，铁路隧道人员疏散的时间需要增加人员全部疏散至列车外部的时间，即下车的时间。

由于隧道狭长的结构特点，疏散人员时，在紧急救援站处主要沿单侧的紧急救援站站台进行疏散撤离，在紧急出口、避难所处主要沿隧道两侧的纵向人行通道进行疏散撤离，疏散队伍狭长且有序分布。保守估计，在紧急救援站的出口处宽度为对应站台宽度的 2 倍，在紧急出口、避难所的出口处宽度为纵向人行通道宽度的 2 倍，即可以保证人员在出口处不发生聚集等待的情况。一般在进行出口处结构设计时，将人员在出口处的聚集时间为 0 或是短暂作为判断标准。因此，在铁路隧道中，人员疏散的出口通过时间，即出口等待时间为 0。

综上所述，得到铁路隧道内的人员疏散时间计算公式如下：

$$t_{\text{action}} = t_{\text{train}} + t_{\text{travel}} \tag{6-14}$$

式中，t_{train}——下车时间，为数量最多的车厢内人员全部疏散至车外的时间，min；

　　　　t_{travel}——步行时间，距离出口最远一点至出口所需的时间，min。

人员下车的时间计算公式如下：

$$t_{\text{train}} = \frac{Q_{\text{车厢}}}{60 \cdot V_{\text{下车}}} \tag{6-15}$$

式中，$Q_{\text{车厢}}$——火灾车厢仅有一端的门供疏散时，每个车门需下车的人员数量，人；

$V_{下车}$——人员下车速度（根据不同站台高度查表6-20），人/s。

确定人员的行进速度对于分析疏散时间格外重要。人的行进速度与人员的密度、年龄和灵活性有关。当人员密度小于 0.5 人/m^2 时，人群在水平地面上的行进速度可达到 70m/min，且不会发生拥挤，下楼梯的速度可达 51~63m/min。相反，当人员密度大于 3.5 人/m^2 时，人群将非常拥挤，基本上无法移动。研究表明，人员密度和行进速度之间存在一定关系，如图 6-5 所示，用数学表达式可表示为

$$V = K(1 - 0.266D) \tag{6-16}$$

式中，V——步行速度，m/min；

D——人员密度（不小于 0.5），人/m^2；

K——系数，对于水平通道 $K = 84.0$，对于楼梯台阶 $K = 51.8\,(G/R)^{1/2}$，G 与 R 分别表示踏步的宽度和高度。

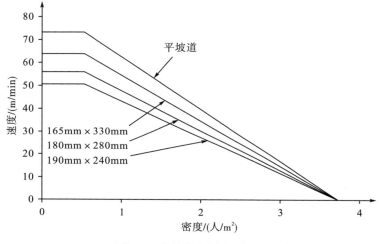

图 6-5　人员密度与速度关系

进行人员的密度计算时，假定所计算疏散人员均站在列车外的隧道内站台或通道上，则人员密度为

$$D = \frac{Q}{A} \tag{6-17}$$

式中，Q——需疏散的人员数量，人；

A——需疏散人员所占站台或通道的面积，m^2。

（1）公式推导。

根据铁路隧道紧急救援站人员疏散的特征，获得其疏散时间计算公式如下。

$$
\begin{aligned}
T &= t_1 + t_2 \\
&= \frac{Q_2}{60V_1} + \frac{L}{V} \\
&= \frac{\frac{3}{4}Q_1}{60V_1} + \frac{L_s - L_c}{K(1 - 0.266D)}
\end{aligned}
$$

$$
= \frac{Q_1}{80V_1} + \frac{L_{\mathrm{s}} - L_{\mathrm{c}}}{K\left(1 - 0.266\dfrac{Q}{A}\right)}
$$

$$
= \frac{Q_1}{80V_1} + \frac{L_{\mathrm{s}} - L_{\mathrm{c}}}{K\left[1 - 0.266\dfrac{\dfrac{3L_{\mathrm{s}}}{2L_{\mathrm{c}}}Q_1}{B_1\left(\dfrac{3}{2}L_{\mathrm{s}} - L_{\mathrm{c}}\right)}\right]}
$$

$$
= \frac{Q_1}{80V_1} + \frac{L_{\mathrm{s}} - L_{\mathrm{c}}}{K\left[1 - 0.399\dfrac{\dfrac{L_{\mathrm{s}}}{L_{\mathrm{c}}}Q_1}{B_1\left(\dfrac{3}{2}L_{\mathrm{s}} - L_{\mathrm{c}}\right)}\right]} \qquad (6\text{-}18)
$$

式中，Q_1——定员数量最多车厢内的人员数量，人；

$\quad\quad V_1$——人员下车速度（根据不同站台高度查表 6-20），人/s；

$\quad\quad L_{\mathrm{s}}$——紧急救援站横通道间距，m；

$\quad\quad L_{\mathrm{c}}$——一节车厢的长度，m；

$\quad\quad B_1$——紧急救援站站台宽度，m；

$\quad\quad K$——系数，取 $K = 84.0$。

（2）公式简化。

对铁路隧道紧急救援站人员疏散时间计算公式中的参数进行敏感性分析，得到列车车厢的长度对于人员疏散的时间影响不明显，车厢长度在 $0 \sim 26\mathrm{m}$ 变化时，人员疏散时间仅有 16s 的变化。如表 6-8 所示。

表 6-8　车厢长度与人员疏散时间关系

车厢长度/m	人员疏散时间/s
26	224
25	223
20	219
15	218
10	218
5	220
0	222

因此，紧急救援站的人员疏散时间计算公式可化简如下。

$$
T = \frac{Q_1}{80V_1} + \frac{L_{\mathrm{s}} - L_{\mathrm{c}}}{K\left[1 - 0.399\dfrac{\dfrac{L_{\mathrm{s}}}{L_{\mathrm{c}}}Q_1}{B_1\left(\dfrac{3}{2}L_{\mathrm{s}} - L_{\mathrm{c}}\right)}\right]}
$$

$$
= \frac{Q_1}{80V_1} + \frac{L_{\mathrm{s}}}{K\left[1 - 0.399\dfrac{\dfrac{L_{\mathrm{s}}}{26}Q_1}{\dfrac{3}{2}B_1 L_{\mathrm{s}}}\right]}
$$

$$= \frac{Q_1}{80V_1} + \frac{L_s}{K\left[1 - 0.01\frac{Q_1}{B_1}\right]}$$

$$= \frac{Q_1}{80V_1} + \frac{L_s}{0.84\left[100 - \frac{Q_1}{B_1}\right]} \tag{6-19}$$

（3）确定修正系数。

考虑一定的安全性，提出了铁路隧道紧急救援站人员疏散时间计算公式的安全修正系数。通过对不同结构参数条件下的紧急救援站人员疏散进行数值模拟，得到理论公式计算结果与数值模拟计算结果对比曲线如图 6-6 和图 6-7 所示。

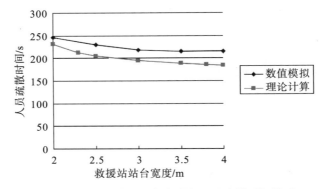

图 6-6　紧急救援站站台宽度与人员疏散时间关系

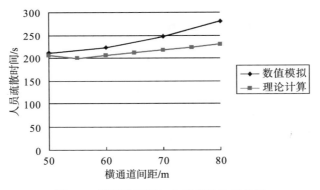

图 6-7　横通道间距与人员疏散时间关系

通过两曲线的对比，得到紧急救援站人员疏散时间计算公式如下：

$$T = \frac{Q_1}{80V_1} + \eta\frac{L_s}{10 - \frac{Q_1}{B_1}} \tag{6-20}$$

式中，η——安全修正系数，取值为 1.0~1.3，横通道间距越大，紧急救援站站台宽度越宽，安全修正系数越大。

横通道宽度即出口宽度，根据数值模拟的结果，当其选取为紧急救援站站台宽度的 1.5 倍时，人员在疏散时，出口处无聚集排队等候现象。因此，横通道宽度 $B_{横}$ 为 $1.5B_1$。

（4）公式验证。

铁路隧道紧急救援站人员疏散理论计算公式主要通过人员疏散模型试验进行验证。

由于试验中受测人员均为年轻人，且男性占到 88%，疏散环境光线好，地面平整，因此，对试验所测得的疏散时间及速度需进行折减。根据 PIARC 中的相关规定，隧道中火灾烟气对人员疏散的影响可以用消光系数来表示，若取消光系数临界值 0.4，则人员疏散速度大约折减 40%。根据《建筑防火规范》规定，人在不平的地面或铁轨上行走的速度比在平地上行走的速度大约下降 14%，则人员疏散的速度大约折减 55%，由此得到理论计算结果和模型试验结果的对比情况如图 6-8 所示。

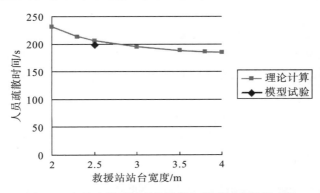

图 6-8 人员疏散时间理论计算与模型试验结果对比

由图 6-8 可知，人员疏散时间的理论计算结果与试验结果较吻合，表明铁路隧道紧急救援站的人员疏散时间计算公式是合理的。

6.4 隧道内紧急救援站结构设计参数

隧道内紧急救援站是在紧急救援站范围内加宽站台并加密横通道的基础上建立的。因此，其结构设计参数如表 6-9 所示。

表 6-9 计算参数选取

防灾救援疏散设施	结构形式	设计参数	
		数量/个	具体设计内容
紧急救援站	加宽紧急救援站站台＋加密横通道	7	容量
			横通道间距
			横通道宽度
			站台长度
			站台高度
			站台宽度
			疏散联络通道宽度

6.4.1　紧急救援站容量

国内外紧急救援站避难空间的面积多在 2000m² 左右，由于紧急救援站的长度通常为 400～550m，因此，紧急救援站的待避空间宽度不得小于 5m。当在横通道间设置紧急救援站时，应根据具体横通道的条数及宽度进行设计，原则上应保证小于 0.5 人/m²。

6.4.2　紧急救援站疏散横通道间距和宽度

单体隧道紧急救援站采用在紧急救援站范围内对横通道进行加密的结构形式，通过调整横通道的间距及宽度，得到人员在不同组合下，紧急救援站进行紧急疏散的必需安全疏散时间，从而以必需安全疏散时间不再增加为判断标准，确定出最合适的横通道间距与宽度组合。

(1)人员疏散仿真计算。选取横通道间距分别为 50m、60m、70m 和 80m，横通道的宽度为 2m、2.5m、3m、3.5m 和 4m 进行组合计算，共 20 组计算值。四种横通道间距的紧急救援站的人员疏散模型如图 6-9 所示。

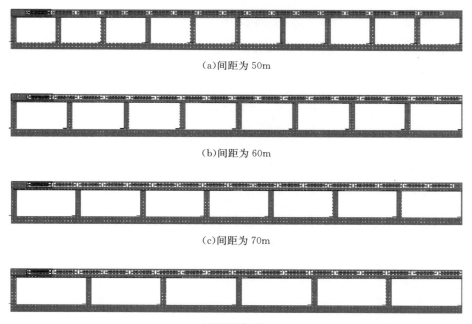

(a)间距为 50m

(b)间距为 60m

(c)间距为 70m

(d)间距为 80m

图 6-9　紧急救援站模型

(2)计算结果分析。不同横通道间距及宽度组合情况下，人员疏散完毕的必需安全疏散时间和人员聚集时间如表 6-10 和表 6-11 所示。

表 6-10　不同横通道间距和宽度组合下人员疏散时间表

工况	横通道间距/m	横通道宽度/m	聚集时间/s	疏散时间/s
1	50	2	61	224
2	50	2.5	34	212
3	50	3	10	198
4	50	3.5	0	198
5	50	4	0	198
6	60	2	103	248
7	60	2.5	83	223
8	60	3	48	215
9	60	3.5	16	215
10	60	4	0	215
11	70	2	117	264
12	70	2.5	95	249
13	70	3	52	236
14	70	3.5	18	236
15	70	4	0	236
16	80	2	194	332
17	80	2.5	108	281
18	80	3	57	265
19	80	3.5	23	265
20	80	4	0	265

表 6-11　不同横通道间距和宽度组合下人员聚集情况

宽度/m ＼ 间距/m	50	60	70	80
2	一般	一般	一般	较严重
2.5	短暂	一般	一般	一般
3	短暂	短暂	短暂	短暂
3.5	不聚集	短暂	短暂	短暂
4	不聚集	不聚集	不聚集	不聚集

横通道宽度与人员必需安全疏散时间的关系如图 6-10 所示。

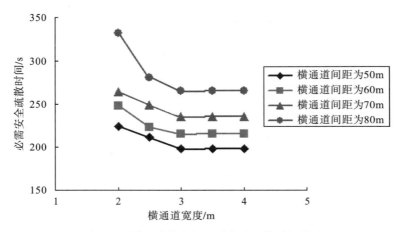

图 6-10　横通道宽度与必需安全疏散时间关系

横通道宽度与人员聚集时间的关系如图 6-11 所示。

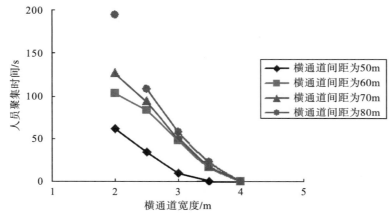

图 6-11　横通道宽度与人员聚集时间关系

通过以上分析可以看出：随着横通道间距的增大，人员疏散时间和聚集时间均增大。当横通道间距为 60m、70m 和 80m 时，人员疏散时间基本达到最小，通道宽度为 3m 时，聚集时间短暂。当横通道间距为 50m 时，人员疏散时间达到最小，通道宽度为 3.5m 时聚集时间短暂。

因此，当横通道间距为 50m 时，横通道的宽度最小为 3m；当横通道间距为 60m、70m 和 80m 时，横通道的宽度最小为 3.5m。

6.4.3　紧急救援站站台长度、高度和宽度

单体隧道紧急救援站站台长度根据列车长度定为 500m，其高度与毗邻铁路隧道群救援站的站台一致，设置高度为 0.3m。

分别选取 2m、2.5m、3m、3.5m 和 4m 五种站台宽度进行计算，计算参数如表 6-12 所示。

表 6-12　计算参数选取

横通道间距(4 种工况)/m	横通道宽度(2 种工况)/m	站台宽度(5 种工况)/m
50		2
60		2.5
70	3	3
80	3.5	3.5
		4

不同紧急救援站站台宽度情况下，人员疏散完毕的必需安全疏散时间和聚集时间如表 6-13 和表 6-14 所示。

表 6-13　不同紧急救援站站台宽度下人员疏散时间表

工况	横通道间距/m	横通道宽度/m	站台宽度/m	聚集时间/s	疏散时间/s
1	50	3	2	68	213
2	50	3	2.5	21	208
3	50	3	3	10	201
4	50	3	3.5	10	198
5	50	3	4	10	198
6	60	3.5	2	74	247
7	60	3.5	2.5	29	230
8	60	3.5	3	16	219
9	60	3.5	3.5	16	215
10	60	3.5	4	16	215
11	70	3.5	2	91	282
12	70	3.5	2.5	63	251
13	70	3.5	3	37	240
14	70	3.5	3.5	18	236
15	70	3.5	4	18	236
16	80	3.5	2	112	308
17	80	3.5	2.5	84	285
18	80	3.5	3	54	273
19	80	3.5	3.5	23	265
20	80	3.5	4	23	265

表 6-14　不同紧急救援站站台宽度下人员聚集情况　　　　　　（单位：m）

间距/宽度 站台宽度	50/3	60/3.5	70/3.5	80/3.5
2	一般	一般	一般	一般
2.5	短暂	短暂	一般	一般

续表

间距/宽度 站台宽度	50/3	60/3.5	70/3.5	80/3.5
3	短暂	短暂	短暂	一般
3.5	短暂	短暂	短暂	短暂
4	短暂	短暂	短暂	短暂

　　紧急救援站站台宽度与人员必需安全疏散时间的关系如图 6-12 所示。

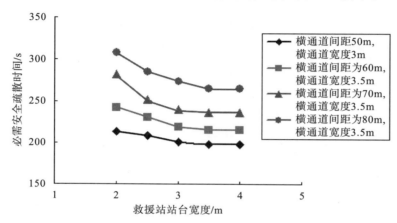

图 6-12　站台宽度与必需安全疏散时间关系

　　紧急救援站站台宽度与人员聚集时间的关系如图 6-13 所示。

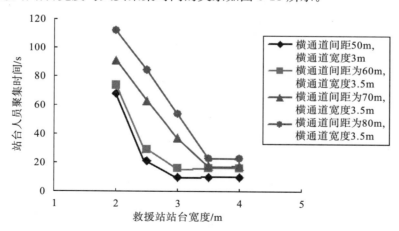

图 6-13　站台宽度与人员聚集时间关系

　　由以上分析可以看出：当横通道间距大于 60m 时，紧急救援站站台的宽度要达到 3m，才能满足人员疏散过程中不出现较长聚集时间的要求。

　　因此，综合考虑人员疏散距离、密度和经济因素，单体隧道的紧急救援站横通道间距不大于 60m，横通道宽度不小于 3.5m，紧急救援站站台的宽度为 2.5m。

6.4.4　紧急救援站内疏散通道宽度

单体隧道紧急救援站内疏散通道主要针对单洞隧道设置，包括紧急救援站的平行导坑辅助隧道和下穿式或通往隧道外的疏散通道两种。对于平行导坑，其宽度分别选取 3m、4m、5m 和 6m 进行计算。下穿式或通往隧道外的疏散通道的宽度分别选取 3m、4m、5m、6m、7m 和 8m 进行计算，横通道间距按 50m 计算。

在不同平行导坑宽度下，人员疏散进入到下穿式疏散通道或通往隧道外的疏散通道中的必需安全疏散时间和聚集时间如表 6-15 所示。

表 6-15　不同平导宽度下人员疏散时间表

工况	平行导坑宽度/m	疏散时间/s	聚集时间/s	聚集情况
1	3	636	98	一般
2	4	604	23	短暂
3	5	604	0	不聚集
4	6	604	0	不聚集

下穿式通道或通往隧道外的通道不同宽度情况下人员聚集程度如表 6-16 所示。

表 6-16　下穿式通道或通往隧道外的通道不同宽度情况下人员疏散时间表

工况	下穿通道或通往隧道外通道宽度/m	疏散时间/s	聚集时间/s	聚集情况
1	3	694	476	非常严重
2	4	604	159	较严重
3	5	604	23	短暂
4	6	604	0	不聚集
5	7	604	0	不聚集
6	8	604	0	不聚集

下穿或通往隧道外的通道宽度与人员疏散时间的关系如图 6-14 所示，

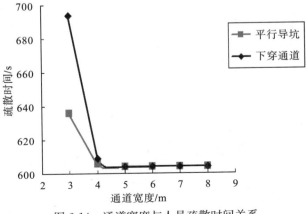

图 6-14　通道宽度与人员疏散时间关系

下穿或通往隧道外的通道宽度与人员聚集时间的关系如图 6-15 所示。

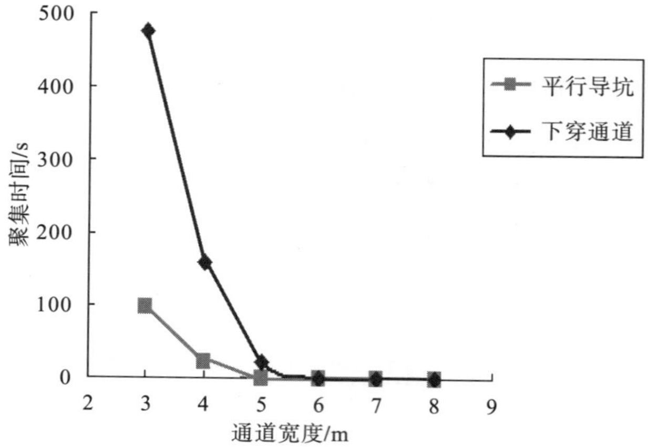

图 6-15　通道宽度与人员聚集时间关系

通过以上分析可以看出，平行导坑宽度为 4m 时，人员疏散的时间最少，人员聚集的时间短暂。下穿或通往隧道外的通道宽度为 4m 时，人员疏散的时间最少，但宽度达到 5m 时，人员聚集的时间才会短暂。

因此，根据人员聚集时间，建议紧急救援站平行导坑的宽度不应小于 4m，下穿或通往隧道外的通道宽度不应小于 5m。

6.5　隧道口紧急救援站结构设计参数确定

铁路隧道群中的毗邻铁路隧道群需要设置紧急救援站。设置在两相邻隧道洞口之间的外露区，结构形式为加宽站台并设置洞内外疏散通道。主要设计参数如表 6-17 所示。

表 6-17　铁路隧道群救援站结构设计参数

防灾救援疏散设施	结构形式	设计参数	
		数量/个	具体设计内容
紧急救援站	加宽紧急救援站站台＋洞内外疏散通道	5	疏散通道数量
			疏散通道宽度
			站台长度
			站台高度
			站台宽度

6.5.1　紧急救援站疏散通道数量

（1）计算模型。对于单洞毗邻铁路隧道，本章对一侧洞内外救援疏散通道的条数分别为 2、4 和 6 条三种情况进行计算。对于双洞连续铁路隧道，疏散通道采用两隧道之间联络横通道加密的形式，其间距同单体铁路隧道紧急救援站横通道设计参数一致。

连续单洞铁路隧道紧急救援站疏散通道的数量计算模型如图 6-16 所示。

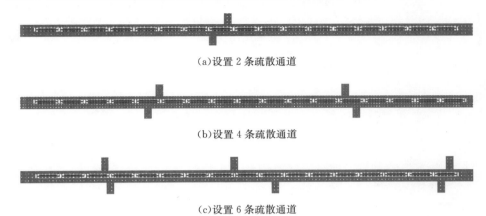

(a)设置 2 条疏散通道

(b)设置 4 条疏散通道

(c)设置 6 条疏散通道

图 6-16　连续铁路隧道紧急救援站疏散通道数量计算模型

(2)计算结果及分析。不同疏散通道数量下人员疏散必需安全疏散时间如表 6-18 所示。

表 6-18　不同疏散通道数量下人员疏散时间表

单侧疏散通道数量/条	必需安全疏散时间/s	是否满足人员疏散时间要求(<6min)
2	344	满足
4	218	满足
6	193	满足

通过以上分析可以看出：当疏散通道数量不少于 2 条时，人员疏散的时间均小于 6min，满足疏散时间的要求，因此，连续单洞铁路隧道的紧急救援站一侧的疏散通道数量不能少于 2 条，即至少设置 4 条疏散通道。

6.5.2　紧急救援站疏散通道宽度

本章针对连续单洞铁路隧道紧急救援站单侧设置疏散通道数量分别为 2 条、4 条和 6 条三种情况计算其对应的疏散通道最小宽度。计算宽度分别为 2m、3m、4m、5m 和 6m。不同疏散通道宽度下，人员疏散的必需安全疏散时间和人员聚集时间计算结果如表 6-19 所示。

表 6-19　不同疏散通道宽度下人员疏散时间表

工况	疏散通道数量/条	疏散通道宽度/m	聚集时间/s	疏散时间/s
1	2	2	214	359
2	2	3	26	344
3	2	4	0	344

续表

工况	疏散通道数量/条	疏散通道宽度/m	聚集时间/s	疏散时间/s
4	2	5	0	344
5	2	6	0	344
6	4	2	112	234
7	4	3	18	218
8	4	4	0	218
9	4	5	0	218
10	4	6	0	218
11	6	2	46	193
12	6	3	0	193
13	6	4	0	193
14	6	5	0	193
15	6	6	0	193

不同疏散通道宽度下人员疏散的聚集情况如表 6-20 所示。

表 6-20　不同疏散通道宽度下人员聚集情况

宽度/m 数量/条	2	3	4	5	6
2	较严重	短暂	不聚集	不聚集	不聚集
4	一般	短暂	不聚集	不聚集	不聚集
6	短暂	不聚集	不聚集	不聚集	不聚集

疏散通道宽度与人员必需安全疏散时间的关系如图 6-17 所示。

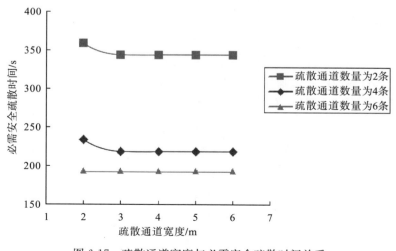

图 6-17　疏散通道宽度与必需安全疏散时间关系

疏散通道宽度与人员聚集时间的关系如图 6-18 所示。

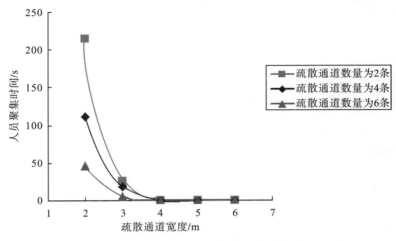

图 6-18　疏散通道宽度与人员聚集时间关系

通过以上分析可以看出：当疏散通道数量分别为 2、4、6 条时，人员疏散时聚集的时间随着疏散通道宽度的增加而减少，当通道宽度增大到 3m 时，人员疏散的聚集时间短暂。因此，当疏散通道数量为 2、4、6 条时，疏散通道的宽度均不应小于 3m。

6.5.3　紧急救援站站台长度

紧急救援站的长度为旅客列车编组长度加一定的富余量，由于 25 型客运列车的长度约为 470m，故紧急救援站长度目前按照 500m 设计。

紧急救援站应充分利用两隧道洞口间的明线段，并分别进入两端隧道内。为保证列车任何部位起火后均能将着火点停置在隧道明线段上，紧急救援站站台长度按"明线＋大(小)里程隧道"满足 500m 设计。紧急救援站站台平面布置如图 6-19 所示。

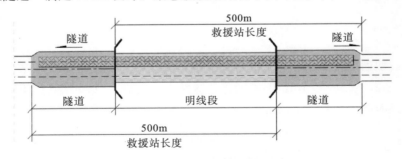

图 6-19　紧急救援站站台布置图

6.5.4　紧急救援站站台高度

瑞典隆德大学的 Anders J. Noren 和 Joel Winer 对地铁车辆人员在不同台阶高度情况下的下车速度进行测试，其结果如表 6-21 所示。

表 6-21 人员在不同站台高度情况下的下车速度

车厢地板到站台的处置距离/m	人员速度/(人/s)
0	1.59
0.3	0.8
0.7	0.73
1.2	0.5

我国客运列车车厢地板距轨面大约 1m 的垂直高度，则站台到轨面的高度与人员下车疏散速度的关系如图 6-20 所示。

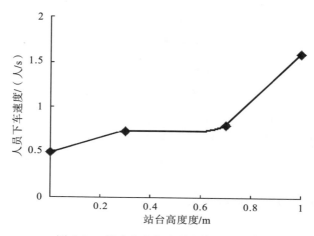

图 6-20 站台高度与人员下车速度关系

由图 6-20 可知，站台高度从 0.3m 增至 0.7m 时，人员下车的速度增加不明显，只有当站台高度大于 0.7m 时，人员下车的速度才有明显提高。因此，建议紧急救援站站台高度取为 0.3m。

6.5.5 紧急救援站站台宽度

分别对疏散通道为 4 条和 6 条的紧急救援站的站台宽度进行计算，站台宽度分别取 2m、2.5m、3m、3.5m 和 4m。不同紧急救援站站台宽度下人员疏散完毕的必需安全疏散时间和聚集时间如表 6-22 所示。

表 6-22 不同紧急救援站站台宽度下人员疏散时间表

工况	疏散通道数量/条	疏散通道宽度/m	站台宽度/m	聚集时间/s	疏散时间/s
1	2	3	2	77	344
2	2	3	2.5	30	344
3	2	3	3	26	344
4	2	3	3.5	26	344
5	2	3	4	26	344

续表

工况	疏散通道数量/条	疏散通道宽度/m	站台宽度/m	聚集时间/s	疏散时间/s
6	4	3	2	69	255
7	4	3	2.5	29	240
8	4	3	3	21	226
9	4	3	3.5	18	218
10	4	3	4	18	218
11	6	3	2	57	235
12	6	3	2.5	26	212
13	6	3	3	10	201
14	6	3	3.5	0	193
15	6	3	4	0	193

紧急救援站站台上人员聚集程度如表 6-23 所示。

表 6-23　不同紧急救援站站台宽度下人员聚集情况　　　　　　（单位：m）

数量/条/宽度 站台宽度	2/3	4/3	6/3
2	一般	一般	一般
2.5	短暂	短暂	短暂
3	短暂	短暂	短暂
3.5	短暂	短暂	不聚集
4	短暂	短暂	不聚集

紧急救援站站台宽度与人员必需安全疏散时间的关系如图 6-21 所示。

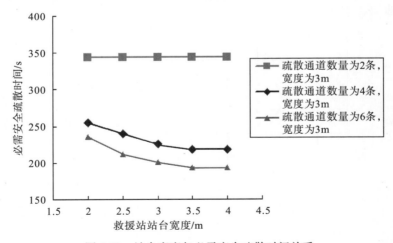

图 6-21　站台宽度与必需安全疏散时间关系

紧急救援站站台宽度与人员聚集时间的关系如图 6-22 所示。

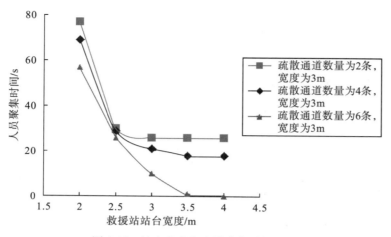

图 6-22　站台宽度与人员聚集时间关系

通过以上分析可以看出：站台宽度越宽，人员疏散的必需安全疏散时间越多，在站台上人员聚集的时间越多。

因此，考虑到人员必需安全疏散时间最少，疏散通道入口人员聚集时间短暂的要求，建议紧急救援站的站台宽度为 2.5m。

6.6　铁路隧道横通道结构设计参数

当旅客列车发生火灾后失去动力，不能将列车停在紧急救援站、避难所、紧急出口处或开出洞外，而只能在隧道内随机停车进行人员疏散时，应考虑横通道的间距问题。铁路隧道的横通道设计参数主要是横通道间距。

当横通道间距为 500m 时，对应的人员疏散可用安全疏散时间与必需安全疏散时间之间的关系曲线如图 6-23 所示。

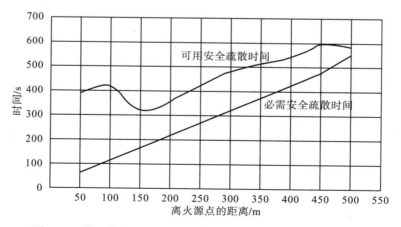

图 6-23　横通道为 500m 时人员疏散可用时间与必需时间对比图

由图 6-23 所示，人员在不超载情况下，横通道为 500m 时满足人员疏散要求，人员疏散时较安全。

第 7 章　铁路隧道衬砌结构抗火设计方法

隧道发生火灾后，火焰的高温会对隧道的衬砌造成损伤，针对火灾高温对衬砌结构的影响，本章重点介绍火灾模式下的衬砌温度场、衬砌结构局部损伤、衬砌结构内力及整体安全性。

7.1　隧道衬砌结构防火抗灾现场原型试验

7.1.1　试验概述

1. 试验目的

(1)通过现场实测获得火灾模式下隧道衬砌及围岩内的温度分布规律，掌握衬砌结构的损伤程度。

(2)获得现场实测数据，用于验证数值模型的正确性，为数值模拟分析和计算提供依据。

2. 试验内容

(1)火灾模式下，现场测试隧道衬砌及围岩的温度及损伤程度。

(2)火灾模式下，隧道衬砌有防火涂料时，现场测试衬砌及围岩的温度及损伤程度。

7.1.2　试验设计

1. 火源参数

(1)火源规模。试验地点为人行横通道(图 7-1)，与隧道部分(图 7-2)尺寸有一定比例关系，所以需要采用隧道规模比选取人行横通道火灾规模。根据相似比原则，本次现场试验横通道选取的火源规模为 1.5MW，按照相似比计算，实际隧道火灾规模为 27MW。

(2)火源选择。火源选择油池火，综合考虑现场试验条件以及对材料热值的要求，本次试验火源选择汽油。汽油热值为 $4.37 \times 10^7 \text{J/kg}$。

(3)油盘设计。油盘尺寸决定火源热释放速率，火源的热释放速率为单位时间内可燃物燃烧后释放出来的热量。根据火源的热释放速率(火灾规模)，按相似比例 1:3.2，确定试验所需汽油油池盘的面积为 0.92m^2，尺寸为 $0.96\text{m} \times 0.96\text{m}$。本油池尺寸下汽油燃烧速率为 $0.0367\text{kg/(m}^2 \cdot \text{s)}$。

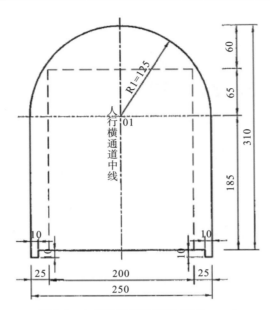

图 7-1 人行横通道示意图（单位：cm）

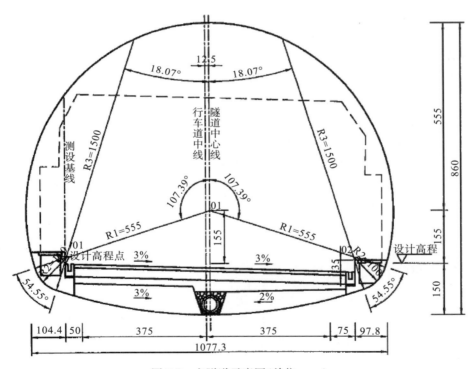

图 7-2 主隧道示意图（单位：cm）

根据经验模型计算方法，本次试验时间为 2h，预估所需要的总汽油量为 580L，即每个油池为 290L，此时对应的油池高度为 32cm，考虑到汽油燃烧的特性，将油池高度确定为 55cm，倾倒汽油时仅注入高度为 32cm 处。由于汽油挥发性较强，为了降低汽油挥发性，保证试验安全，采用向汽油中掺入少量柴油的方式，由于汽油和柴油热值相差不大，柴油掺入量不多，所以对试验效果影响不大，油池中加入汽油 270L，同时掺入柴油 20L。由于现场汽油的挥发性、隧道内风速等因素，本次试验实际火灾燃烧时间为 100min。

油池制作材料选择厚度为 1.5cm 的钢板接，在现场焊接成一个长×宽×高为 96cm×96cm×55cm、一面开口的六面体油池，并在油池外侧涂抹厚度约为 3cm 左右的混凝土保护层，如图 7-3 所示。

图 7-3　油池示意图

制作一个长×宽×高为 120cm×120cm×30cm 的实心燃烧平台，燃烧平台作为试验的火源部分，置于既定位置处(图 7-4)，控制燃烧平台高度，保证人行横通道纵方向和各控制横截面均受到火源影响，将油池放在高为 30cm 的平台上。

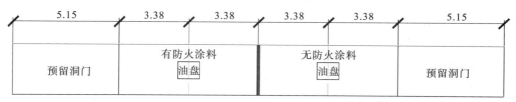

图 7-4　油池位置示意图(单位：m)

(4)点火设备。采用电子打火方式引燃(图 7-5)。试验时，先在有防火涂料段点燃油池，完成此段试验后，再点燃无防火涂料段，完成此段试验。

图 7-5　电子打火器

2. 测点布置

衬砌结构为 30cm 厚的 C25 素混凝土，试验采用量程为 0～1000℃热电偶测量温度，热电偶耐高温，灵敏度高，稳定性好。在如图 7-6(a) 所示的 A、B、C、D 共 4 个断面进行温度测量，每个断面设 1～5 共 5 个测点，如图 7-6(b) 所示，以分析隧道火灾情况下，横向、纵向温度变化情况。其中，A、B 断面处于有防火涂料段，C、D 断面处于无防火涂料段。

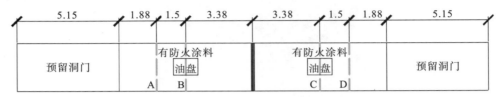

(a)断面设计图(单位：m)

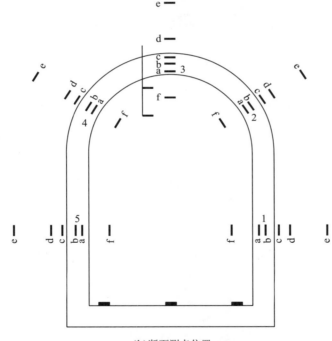

(b)断面测点位置

图 7-6　断面位置图

分别在 A、B、C、D 四个断面的 1～5 个测点钻一直径为 40mm、深度为 100cm 的孔 (图 7-7)，清孔后，将定制的热电偶树固定于每一测点，然后用混凝土浆液回填孔洞。从墙角到洞外采用挖槽的方式将导线放到槽内，槽内回填浆料(图 7-8)。将连有测温元件热电偶的每一组导线进行编号，与数据信号采集仪(记录仪)连接，数据信号采集仪(记录仪)连接电脑，待调试完毕后，在试验过程中记录火灾过程中空气、衬砌结构和围岩温度的变化情况(图 7-9)。图 7-10 为现场试验情况。

图 7-7　现场钻孔

图 7-8　导线布置

图 7-9　数据采集

图 7-10　现场试验

3. 防火涂料

1)防火涂料选择

结合对隧道防火涂料的要求，本次试验采用四川瑞特消防科技有限公司生产的隧道防火涂料(图 7-11)，在试验人行横通道中一侧涂该种防火涂料(图 7-12)，该防火涂料执行标准为 GA98-2005，规格型号为 RT。

图 7-11　隧道防火涂料

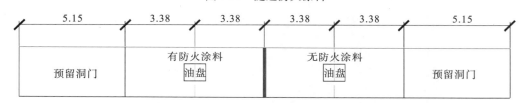

图 7-12　人行通道涂防火涂料位置示意图(单位：m)

2)隧道防火涂料施工工艺

(1)基层表面处理。用清扫工具清除干净隧道混凝土面的浮尘、杂物，将衬砌表面清洗干净。由于人行通道内衬砌混凝土很光滑，需要在混凝土表面砸一些坑槽(图 7-13)，以增加混凝土与涂料的结合强度。

图 7-13　衬砌混凝土表面处理图

(2)防火涂料涂装。待前期准备完毕后，开始进行防火涂料涂装。将防火涂料倒入拌浆机械内，并倒入适量水进行搅拌[图 7-14(a)]，待防火涂料浆液达到喷射要求时进行喷涂。在进行喷涂时，由于防火涂料的特性，拱顶位置处较难喷涂，需要多次喷涂。本次喷涂防火涂料共分为四次工序，第一次工序喷涂防火涂料较少，主要保证衬砌混凝土与防火涂料可以很好粘接，经 24h 待其干了之后，再喷涂第二次防火涂料，直至第四次工序结束，防火涂料厚度达到 10～15mm(图 7-14(b))。

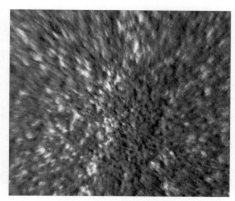

（a)倒入搅拌防火涂料　　　　　　　　（b)防火涂料表面

图 7-14　防火涂料工艺

7.2　火灾模式下衬砌温度场分布

7.2.1　有、无防火涂料时衬砌温度分布

选取油盘正上方和距油池 1.5m 处的断面作为研究对象，分别是无防火涂料断面(C、D 断面)和有防火涂料断面(A、B 断面)。每个断面内均布置两组测点，一组距衬砌内表面 7.5cm，另一组距衬砌内表面 15cm，具体布置方案如图 7-15 所示。径向温度场测试选择拱顶处温度为研究对象，具体温度测点布置方案如图 7-16 所示，现场试验从点火到火源熄灭共持续 100min。

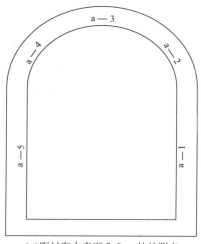

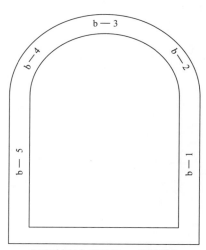

（a)距衬砌内表面 7.5cm 处的测点　　　　　　　（b)距衬砌内表面 15cm 处的测点

图 7-15　测点布置方案

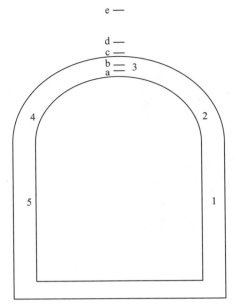

图 7-16　测点示意图

1. 衬砌横向温度分布

（1）无防火涂料。C 断面各测点的温度测试结果如图 7-17 和图 7-18 所示，D 断面各测点的温度测试结果如图 7-19 和图 7-20 所示。

从图 7-19 和图 7-20 可知：相比距油盘中心 1.5m 处的 D 断面，油盘中心 C 断面各测点的温度普遍较高，且升温速率上亦稍高；现场试验过程中，油盘中心断面左拱肩（4 号测点）处的混凝土发生爆裂，导致该处的混凝土厚度降低，在本节的温度测试中表现出升温速率高的特点。

（2）有防火涂料。A 断面各测点的温度测试结果如图 7-21 和图 7-22 所示，B 断面各测点的温度测试结果如图 7-23 和图 7-24 所示。

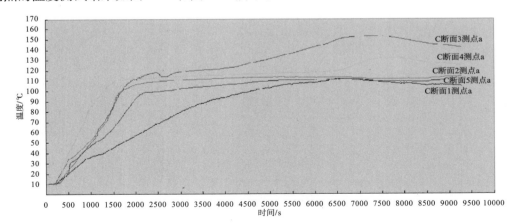

图 7-17　C 断面距衬砌内表面 7.5cm 处的温度结果

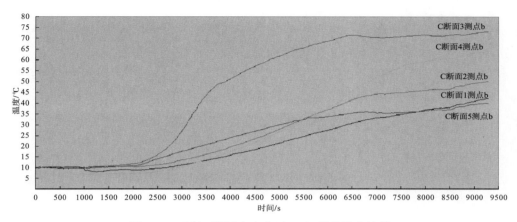

图 7-18　C 断面距衬砌内表面 15cm 处的温度结果

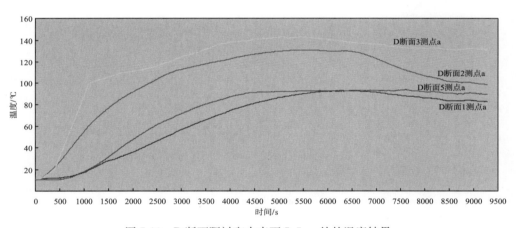

图 7-19　D 断面距衬砌内表面 7.5cm 处的温度结果

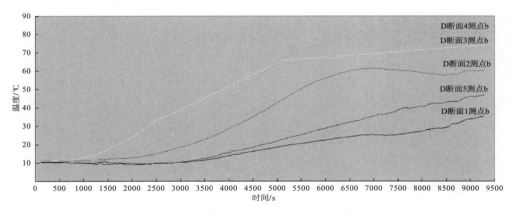

图 7-20　D 断面距衬砌内表面 15cm 处的温度结果

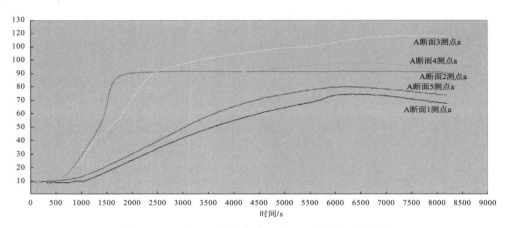

图 7-21　A 断面距衬砌内表面 7.5cm 处的温度结果

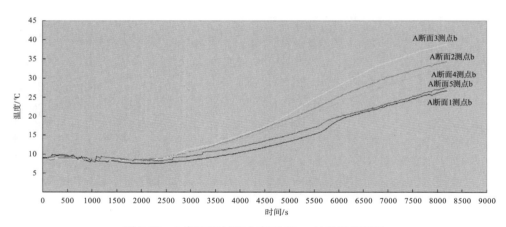

图 7-22　A 断面距衬砌内表面 15cm 处的温度结果

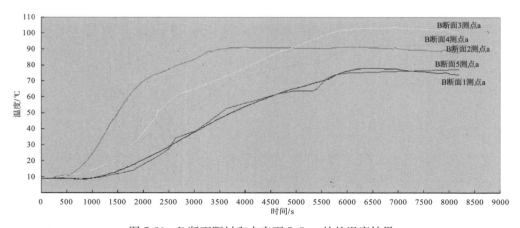

图 7-23　B 断面距衬砌内表面 7.5cm 处的温度结果

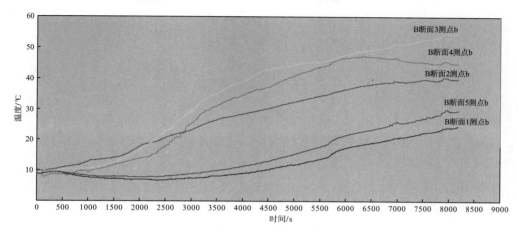

图 7-24　B 断面距衬砌内表面 15cm 处的温度结果

由图 7-21 和图 7-24 可知：在现场试验中，不同部位温度增长速率存在一定差异，右拱肩与左拱肩相比，升温速率高，这主要与现场试验中防火涂料厚度并不均匀和火源的倾斜角度相关。进一步分析温度数值可以看出，在火灾后，拱顶温度与其他部位相比，其温度最高。

2. 衬砌径向温度分布

（1）无防火涂料。C 断面拱顶测点的温度变化如图 7-25 所示，D 断面拱顶测点的温度变化如图 7-26 所示。

由图 7-25 和图 7-26 可知：在沿隧道横断面径向方向上，各测点的温度由外向内依次降低，在衬砌与围岩交界处的 c 号测点，温度没有显著变化。说明在本试验条件下，温度没有传递到 c 号测点，更没有传递到 d、e 测点；混凝土衬砌在传热上具有一定的滞后性，温度在传递过程中，距离衬砌表面最近的 a 点温度先开始变化，一段时间后 b 点温度才开始变化。

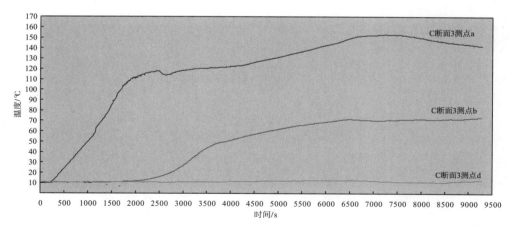

图 7-25　C 断面拱顶温度测试图

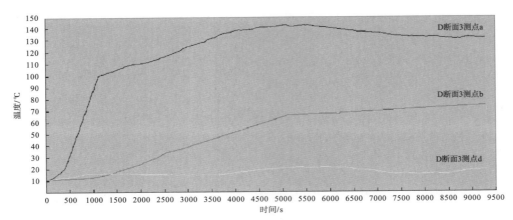

图 7-26　D 断面拱顶温度测试图

(2)有防火涂料。A 断面拱顶测点的温度变化如图 7-27 所示，B 断面拱顶测点的温度变化如图 7-28 所示。

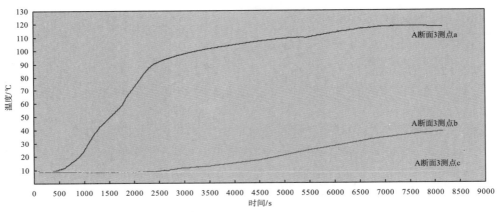

图 7-27　A 断面拱顶温度测试图

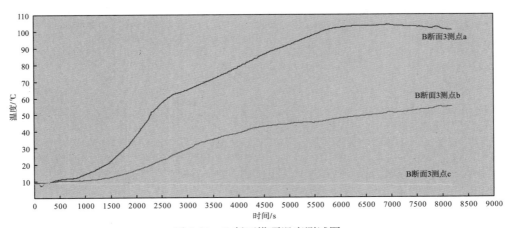

图 7-28　B 断面拱顶温度测试图

由图 7-27 和图 7-28 可知：混凝土衬砌在传热上具有一定的滞后性。温度在传递过程中，距离衬砌表面最近的 a 测点温度先开始变化，之后 b 测点温度才开始变化，整个试验过程中，温度未传递到 c 测点；油盘中心断面各测点衬砌温度比距油盘中心 1.5m 的断面温度略低。分析其原因可知，油盘中心断面空气温度比距油盘中心 1.5m 的断面要低，说明现场试验中，由于风速的影响，火焰可能产生了一定角度的倾斜。

3. 衬砌表面温度分布

1）衬砌表面温度的理论计算方法

衬砌内表面温度受三种热流量传递方式影响，一是火焰热流体传给隧道衬砌表面的热流量：

$$Q_1 = \alpha_1 (T_B - T_h) A \tag{7-1}$$

二是隧道衬砌直接受火焰面传递的热流量：

$$Q_2 = \frac{\lambda}{\delta} (T_h - T_h') A \tag{7-2}$$

三是隧道衬砌内温度传递的热流量：

$$Q_3 = \alpha_2 (T_h' - T_w) \tag{7-3}$$

式中，α_1——火焰热流体综合换热系数；

T_B——火焰气流温度，K；

T_w——衬砌中某点温度，K；

T_h——衬砌表面温度，K；

T_h'——衬砌表面初始温度，K；

A——受火面积，m^2；

λ——导热系数；

δ——衬砌中某点对衬砌表面距离，m；

α_2——放热系数，对于不稳定火灾热源，$\alpha_2 = \sqrt{\dfrac{\lambda C \gamma}{\pi \tau}}$；

C——比热容，kJ/(kg·K)

γ——容重，N/m^3；

τ——火灾燃烧时间，h。

假定火灾某一瞬间，热流量达到稳态时，热流密度相等。即有

$$Q = Q_1 = Q_2 = Q_3 \tag{7-4}$$

则由上式可得到隧道衬砌表面温度为

$$T_h = T_B - \frac{K(T_B - T_w)}{\alpha_1} \tag{7-5}$$

其中，

$$K = \frac{1}{\dfrac{1}{\alpha_1} + \dfrac{\delta}{\lambda} + \dfrac{1}{\alpha_2}} \tag{7-6}$$

综合换热系数取值如表 7-1 所示。

表 7-1　综合换热系数取值

火焰温度/℃	60~200	400	500	600	700	800	900	1000	1100	1200
α_1	10	15	20	30	40	55	70	90	120	150

2)衬砌表面温度

(1)无防火涂料。

根据上述计算方法可以计算出本次试验条件下油盘中心处隧道衬砌内表面温度，拱顶处温度为 657℃，左拱肩为 578℃，右拱肩为 513℃，左边墙为 390℃，右边墙为 381℃，如图 7-29 所示。

图 7-29　油盘中心位置衬砌内表面最高温度分布图(无防火涂料)

距衬砌内表面 7.5cm 处的最高温度分布如图 7-30 所示。

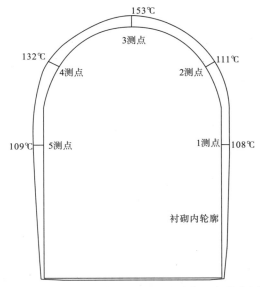

图 7-30　距衬砌内表面 7.5cm 处最高温度分布图

距衬砌内表面 15cm 处的最高温度分布如图 7-31 所示。

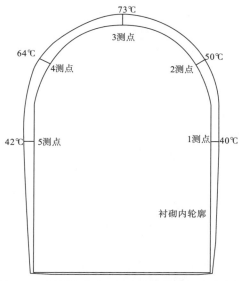

图 7-31　距衬砌内表面 15cm 处最高温度分布图

从图 7-29～图 7-31 可以看出：①隧道衬砌内表面温度分布为拱顶处最高，达到657℃；右边墙最低，为 381℃；②油盘中心断面距衬砌内表面 7.5cm 处，温度分布规律为拱顶、左拱肩、右拱肩、左边墙、右边墙温度依次降低。拱顶处最高温度达到 153℃，右边墙最高温度为 108℃；③油盘中心断面距衬砌内表面 15cm 处也有同样的分布规律，从拱顶到边墙的最高温度依次下降。拱顶处最高温度为 73℃，右边墙最高温度为 40℃。

（2）有防火涂料。

根据上述计算方法可以计算出本次试验条件下油盘中心处隧道衬砌内表面温度，拱顶处温度为 657℃，左拱肩为 578℃，右拱肩为 513℃，左边墙为 390℃，右边墙为381℃，如图 7-32 所示。

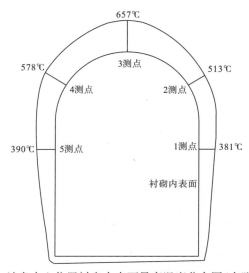

图 7-32　油盘中心位置衬砌内表面最高温度分布图（有防火涂料）

距衬砌内表面 7.5cm 处的温度分布如图 7-33 所示。

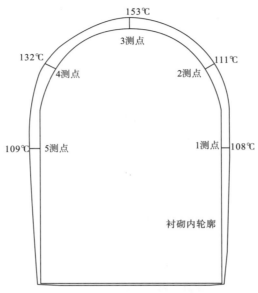

图 7-33　距衬砌内表面 7.5cm 处最高温度分布图

距衬砌内表面 15cm 处的温度分布如图 7-34 所示。

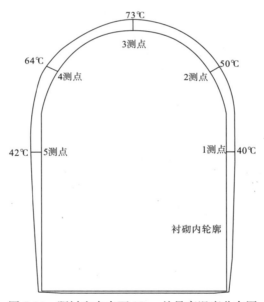

图 7-34　距衬砌内表面 15cm 处最高温度分布图

从图 7-32～图 7-34 可以看出：①隧道衬砌内表面温度分布为拱顶处最高，达到 657℃，右边墙最低，为 381℃；②油盘中心断面距衬砌内表面 7.5cm 处，温度分布规律为拱顶、左拱肩、右拱肩、左边墙、右边墙温度依次降低。拱顶处最高温度达到 153℃，右边墙最高温度为 108℃；③油盘中心断面距衬砌内表面 15cm 处也有同样的分布规律，从拱顶到边墙的最高温度依次下降。拱顶处最高温度为 73℃，右边墙最高温度为 40℃。

7.2.2　不同防火涂料厚度时衬砌的温度分布

在数值模拟中，建立不同防火涂料厚度(3~12mm)的隧道衬砌模型，来探究火灾情况下防火涂料厚度对衬砌温度分布的影响。衬砌的厚度设定为 0.5m，并假设高温区位于拱顶且最高温度为 800℃，火灾时间为 2h，初始环境温度为 20℃。在有限元软件中建立热－力耦合模型，如图 7-35 所示。

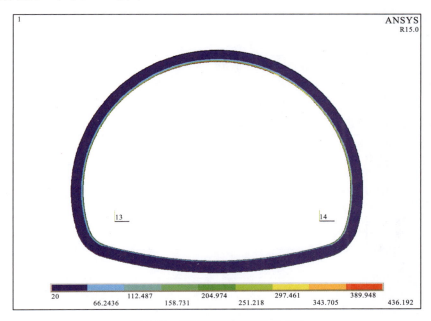

图 7-35　隧道衬砌模型(单位:℃)

1. 温度分布规律

不同防火涂料厚度下温度分布规律如图 7-36 所示。

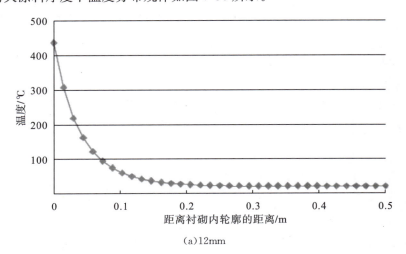

(a)12mm

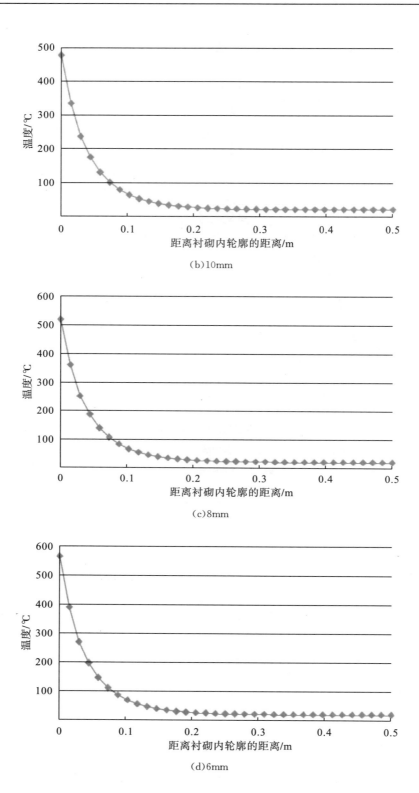

(b)10mm

(c)8mm

(d)6mm

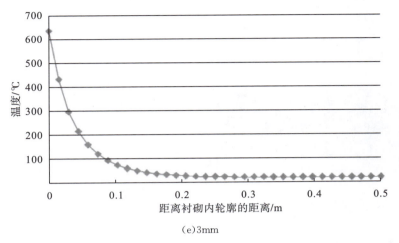

（e）3mm

图 7-36 不同厚度的防火涂料条件下衬砌温度分布

不同防火层厚度下的衬砌温度及热量在衬砌中传播距离如表 7-2 所示。

表 7-2 衬砌温度及热量在衬砌中的传播距离

防火层厚度/mm	衬砌与防火涂料交界处温度/℃	防火涂料表层温度/℃
12	304.66	436.19
10	343.34	476.82
8	376.89	518.16
6	406.2	564.62
3	453.73	633.07

由表 7-2 可知，防火层厚度降低时，衬砌与防火层交界处的温度明显升高，说明防火涂料在阻隔热量传播上具有一定效果。

2. 温度影响范围

不同防火涂料厚度下，温度影响范围如图 7-37～图 7-41 所示。

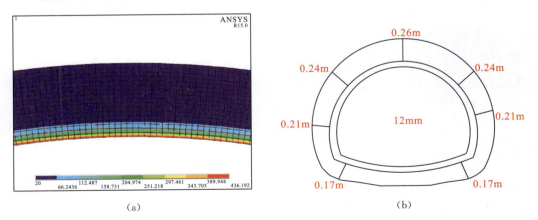

图 7-37 防火涂料厚度为 12mm 时衬砌温度影响范围（单位：℃）

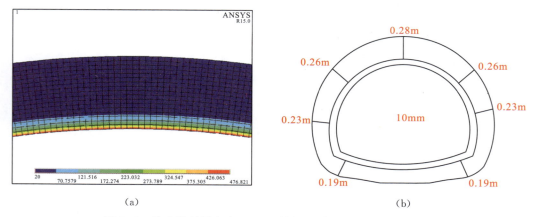

图 7-38　防火涂料厚度为 10mm 时衬砌温度影响范围（单位：℃）

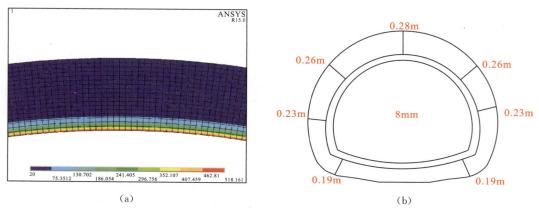

图 7-39　防火涂料厚度为 8mm 时衬砌温度影响范围（单位：℃）

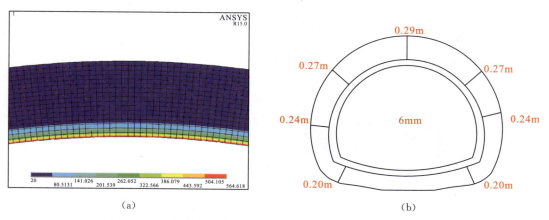

图 7-40　防火涂料厚度为 6mm 时衬砌温度影响范围（单位：℃）

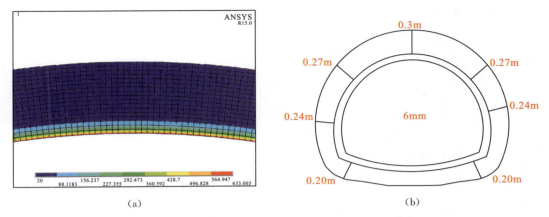

(a)　　　　　　　　　　　　　(b)

图 7-41　防火涂料厚度为 3mm 时衬砌温度影响范围（单位：℃）

不同防火层厚度下的衬砌温度及热量在衬砌中传播距离如表 7-3 所示。

表 7-3　衬砌温度及热量在衬砌中的传播距离

防火层厚度/mm	热量在衬砌中的传播距离/m
12	0.27
10	0.28
8	0.28
6	0.29
3	0.30

由表 7-3 可知，防火层厚度降低时，热量在衬砌中的传播距离逐渐增加，说明防火涂料在阻隔热量传播上具有一定效果。

7.2.3　不同火灾规模时衬砌的温度分布

衬砌的厚度设定为 0.5m，并假定拱顶为受火温度最高处，且选取拱顶截面沿径向各点作为温度监测点，火灾时间定为 2h，初始环境温度为 20℃，不考虑防火涂料对衬砌结构的影响。对 2.5MW、10MW、20～30MW 和 100～200MW 四种火灾规模下的隧道衬砌进行温度场分析。在有限元软件中建立热－力耦合模型，如图 7-35 所示。

1. 温度分布规律

不同火灾规模下，温度分布规律和对比如图 7-42、图 7-43 和图 7-44 所示。由图 7-44 可知，随着火灾规模增大，衬砌内最高温度逐渐升高，温度传播范围在扩大。

2. 温度影响范围

不同火灾规模下，温度影响范围如图 7-45～图 7-48 所示。

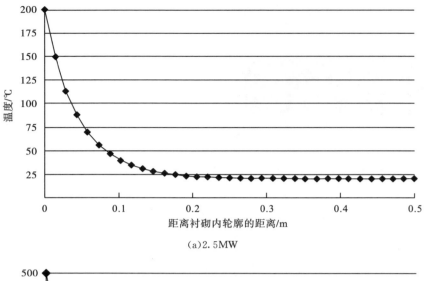

(a)2.5MW

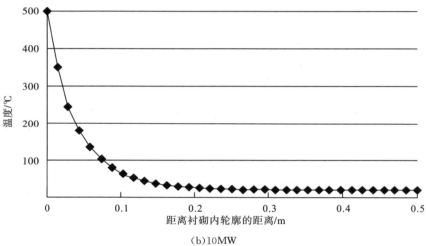

(b)10MW

图 7-42　不同火灾规模下的衬砌温度分布(一)

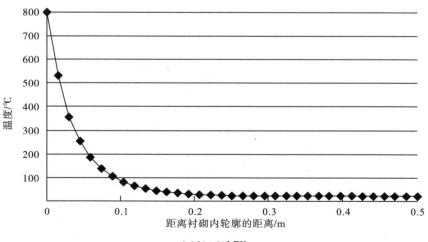

(a)20～30MW

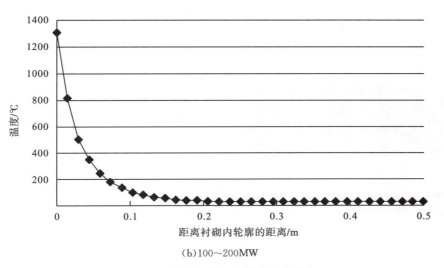

(b)100~200MW

图 7-43　不同火灾规模下的衬砌温度分布(二)

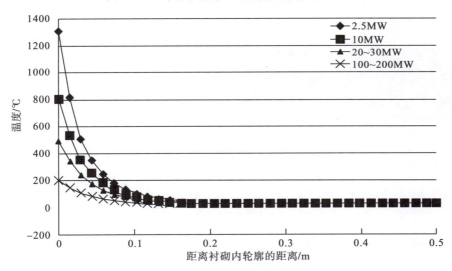

图 7-44　四种火灾规模下的温度分布对比

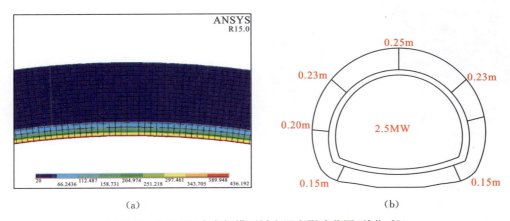

(a)　　　　　　　　　　　　　　　(b)

图 7-45　2.5MW 火灾规模下衬砌温度影响范围(单位:℃)

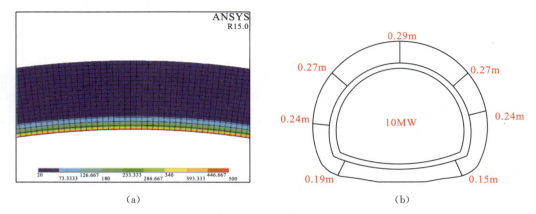

（a）　　　　　　　　　　　　　　　　（b）

图 7-46　10MW 火灾规模下衬砌温度影响范围（单位：℃）

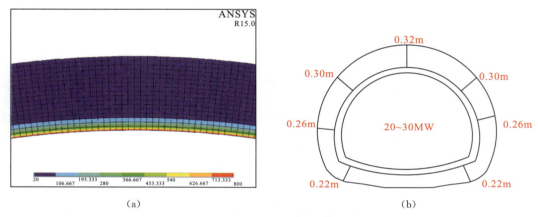

（a）　　　　　　　　　　　　　　　　（b）

图 7-47　20～30MW 火灾规模下衬砌温度影响范围（单位：℃）

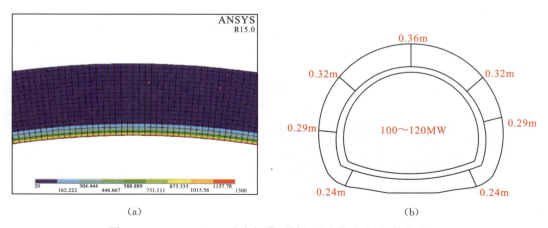

（a）　　　　　　　　　　　　　　　　（b）

图 7-48　100～200MW 火灾规模下衬砌温度影响范围（单位：℃）

不同火灾规模下的衬砌温度及热量在衬砌中的传播距离如表 7-4 所示。

表 7-4 衬砌温度及热量在衬砌中的传播距离

火灾规模/MW	热量在衬砌中的传播距离/m
2.5	0.25
10	0.29
20~30	0.32
100~200	0.36

由表 7-4 可知，火灾规模越大，热量在衬砌中的传播距离越大，但变化不明显，大约为 0.3mm，说明火灾对衬砌的影响是有限的。

7.2.4 高温区不同位置时衬砌温度分布

发生火灾时的火源位置是不可预知的，衬砌高温区位置亦有所变化，因此，建立衬砌高温区分别位于拱顶、拱腰及边墙的三种模型进行分析，以探究隧道不同部位发生火灾时的衬砌温度场分布。取最高温度为 800℃，衬砌的厚度设定为 0.5m，假设火灾时间为 2h，初始环境温度为 20℃，且衬砌内表面未施作防火涂料。在有限元软件中建立热-力耦合模型，如图 7-49 所示。

1. 温度分布规律

不同高温区位置下温度分布规律如图 7-50 所示。

2. 温度影响范围

不同高温区位置下，温度影响范围如图 7-51~图 7-53 所示。

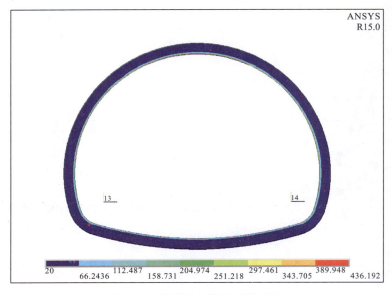

图 7-49 隧道衬砌模型（单位:℃）

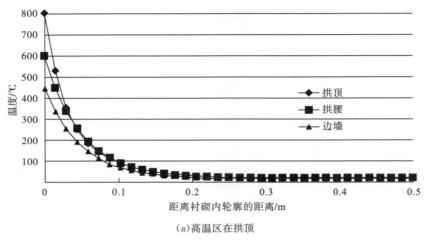

（a）高温区在拱顶

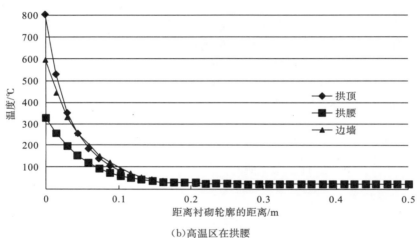

（b）高温区在拱腰

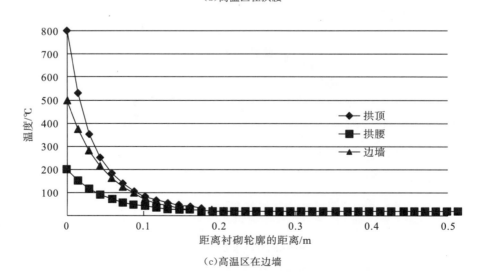

（c）高温区在边墙

图 7-50　不同高温区位置下衬砌温度分布

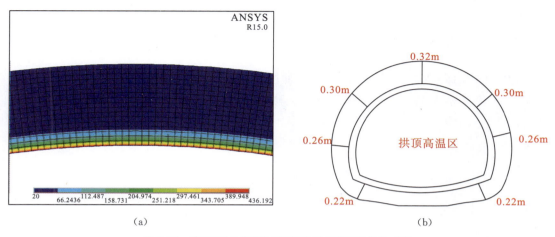

(a)　　　　　　　　　　　　　　(b)

图 7-51　高温区在拱顶衬砌温度影响范围（单位：℃）

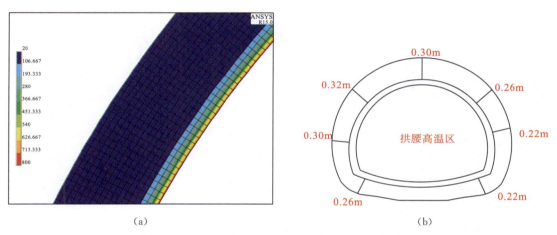

(a)　　　　　　　　　　　　　　(b)

图 7-52　高温区在拱腰衬砌温度影响范围（单位：℃）

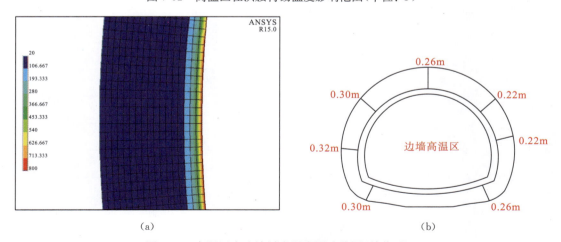

(a)　　　　　　　　　　　　　　(b)

图 7-53　高温区在边墙衬砌温度影响范围（单位：℃）

　　综上所述，当高温区分别在拱顶、拱腰、边墙时，衬砌主要在横断面环向的温度场有所不同，而高温区截面的径向温度分布是基本一致的，影响范围大约 0.3m。

7.2.5 不同燃烧时间下衬砌温度分布

拟定火灾时间为 4h、6h、8h、24h 四种情况进行计算，并假设高温区位于拱顶，最高温度为 800℃，初始环境温度为 20℃，衬砌的厚度设定为 0.5m，且不考虑防火涂料的影响。在有限元软件中建立热－力耦合模型，如图 7-54 所示。

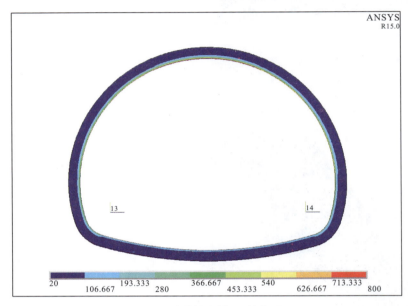

图 7-54 隧道衬砌模型（单位：℃）

1. 温度分布规律

不同燃烧时间下，温度分布规律和对比情况如图 7-55 所示。

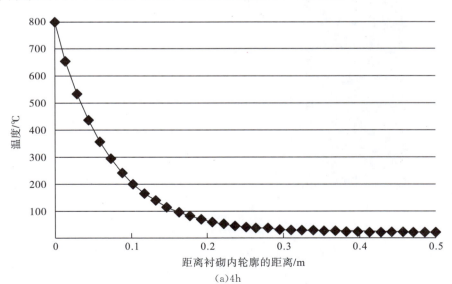

(a)4h

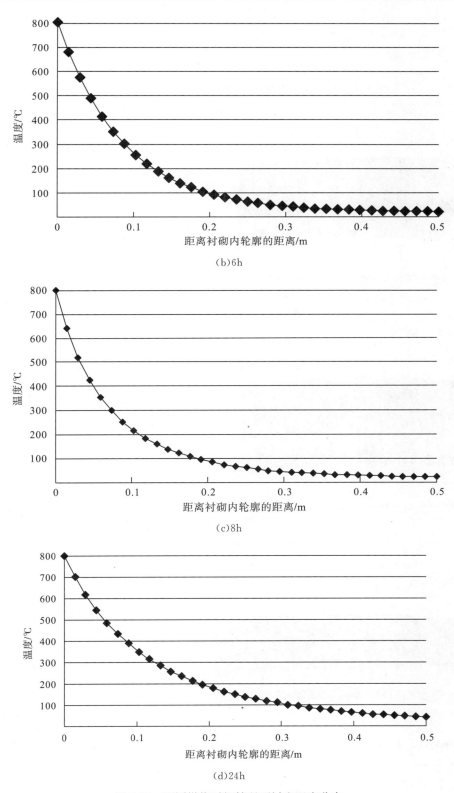

（b）6h

（c）8h

（d）24h

图 7-55 不同燃烧时间情况下衬砌温度分布

由图 7-55 可知，燃烧时间越长，衬砌内温度传播范围越大。

2. 温度影响范围

不同燃烧时间下，温度影响范围如图 7-56～图 7-59 所示。

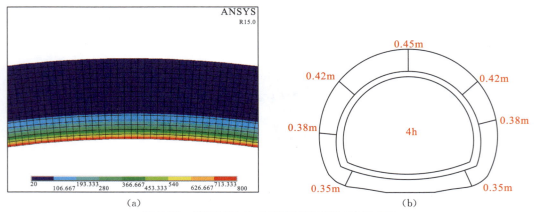

图 7-56　燃烧时间 4h 的温度影响范围（单位：℃）

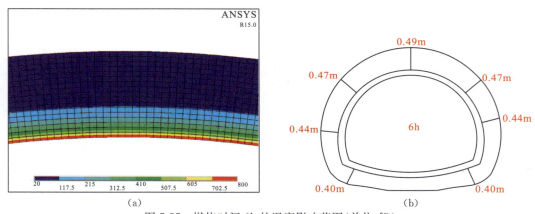

图 7-57　燃烧时间 6h 的温度影响范围（单位：℃）

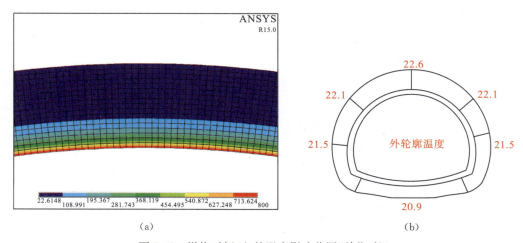

图 7-58　燃烧时间 8h 的温度影响范围（单位：℃）

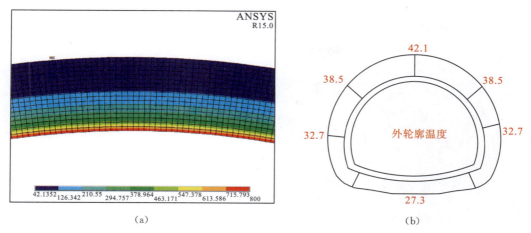

图 7-59　燃烧时间 24h 的温度影响范围(单位:℃)

不同燃烧时间下，衬砌温度及热量在衬砌中传播距离及衬砌外围温度如表 7-5 所示。

表 7-5　衬砌温度及热量在衬砌中的传播距离

燃烧时间/h	热量在衬砌中的传播距离/m	衬砌外围温度/℃
4	0.45	20
6	0.49	20
8	0.5	22.6
24	0.5	42.1

由表 7-5 可知，燃烧时间越长，热量在衬砌中的传播距离越大，当燃烧时间超出 6h 时，火灾温度已传入围岩。

7.3　火灾模式下衬砌结构的局部损伤

7.3.1　火灾对隧道衬砌力学性能的影响

为探究火灾对隧道衬砌混凝土材料的影响，分别对已施作和未施作防火涂料的衬砌结构处开展火灾试验，采用对比火灾前后混凝土回弹值及取芯测试材料抗压强度两种方法来确定衬砌力学性能的变化。

(1)火灾试验前，在所选定断面各测点采用回弹仪进行测试，获得其初始回弹值，待试验结束后，在所选断面各测点附近处再次进行回弹测试并与初始回弹值进行比较。

(2)火灾试验后在拱顶附近取芯，测试其抗压强度，并与规范限值对比。选取断面时以油盘中心为起点，向两侧每隔 50cm 处设置一个测点，同一断面内设置 9 个测点，具体布置方案如图 7-60 和图 7-61 所示。

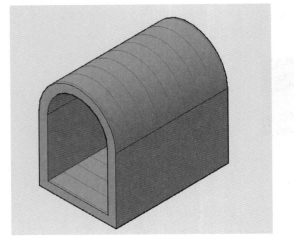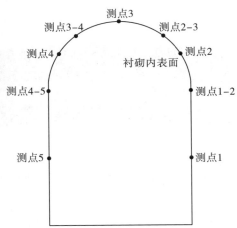

图 7-60　纵向断面布置及测点布置

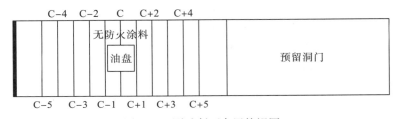

图 7-61　测试断面布置俯视图

1. 衬砌混凝土回弹值影响

(1)无防火涂料时，火灾对隧道衬砌混凝土回弹值的影响。采用回弹仪对火灾试验前、后各断面测点进行测试，测试结果如表 7-6 所示。

由表 7-6 可知，火源中心断面(C 断面)拱顶附近测点 3、3−4、4、2−3、2 回弹值明显降低。以 C 断面为中心，向其两侧分析，C+1、C+2 和 C+3 断面各测点回弹值明显降低，对于 C+4 断面，回弹值变化基本不大；C−1、C−2 断面各测点回弹值也明显降低，对于 C−3 断面，回弹值变化不明显。因此，火灾对隧道衬砌的损伤在纵向方向的影响范围为 C+4~C−3，约为 3.5m。

(2)有防火涂料时，火灾对隧道衬砌混凝土回弹值的影响。采用回弹仪对试验前、后各断面测点进行测试，测试结果如表 7-7 所示。

由表 7-7 可知，火源中心断面(B 断面)拱顶附近测点 3、3−4、4、2−3、2 回弹值明显降低。以 B 断面为中心，向其两侧分析，B+1、B+2 断面拱顶附近测点回弹值明显降低，对于 B+3 断面，回弹值变化基本不大；B−1 断面各测点回弹值也明显降低，对于 B−2 断面，回弹值变化不明显。因此，火灾对隧道衬砌的损伤在纵向方向的影响范围为 B+3~B−2，约为 2.5m。

表 7-6　火灾前后混凝土回弹值对比

断面	测点	试验前回弹值/MPa	试验后回弹值/MPa	断面	测点	试验前回弹值/MPa	试验后回弹值/MPa
C 断面	1	34	32	C−1 断面	1	29	31
	1−2	32	31		1−2	31	29
	2	32	29		2	30	27
	2−3	34	25		2−3	34	27
	3	37	25		3	36	29
	3−4	32	27		3−4	33	28
	4	34	27		4	30	27
	4−5	32	30		4−5	31	28
	5	35	32		5	32	30
C+1 断面	1	30	29	C−2 断面	1	30	24
	1−2	30	28		1−2	29	27
	2	28	25		2	32	28
	2−3	30	28		2−3	31	35
	3	33	29		3	36	35
	3−4	31	28		3−4	34	30
	4	28	25		4	31	30
	4−5	30	28		4−5	30	29
	5	31	30		5	30	31
C+2 断面	1	30	30	C−3 断面	1	28	28
	1−2	29	27		1−2	30	31
	2	30	27		2	33	33
	2−3	30	25		2−3	33	34
	3	30	24		3	35	37
	3−4	28	25		3−4	31	30
	4	28	24		4	31	30
	4−5	30	25		4−5	30	31
	5	31	28		5	30	30

断面	测点	试验前回弹值/MPa	试验后回弹值/MPa	断面	测点	试验前回弹值/MPa	试验后回弹值/MPa
C+3断面	1	29	30	C−4断面	1	28	30
	1−2	30	30		1−2	30	31
	2	30	27		2	30	30
	2−3	32	28		2−3	31	32
	3	35	31		3	35	34
	3−4	34	31		3−4	32	32
	4	30	27		4	31	31
	4−5	32	29		4−5	32	31
	5	31	30		5	33	32
C+4断面	1	28	30	C−5断面	1	28	28
	1−2	32	32		1−2	27	29
	2	35	34		2	27	29
	2−3	34	35		2−3	28	30
	3	34	32		3	34	34
	3−4	34	33		3−4	30	30
	4	33	31		4	25	25
	4−5	32	32		4−5	27	27
	5	31	31		5	27	27
C+5断面	1	29	30	—	—	—	—
	1−2	30	31		—	—	—
	2	30	30		—	—	—
	2−3	30	32		—	—	—
	3	39	37		—	—	—
	3−4	37	35		—	—	—
	4	33	31		—	—	—
	4−5	33	32		—	—	—
	5	27	30		—	—	—

表 7-7 损伤范围测试表

断面	测点	试验前回弹值/MPa	试验后回弹值/MPa	断面	测点	试验前回弹值/MPa	试验后回弹值/MPa
B 断面	1	34	33	B−1 断面	1	34	35
	1−2	33	30		1−2	33	32
	2	37	33		2	32	31
	2−3	36	32		2−3	36	34
	3	37	30		3	36	33
	3−4	35	31		3−4	35	33
	4	36	29		4	34	32
	4−5	35	31		4−5	34	31
	5	35	34		5	33	31
B+1 断面	1	34	35	B−2 断面	1	33	30
	1−2	34	35		1−2	34	35
	2	35	32		2	34	34
	2−3	37	34		2−3	35	34
	3	35	33		3	35	35
	3−4	34	33		3−4	33	30
	4	34	33		4	34	32
	4−5	34	34		4−5	31	30
	5	33	34		5	31	30
B+2 断面	1	34	33	B−3 断面	1	33	31
	1−2	35	35		1−2	31	30
	2	32	35		2	34	31
	2−3	33	34		2−3	35	34
	3	37	35		3	35	34
	3−4	35	33		3−4	34	30
	4	35	34		4	33	30
	4−5	35	34		4−5	31	32
	5	34	33		5	32	31

续表

断面	测点	试验前回弹值/MPa	试验后回弹值/MPa	断面	测点	试验前回弹值/MPa	试验后回弹值/MPa
B+3断面	1	32	33	B−4断面	1	33	34
	1−2	31	30		1−2	33	33
	2	33	33		2	33	35
	2−3	34	32		2−3	34	35
	3	33	31		3	35	34
	3−4	33	31		3−4	35	32
	4	32	30		4	34	33
	4−5	30	31		4−5	32	33
	5	30	31		5	32	33
B+4断面	1	30	29	B−5断面	1	33	32
	1−2	30	31		1−2	31	32
	2	33	32		2	32	33
	2−3	32	30		2−3	32	33
	3	34	33		3	35	34
	3−4	31	32		3−4	35	34
	4	32	29		4	34	34
	4−5	31	34		4−5	33	33
	5	30	29		5	34	33
B+5断面	1	32	30	—	—	—	—
	1−2	30	32		—	—	—
	2	29	34		—	—	—
	2−3	33	30		—	—	—
	3	34	35		—	—	—
	3−4	32	23		—	—	—
	4	30	30		—	—	—
	4−5	31	29		—	—	—
	5	31	27		—	—	—

2. 衬砌混凝土抗压强度的影响

（1）无防火涂料时，火灾对隧道衬砌混凝抗压强度的影响。为确定火灾后衬砌混凝土的抗压强度，在拱顶附近位置处取芯并进行抗压试验，其测试结果如表 7-8 所示。

表 7-8　芯样测试记录表

编号	龄期/d	高度平均值/mm	平均直径/mm	抗压面积/mm²	高径比	极限荷载/kN	抗压强度测值/MPa	抗压强度测定值/MPa	换算系数	标准圆柱体抗压强度值/MPa	换算立方体抗压强度值/MPa
A芯样	109	100.9	98.8	7660.4	1.02	160.25	20.9	21.5	0.87	18.7	23.3
		100.1	97.9	7518.3	1.02	159.62	21.2				
		100.4	96.9	7365.4	1.04	163.98	22.3				
B芯样	109	100.5	97.9	7524.5	1.03	165.24	22.0	22.0	0.87	19.2	24.0
		101.3	98.4	7601.6	1.03	164.42	21.6				
		101.8	97.6	7475.4	1.03	168.56	22.5				

从表 7-8 可知，A 芯样换算立方体抗压强度值为 23.3MPa，B 芯样换算立方体抗压强度值为 24MPa，均小于技术指标 25MPa，说明在无防火涂料且燃烧时间为 100min 的情况下，火灾试验后的衬砌混凝土强度无法满足要求。

（2）有防火涂料时，火灾对隧道衬砌混凝抗压强度的影响。在拱顶位置处取芯并进行抗压试验，其测试结果如表 7-9 所示。

表 7-9　芯样测试记录表

编号	龄期/d	高度平均值/mm	平均直径/mm	抗压面积/mm²	高径比	极限荷载/kN	抗压强度测值/MPa	抗压强度测定值/MPa	换算系数	标准圆柱体抗压强度值/MPa	换算立方体抗压强度值/MPa
A芯样	109	100.1	90.4	6409.9	1.11	181.23	28.3	28.5	0.87	24.8	31.0
		100.1	90.3	6412.7	1.11	184.25	28.7				
		100.1	90.3	6407.0	1.11	182.55	28.5				
B芯样	109	101.9	98.4	7607.8	1.03	208.21	27.4	27.2	0.87	23.7	29.6
		101.5	98.3	7592.3	1.03	205.68	27.1				
		101.8	98.3	7583.0	1.03	206.83	27.2				

由表 7-9 可知，A 芯样换算立方体抗压强度值为 31MPa，B 芯样换算立方体抗压强度值为 29.6MPa，均大于技术指标 25MPa，说明防火涂料一侧，在本火灾燃烧 100min 试验条件下，火灾试验后的衬砌混凝土强度满足要求。

7.3.2　火灾对隧道衬砌结构的损伤范围

（1）无防火涂料时，火灾对隧道衬砌结构的损伤范围。

　　针对未施作防火涂料的隧道衬砌，在火灾试验结束后，进行隧道内表面表观测试。通过观察火灾结束后衬砌混凝土变化、裂纹情况、混凝土爆裂情况，初步确定无防火涂料时火灾对衬砌结构损伤范围。测试断面的选取如图7-62中的C、D处所示。火灾试验后对其进行表观测试，得到相关数据如表7-10所示。

图7-62　测试断面C、D处的位置关系（单位：m）

表7-10　有防火涂料情况下的测试表

断面	测点	颜色变化(无色、浅粉红色、棕色紫色、灰白色)	裂纹情况(有、无、多、少、宽度、长度)	混凝土爆裂情况(有、无)
C断面	1号测点	无颜色变化	有轻微裂纹	无
	2号测点	粉红色	有裂纹	无
	3号测点	浅灰色	有大量裂纹	有脱落(长度为1.6m，宽度0.25~0.35m)
	4号测点	棕色	有大量裂纹	有脱落(长度为1.2m，宽度0.27~0.3m)
	5号测点	无颜色变化	有少量裂纹	无
D断面	1号测点	无颜色变化	有轻微裂纹	无
	2号测点	粉红色	有裂纹	无
	3号测点	粉红色	有裂纹	有脱落(长度为0.8m，宽度为0.2~0.3m)
	4号测点	粉红色	有裂纹	无
	5号测点	无颜色变化	有轻微裂纹	无

　　由表7-10可知：①位于油盘中心C断面，1号测点混凝土颜色无变化，无爆裂情况，但有轻微裂纹，2号测点混凝土呈现粉红色，3号测点混凝土呈现浅灰色，4号测点混凝土呈现棕色，可以推断混凝土所处温度为500~600℃、2号、3号和4号测点有大量裂纹产生，并且3号测点和4号测点附近出现了混凝土爆裂脱落现象；②D断面2号测点、3号测点和4号测点处混凝土呈现粉红色，均出现裂纹，其中3号测点出现混凝土爆裂脱落现象，爆裂区域长度约为0.8m，宽度为0.2~0.3m；1号测点和5号测点出现轻微裂纹，但均未发生混凝土爆裂脱落现象。

　　部分火灾试验现场拍摄的衬砌表关照片如图7-63~图7-65所示。

　　(2)有防火涂料时，火灾对隧道衬砌结构的损伤范围。

　　对于施作过防火涂料的衬砌，在火灾试验结束后，进行隧道内表面表观测试，通过观察火灾结束后衬砌混凝土变化、裂纹情况、混凝土爆裂情况，初步确定火灾对衬砌结构损伤范围。火灾试验后，衬砌内表面裂纹情况、颜色变化、爆裂情况的统计如表7-11所示。

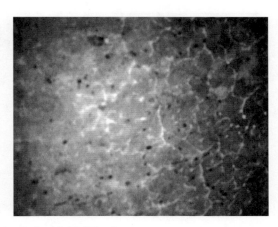

图 7-63　表面轻微裂纹(左)和表面大量裂纹(右)

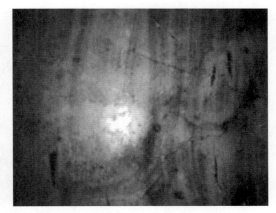

图 7-64　混凝土表面呈现粉红色

图 7-65　拱肩(左)、拱顶(右)混凝土爆裂脱落

表 7-11 有防火涂料情况下的表观测试统计

断面	测点	颜色变化(无色、浅粉红色、棕色紫色、灰白色)	裂纹情况(有、无、多、少、宽度、长度)	混凝土爆裂情况(有、无)	防火涂料情况厚度/mm	防火涂料情况
A断面	1号测点	无颜色变化	无裂纹	无	5	无变化
	2号测点	无颜色变化	无裂纹	无	6	有裂纹
	3号测点	无颜色变化	无裂纹	无	12	变脆有裂纹
	4号测点	无颜色变化	有轻微裂纹	无	8	有大量裂纹,与衬砌混凝土脱落
	5号测点	无颜色变化	无裂纹	无	5	有裂纹
B断面	1号测点	无颜色变化	无裂纹	无	7	变脆有裂纹
	2号测点	无颜色变化	无裂纹	无	6	变脆疏松
	3号测点	无颜色变化	无裂纹	无	15	变脆疏松
	4号测点	无颜色变化	无裂纹	无	8	变脆疏松
	5号测点	无颜色变化	无裂纹	无	7	变脆疏松

由表 7-11 可知,有防火涂料侧混凝土颜色基本没有变化,没有爆裂现象,没有裂纹出现。由于防火涂料施工过程中拱顶位置较难喷涂,施工过程中多次对拱顶位置进行施作,可以看出拱顶处防火涂料厚度较厚。在受火后,在隧道拱顶、拱肩等温度较高位置,防火涂料出现了变脆、疏松、裂纹的情况。火灾后衬砌内表面情况如图 7-66～图 7-69 所示。

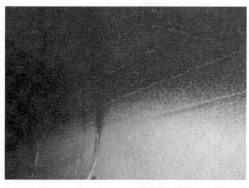
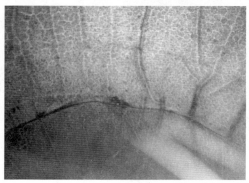

图 7-66 火灾试验后边墙(左)及拱顶(右)整体表观图

图 7-67　防火涂料下的混凝土表观图

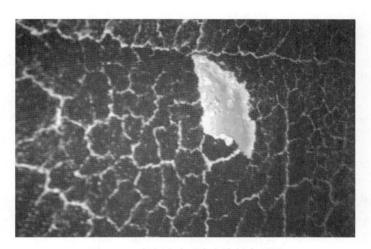

图 7-68　火灾试验后防火涂料表观图

图 7-69　有防火涂料侧火灾试验后表观测试图

7.3.3 火灾对隧道衬砌结构的损伤深度

(1)无防火涂料时，火灾对隧道衬砌结构的损伤深度。

衬砌结构损伤深度测试主要通过酥松层和剥落层的厚度来确定。测试中对未施作防火涂料的衬砌的C、D两个断面进行测量，测点编号为1～5。此外，对取芯所得的试样进行酚酞酒精试剂测试，以判定损伤深度情况。断面及测点布置如图7-15和图7-16所示。衬砌内表面的酥松层与剥落层厚度的测试结果如表7-12所示。

表 7-12 损伤深度测试记录表

断面	测点	酥松层/mm	剥落层深度/mm	损伤深度/mm
C断面	1 号测点	0	0	0
	2 号测点	8～12	0	8～12
	3 号测点	2～3	5～10	7～13
	4 号测点	4～5	7～10	11～15
	5 号测点	0	0	0
D断面	1 号测点	0	0	0
	2 号测点	2～5	0	2～5
	3 号测点	2～4	5～10	7～14
	4 号测点	8～10	0	8～10
	5 号测点	0	0	0

由表7-12可知：①无防火涂料侧，油盘中心C断面拱顶、拱肩损伤深度较大，2号测点损伤深度为8～12mm，3号测点损伤深度为7～13mm，4号测点损伤深度为11～15mm，对现场5号测点芯样进行酚酞酒精试验，芯样全部变色，说明5号测点芯样无损伤，与上表所测结果一致；②无防火涂料侧D断面1号测点、5号测点损伤深度为0mm，2号测点损伤深度为2～5mm，3号测点损伤深度为7～14mm，4号测点损伤深度为8～10mm。

现场测试中的混凝土表观损伤及酚酞试验情况如图7-70和图7-71所示。

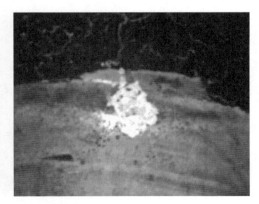

图 7-70 混凝土表面损伤情况

图 7-71　芯样酚酞试验

（2）有防火涂料时，火灾对隧道衬砌结构的损伤深度。

衬砌内表面的酥松层与剥落层厚度的测试结果如表 7-13 所示。

表 7-13　损伤深度测试记录表

断面	测点	酥松层/mm	剥落层深度/mm	损伤深度/mm
A 断面	1 号测点	0	0	0
	2 号测点	0	0	0
	3 号测点	0	0	0
	4 号测点	0	0	0
	5 号测点	0	0	0
B 断面	1 号测点	0	0	0
	2 号测点	1~2	0	1~2
	3 号测点	2~3	0	2~3
	4 号测点	2~5	0	2~5
	5 号测点	0	0	0

由表 7-13 可知：①有防火涂料侧 A 断面总体损伤深度均为 0mm，说明 A 断面各测点基本无损伤；②有防火涂料侧 B 断面 1 号测点、5 号测点损伤深度为 0mm，从火灾后 5 号测点芯样的酚酞酒精试剂测试结果看出，芯样全部变色，说明 5 号测点芯样无损伤，与上表所测结果一致。2 号测点、3 号测点和 4 号测点有轻微损伤，最大损伤深度位置发生在 4 号测点，为 5mm。

现场测试中的混凝土表观损伤及酚酞试验情况如图 7-72 和图 7-73 所示。

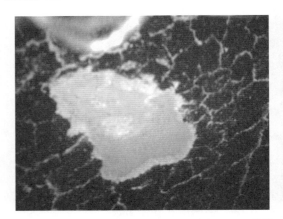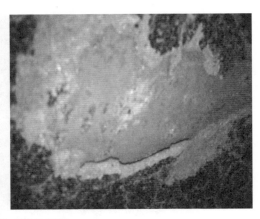

图 7-72 混凝土表面损伤情况

图 7-73 芯样酚酞试验

7.4 火灾模式下衬砌结构内力及整体安全性

7.4.1 不同防火涂料厚度时衬砌的内力及安全性

隧道防火一般采用在二次衬砌表面喷涂防火涂料的方法，且喷涂厚度一般为 10～15mm。在本节中将建立不同防火涂料厚度(0～12mm)的隧道衬砌模型，以探究火灾情况下，防火涂料厚度对衬砌整体内力及安全性的影响。

1. 防火涂料厚度为 12mm 时的情况

在有限元软件中建立防火层厚度为 12mm 的热－力耦合模型并进行计算，可得隧道衬砌在受火 2h 后的第一主应力分布如图 7-74 所示。

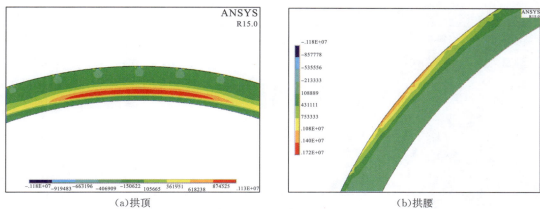

（a）拱顶　　　　　　　　　　　　　　　　　（b）拱腰

图 7-74　第一主应力分布云图（单位：Pa）

由图 7-74 可知，此时衬砌结构在拱腰与拱顶处存在拉应力集中现象，拱腰处拉应力最大值为 1.72MPa，拱顶处拉应力最大值为 1.13MPa，均在混凝土的抗拉极限内。

提取衬砌结构相应截面的节点应力并转化成弯矩轴力及安全系数，其结果如图 7-75 和图 7-76、表 7-14 所示。

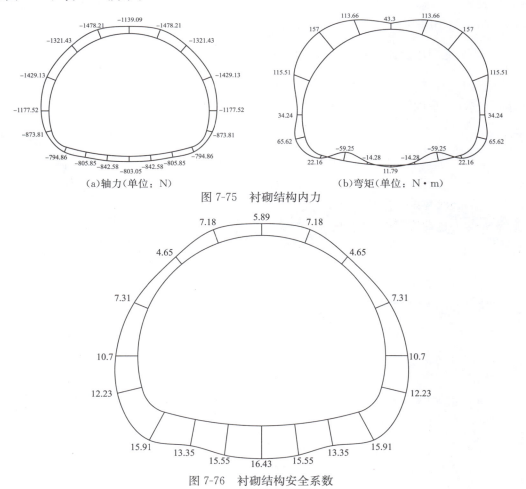

（a）轴力（单位：N）　　　　　　　　　　　　（b）弯矩（单位：N·m）

图 7-75　衬砌结构内力

图 7-76　衬砌结构安全系数

表 7-14　衬砌结构内力及安全系数统计

位置	轴力/kN	弯矩/(kN·m)	安全系数	控制标准	是否满足规范要求
拱顶	−1139.09	43.30	5.89	受压控制	满足
拱肩 1	−1478.21	113.66	7.18	受压控制	满足
拱肩 2	−1321.43	157.00	4.65	受拉控制	满足
拱腰	−1429.13	115.51	7.31	受压控制	满足
边墙 1	−1177.52	34.24	10.70	受压控制	满足
边墙 2	−873.81	65.62	12.23	受压控制	满足
仰拱 1	−794.86	22.16	15.91	受压控制	满足
仰拱 2	−805.85	−59.25	13.35	受压控制	满足
仰拱 3	−842.58	−14.28	15.55	受压控制	满足
仰拱 4	−803.05	11.79	16.43	受压控制	满足

由表 7-14 可知，防火层厚度为 12mm 时，隧道二次衬砌结构的安全系数均满足规范要求，其中最小值为 4.65，位于拱肩 2 号截面。

2. 防火涂料厚度为 10mm 时的情况

在有限元软件中建立防火层厚度为 10mm 的热－力耦合模型并进行计算，可得隧道衬砌在受火 2h 后的第一主应力分布如图 7-77 所示。

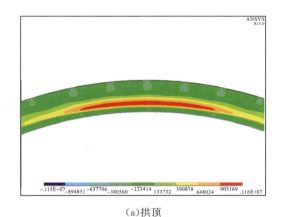 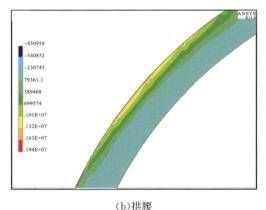

(a)拱顶　　　　　　　　　　　　　　　　　(b)拱腰

图 7-77　第一主应力分布云图（单位：Pa）

由图 7-77 可知，此时衬砌结构在拱腰与拱顶处存在拉应力集中现象，拱腰处拉应力最大值为 1.94MPa，拱顶处拉应力最大值为 1.16MPa，均在混凝土的抗拉极限内。

提取衬砌结构相应截面的节点应力并转化成弯矩轴力及安全系数，其结果如图 7-78 和图 7-79、表 7-15 所示。

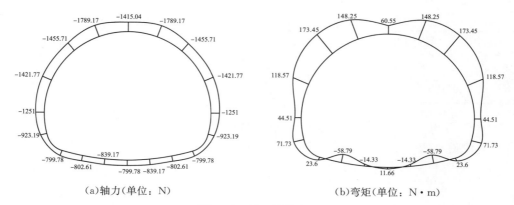

（a）轴力（单位：N）　　　　　（b）弯矩（单位：N·m）

图 7-78　衬砌结构内力

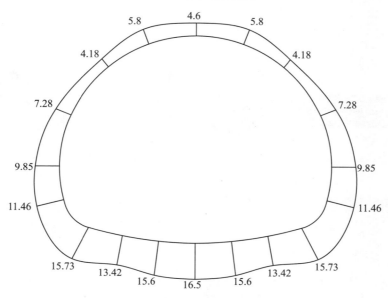

图 7-79　衬砌结构安全系数

表 7-15　衬砌结构内力及安全系数统计

位置	轴力/kN	弯矩/(kN·m)	安全系数	控制标准	是否满足规范要求
拱顶	−1415.04	60.55	4.60	受压控制	满足
拱肩 1	−1789.17	148.25	5.80	受压控制	满足
拱肩 2	−1455.71	173.45	4.18	受拉控制	满足
拱腰	−1421.77	118.57	7.28	受压控制	满足
边墙 1	−1251.00	44.51	9.85	受压控制	满足
边墙 2	−923.19	71.73	11.46	受压控制	满足
仰拱 1	−799.78	23.60	15.73	受压控制	满足
仰拱 2	−802.61	−58.79	13.42	受压控制	满足

续表

位置	轴力/kN	弯矩/(kN·m)	安全系数	控制标准	是否满足规范要求
仰拱 3	−839.17	−14.33	15.60	受压控制	满足
仰拱 4	−799.78	11.66	16.50	受压控制	满足

由表 7-15 可知，防火层厚度为 10mm 时，隧道二次衬砌结构的安全系数均满足规范要求，其中最小值为 4.18，位于拱肩 2 号截面。

3. 防火涂料厚度 8mm 时的情况

在有限元软件中建立防火层厚度为 8mm 的热－力耦合模型并进行计算，可得隧道衬砌在受火 2h 后的第一主应力分布如图 7-80 所示。

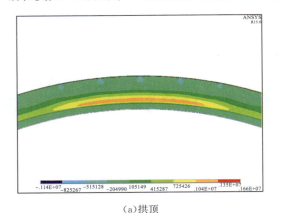
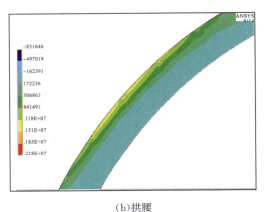

（a）拱顶　　　　　　　　　　　　　　　　（b）拱腰

图 7-80　第一主应力分布云图（单位：Pa）

由图 7-80 可知，此时衬砌结构在拱腰与拱顶处存在拉应力集中现象，拱腰处拉应力最大值为 2.18MPa，拱顶处拉应力最大值为 1.63MPa，均在混凝土的抗拉极限内。

提取衬砌结构相应截面的节点应力并转化成弯矩轴力及安全系数，其结果如图 7-81 和图 7-82、表 7-16 所示。

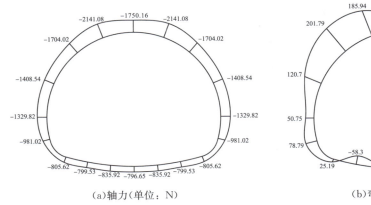
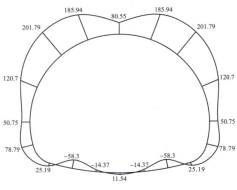

（a）轴力（单位：N）　　　　　　　　　　　　（b）弯矩（单位：N·m）

图 7-81　衬砌结构内力

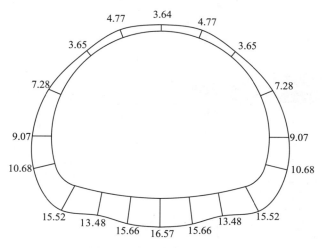

图 7-82　衬砌结构安全系数

表 7-16　衬砌结构内力及安全系数统计

位置	轴力/kN	弯矩/(kN·m)	安全系数	控制标准	是否满足规范要求
拱顶	−1750.16	80.55	3.64	受压控制	满足
拱肩 1	−2141.08	185.94	4.77	受压控制	满足
拱肩 2	−1704.02	201.79	3.65	受拉控制	满足
拱腰	−1408.54	120.70	7.28	受压控制	满足
边墙 1	−1329.82	55.75	9.07	受压控制	满足
边墙 2	−981.02	78.79	10.68	受压控制	满足
仰拱 1	−805.62	25.19	15.52	受压控制	满足
仰拱 2	−799.53	−58.30	13.48	受压控制	满足
仰拱 3	−835.92	−14.37	15.66	受压控制	满足
仰拱 4	−796.65	11.54	16.57	受压控制	满足

　　由表 7-16 可知，防火层厚度为 8mm 时，隧道二次衬砌结构的安全系数均满足规范要求，其中最小值为 3.64，位于拱顶截面。

4. 防火涂料厚度 6mm 时的情况

　　在有限元软件中建立防火层厚度为 6mm 的热-力耦合模型并进行计算，可得隧道衬砌在受火 2h 后的第一主应力分布如图 7-83 所示。

　　由图 7-83 可知，此时衬砌结构在拱腰与拱顶处存在拉应力集中现象，拱腰处拉应力最大值为 2.24MPa，拱顶处拉应力最大值为 1.18MPa，均在混凝土的抗拉极限内。

　　提取衬砌结构相应截面的节点应力并转化成弯矩轴力及安全系数，其结果如图 7-84和图 7-85、表 7-17 所示。

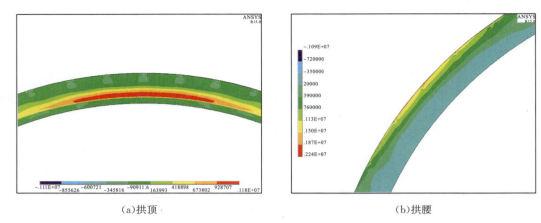

(a)拱顶

(b)拱腰

图 7-83　第一主应力分布云图(单位：Pa)

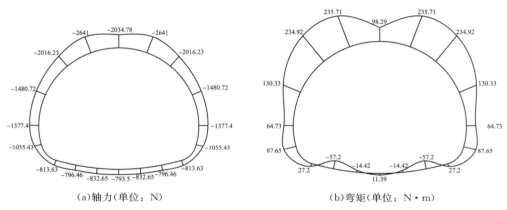

(a)轴力(单位：N)

(b)弯矩(单位：N·m)

图 7-84　衬砌结构内力

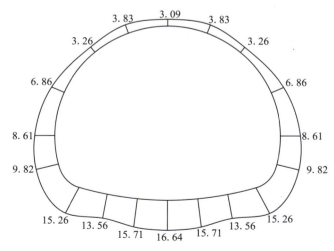

图 7-85　衬砌结构安全系数

表 7-17 衬砌结构内力及安全系数统计

位置	轴力/kN	弯矩/(kN·m)	安全系数	控制标准	是否满足规范要求
拱顶	−2034.78	98.29	3.09	受压控制	满足
拱肩 1	−2641.00	235.71	3.83	受压控制	满足
拱肩 2	−2016.23	234.92	3.26	受拉控制	满足
拱腰	−1480.72	130.33	6.86	受压控制	满足
边墙 1	−1377.40	64.73	8.61	受压控制	满足
边墙 2	−1055.43	87.65	9.82	受压控制	满足
仰拱 1	−813.63	27.20	15.26	受压控制	满足
仰拱 2	−796.46	−57.70	13.56	受压控制	满足
仰拱 3	−832.65	−14.42	15.71	受压控制	满足
仰拱 4	−793.50	11.39	16.64	受压控制	满足

由表 7-17 可知，防火层厚度为 6mm 时，隧道二次衬砌结构的安全系数均满足规范要求，其中最小值为 3.09，位于拱顶截面。

5. 防火涂料厚度 3mm 时的情况

在有限元软件中建立防火层厚度为 3mm 的热−力耦合模型并进行计算，可得隧道衬砌在受火 2h 后的第一主应力分布如图 7-86 所示。

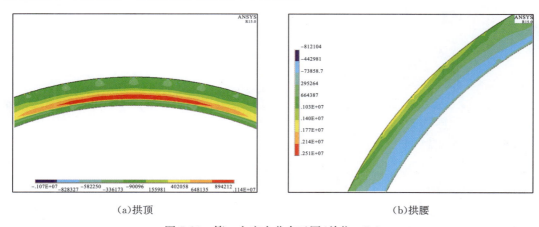

(a)拱顶　　　　　　　　　　　　(b)拱腰

图 7-86 第一主应力分布云图(单位：Pa)

由图 7-86 可知，此时衬砌结构在拱腰与拱顶处存在拉应力集中现象，拱腰处拉应力最大值为 2.51MPa，超过了混凝土的抗拉极限 2.4MPa，拱顶处拉应力最大值为 1.14MPa，在混凝土的抗拉极限内。

提取衬砌结构相应截面的节点应力并转化成弯矩轴力及安全系数，其结果如图 7-87 和图 7-88、表 7-18 所示。

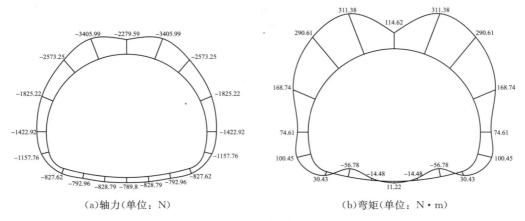

(a)轴力(单位：N)   (b)弯矩(单位：N·m)

图 7-87　衬砌结构内力

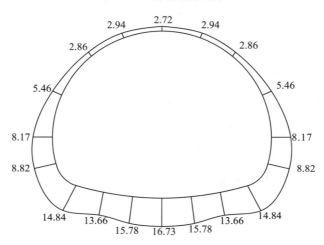

图 7-88　衬砌结构安全系数

表 7-18　衬砌结构内力及安全系数统计

位置	轴力/kN	弯矩/(kN·m)	安全系数	控制标准	是否满足规范要求
拱顶	−2279.59	114.62	2.72	受压控制	满足
拱肩 1	−3405.99	311.38	2.94	受压控制	满足
拱肩 2	−2573.25	290.61	2.86	受拉控制	不满足
拱腰	−1825.22	168.74	5.46	受压控制	满足
边墙 1	−1422.92	74.61	8.17	受压控制	满足
边墙 2	−1157.76	100.45	8.82	受压控制	满足
仰拱 1	−827.62	30.43	14.84	受压控制	满足
仰拱 2	−792.96	−56.78	13.66	受压控制	满足
仰拱 3	−828.79	−14.48	15.78	受压控制	满足
仰拱 4	−789.80	11.22	16.73	受压控制	满足

由表 7-18 可知，防火层厚度为 3mm 时，隧道二次衬砌结构在拱肩 2 号截面出现了安全系数低于规范要求的情况，其值为 2.86，小于规范限值 3.0。

6. 无防火涂料时的情况

在有限元软件中建立无防火涂料的热-力耦合模型并进行计算，可得隧道衬砌在受火 2h 后的第一主应力分布如图 7-89 所示。

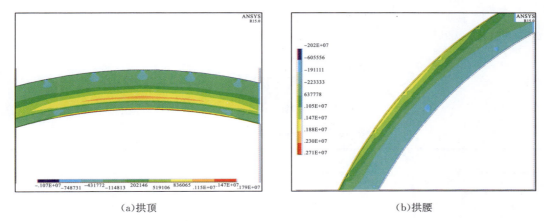

（a）拱顶　　　　　　　　　　（b）拱腰

图 7-89　第一主应力分布云图（单位：Pa）

由图 7-89 可知，此时衬砌结构在拱腰与拱顶处存在拉应力集中现象，拱腰处拉应力最大值为 2.71MPa，超过了混凝土的抗拉极限 2.4MPa，拱顶处拉应力最大值为 1.79MPa，在混凝土的抗拉极限内。

提取衬砌结构相应截面的节点应力并转化成弯矩轴力及安全系数，其结果如图 7-90 和图 7-91、表 7-19 所示。

由表 7-19 可知，无防火涂料时，隧道二次衬砌结构在拱顶、拱肩 1、2 号截面出现了安全系数不满足规范要求的情况，最小值为 1.72，位于拱肩 2 号截面。

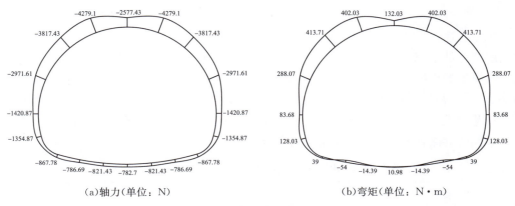

（a）轴力（单位：N）　　　　　　　　　　（b）弯矩（单位：N·m）

图 7-90　衬砌结构内力

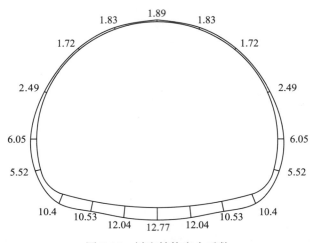

图 7-91 衬砌结构安全系数

表 7-19 衬砌结构内力及安全系数统计

位置	轴力/kN	弯矩/(kN·m)	安全系数	控制标准	是否满足规范要求
拱顶	−2577.43	132.03	1.89	受压控制	不满足
拱肩 1	−4279.10	402.03	1.83	受压控制	不满足
拱肩 2	−3817.43	413.71	1.72	受拉控制	不满足
拱腰	−2971.61	288.07	2.49	受压控制	满足
边墙 1	−1420.87	83.68	6.05	受压控制	满足
边墙 2	−1354.87	128.03	5.52	受压控制	满足
仰拱 1	−867.78	39.00	10.40	受压控制	满足
仰拱 2	−786.69	−54.00	10.53	受压控制	满足
仰拱 3	−821.43	−14.39	12.04	受压控制	满足
仰拱 4	−782.70	10.98	12.77	受压控制	满足

综上所述，当防火层厚度为 6~12mm 时，衬砌结构可以承受持续 2h 的火灾，当防火层厚度降低至 3mm 及以下时，衬砌结构则出现了不满足规范安全性要求的情况；随着防火层厚度的降低，衬砌结构的受拉区面积及拉应力最大值都明显增大，在防火层厚度为 3mm 时，衬砌的最大拉应力已超过混凝土的抗拉极限强度 2.4MPa，且安全系数未能满足规范要求。因此，防火层可在一定程度上抵抗短期火灾对隧道衬砌的破坏。

不同防火涂料厚度下的衬砌结构内力及安全性汇总如表 7-20 所示。

表 7-20 不同防火涂料厚度下的衬砌内力及安全性统计

防火层厚度/mm	最大拉应力值/MPa	安全系数最小值	是否满足规范要求
12	1.72	4.65（拱肩 2）	满足
10	1.94	4.18（拱肩 2）	满足

防火层厚度/mm	最大拉应力值/MPa	安全系数最小值	是否满足规范要求
8	2.18	3.64(拱顶)	满足
6	2.24	3.09(拱顶)	不满足
3	2.51	2.86(拱肩 2)	不满足
0	2.71	1.72(拱肩 2)	不满足

7.4.2　不同火灾规模时衬砌的内力及安全性

衬砌表面未施作防火涂料，假设火灾中拱顶为温度最高处，且燃烧时间为 120min，采用有限元方法分别建立 2.5MW、10MW、20~30MW 和 100~200MW 四种火灾规模对应的热-力耦合模型，以进行衬砌结构内力及安全性的计算。

本书选取 Ⅴ 级围岩下常用的 50cm 厚二次衬砌为主要研究对象。需要注意的是，由现场测试所得的部分结果可知，火灾过程中隧道内侧混凝土可能会出现爆裂现象，且不排除未爆裂部分的混凝土可能出现微裂缝的情况，此时结构将处于非连续状态且已无法完成内力的传递，若仍取全截面(50cm)进行弯矩轴力及安全系数的计算，则其计算结果未必合理。根据现场测试的结果可知，各测点的混凝土损伤深度均在 5cm 以内，故在本次的截面轴力弯矩及安全系数的计算中，剔除衬砌内表面 5cm 厚的混凝土，在此基础上只针对余下的 45cm 厚的截面进行内力计算及安全系数统计。选取的截面内力提取点如图 7-92所示。

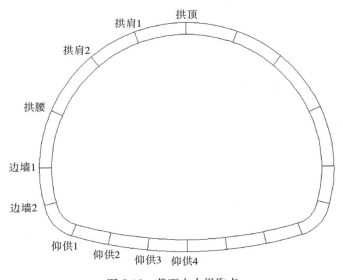

图 7-92　截面内力提取点

隧道衬砌的截面安全系数是否满足要求，则根据《公路隧道设计规范》中的相关规定进行判断，具体规定如表 7-21 所示。

表 7-21　安全系数相关规定

荷载组合	主要荷载	主要荷载＋附加荷载
混凝土达到抗压极限	2.4	2.0
混凝土达到抗拉极限	3.6	3.0

热-力耦合计算涉及隧道衬砌自身承受的围岩荷载及由于高温引起的附加荷载，故安全系数最低限值应取为 2.0(受压)与 3.0(受拉)。

1. 火灾规模为 2.5MW 时的情况

在有限元软件中建立火灾规模为 2.5MW 的热-力耦合模型并进行计算，可得隧道衬砌在受火 2h 后的第一主应力分布如图 7-93 所示。

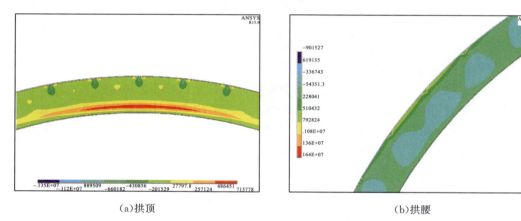

　　　　　(a)拱顶　　　　　　　　　　　　　　　　　(b)拱腰

图 7-93　第一主应力分布云图(单位：Pa)

由图 7-93 可知，此时衬砌结构在拱腰与拱顶处存在拉应力集中现象，拱腰处拉应力最大值为 1.64MPa，拱顶处拉应力最大值为 0.72MPa。

提取衬砌结构相应截面的节点应力并转化成弯矩轴力及安全系数，其结果如图 7-94 和图 7-95、表 7-22 所示。

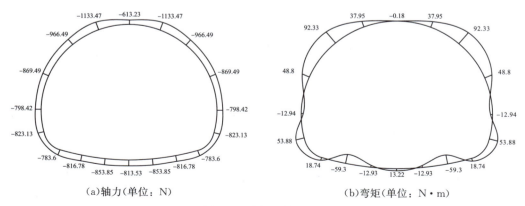

　　　　(a)轴力(单位：N)　　　　　　　　　　　　(b)弯矩(单位：N·m)

图 7-94　衬砌结构内力

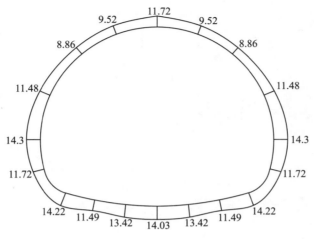

图 7-95　衬砌结构安全系数

表 7-22　衬砌结构内力及安全系数统计

位置	轴力/kN	弯矩/(kN·m)	安全系数	控制标准	是否满足规范要求
拱顶	−613.23	−0.18	11.72	受压控制	满足
拱肩 1	−1133.47	37.95	9.52	受压控制	满足
拱肩 2	−966.49	92.33	8.86	受压控制	满足
拱腰	−869.49	48.80	11.48	受压控制	满足
边墙 1	−798.42	−12.94	14.30	受压控制	满足
边墙 2	−823.13	53.88	11.72	受压控制	满足
仰拱 1	−783.60	18.74	14.22	受压控制	满足
仰拱 2	−816.78	−59.30	11.49	受压控制	满足
仰拱 3	−853.85	−12.93	13.42	受压控制	满足
仰拱 4	−813.53	13.22	14.03	受压控制	满足

　　由表 7-22 可知，在火灾规模为 2.5MW 的情况下，衬砌结构的安全系数最小值为 8.86，位于拱肩 2 号截面，满足规范要求。

2. 火灾规模为 10MW 时的情况

　　在有限元软件中建立火灾规模为 10MW 的热-力耦合模型并进行计算，可得隧道衬砌在受火 2h 后的第一主应力分布如图 7-96 所示。

　　由图 7-96 可知，此时衬砌结构在拱腰与拱顶处存在拉应力集中现象，拱腰处拉应力最大值为 2.27MPa，拱顶处拉应力最大值为 1.65MPa。

　　提取衬砌结构相应截面的节点应力并转化成弯矩轴力及安全系数，其结果如图 7-97 和图 7-98、表 7-23 所示。

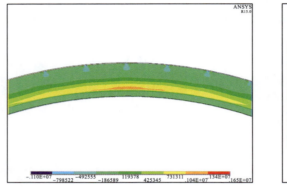
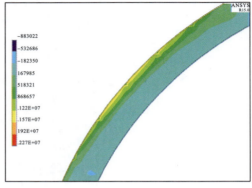

(a)拱顶　　　　　　　　　　　　　(b)拱腰

图 7-96　第一主应力分布云图(单位：Pa)

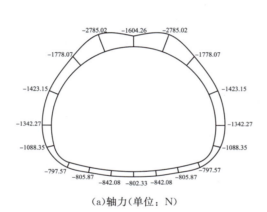
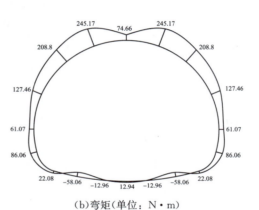

(a)轴力(单位：N)　　　　　　　　　(b)弯矩(单位：N·m)

图 7-97　衬砌结构内力

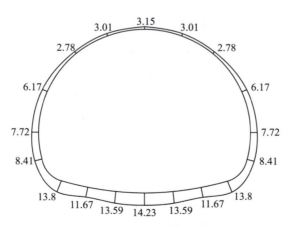

图 7-98　衬砌结构安全系数

表 7-23　衬砌结构内力及安全系数统计

位置	轴力/kN	弯矩/(kN·m)	安全系数	控制标准	是否满足规范要求
拱顶	−1604.26	74.66	3.15	受压控制	满足
拱肩 1	−2785.02	245.17	3.01	受压控制	满足
拱肩 2	−1778.07	208.80	2.78	受拉控制	不满足
拱腰	−1423.15	127.46	6.17	受压控制	满足
边墙 1	−1342.27	61.07	7.72	受压控制	满足
边墙 2	−1088.35	86.06	8.41	受压控制	满足
仰拱 1	−797.57	22.08	13.80	受压控制	满足
仰拱 2	−805.87	−58.06	11.67	受压控制	满足
仰拱 3	−842.08	−12.96	13.59	受压控制	满足
仰拱 4	−802.33	12.94	14.23	受压控制	满足

由表 7-23 可知，在火灾规模为 10MW 的情况下，衬砌结构在拱肩 2 号处的安全系数无法满足规范要求，其值为 2.78。

3.　火灾规模为 20~30MW 时的情况

在有限元软件中建立火灾规模为 20~30MW 的热一力耦合模型并进行计算，可得隧道衬砌在受火 2h 后的第一主应力分布如图 7-99 所示。

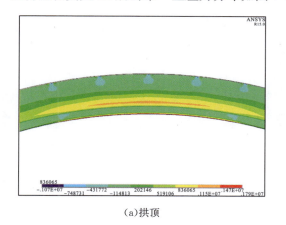 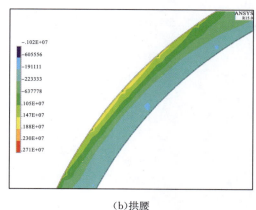

（a）拱顶　　　　　　　　　　　　　　　　（b）拱腰

图 7-99　第一主应力分布云图（单位：Pa）

由图 7-99 可知，此时衬砌结构在拱腰与拱顶处存在拉应力集中现象，拱腰处拉应力最大值为 2.71MPa，超出了规范中混凝土的抗拉极限 2.4MPa；拱顶处拉应力最大值为 1.79MPa，在混凝土的抗拉极限内。

提取衬砌结构相应截面的节点应力并转化成弯矩轴力及安全系数，其结果如图 7-100 和图 7-101、表 7-24 所示。

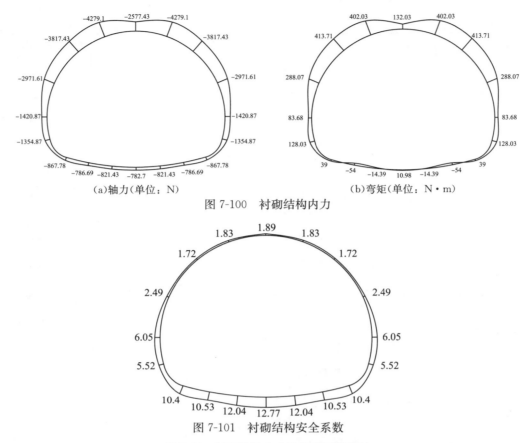

(a)轴力(单位：N)　　　　　　　　(b)弯矩(单位：N·m)

图 7-100　衬砌结构内力

图 7-101　衬砌结构安全系数

表 7-24　衬砌结构内力及安全系数统计

位置	轴力/kN	弯矩/(kN·m)	安全系数	控制标准	是否满足规范要求
拱顶	−2577.43	132.03	1.89	受压控制	不满足
拱肩 1	−4279.10	402.03	1.83	受压控制	不满足
拱肩 2	−3817.43	413.71	1.72	受拉控制	不满足
拱腰	−2971.61	288.07	2.49	受压控制	满足
边墙 1	−1420.87	83.68	6.05	受压控制	满足
边墙 2	−1354.87	128.03	5.52	受压控制	满足
仰拱 1	−867.78	39.00	10.40	受压控制	满足
仰拱 2	−786.69	−54.00	10.53	受压控制	满足
仰拱 3	−821.43	−14.39	12.04	受压控制	满足
仰拱 4	−782.70	10.98	12.77	受压控制	满足

由表 7-24 可知，在火灾规模为 20～30MW 的情况下，衬砌结构在拱顶、拱肩 1 号及拱肩 2 号处的安全系数无法满足规范要求，最小值为 1.72，位于拱肩 2 号截面。

4. 火灾规模为 100～200MW 时的情况

在有限元软件中建立火灾规模为 100～200MW 的热－力耦合模型并进行计算，可得隧道衬砌在受火 2h 后的第一主应力分布如图 7-102 所示。

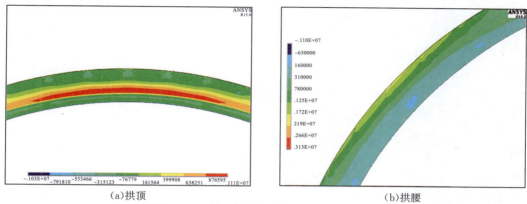

(a)拱顶　　　　　　　　　　　　　　　　　　　(b)拱腰

图 7-102　第一主应力分布云图(单位：Pa)

　　由图 7-102 可知，此时衬砌结构在拱腰与拱顶处存在拉应力集中现象，拱腰处拉应力最大值为 3.13MPa，超出了规范中混凝土的抗拉极限 2.4MPa；拱顶处拉应力最大值为 1.11MPa，在混凝土的抗拉极限内。

　　提取衬砌结构相应截面的节点应力并转化成弯矩轴力及安全系数，其结果如图 7-103 和图 7-104、表 7-25 所示。

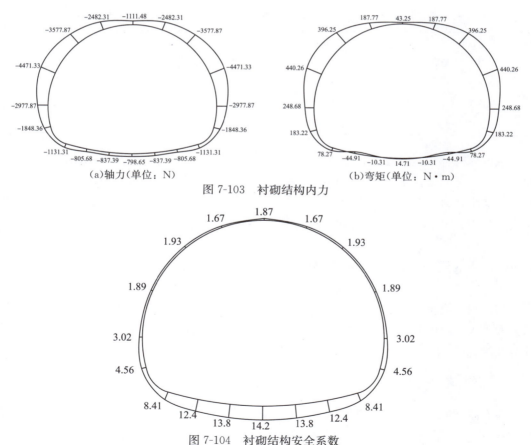

(a)轴力(单位：N)　　　　　　　　　　　　　　(b)弯矩(单位：N·m)

图 7-103　衬砌结构内力

图 7-104　衬砌结构安全系数

表 7-25 衬砌结构内力及安全系数统计

位置	轴力/kN	弯矩/(kN·m)	安全系数	控制标准	是否满足规范要求
拱顶	−1111.48	43.25	1.87	受压控制	不满足
拱肩1	−2482.31	187.77	1.67	受压控制	不满足
拱肩2	−3577.87	396.25	1.93	受拉控制	不满足
拱腰	−4471.33	440.26	1.89	受压控制	不满足
边墙1	−2977.87	248.68	3.02	受压控制	满足
边墙2	−1848.36	183.22	4.56	受压控制	满足
仰拱1	−1131.31	78.27	8.41	受压控制	满足
仰拱2	−805.68	−44.91	12.40	受压控制	满足
仰拱3	−837.39	−10.31	13.80	受压控制	满足
仰拱4	−798.65	14.71	14.20	受压控制	满足

由表 7-25 可知，在火灾规模为 100~120MW 的情况下，衬砌结构在拱顶、拱肩 1号、拱肩 2 号及拱腰处的安全系数无法满足规范要求，最小值为 1.67，位于拱肩 1 号截面。

四种火灾规模下的结构最大拉应力及最小安全系数统计如表 7-26 所示。

表 7-26 不同火灾规模下结构最大拉应力及最小安全系数统计

火灾规模	最大拉应力/MPa	安全系数最小值	是否满足规范要求
2.5MW(200℃)	1.64	8.86(拱肩2号)	满足
10MW(500℃)	2.27	2.78(拱肩2号)	不满足
20~30MW(800℃)	2.71	1.72(拱肩2号)	不满足
100~120MW(1300℃)	3.13	1.67(拱肩1号)	不满足

通过分析可知，随着火灾规模的增大，衬砌结构的最大拉应力及受拉区面积明显增加，但受拉区的位置基本都在拱顶及拱腰处；随着火灾规模的扩大，衬砌结构的安全系数不断减小，火灾规模为 2.5MW 时，衬砌结构的安全系数仍能满足规范要求，但在火灾规模为 10MW 及以上时，衬砌结构的安全系数已低于规范限值。

7.4.3 高温区位置不同时衬砌的内力及安全性

建立衬砌高温区分别位于拱顶、拱腰及边墙的三种模型进行分析，以探究隧道不同部位发生火灾时的衬砌结构内力及安全性。选取火灾规模为 20~30MW，并假设火灾持续时间为 2h。

1. 高温区位于拱顶位置时的情况

在有限元软件中建立高温区位于拱顶位置的热－力耦合模型并进行计算，可得隧道衬砌在受火 2h 后的第一主应力分布如图 7-105 所示。

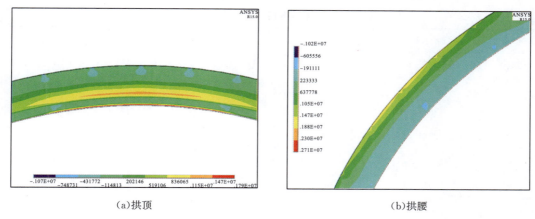

（a）拱顶　　　　　　　　　　　　　　（b）拱腰

图 7-105　第一主应力分布云图（单位：Pa）

　　由图 7-105 可知，此时衬砌结构在拱腰与拱顶处存在拉应力集中现象，拱腰处拉应力最大值为 2.71MPa，超过了混凝土的抗拉极限 2.4MPa，拱顶处拉应力最大值为 1.79MPa，在混凝土的抗拉极限内。

　　提取衬砌结构相应截面的节点应力并转化成弯矩轴力及安全系数，其结果如图 7-106 和图 7-107、表 7-27 所示。

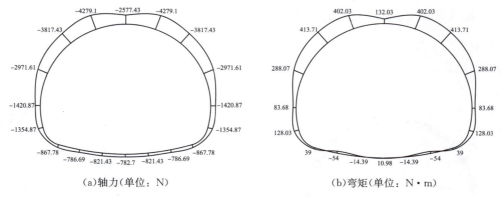

（a）轴力（单位：N）　　　　　　　　　　（b）弯矩（单位：N·m）

图 7-106　衬砌结构内力

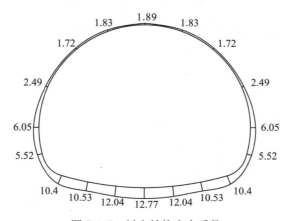

图 7-107　衬砌结构安全系数

表 7-27　衬砌结构内力及安全系数统计

位置	轴力/kN	弯矩/(kN·m)	安全系数	控制标准	是否满足规范要求
拱顶	−2577.43	132.03	1.89	受压控制	不满足
拱肩 1	−4279.10	402.03	1.83	受压控制	不满足
拱肩 2	−3817.43	413.71	1.72	受拉控制	不满足
拱腰	−2971.61	288.07	2.49	受压控制	满足
边墙 1	−1420.87	83.68	6.05	受压控制	满足
边墙 2	−1354.87	128.03	5.52	受压控制	满足
仰拱 1	−867.78	39.00	10.40	受压控制	满足
仰拱 2	−786.69	−54.00	10.53	受压控制	满足
仰拱 3	−821.43	−14.39	12.04	受压控制	满足
仰拱 4	−782.70	10.98	12.77	受压控制	满足

由表 7-27 可知，在高温区位于拱顶的情况下，衬砌结构在拱顶、拱肩 1 号及拱肩 2 号处的安全系数不能满足规范要求，最小值为 1.72，位于拱肩 2 号截面。

2. 高温区位于拱腰位置时的情况

在有限元软件中，建立高温区位于拱腰位置的热－力耦合模型并进行计算，可得隧道衬砌在受火 2h 后的第一主应力分布如图 7-108 所示。

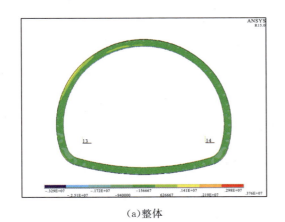
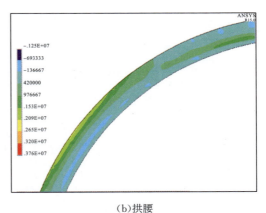

（a）整体　　　　　　　　　　（b）拱腰

图 7-108　第一主应力分布云图（单位：Pa）

由图 7-108 可知，此时衬砌结构在拱腰处存在拉应力集中现象，拱腰处拉应力最大值为 3.76MPa，超过了混凝土的抗拉极限 2.4MPa。

提取衬砌结构相应截面的节点应力并转化成弯矩轴力及安全系数，其结果如图 7-109、图 7-110、表 7-28 和表 7-29 所示。

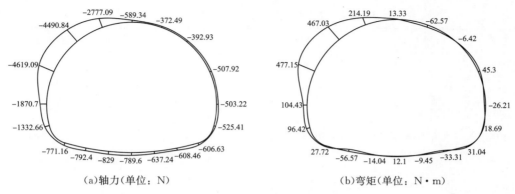

(a)轴力(单位：N)　　　　　(b)弯矩(单位：N·m)

图 7-109　衬砌结构内力

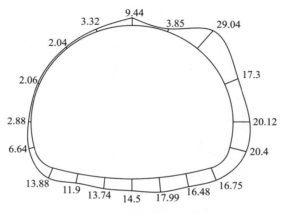

图 7-110　衬砌结构安全系数

表 7-28　衬砌结构内力及安全系数统计(左侧)

位置	轴力/kN	弯矩/(kN·m)	安全系数	控制标准	是否满足规范要求
拱顶	−589.34	13.33	9.44	受压控制	满足
左拱肩 1	−2777.09	214.19	3.32	受压控制	满足
左拱肩 2	−4490.84	467.03	2.04	受拉控制	不满足
左拱腰	−4619.09	477.15	2.06	受拉控制	不满足
左边墙 1	−1870.70	104.43	2.88	受压控制	不满足
左边墙 2	−1332.66	96.42	6.64	受压控制	满足
左仰拱 1	−771.16	27.72	13.88	受压控制	满足
左仰拱 2	−792.40	−56.57	11.90	受压控制	满足
左仰拱 3	−829.00	−14.04	13.74	受压控制	满足
仰拱 4	−789.60	12.10	14.50	受压控制	满足

表 7-29   衬砌结构内力及安全系数统计（右侧）

位置	轴力/kN	弯矩/(kN·m)	安全系数	控制标准	是否满足规范要求
右拱肩 1	−372.49	−62.57	3.85	受拉控制	满足
右拱肩 2	−392.93	−6.42	29.04	受压控制	满足
右拱腰	−507.92	45.3	17.3	受压控制	满足
右边墙 1	−503.22	−26.21	20.12	受压控制	满足
右边墙 2	−525.41	18.69	20.4	受压控制	满足
右仰拱 1	−606.63	31.04	16.75	受压控制	满足
右仰拱 2	−608.46	−33.31	16.48	受压控制	满足
右仰拱 3	−637.24	−9.45	17.99	受压控制	满足

由表 7-28 和表 7-29 可知，在高温区位于拱腰的情况下，衬砌结构在左拱肩 2 号、左拱腰及左边墙 1 号处的安全系数不能满足规范要求，最小值为 2.04，位于左拱肩 2 号截面。

3. 高温区位于边墙位置时的情况

在有限元软件中，建立高温区位于边墙位置的热－力耦合模型并进行计算，可得隧道衬砌在受火 2h 后的第一主应力分布如图 7-111 所示。

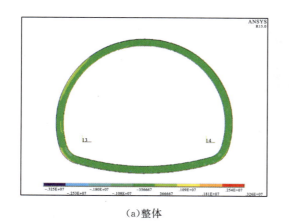

（a）整体   （b）拱腰

图 7-111   第一主应力分布云图（单位：Pa）

由图 7-111 可知，此时衬砌结构在拱腰处存在拉应力集中现象，拱腰处拉应力最大值为 3.26MPa，超过了混凝土的抗拉极限 2.4MPa。

提取衬砌结构相应截面的节点应力并转化成弯矩轴力及安全系数，其结果如图 7-112、图 7-113、表 7-30 和表 7-31 所示。

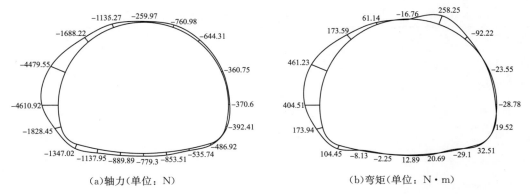

(a)轴力(单位：N)　　　　　　(b)弯矩(单位：N·m)

图 7-112　衬砌结构内力

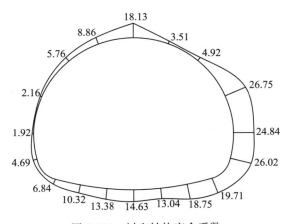

图 7-113　衬砌结构安全系数

表 7-30　衬砌结构内力及安全系数统计(左侧)

位置	轴力/kN	弯矩/(kN·m)	安全系数	控制标准	是否满足规范要求
拱顶	−259.97	−16.76	18.13	受拉控制	满足
左拱肩 1	−1135.27	61.14	8.86	受压控制	满足
左拱肩 2	−1688.22	173.59	5.76	受拉控制	满足
左拱腰	−4479.55	461.23	2.16	受拉控制	不满足
左边墙 1	−4610.92	404.51	1.92	受压控制	不满足
左边墙 2	−1828.45	173.94	4.69	受压控制	满足
左仰拱 1	−1347.02	104.45	6.84	受压控制	满足
左仰拱 2	−1137.95	−8.13	10.32	受压控制	满足
左仰拱 3	−889.89	−2.25	13.38	受压控制	满足
左仰拱 4	−779.30	12.89	14.63	受压控制	满足

表 7-31 衬砌结构内力及安全系数统计（左侧）

位置	轴力/kN	弯矩/(kN·m)	安全系数	控制标准	是否满足规范要求
右拱肩 1	−760.98	258.25	3.51	受拉控制	满足
右拱肩 2	−644.31	92.22	4.92	受拉控制	满足
右拱腰	−360.75	−23.55	26.75	受压控制	满足
右边墙 1	−370.6	−28.78	24.84	受压控制	满足
右边墙 2	−392.41	19.52	26.02	受压控制	满足
右仰拱 1	−486.92	32.51	19.71	受压控制	满足
右仰拱 2	−535.74	−29.1	18.75	受压控制	满足
右仰拱 3	−853.51	20.69	13.04	受压控制	满足

由表 7-30 和表 7-31 可知，在高温区位于边墙的情况下，衬砌结构在左拱腰及左边墙 1 号处的安全系数不能满足规范要求，最小值为 1.92，位于左边墙 1 号截面。

综上所述，高温区的位置对衬砌结构内力及安全性具有较大影响，且受拉区的分布情况也随之改变。高温区位于拱顶时受拉区主要分布在拱顶及拱腰处；高温区位于拱腰及边墙时，受拉区主要分布在拱腰附近，而拱顶处拉应力集中现象却不是很明显。但无论是哪种高温区分布情况，衬砌结构在火灾下均出现了部分截面的安全系数小于规范规定的情况。

不同高温区位置对应的衬砌内力及安全性统计如表 7-32 所示。

表 7-32 不同高温区位置情况下的衬砌内力及安全性汇总

高温区位置	最大拉应力值/MPa	安全系数最小值	是否满足规范要求
拱顶	2.71	1.72（拱肩 2）	不满足
拱腰	3.76	2.04（左拱肩 2）	不满足
边墙	3.26	1.92（左边墙）	不满足

7.4.4 不同燃烧时间情况下衬砌的内力及安全性

对燃烧时间为 2h、4h、6h、8h、24h 五种情况进行计算，并假设高温区位于拱顶且最高温度为 800℃，初始环境温度为 20℃。

1. 燃烧时间为 2h 情况下的内力及安全性

在有限元软件中建立燃烧时间为 2h 的热-力耦合模型并进行计算，可得第一主应力分布如图 7-114 所示。

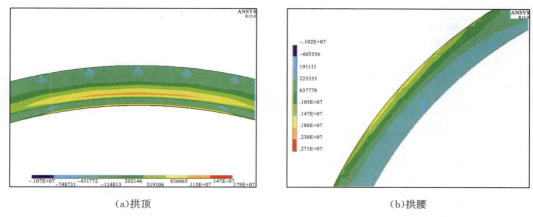

| (a)拱顶 | (b)拱腰 |

图7-114 第一主应力分布云图(单位：Pa)

由图7-114可知，此时衬砌结构在拱腰处存在拉应力集中现象，拱腰处拉应力最大值为2.71MPa，超过了混凝土的抗拉极限2.4MPa，拱顶处拉应力最大值为1.79MPa，在混凝土的抗拉极限内。

提取衬砌结构相应截面的节点应力并转化成弯矩轴力及安全系数，其结果如图7-115和图7-116、表7-33所示。

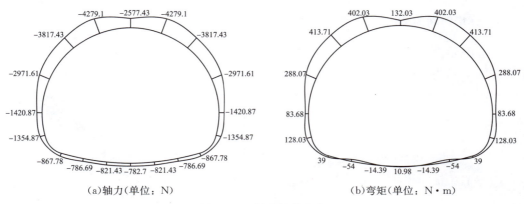

| (a)轴力(单位：N) | (b)弯矩(单位：N·m) |

图7-115 衬砌结构内力

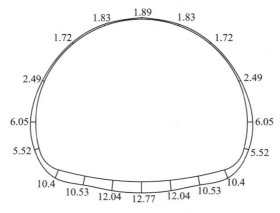

图7-116 衬砌结构安全系数

表 7-33　衬砌结构内力及安全系数统计

位置	轴力/kN	弯矩/(kN·m)	安全系数	控制标准	是否满足规范要求
拱顶	−2577.43	132.03	1.89	受压控制	不满足
拱肩 1	−4279.10	402.03	1.83	受压控制	不满足
拱肩 2	−3817.43	413.71	1.72	受拉控制	不满足
拱腰	−2971.61	288.07	2.49	受压控制	满足
边墙 1	−1420.87	83.68	6.05	受压控制	满足
边墙 2	−1354.87	128.03	5.52	受压控制	满足
仰拱 1	−867.78	39.00	10.40	受压控制	满足
仰拱 2	−786.69	−54.00	10.53	受压控制	满足
仰拱 3	−821.43	−14.39	12.04	受压控制	满足
仰拱 4	−782.70	10.98	12.77	受压控制	满足

由表 7-33 可知，在火灾时间为 2h 的情况下，衬砌结构在拱顶、拱肩 1 号及拱肩 2 号处的安全系数不能满足规范要求，最小值为 1.72，位于拱肩 2 号截面。

2. 燃烧时间为 4h 情况下的内力及安全性

在有限元软件中建立燃烧时间为 4h 的热-力耦合模型并进行计算，可得第一主应力分布如图 7-117 所示。

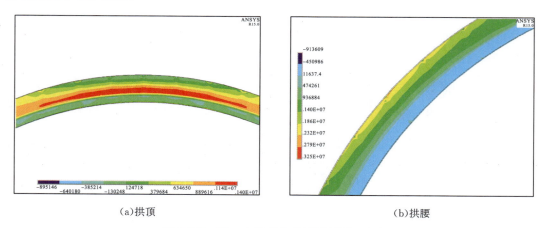

(a)拱顶　　　　　　　　　　　　　　(b)拱腰

图 7-117　第一主应力分布云图(单位：Pa)

由图 7-117 可知，此时衬砌结构在拱腰处存在拉应力集中现象，拱腰处拉应力最大值为 3.25MPa，超过了混凝土的抗拉极限 2.4MPa，拱顶处拉应力最大值为 1.40MPa，在混凝土的抗拉极限内。此外，衬砌结构的受拉区面积相比本书 6.3.1 节中明显增大，结构稳定性下降。

提取衬砌结构相应截面的节点应力并转化成弯矩轴力及安全系数，其结果如图 7-118 和图 7-119、表 7-34 所示。

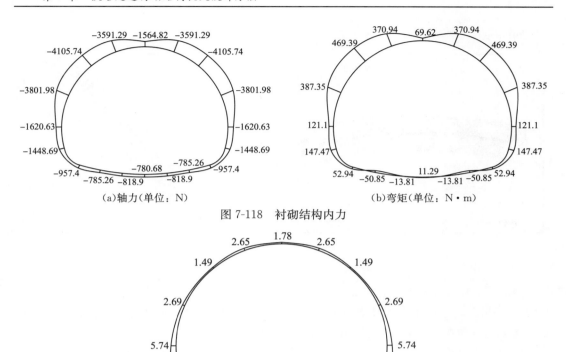

图 7-118　衬砌结构内力

图 7-119　衬砌结构安全系数

表 7-34　衬砌结构内力及安全系数统计

位置	轴力/kN	弯矩/(kN·m)	安全系数	控制标准	是否满足规范要求
拱顶	−1564.82	69.62	1.78	受压控制	不满足
拱肩 1	−3591.29	370.94	2.65	受拉控制	不满足
拱肩 2	−4105.74	469.39	1.49	受拉控制	不满足
拱腰	−3801.98	387.35	2.69	受拉控制	不满足
边墙 1	−1620.63	121.10	5.74	受压控制	满足
边墙 2	−1448.69	147.47	7.09	受拉控制	满足
仰拱 1	−957.40	52.94	10.45	受压控制	满足
仰拱 2	−785.26	−50.85	12.31	受压控制	满足
仰拱 3	−818.90	−13.81	13.91	受压控制	满足
仰拱 4	−780.68	11.29	14.70	受压控制	满足

　　由表 7-34 可知，在火灾时间为 4h 的情况下，衬砌结构在拱顶、拱肩 1 号、拱肩 2 号及拱腰处的安全系数不能满足规范要求，最小值为 1.49，位于拱肩 2 号截面。

3. 燃烧时间为 6h 情况下的内力及安全性

　　在有限元软件中建立燃烧时间为 6h 的热－力耦合模型并进行计算，可得第一主应力分布如图 7-120 所示。

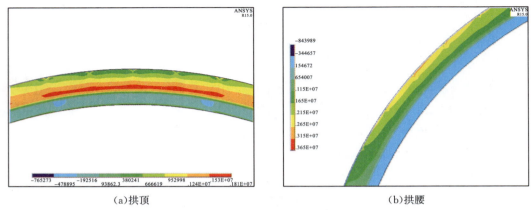

(a)拱顶   (b)拱腰

图 7-120　第一主应力分布云图(单位：Pa)

　　由图 7-120 可知，此时衬砌结构在拱腰处存在拉应力集中现象，拱腰处拉应力最大值为 3.65MPa，超过了混凝土的抗拉极限 2.4MPa，拱顶处拉应力最大值为 1.81MPa，在混凝土的抗拉极限内，衬砌结构的受拉区面积明显增大。

　　提取衬砌结构相应截面的节点应力并转化成弯矩轴力及安全系数，其结果如图 7-121 和图 7-122、表 7-35 所示。

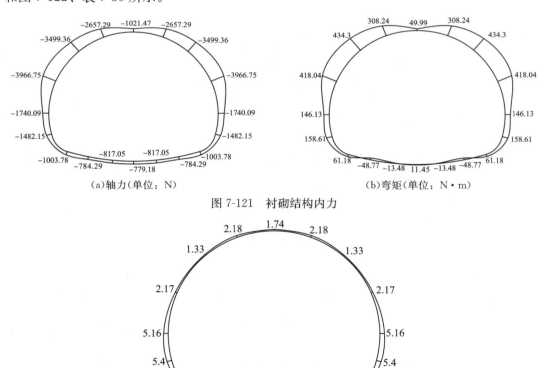

(a)轴力(单位：N)   (b)弯矩(单位：N·m)

图 7-121　衬砌结构内力

图 7-122　衬砌结构安全系数

表 7-35　衬砌结构内力及安全系数统计

位置	轴力/kN	弯矩/(kN·m)	安全系数	控制标准	是否满足规范要求
拱顶	−1021.47	49.99	1.74	受拉控制	不满足
拱肩 1	−2657.29	308.24	2.18	受拉控制	不满足
拱肩 2	−3499.36	434.30	1.33	受拉控制	不满足
拱腰	−3966.75	418.04	2.17	受拉控制	不满足
边墙 1	−1740.09	146.13	5.16	受压控制	满足
边墙 2	−1482.15	158.61	5.40	受拉控制	满足
仰拱 1	−1003.78	61.18	9.77	受压控制	满足
仰拱 2	−784.29	−48.77	12.45	受压控制	满足
仰拱 3	−817.05	−13.48	13.96	受压控制	满足
仰拱 4	−779.18	11.45	14.72	受压控制	满足

由表 7-35 可知，在火灾时间为 6h 的情况下，衬砌结构在拱顶、拱肩 1 号、拱肩 2 号及拱腰处的安全系数不能满足规范要求，最小值为 1.33，位于拱肩 2 号截面。

4. 燃烧时间为 8h 情况下的内力及安全性

在有限元软件中建立燃烧时间为 8h 的热-力耦合模型并进行计算，可得第一主应力分布如图 7-123 所示。

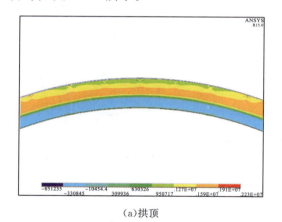

（a）拱顶　　　　　　　　　　　　　　　（b）拱腰

图 7-123　第一主应力分布云图（单位：Pa）

由图 7-123 可知，此时衬砌结构在拱腰处存在拉应力集中现象，拱腰处拉应力最大值为 3.65MPa，超过了混凝土的抗拉极限 2.4MPa，拱顶处拉应力最大值为 1.81MPa，在混凝土的抗拉极限内，并且衬砌结构的受拉区面积明显增大。

提取衬砌结构相应截面的节点应力并转化成弯矩轴力及安全系数，其结果如图 7-124 和图 7-125、表 7-36 所示。

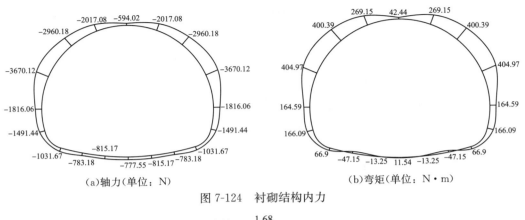

（a）轴力（单位：N）　　　　　　　　　　（b）弯矩（单位：N·m）

图 7-124　衬砌结构内力

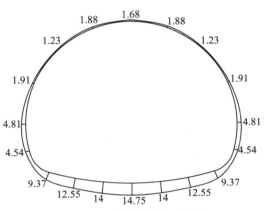

图 7-125　衬砌结构安全系数

表 7-36　衬砌结构内力及安全系数统计

位置	轴力/kN	弯矩/(kN·m)	安全系数	控制标准	是否满足规范要求
拱顶	−594.02	42.44	1.68	受拉控制	不满足
拱肩 1	−2017.08	269.15	1.88	受拉控制	不满足
拱肩 2	−2960.18	400.39	1.23	受拉控制	不满足
拱腰	−3670.12	404.97	1.91	受拉控制	不满足
边墙 1	−1816.06	164.59	4.81	受压控制	满足
边墙 2	−1491.44	166.09	4.54	受拉控制	满足
仰拱 1	−1031.67	66.90	9.37	受压控制	满足
仰拱 2	−783.18	−47.15	12.55	受压控制	满足
仰拱 3	−815.17	−13.25	14.00	受压控制	满足
仰拱 4	−777.55	11.54	14.75	受压控制	满足

　　由表 7-36 可知，在火灾时间为 8h 的情况下，衬砌结构在拱顶、拱肩 1 号、拱肩 2 号及拱腰处的安全系数不能满足规范要求，最小值为 1.23，位于拱肩 2 号截面。

5. 燃烧时间为 24h 情况下的内力及安全性

　　在有限元软件中建立燃烧时间为 24h 的热－力耦合模型并进行计算，可得第一主应力分布如图 7-126 所示。

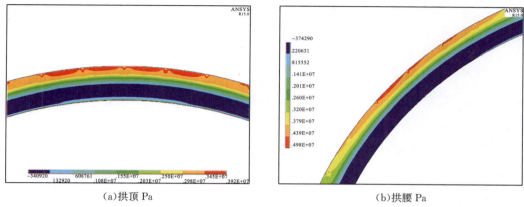

（a）拱顶 Pa　　　　　　　　　　　（b）拱腰 Pa

图 7-126　第一主应力分布云图（单位：Pa）

由图 7-126 可知，此时衬砌结构在拱腰处存在拉应力集中现象，拱腰处拉应力最大值为 4.98MPa，拱顶处拉应力最大值为 3.92MPa，均超过了混凝土的抗拉极限 2.4MPa。此外，衬砌受拉区面积相比之前大幅度增大，且超过抗拉强度的区域面积也明显增大，衬砌的稳定性大大减弱，甚至无法满足基本承载要求。

提取衬砌结构相应截面的节点应力并转化成弯矩轴力及安全系数，其结果如图 7-127 和图 7-128、表 7-37 所示。

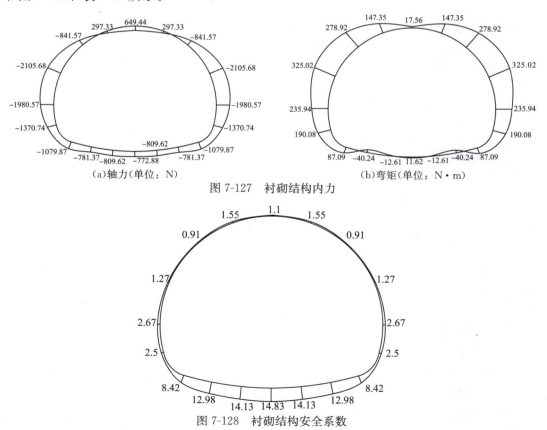

（a）轴力（单位：N）　　　　　　　　　（b）弯矩（单位：N·m）

图 7-127　衬砌结构内力

图 7-128　衬砌结构安全系数

表 7-37 衬砌结构内力及安全系数统计

位置	轴力/kN	弯矩/(kN·m)	安全系数	控制标准	是否满足规范要求
拱顶	649.44	17.56	1.10	偏心受拉	不满足
拱肩 1	297.33	147.35	1.55	偏心受拉	不满足
拱肩 2	−841.57	278.92	0.91	受拉控制	不满足
拱腰	−2105.68	325.02	1.27	受拉控制	不满足
边墙 1	−1980.57	235.94	2.67	受拉控制	不满足
边墙 2	−1370.74	190.08	2.50	受拉控制	不满足
仰拱 1	−1079.87	87.09	8.42	受压控制	满足
仰拱 2	−781.37	−40.24	12.98	受压控制	满足
仰拱 3	−809.62	−12.61	14.13	受压控制	满足
仰拱 4	−772.88	11.62	14.83	受压控制	满足

由表 7-37 可知,在火灾时间为 24h 的情况下,衬砌结构在拱顶、拱肩 1 号、拱肩 2 号、拱腰、边墙 1 号及边墙 2 号处的安全系数均不能满足规范要求,最小值为 0.91,位于拱肩 2 号截面,衬砌已无法满足基本的承载要求。

综上所述,随着火灾持续时间的增加,衬砌结构的拉应力区域呈明显扩大趋势,且其最大拉应力值也明显增大;衬砌的整体安全系数随火灾时间的增长而持续降低,且安全系数不满足要求的截面数量也逐渐增多;在火灾时间达到 24h 情况下,衬砌结构的拉应力区域极大,通过计算可知,其仅在仰拱区域未被破坏,由此可说明,火灾时间对衬砌内力及安全性的影响极为显著。

上述几种火灾持续时间情况下的衬砌内力及安全性统计汇总如表 7-38 所示。

表 7-38 不同火灾时间下衬砌的内力及安全性统计汇总

火灾时间/h	最大拉应力值/MPa	安全系数最小值	是否满足规范要求
2	2.71	1.72	不满足
4	3.25	1.49	不满足
6	3.65	1.33	不满足
8	3.68	1.23	不满足
24	4.98	0.91	不满足

7.4.5 不同围岩级别时衬砌的内力及安全性

根据相关设计资料及围岩荷载计算方法可知,在不同的围岩级别下,衬砌承受的围岩荷载存在明显差异,且衬砌截面厚度也各不相同。本小节对 IV 级及 V 级围岩下的受火衬砌的内力及安全性进行研究,假设火灾时间设定为 2h,最高温度为 800℃且位于拱顶，初始温度为 20℃，且不考虑防火涂料的影响。

不同级别下衬砌的截面厚度如表 7-39 所示。

表 7-39　衬砌参数对比

围岩级别	衬砌截面厚度
III	0.35
IV	0.4
V	0.5

不同级别的围岩参数取值如表 7-40 所示。

表 7-40　围岩参数对比

围岩级别	重度 /(kN/m³)	弹性反力系数 /(MPa/m)	弹模/GPa	泊松比	内摩擦角/(°)	黏聚力 /MPa
III	25	500	6	0.25	39	0.7
IV	23	200	1.3	0.3	27	0.2
V	20	100	1	0.35	20	0.05

1. III 级围岩

在有限元软件中建立 III 级围岩下衬砌的热-力耦合模型并进行计算，可得第一主应力分布如图 7-129 所示。

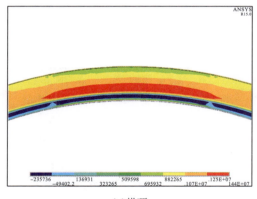
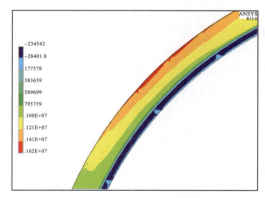

　　　　（a）拱顶　　　　　　　　　　　　　　　　　（b）拱腰

图 7-129　第一主应力分布云图（单位：Pa）

由图 7-129 可知，此时衬砌结构在拱腰处存在拉应力集中现象，拱腰处拉应力最大值为 1.62MPa，拱顶处拉应力最大值为 1.44MPa，均在混凝土的抗拉极限内。

提取衬砌结构相应截面的节点应力并转化成弯矩轴力及安全系数，其结果如图 7-130 和图 7-131、表 7-41 所示。

由表 7-41 可知，在 III 级围岩条件下，衬砌结构在拱顶、拱肩 1 号及拱肩 2 号处的安全系数不能满足规范要求，最小值为 1.91，位于拱肩 2 号截面。

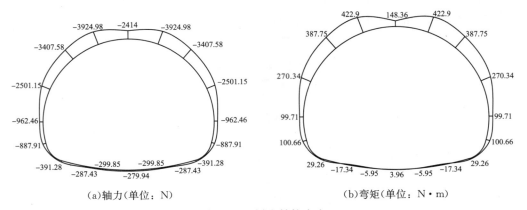

（a）轴力（单位：N）　　　　　　　　　　　（b）弯矩（单位：N·m）

图 7-130　衬砌结构内力

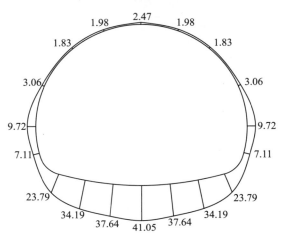

图 7-131　衬砌结构安全系数

表 7-41　衬砌结构内力及安全系数统计

位置	轴力/kN	弯矩/(kN·m)	安全系数	控制标准	是否满足规范要求
拱顶	−2414.00	148.36	2.47	受拉控制	不满足
拱肩 1	−3924.98	422.90	1.98	受拉控制	不满足
拱肩 2	−3407.58	387.75	1.83	受拉控制	不满足
拱腰	−2501.15	270.34	3.06	受拉控制	满足
边墙 1	−962.46	99.71	9.72	受拉控制	满足
边墙 2	−887.91	100.66	7.11	受拉控制	满足
仰拱 1	−391.28	29.26	23.79	受压控制	满足
仰拱 2	−287.43	−17.34	34.19	受压控制	满足
仰拱 3	−299.85	−5.95	37.64	受压控制	满足
仰拱 4	−279.94	3.96	41.05	受压控制	满足

2. IV 级围岩

在有限元软件中建立 IV 级围岩下衬砌的热－力耦合模型并进行计算，可得第一主应力分布如图 7-132 所示。

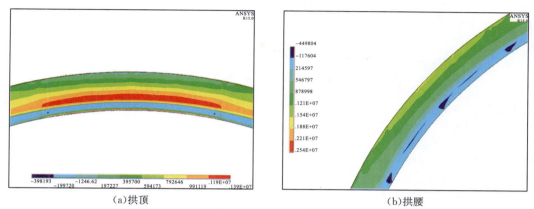

(a)拱顶   (b)拱腰

图 7-132   第一主应力分布云图(单位：Pa)

由图 7-132 可知，此时衬砌结构在拱腰处存在拉应力集中现象，拱腰处拉应力最大值为 2.54MPa，超过了混凝土的抗拉极限 2.4MPa，拱顶处拉应力最大值为 1.39MPa，在混凝土的抗拉极限内。

提取衬砌结构相应截面的节点应力并转化成弯矩轴力及安全系数，其结果如图 7-133 和图 7-134、表 7-42 所示。

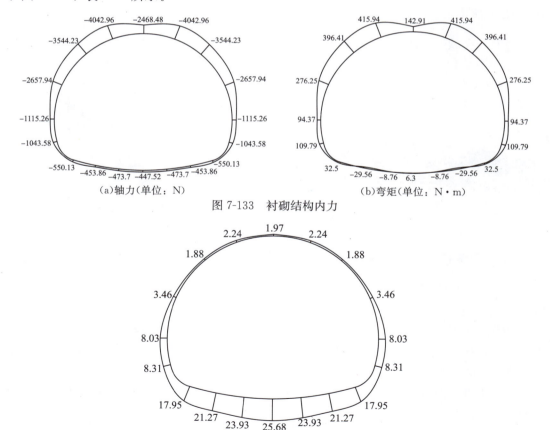

(a)轴力(单位：N)   (b)弯矩(单位：N·m)

图 7-133   衬砌结构内力

图 7-134   衬砌结构安全系数

表 7-42   衬砌结构内力及安全系数统计

位置	轴力/kN	弯矩/(kN·m)	安全系数	控制标准	是否满足规范要求
拱顶	−2468.48	142.91	1.97	受压控制	不满足
拱肩 1	−4042.96	415.94	2.24	受拉控制	不满足
拱肩 2	−3544.23	396.41	1.88	受拉控制	不满足
拱腰	−2657.94	276.25	3.46	受拉控制	满足
边墙 1	−1115.26	94.37	8.03	受压控制	满足
边墙 2	−1043.58	109.79	8.31	受拉控制	满足
仰拱 1	−550.13	32.50	17.95	受压控制	满足
仰拱 2	−453.86	−29.56	21.27	受压控制	满足
仰拱 3	−473.70	−8.76	23.93	受压控制	满足
仰拱 4	−447.52	6.30	25.68	受压控制	满足

由表 7-42 可知，在 IV 级围岩条件下，衬砌结构在拱顶、拱肩 1 号及拱肩 2 号处的安全系数不能满足规范要求，最小值为 1.88，位于拱肩 2 号截面。

3. V 级围岩

在有限元软件中建立 V 级围岩下衬砌的热－力耦合模型并进行计算，可得第一主应力分布如图 7-135 所示。

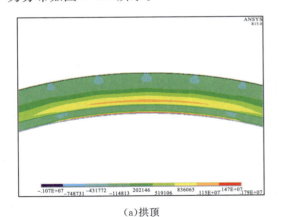
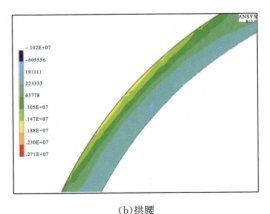

(a)拱顶   (b)拱腰

图 7-135   第一主应力分布云图(单位：Pa)

由图 7-135 可知，此时衬砌结构在拱腰处存在拉应力集中现象，拱腰处拉应力最大值为 2.71MPa，超过了混凝土的抗拉极限 2.4MPa，拱顶处拉应力最大值为 1.79MPa，在混凝土的抗拉极限内。

提取衬砌结构相应截面的节点应力并转化成弯矩轴力及安全系数，其结果如图 7-136 和图 7-137、表 7-43 所示。

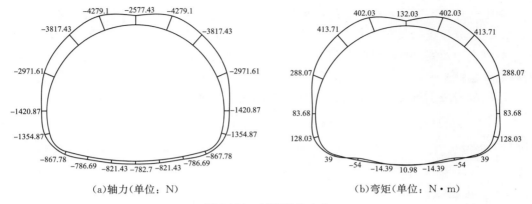

（a）轴力（单位：N）　　　　　　　　（b）弯矩（单位：N·m）

图 7-136　衬砌结构内力

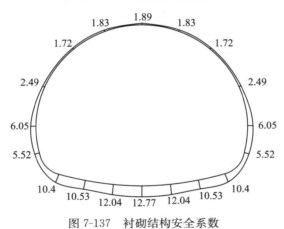

图 7-137　衬砌结构安全系数

表 7-43　衬砌结构内力及安全系数统计

位置	轴力/kN	弯矩/(kN·m)	安全系数	控制标准	是否满足规范要求
拱顶	−2577.43	132.03	1.89	受压控制	不满足
拱肩 1	−4279.10	402.03	1.83	受压控制	不满足
拱肩 2	−3817.43	413.71	1.72	受拉控制	不满足
拱腰	−2971.61	288.07	2.49	受压控制	满足
边墙 1	−1420.87	83.68	6.05	受压控制	满足
边墙 2	−1354.87	128.03	5.52	受压控制	满足
仰拱 1	−867.78	39.00	10.40	受压控制	满足
仰拱 2	−786.69	−54.00	10.53	受压控制	满足
仰拱 3	−821.43	−14.39	12.04	受压控制	满足
仰拱 4	−782.70	10.98	12.77	受压控制	满足

由表 7-43 可知，在 V 级围岩条件下，衬砌结构在拱顶、拱肩 1 号及拱肩 2 号处的安全系数不能满足规范要求，最小值为 1.72，位于拱肩 2 号截面。

综上所述，不同围岩级别下的受火衬砌主应力分布情况极为类似，受拉区位置及面积大小也十分接近，仅在最大拉应力值上有较为明显的差异，由此可以说明，高温对混凝土衬砌内力及安全性的影响程度并不亚于围岩级别对其的影响。在火灾情况下，对于衬砌的安全性来说，围岩级别可能已不是其主要影响因素。

不同围岩级别对应的受火衬砌内力及安全性汇总如表 7-44 所示。

表 7-44　不同围岩级别对应的受火衬砌内力及安全性数据汇总

围岩级别	最大拉应力值/MPa	安全系数最小值	是否满足规范要求
III	1.62	1.83(拱肩 2)	不满足
IV	2.54	1.88(左拱肩 2)	不满足
V	2.71	1.72(左边墙)	不满足

第 8 章　铁路隧道机电控制技术

8.1　机电控制设施配置原则

铁路隧道紧急救援站、紧急出口、避难所的控制设施配置要遵循前期配置、后期完善的原则，所配设施均根据救援设施的主要功能和结构，以在隧道内发生火灾后，人员的疏散安全为出发点，确保可全面控制事故现场，人员可有序疏散并且有自救能力。

毗邻铁路隧道紧急救援站的控制设备主要为人员疏散诱导、消防设施和通风照明设施，并且必需配置防止火焰燃及周围物体的防护设施以及列车准确停车的标志标线。连续铁路隧道紧急救援站由于自身结构特点（即紧急救援站明线段较长），火灾情况下，隧道环境对人员危害相对有限，设备配置主要为疏散诱导、紧急照明及消防设施，对于烟气控制设备可以相对较少涉及。单体铁路隧道紧急救援站全部设置在隧道内部，环境封闭，光线昏暗，但疏散通道密集且数量较多，火灾情况下人员疏散时间较短，重点配置设施为疏散诱导设施、紧急照明设施和消防设施等，对于风机设备可以根据具体情况配置。紧急出口、避难所控制设施配置要求相对较低，从经济角度考虑，配置疏散诱导标志、紧急通风照明设施和简单的消防设施即可。

8.2　机电控制设施配置

铁路隧道发生火灾时容易造成大量的人员伤亡，因此，在紧急救援站、避难所和紧急出口处必需配置相应的控制设施，以最大程度保障火灾情况下人员疏散过程中的安全性。

不同国家对于铁路隧道控制设施的配置有不同的侧重点，具体配置如表 8-1 所示。

表 8-1　国内外铁路隧道控制设施配置

国家	铁路隧道控制设施配置
意大利	紧急通风增压设施、紧急电话、紧急照明设施、电光标志、防火门
瑞士	紧急照明设施、安全扶手、疏散诱导设施、紧急电话、紧急通风增压设施
德国	防火门、紧急照明设施
英国	防火门、紧急通风设施
日本	防灾管理中心、报警装置、消火设施、防火防排烟设施、避难诱导设施、沿线电话、泵设施、通信设施
中国	中央控制管理设施、紧急通风设施、紧急电话、监控广播设施、消防设施、疏散诱导设施、防火门、安全扶手

综合考虑，铁路隧道救援设施中需要配置的控制设施主要包括中央控制管理设施、交通监控设施、紧急报警设施、火灾消防设施、疏散诱导设施、通风照明设施以及其他设施等。

8.2.1　中央控制管理设施

中央控制管理设施主要有包括计算机设备、显示设备和控制台等。其主要功能为接收各类控制设施传送来的各种信息并进行综合处理，协调控制各类设施；以数据、图形、图像等方式显示隧道内救援设施的设备情况、火灾等事故情况和人员疏散情况，并自动完成数据备份、文档储存。

1. 计算机设备

计算机设备包括监视及控制计算机、紧急报警及呼叫计算机、火灾消防控制计算机、通风及照明控制计算机、服务器及管理计算机等，这些计算及之间可以合并、互相备份和切换。

（1）监视及控制计算机。该计算机主要用于采集正常运营情况下各控制设备的运行情况和火灾情况下隧道环境、人员疏散情况的状态信息，从而向可变信息标志等设备提供控制信息，及时做出相应的控制变换。

（2）紧急报警及呼叫计算机。该计算机主要用于采集紧急电话和火警报警设施提供的数据信息，从而为显示设备提供报警地址、时间信息等内容，从而指示设施状态和自动切换视频图像。

（3）火灾消防控制计算机。该计算机主要用于采集消防设施的状态信息并提供控制信号，根据报警等信息，指示设施状态和自动切换视频图像。

（4）服务器及管理计算机。服务器宜采用专用服务器，主要完成计算机网络管理、数据信息储存等工作。管理计算机主要完成系统的日常维护管理，当其他计算机出现故障时，应能代替其工作。

（5）通风及照明控制计算机。该计算机主要采集事故现场中隧道内环境信息，包括烟气浓度、光亮度等，对救援设施中的通风及照明控制设施提供控制信息，包括风机控制信号、照明控制信号等。

2. 显示设备

显示设备主要是指监视器、视频切换矩阵、地图板等设备。

监视器主要用于显示、储存、控制隧道现场的视频信息，便于管理、指挥隧道交通，应具有对现场视频信息进行一对一或一对多方式显示，并可自由选择显示方式的功能。

视频切换矩阵在显示终端有限的情况下，可对提供的多路视频信号进行人为选择并控制显示。配备标准的视频切换矩阵板，将输入的摄像机信号中的任一路送到控制台，为便于监视和记录，可进行自动时序切换，并可保持时延，还可以进行手动切换。用计算机控制视频切换矩阵，应配有相应的控制键盘，可以对云台进行遥控，对镜头进行变焦、聚焦遥控，对雨刷、防护罩的清洗进行遥控，并且还具有汉字叠加功能，能在每幅图像中叠加上摄像机号码、地点等固定文字符号，以及实时变化的年、月、日、时、分、秒等信息。同时，还要具有报警信号接口，在收到报警信号后，在控制台的监视器上自动切换出报警地点的画面，并控制录像设备自动录像。

地图板可以显示隧道整体地图，若隧道内出现列车事故，地图板可以反映和显示事故位置，从而可以从总体布局，为事故列车的人员疏散提出最合理的疏散方案。

3. 控制台

控制台为控制室内控制系统的操作平台，其内部装有的控制软件主要包括系统软件和应用软件。

系统软件是支持计算机正常运行的通用软件，由计算机制造商或软件制造商提供，如操作系统、数据库软件等，用来完成程序开发、错误检测、外部设备控制以及文件管理，也称为应用程序，可提供程序开发、测试和运行程序所需的功能。

应用软件是专为隧道监控系统研制的专用软件，一般是由研制隧道监控软件的单位提供，借助于该软件可以完成待定的监控功能，如现场数据采集及处理等。

8.2.2　监视控制设施

监视控制设施主要包括摄像机和可变减速标志。

1. 摄像机

摄像机平时主要用于监视隧道的环境、设备情况，紧急时用以对列车事故及火灾报警等信息给予确认，以及监视消防活动、疏散行动等状况，为中央控制室值班人员处理事故和指挥疏散提供最直接、最直观的依据。

通过摄像机对隧道内情况的监视，可及时直观地得到关于列车事故的现场情况和原因的画面，辨认事故及其严重程度、事故类型，也可对隧道控制信号（如交通信号灯等）进行直观确认，尽量确保事故现场人员疏散的安全效率。摄像机还可以用于监视隧道内各种防灾设备，尤其是对隧道内火灾报警予以确认，当从中心计算机接受到来自隧道内报警设施发出的报警信息后，进行摄像机的选择控制，自动显示报警区段及相邻区段的图像，并自动录像，将时间、摄像机号码记录在存储媒体中，为处理事故提供直接依据以供事故后分析使用。

摄像机应配有辅助设备，主要包括云台、防护罩、遮阳罩和解码器等。

云台可带动摄像机做左、右、上、下动作，从扩大摄像机的观察视域。一般要求其旋转角度水平为 0°~340°，垂直为向上 15°，向下 60°。负载要大于摄像机、镜头、防护罩总重量的 130%。

防护罩主要为摄像机解决温度、湿度、日照等问题，使得摄像机在恶劣或高温情况下可以正常工作。摄像机装在防护罩内，防护罩应附带自动回位的电动雨刮器和清洗器，用以除去雨水、湿气、灰尘等物质，其停止位置应不影响摄像机观察视线。防护罩内能自动调节温度，为防止隧道内或夏季高温造成元器件参数变化，致使转机性能改变，在防护罩内应有排风散热装置，当罩内温度高于设定值时，自动开启排风散热装置，当温度降至设定值时，自动关机。为防止冬季低温环境下摄像机元器件参数变化及观察窗玻璃上结霜，在防护罩内应有电热装置。当罩内温度低于设定值时，自动接通加热器，当温度高于设定值时，自动切断电源，并装有除霜玻璃，当除霜玻璃的表面温度达到一定值时(一般为130℃左右)自动切断电源。

遮阳罩可以防止设置在隧道洞口外部的摄像机因受到阳光直射而在外壳上产生热量的影响，从而保护摄像机内部元器件。其额定负荷以当地历史最高风速作为设计依据。遮阳罩应满足镜头、摄像机安装空间的要求。

解码器安装在摄像机立柱杆上或杆下，可为摄像机提供电源，接收来自控制室的组合编码信号，提供摄像机的工作电压及开关机信号，对云台左、右和上、下俯仰动作进行控制，对镜头变焦、聚焦、光圈大小进行控制，开启雨刮器、清洗器，控制防尘罩清洗剂的喷射，传输报警信号等功能。

2. 减速标志

减速标志根据列车运行状况和停车需求提示事故列车需要的速度值和前方可以紧急停车的距离，以确保列车稳步停车和保证行车的安全。

8.2.3 紧急报警设施

紧急报警设施主要包括火灾探测器、紧急电话、手动报警按钮、闪光灯等。

1. 火灾探测器

火灾探测器是隧道检测系统的重要组成部分，主要用于列车火灾早期烟雾的探测。当意外发生时，可以与列车人员报警相结合，或在列车上报警系统出现故障时，确定火灾的发生和火灾列车的行驶区段，及时提供火灾列车速度、停车位置等信息，保障人员疏散的效率及安全性。

2. 紧急电话

紧急电话是隧道运营管理系统中的主要组成部分，主要为乘务人员提供紧急呼叫。当发生列车火灾或意外情况时，司乘人员可以拿起紧急电话分机或按下通话键便可以向中央控制室紧急电话台进行呼叫，报告事故情况，值班人员经过确认后，组织调度救护车、消防车和事故有关人员前往现场进行救援，减少事故损失。

紧急电话应自成体系，为专用呼叫系统，仅紧急电话分机与紧急电话控制器之间通话，分机与分机之间，本系统与本系统之间均不转接。紧急电话分机呼叫时，紧急电话控制器应具有声、光显示，并自动显示呼叫分机位置，当中心台与一分机通话时，如另有分机呼叫，应有声或光显示，并通知呼叫分机等待。

紧急电话控制器具有自动检测功能，可检测系统的正常和故障信号，可自动录音、记录和打印。中央控制室计算机可将紧急电话呼叫信号传至上级部门，再通过监控器控制呼叫地区摄像机工作并录像，中心计算机同时将信号送至地图板等显示设备，显示呼叫分机位置。

紧急电话采用双工通话方式或双音频信号方式，因系统属专用设备，话务量小，多采用多机复接共线方式，并且紧急电话系统应配置不间断电源保证供电。

3. 手动报警按钮

手动报警按钮主要用于隧道内发生火灾时，现场人员向中央控制室报警。接到报警按钮信息后，中央控制室人员可以锁定报警地点，及时地进行监视、录像、控制和救援等工作。

4. 其他设备

除了以上三种紧急报警设施外，还有闪光灯、声光报警器等，主要是为隧道发生火灾时提供多途径的报警，确保隧道火灾事故可及时被发现和传达到中央控制室，以进行紧急救援行动。

8.2.4　火灾消防设施

消防设施用于当隧道内发生火灾时进行灭火，减少火灾造成的损失，保护人身和财产安全。主要包括灭火器、消火栓、隧道消防给水及管道等。

1. 灭火器

灭火器是初期火灾灭火的重要器具，其操作简单，对小规模火灾能起到一定的灭火作用。灭火器充装量各国规定不一，美国规定不大于 9kg，日本为 6kg，考虑到我国成年人的身材及隧道火灾的特点，我国相关规范规定最大为 8kg（实际总重达 12kg 以上）。灭火器如果太重，则手提搬运不方便，但太轻则充装量少，喷射时间短，会影响灭火效果，一般充装量可选用 5~8kg，以 6kg 为宜。

隧道内的灭火器与建筑灭火器不同。建筑灭火器配置是在已知建筑物可能产生火灾种类的情况下选用的，而由于列车内货物不同，可能产生各类型的火灾，因此，选用灭火器需考虑其灭火性能及适用范围。针对隧道火灾的特殊性，灭火器的灭火能力要大，并能适应其他类型火灾，搬运、操作较容易，不产生有害气体，灭火剂不能因温度、湿度而变质，且存放期长。从国外使用情况来看，多数选用干粉灭火器，其中，以磷酸铵盐干粉灭火器为首选。

2. 消火栓

消火栓为消防救援提供水源，配有消防水带和水枪。由于消防队通常所用的水袋直径为 65mm，故隧道内所配置的消火栓栓口应为 65mm。为扑救大火，应采用较大口径的水枪，所以规定水枪喷嘴口径不小于 19mm。考虑在火场使用不便，国内规定每根水带长度不应超过 25m，而隧道与地面建筑不同，故取 30m 为宜。

水枪的充实水柱长度可按下式计算：

$$S_k = \frac{H_1 - H_2}{\sin\alpha} \tag{8-1}$$

式中，S_k——水枪的充实水柱长度，m；

　　　H_1——隧道高度，m；

　　　H_2——消火栓高度，m；

　　　α——水枪喷射角，一般取 45°。

由于消防人员在狭窄的空间内灭火需要一定的安全距离，为有效地扑灭火灾，规定充实水柱不小于 10m，因此，在计算值与规范值中取最大值。

当消火栓栓口出口水压大于 50m 水柱时，由于水枪的反作用力，难以由一人操作，为此应配备减压装置。减压装置可采用减压消火栓等，减压后消火栓处压力仍应满足水枪充实水柱的要求。

3. 隧道消防给水及管道

隧道里消防给水的水源一般可采用溪水、河水、隧道涌水以及地下水等。当有地形可利用时，一般情况下将消防水池设于高处，利用重力流供水，对消防供水较为安全，也可减少用泵加压造成的运行费用及维护的工作量。当无地形可利用时，可考虑自动加压供水方式。消防水池内的水一经动用，应尽快补充，以供在短时间内可能发生的第二次火灾使用。

消防给水管道采用镀锌钢管连接，首选沟槽式连接件。这种连接件在国外使用比较普遍（特别用在消防管道上），具有不易漏水、承压大、安装方便等优点，是消防管道连接的理想接头。相邻双孔隧道的消防管道布置成环状管网，可增加管网供水的安全性。选用隧道内管道阀门时，必须考虑长期使用等因素，应保证开关自如，避免出现开关不灵、漏水等现象。国内软密封闸阀生产技术已经成熟。寒冷地区的消防给水设施要有防冻措施。

8.2.5　疏散诱导设施

疏散诱导设施是指紧急疏散过程中，诱导人员疏散的设施，使人员疏散能安全、有序、快速、高效地完成，并进入安全区域，减少生命损失。疏散诱导设施主要包括标志、标线、有线广播和安全扶手等。

1. 标志

标志主要包含有紧急电话指示标志、消防设备指示标志、救援设施指示标志和疏散指示标志等。

（1）紧急电话指示标志。紧急电话指示标志用于指示隧道内紧急电话位置，为使疏散人员在隧道环境内快速发现紧急电话，洞内紧急电话标志宜采用电光标志，照明方式宜为内部照明，双面显示，紧急电话指示标志应设置于紧急电话上部，安装高度净空应不小于 2.5m。紧急电话指示标志如图 8-1 所示。

图 8-1　紧急电话指示标志

（2）消防设备指示标志。消防设备指示标志用于指示隧道内消防设备位置，为使疏散人员在隧道环境内快速发现消防设备，消防设备指示标志宜采用电光标志，照明方式宜为内部照明。消防设备指示标志应设置于消火栓上方，安装高度净空应不大于 2.5m。消防设备指示标志如图 8-2 所示。

图 8-2　消防设备指示标志

（3）救援设施指示标志。救援设施指示标志包括紧急救援站横通道和疏散通道指示标志、避难所和紧急出口指示标志以及横通道指示标志。紧急救援站横通道和疏散通道指示标志用于指示紧急救援站中横通道及疏散通道的位置，避难所和紧急出口指示标志用于指示避难所和紧急出口的位置，横通道指示标志用于指示横通道的位置。在隧道发生紧急状况时，指示标志可以指示隧道内的人员逃生路线。行人横洞指示标志宜采用电光标志，照明方式宜为内部照明，双面显示。行人横洞指示标志应设置于行人横洞顶部，安装高度净空应不小于 2.5m。

由于所有救援设施指示标志作用均是指示人员疏散，各疏散通道均为人员疏散提供服务，因此，作用及目的一致。为简明表示，均采用一种标志表示，救援设施指示标志如图 8-3 所示。

图 8-3　救援设施指示标志

（4）疏散指示标志。疏散指示标志用于指示该点与洞口、横通道、紧急出口、避难所、紧急救援站以及紧急救援站内部横通道和疏散通道的距离与方向，在隧道发生紧急情况时，指示人员选择正确方向迅速离开。疏散指示标志宜采用电光标志，照明方式宜为内部照明，单面显示。疏散指示标志应设置于隧道侧墙上，安装高度净空应不大于1.3m。疏散指示标志如图 8-4 所示。

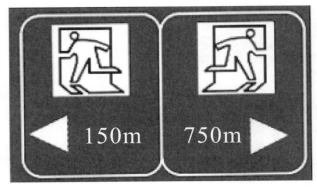

　　　　（a）双向指示　　　　　　　　　　　　　　　（b）单向指示

图 8-4　救援指示标志

2. 标线

标线主要包含人行通道标线、诱导指标和紧急停车标线等。

（1）人行通道标线。人行通道标线为纵向指示类标线，主要用于指示隧道纵向人行通道的边界和方向，标线涂料宜采用热熔型反光涂料。

（2）诱导指标。诱导指标用以指示隧道的边界和方向以及最近的紧急电话、消防设施、疏散通道的方向，起到明显的导向警示作用。在照明度不够时，疏散路面的视觉效果得到了显著提高，一般采用光电诱导指标，宜安装在隧道壁上 60cm 高度的位置。

（3）紧急停车标线。紧急停车标线用以帮助事故列车能够紧急停车且停车位置准确，标线涂料宜采用热熔型反光涂料，设置在隧道的内衬轮廓上，布置在隧道洞范围内，间距为一节车厢的长度。

3. 有线广播

有线广播设施包括有线广播控制器、扬声器以及传输介质。有线广播主要在隧道内发生列车事故、火灾等情况下使用。当隧道内由于火灾或列车事故而发生紧急疏散情况，中央控制室必须立即组织灭火、治理混乱、抢救受伤人员。值班操作员可通过广播向隧道内人员进行喊话并传递信息。有线广播控制器宜设置在中央控制室，与中央控制室计算机和显示设备相连接，应在隧道横通道、紧急出口、避难所以及紧急救援站的横通道处各设置一台扬声器。

通过经典声学传输公式可以计算出距扬声器不同位置处的声压，公式如下：

$$L_P = L_0 + 10\lg PL - 20\lg r \tag{8-2}$$

式中，L_P——声压级，dB；

　　　L_0——频率在 1W 功率输入时轴向测得的声压级，dB；

　　　P——扬声器实际功率，W；

　　　L——扬声器高度，m；

　　　r——距扬声器距离，m。

由此计算得到的距扬声器不同距离处声压值如下。

(1)距扬声器 1m 处的直达声的声压为

$$L_P = L_0 + 10\lg PL - 20\lg r = 106 + 10 \times \lg 10 - 20 \times \lg 1 = 116\text{dB}$$

(2)距扬声器 2m 处的直达声的声压为

$$L_P = L_0 + 10\lg PL - 20\lg r = 106 + 10 \times \lg 10 - 20 \times \lg 2 = 110\text{dB}$$

(3)距扬声器 4m 处的直达声的声压为

$$L_P = L_0 + 10\lg PL - 20\lg r = 106 + 10 \times \lg 10 - 20 \times \lg 4 = 104\text{dB}$$

(4)距扬声器 8m 处的直达声的声压为

$$L_P = L_0 + 10\lg PL - 20\lg r = 106 + 10 \times \lg 10 - 20 \times \lg 8 = 98\text{dB}$$

(5)距扬声器 16m 处的直达声的声压为

$$L_P = L_0 + 10\lg PL - 20\lg r = 106 + 10 \times \lg 10 - 20 \times \lg 16 = 92\text{dB}$$

(6)距扬声器 32m 处的直达声的声压为

$$L_P = L_0 + 10\lg PL - 20\lg r = 106 + 10 \times \lg 10 - 20 \times \lg 32 = 82\text{dB}$$

(7)距扬声器 50m 处的直达声的声压为

$$L_P = L_0 + 10\lg PL - 20\lg r = 106 + 10 \times \lg 10 - 20 \times \lg 50 = 73\text{dB}$$

在距该扬声器 50m 处，直达声压降至 73dB，即隧道平均噪声的水平不会同下一扬声器的声音发生混响。扬声器的设置一般以隧道内紧急停车带为核心分成几个音区。各扬声器间距一般不得超过 100m，隧道进出口各设一个扬声器，若扩音机负载有限，可只在隧道进口设置扬声器。隧道内扬声器固定在灯具下方隧道侧壁上，可垂直和水平调节扬声器的朝向。扬声器和固定部分的几何尺寸不应超过隧道净空限界。

4. 安全扶手

安全扶手主要为疏散人员提供安全和诱导保障，人员在恐慌和混乱的环境中，容易摔倒失去平衡，并且隧道内若无紧急照明设施，安全扶手也可提供疏散导向，使人员在安全的通道区域进行有序疏散。安全扶手一般设置在隧道边墙，高度一般为 $0.7\sim1m$，且不得侵入疏散通道空间。

8.2.6　通风照明设施

通风与照明设施主要设置在紧急救援站、避难所、紧急出口位置处，用于发生列车事故、火灾等紧急情况下人员疏散的照明和对火灾烟雾控制的紧急通风。

1. 紧急照明设备

紧急照明设备应尽量保证在火灾情况下增大隧道环境的可视度，其亮度可以调节，控制人员可以根据隧道内摄像机传送的视频，对隧道内的亮度进行调节，以保障人员疏散过程中的安全性。

2. 风机设备

通风设施主要设置在疏散通道和排烟通道中，火灾发生后，由控制人员手动调控通风设施，保证人员在疏散过程中，迎着新鲜风疏散，且控制火灾烟气蔓延速度，在人员疏散完毕前不危害到生命安全。

8.2.7　其他设施

其他设施主要包括隧道的供配电设施、线缆、防雷等设施。

1. 供配电设施

隧道重要电力负荷分级如表 8-2 所示。

表 8-2　隧道重要电力负荷分级

序号	电力负荷名称	负荷级别
1	应急照明	一级（重要）
	电光标志	
	监控设施	
	通风照明设施	
	紧急报警设施	
	中央控制设施	
2	消防水泵	一级
3	其余隧道电力负荷	二级

根据隧道电力负荷因事故中断供电在政治或经济上造成影响或损失的程度,区分其对供电可靠性的要求,并进行负荷分级。在政治或经济上造成损失或影响的程度越大,对供电可靠性的要求越高,反之亦然。

根据负荷等级,选择适当的供电方式,可以提高经济效益与社会效益。隧道是交通的要道,隧道的应急照明若中断供电,容易出现疏散人员恐慌、拥挤等情况,造成二次伤害。隧道的交通监控设施、电光标志、通风及照明控制设施、紧急呼叫设施、火灾的检测、报警、控制设施及中央控制设施若中断供电,监控中心无法了解隧道的运行状况,若此时隧道内发生火灾等列车事故,监控中心将无法确定隧道内事故发生的具体位置,难以合理地调度人力、物力进行施救,容易扩大事故的发生面,造成更严重的政治影响和经济损失。所以,表 8-2 中将隧道电力负荷列为一级负荷中特别重要的负荷。隧道的消防水泵若中断供电,在隧道发生火灾时,消防泵无法正常供水,火势难以得到控制,将造成更多的生命、财产损失,因此消防水泵列为一级负荷。

(1)隧道供电设施。隧道一级负荷应由两个电源供电,当一个电源发生故障时,另一个电源应起到供电作用。一级负荷容量不大时,应优先采用从邻近的电力系统取得第二低压电源,也可采用应急发电机组作为备用电源。对于隧道一级负荷中特别重要的负荷,除上述两个电源外,还必须设置不间断电源装置作为应急电源,并严禁将其他负荷接入应急供电系统。隧道二级负荷的供电系统宜由两回线路供电。

(2)隧道配电设施。隧道是个拥有烟雾、粉尘、腐蚀性气体,且阴暗、潮湿,环境较恶劣的场所。隧道内配电设施的选择除应满足常规要求外,还应注意其是否具有必要的防水、防尘、防腐蚀性能。设计中只有采用防护等级符合隧道要求的配电设施,才能保证用电设备的正常运行。隧道各类电力负荷根据性质、功能的不同,各自设置单独的配电回路,有利于各类负荷的正常供电及日后的维护、管理。

2. 线缆

隧道内敷设的消防设施、监控设施、应急疏散照明、指示灯回路所用的电缆应选用耐火电缆,其他线缆宜选用阻燃电缆。隧道内侧壁上以及预留设备洞石内敷设的线缆宜采用钢管或塑料管预埋暗敷。当隧道内电缆管道采用混凝土包封管时,混凝土宜采用 C15 或 C20,管材可采用 PVC 或 PE 管。在确定隧道内外电缆敷设路由时,应遵循弱电电缆与强电电缆分离的原则,合理布置电缆交叉位置并满足强、弱电缆间隔距离的要求。

3. 防雷

隧道内的设备宜采用综合接地,电缆桥架连接处宜采用编制铜带跨接,以保证在经过较长时间以后,电缆桥架的接地性能不至于变差。隧道内动力、照明监控装置的外露可导电部分均应接地,隧道内不同用途、不同电压等级的用电设备采用一个总的共用接地装置,接地电阻应符合其中最小值的要求。

8.3 机电控制设备配置规模

8.3.1 紧急救援站结构控制设施配置规模

火灾形成与发展阶段分为前期、早期、中期以及后期四个阶段。各阶段特征不同，前期表现为一定的烟雾，早期烟量增加并出现火光，中期表现为火灾形成，火势上升很快，后期表现为火势扩散。由于铁路隧道空间封闭，发生火灾后容易造成重大的人员伤亡。因此，在紧急救援站中配置防火救援的控制设备，对帮助人员在火灾早期就安全撤离事故隧道具有重要作用。

1. 毗邻铁路隧道紧急救援站控制设施配置规模

毗邻铁路隧道紧急救援站由于明线段长度较短，发生火灾后，对人员危害相对较大。毗邻铁路隧道紧急救援站的控制设备配置表如表 8-3 所示。

表 8-3 毗邻铁路隧道紧急救援站的控制设备配置表

设施名称		配置情况	配置间距
中央控制管理设施	计算机设备	■	—
	显示设备	■	—
	控制台	■	—
监视控制设施	摄像机	▲	紧急救援范围内：洞口处设置，隧道内设置间距不大于 150m
	减速标志	■	紧急救援站两端距紧急救援站一定距离，具体距离根据列车牵引动力计算获得
紧急报警设施	火灾探测器	▲	探测范围覆盖全部隧道，间距由探测器探测范围具体决定
	紧急电话	▲	紧急救援站范围内布置，间距不大于 200m
	手动报警按钮	▲	紧急救援站范围内布置，间距不大于 50m
火灾消防设施	灭火器	●	紧急救援站范围内布置，间距不大于 50m
	消火栓	—	—
疏散诱导设施	标志	●	紧急救援站范围内疏散指示标志设置间距不大于 50m
	标线	●	紧急救援站纵向人行通道布置反光涂料标线，在紧急救援站范围内隧道侧壁布置诱导标，间距不大于 30m，紧急停车标线间距为一节车厢长度
	有线广播	—	—
	安全扶手	■	紧急救援站洞内范围隧道两侧边墙
通风照明设施	紧急照明设备	▲	照明覆盖洞内紧急救援站范围，设置间距根据灯具特点具体设计，疏散通道内均应设置
	风机设备	▲	设置在紧急救援站两洞口附近主洞上方

注："●"为必选设施；"■"为应选设施；"▲"为可选设施；"—"为不做要求。

毗邻铁路隧道紧急救援站必须设置灭火器，出于安全考虑，一旦有危险情况，可以采用灭火器进行基本的自救。其设置间距不大于 50m，且应两侧布置。

出于对人员疏散的考虑，毗邻铁路隧道的紧急救援站的疏散诱导标志、标线是引导人员安全疏散的必要设施。在疏散情况下，人员根据疏散诱导设施可以快速判断疏散方向，可以有序地撤离事故现场。毗邻铁路隧道紧急救援站的疏散诱导设施主要设置有紧急电话指示标志、消防设施指示标志、紧急通道指示标志以及疏散指示标志和纵向人行通道的标线、诱导标和紧急停车标线。前三项指示标志均设置在对应的设施处即可，疏散指示标志设置间距按《公路隧道交通工程设计规范》要求应不小于 50m，但考虑到铁路隧道的特点，即列车的存在使得隧道空间更为狭窄，人员下车后的视距小，人员数量又多，遮挡视线严重，疏散指示标志设置的间距应适当缩短，且隧道两侧壁面均应布置。若疏散通道在一侧仅有一条，则采用单向指示标志，若疏散通道在一侧有两条或两条以上，采用双向指示标志。纵向人行通道标线必须用反光涂料标识，使人员疏散时明确知道人行通道的宽度，并注意台阶，防止不慎掉下台阶造成伤害。诱导标设置在隧道紧急救援站范围内的两侧壁面上，布置间距不小于 30m，主要指示隧道的边界及方向，提供最近的紧急电话、消防设施和疏散通道的方向，诱导人员顺利疏散。紧急停车标线主要是帮助列车准确停车。

由于毗邻铁路隧道紧急救援站人员疏散情况较紧急，因此，中央控制管理设施作为应选设备。

毗邻铁路隧道紧急救援站由于明线段长度短，对列车停车准确性有较高要求，因此，可变减速标志为应选设施，使列车能安全平稳地停在紧急救援站处。

安全扶手为应选设施，主要为昏暗的隧道内提供疏散导向和人员平衡帮助，防止人员跌倒受伤。

毗邻铁路隧道的紧急救援站可对事故现场进行直观观察，从而传送控制信息和及时进行救援。毗邻铁路隧道紧急救援站范围内可以布置摄像机，其获得的事故现场信息资料也可帮助人们事后进行原因分析和经验总结。毗邻铁路隧道紧急救援站摄像机的布置主要包括在洞口外和在洞内布置两部分。在紧急救援站明线段的两端洞口处各布置一台摄像机，目的是观察隧道外部人员的疏散情况，由于列车会遮挡视线，摄像机布置方位为洞口侧壁处，两个摄像机布置不同侧，且云台可遥控转动，以增加摄像范围。毗邻铁路隧道紧急救援站内部设置摄像机，根据规范规定，设置间距不大于 200m 即可。依据紧急救援站的长度范围，在距明线段洞口 200m 和 400m 处各设两处摄像机，对应设在隧道两侧壁面，即紧急救援站洞内共设置 8 台摄像机。

为能及时发现列车火灾，火灾探测器应覆盖整条隧道，一旦探测到火灾，则及时做出相应控制措施。

紧急电话和手动报警按钮均为可选设备，为人员联系外界提供保障。

毗邻铁路隧道紧急救援站可设置应急照明设施，由于明线段比较短，洞内光线仍昏暗，不利于人员疏散，所以，紧急照明设施为可选设备。

由于存在明线段，火灾烟气对隧道内环境污染较有限，因此，紧急通风设备为可选设备。消火栓和有线广播可不设置。

2. 单体铁路隧道紧急救援站控制设施配置规模

单体铁路隧道紧急救援站作为火灾列车停车的紧急救援站进行设计,应配有紧急情况下的控制设施。单体铁路隧道紧急救援站的控制设备配置表如表 8-4 所示。

表 8-4　单体铁路隧道紧急救援站的控制设备配置表

设施名称		配置情况	配置间距
中央控制管理设施	计算机设备	●	—
	显示设备	●	—
	控制台	●	—
监视控制设施	摄像机	▲	紧急救援站范围内设置间距不大于 150m
	减速标志	■	紧急救援站两端距紧急救援站一定距离,具体距离根据列车牵引动力计算获得
紧急报警设施	火灾探测器	▲	探测范围覆盖全部隧道,间距由探测器探测范围具体决定
	紧急电话	▲	紧急救援范围内布置,间距不大于 200m
	手动报警按钮	▲	紧急救援站范围内布置,间距不大于 50m
火灾消防设施	灭火器	●	紧急救援站范围内布置,间距不大于 50m
	消火栓	▲	紧急救援站范围内布置,间距不大于 50m
疏散诱导设施	标志	●	紧急救援站范围内,疏散指示标志设置间距不大于 50m
	标线	●	紧急救援站站台布置反光涂料标线,在紧急救援站范围内隧道侧壁布置诱导标,间距不大于 30m,紧急停车标线间距为一节车厢长度
	有线广播	▲	紧急救援站范围内布置,间距为 50m
	安全扶手	■	紧急救援站洞内范围隧道两侧边墙
通风照明设施	紧急照明设备	■	照明覆盖紧急救援站范围,设置间距根据灯具特点具体设计,横通道及疏散通道均应设置
	风机设备	■	设置在紧急救援站横通道内或主洞内

注:"●"为必选设施;"■"为应选设施,"▲"为可选设施。

由于单体铁路隧道紧急救援站全部设置在隧道内部,火灾情况下进行人员疏散的情况十分紧急,中央控制管理设施作为必选设备。

单体铁路隧道紧急救援站必须设置灭火器,其设置在紧急救援站洞内范围内,间距不大于 50m,且两侧均应布置。

出于对人员疏散的考虑,单体铁路隧道的紧急救援站的疏散诱导标志、标线是引导人员安全疏散的必要设施。在疏散情况下,人员根据疏散诱导设施可以快速判断疏散方向,可以有序地撤离事故现场。单体铁路隧道紧急救援站的疏散诱导设施主要设置有紧急电话指示标志、消防设施指示标志、紧急通道指示标志以及疏散指示标志和站台的标线、诱导标和紧急停车标线。前三项指示标志均设置在对应的设施处即可,疏散指示标志设置间距按《公路隧道交通工程设计规范》要求不小于 50m,但考虑到铁路隧道的特点，即列车的存在使得隧道空间更为狭窄，人员下车后的视距小，人员数量又多，遮挡视线严重，疏散指示标志设置的间距应适当缩短，在设置站台侧隧道壁面布置。紧急救援站隧道侧壁上疏散指示标志均采用双向指示标志。站台标线必须用反光涂料标识，使人员疏散时明确知道站台的宽度，并注意台阶，防止不慎掉下台阶造成伤害。诱导标设置在隧道紧急救援站范围内的两侧壁面上，布置间距不小于 30m，提供最近的紧急电话、消防设施和疏散通道的方向，诱导人员顺利疏散。紧急停车标线主要是帮助列车准确停车。

可变减速标志为应选设备，主要用于火灾列车提前减速，并在紧急救援站处准确平稳停车，对人员的疏散逃生具有重要作用。设置位置在距紧急救援站一定距离处，具体位置根据列车设计时速计算得出。

安全扶手主要为昏暗的隧道内提供疏散导向和人员平衡帮助，防止人员跌倒受伤，为应选设施。

单体铁路隧道紧急救援站洞内应设置应急照明设施，因为洞内光线较昏暗，加之火灾情况下人员内心恐慌，容易造成二次事故，不利于人员疏散，因此，紧急照明作为应选设施。

由于单体隧道紧急救援站人员疏散通道数量多，疏散时间较快，但隧道内环境封闭，烟气扩散严重，对隧道内环境影响大，因此，隧道内风机设备作为应选设备。

单体铁路隧道的紧急救援站用于所有列车事故的紧急停车和人员疏散，可对事故现场进行直观观察，从而传送控制信息和及时进行救援。单体铁路隧道紧急救援站范围内可布置摄像机，其获得的事故现场信息资料也可帮助人们事后进行原因分析和经验总结。单体铁路隧道紧急救援站摄像机在紧急救援站范围内的布置间距为 150m，摄像机布置在站台一侧隧道壁面上，若两侧均有站台，则两侧均应布置。

为能及时发现列车火灾，火灾探测器应覆盖整条隧道，一旦探测到火灾，则及时做出相应控制措施，火灾探测器为可选设备。

单体铁路隧道紧急救援站可设置紧急电话，由于火灾事故列车紧急停车后，人员疏散情况危急，出于安全考虑，设置紧急电话可以及时通知控制中心。其设置在紧急救援站洞内范围，间距不大于 50m，且两侧均应布置。

手动报警器也作为应选设备，火灾发生后能及时通知控制中心，并增加一种选择方式。

消火栓主要作用为消防救援时提供水源，为及时扑灭火灾起到重要作用，一侧布置即可。

由于单体铁路隧道紧急救援站进行人员疏散时，最好用有线广播对人员进行指导疏散，因此，有线广播应为单体铁路隧道紧急救援站的可选设备，其设置应在紧急救援站范围内，间距为 50m，布置在有站台侧，若两侧均有站台，则两侧交叉布置，即一侧间距 100m。

8.3.2　紧急出口、避难所结构控制设施配置规模

紧急出口、避难所作为非火灾列车紧急停车之用，应配有紧急情况下的控制设施。紧急出口、避难所的控制设备配置表如表 8-5 所示。

表 8-5　紧急出口、避难所的控制设备配置表

设施名称		配置情况	配置间距
中央控制管理设施	计算机设备	—	—
	显示设备	—	—
	控制台	—	—
监视控制设施	摄像机	—	—
	减速标志	▲	主洞内紧急出口、避难所入口两端一定距离处，具体距离根据列车牵引动力计算获得
紧急报警设施	火灾探测器	—	—
	紧急电话	—	—
	手动报警按钮	—	—
火灾消防设施	灭火器	●	主洞内紧急出口、避难所入口前后 500m 范围内，布置间距不大于 50m
	消火栓	—	—
疏散诱导设施	标志	●	主洞内紧急出口、避难所入口前后 500m 范围内，疏散指示标志设置间距不大于 50m
	标线	●	主洞内紧急出口、避难所入口前后 500m 范围内，纵向人行通道布置反光涂料标线，主洞内紧急出口、避难所入口前后 500m 范围内，隧道侧壁布置诱导标，间距不小于 30m，紧急停车标线间距为一节车厢长度
	有线广播	—	—
	安全扶手	▲	紧急救援站洞内范围隧道两侧边墙
通风照明设施	紧急照明设备	▲	照明覆盖主洞内紧急出口、避难所入口前后 500m 范围，设置间距根据灯具特点具体设计，疏散通道应设置照明
	风机设备	▲	设置在主洞上方，及紧急出口、避难所入口处

注："●"为必选设施；"▲"为可选设施；"—"为不做要求。

　　紧急出口、避难所必须设置灭火器，以延长人员疏散的可用安全疏散时间。其设置在紧急出口、避难所入口两端 500m 范围内，间距不大于 50m，且应两侧均布置。

　　主隧道内紧急出口、避难所入口两端 500m 范围内，出于对人员疏散的考虑，疏散诱导标志、标线是引导人员安全疏散的必要设施。在疏散情况下，人员根据疏散诱导设施可以快速判断疏散方向，有序地撤离事故现场。紧急出口、避难所的疏散诱导设施主要设置有紧急电话指示标志、消防设施指示标志、紧急通道指示标志以及疏散指示标志和纵向人行通道的标线、诱导标和紧急停车标线。前三项指示标志均设置在对应的设施处即可，疏散指示标志设置间距按《公路隧道交通工程设计规范》要求不小于 50m。但考虑到铁路隧道的特点，即列车的存在使得隧道空间更为狭窄，人员下车后的视距小，人员数量又多，遮挡视线严重，因此，疏散指示标志设置的间距应适当缩短，且隧道两侧壁面均应布置。紧急救援站隧道侧壁上疏散指示标志均采用单向指示标志。纵向人行通道标线必须用反光涂料标识，使人员在疏散时明确知道纵向人行通道的宽度，并注意台阶，防止不慎掉下台阶造成伤害。诱导标设置在隧道紧急救援站范围内的两侧壁面上，布置间距不大于 30m，提供最近的紧急电话、消防设施和疏散通道的方向，诱导人员顺利疏散。紧急停车标线主要是帮助列车准确停车。

可变减速标志为可选设备，主要用于火灾列车提前减速并在紧急出口、避难所处准确平稳停车，对人员的疏散逃生具有重要作用。设置位置在距紧急救援站一定距离处，具体位置根据列车设计时速计算得出。

安全扶手主要为昏暗的隧道内提供疏散导向和人员平衡帮助，防止人员跌倒受伤，为可选设施。

紧急出口、避难所洞内可设置应急照明设施，因为洞内光线较昏暗，加之火灾情况下人员内心恐慌，容易造成二次事故，不利于人员疏散，因此，紧急照明作为可选设施。

由于紧急出口、避难所处人员疏散时间较长，人员疏散环境很可能达到危险环境，因此，隧道内风机设备应为可选设备，设置在紧急出口、避难所处对应的主洞上方，并采用双向射流风机。

考虑经济成本的关系，对于紧急出口、避难所，中央控制管理设施、摄像机、火灾探测器、紧急电话、手动报警器、消火栓和有线广播均不考虑。

第9章　城际及水下铁路隧道防灾救援疏散设计

城际及水下铁路隧道结构多为"V"字形坡隧道，主要以地下车站为疏散站点，站间距一般为 5～20km。因此，应主要对 V"字形坡隧道和地下车站的火灾烟流扩散规律进行研究。

9.1　"V"字形城际及水下铁路隧道烟流和温度扩散模式

9.1.1　隧道火灾"烟囱效应"

烟囱效应又称烟道作用、热风压等。由火灾燃烧产生高温形成的烟囱效应，一般是指：隧道内某一空间发生火灾，火场温度升高，空气膨胀，体积增大，密度减小，因而在回路中，火场临近分支的冷空气与火场排烟通道上的热空气间有较大的密度差，热烟气将向上运动，同时在低密度空气原来的地方形成负压区，于是温度较低而比重较大的新鲜空气则从另一侧被吸入，从而隧道内外的空气源源不断的进行流动，这种现象称之为烟囱效应。

国外对坡度隧道"烟囱效应"现象开展了相关的研究。瑞士的《隧道通风设计指南》中，对隧道的"烟囱效应"的影响给出了相关的设计参数，并给出了烟囱效应升压力的计算公式。

在数值计算方面，采用三维 CFD 方法分析了竖井的烟囱效应对隧道火灾的影响，得到了发生火灾时隧道内的温度、压强及烟流速度分布特征，证明了烟囱效应能有效增强隧道火灾的排烟能力，并定性分析了竖井高度与烟囱效应的关系，即在一定高度范围内，烟囱效应随竖井高度的增大而增强，但竖井高度的烟囱效应存在着一个临界值。通过对坡度隧道的火灾烟囱效应的升压力进行分析，发现坡度是火灾烟气控制中重要的影响因素，其数值与隧道内温度分布密切相关。

在理论方面，在归纳瑞士的规范及 Opstad 模型不足的基础上，提出了一种更为精确的三区域划分模型。根据能量守恒原理，建立一维热量扩散模型，分别讨论火区、下游烟气扩散区烟流沿程温度分布，以及坡度隧道烟囱效应升压力计算模型。通过差分解算得到长大隧道火灾烟囱效应升压力的规律：与火灾强度、坡度相比，火区长度的变化对烟囱效应升压力的影响相对较小，但它对烟流沿程分布、烟囱效应组成的影响较大；随着扩散距离的增大，烟囱效应升压力变化趋于缓慢，当扩散长度不小于 2500m，隧道烟囱效应升压力 ΔP_{stack} 基本保持不变。

9.1.2　坡度对火灾隧道温度及阻力影响理论分析

对于隧道这样的狭长状的构筑物，火灾烟气在隧道内纵向蔓延扩散过程中，不断与环境和隧道壁面进行热量的交换，其温度不断下降，同时，其密度、速度、压力等参数也在不断变化。当隧道内发生火灾时，虽然火灾的最高温度出现在火源附近，但对于单洞双线城际铁路隧道，特别是水下隧道，一旦发生火灾，若列车失去动力而停在隧道中，人员不得不沿隧道纵向疏散，因此，研究隧道火灾烟气沿隧道纵向蔓延过程中的温度分布规律有着重要的意义。本节从能量守恒的角度出发，利用理论分析的方法，推导隧道火灾烟气沿程蔓延过程的温度分布的理论计算模型，并着重探讨隧道纵向坡度对温度分布的影响。

基本假设条件如下：

①隧道火灾的烟流为不可压缩流体；

②隧道的纵向为 x 方向，在距离火源的任意处的整个隧道截面的烟层温度一致；

③隧道火灾烟气在沿隧道纵向的流动过程为稳定流动过程；

④火灾的燃烧生成热在隧道流动过程中为零；

⑤忽略烟气在流动过程中动能的变化；

⑥忽略上层烟气在流动过程中对下层空气的卷吸作用；

⑦忽略烟气在流动过程中对外界所做的功。

隧道火灾烟气温度沿隧道纵向分布模型如图 9-1 所示。

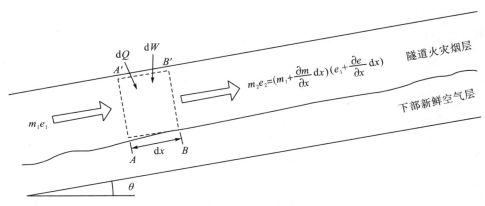

图 9-1　烟气控制体能量转换示意图

假设烟气在隧道坡度为 θ 的隧道内蔓延扩散，取烟气流动过程中的一个烟流控制体 $\mathrm{d}x$，如图 9-1 所示，控制体为烟层中由截面 $A\text{-}A'$、截面 $B\text{-}B'$ 和隧道壁面所围成的虚线区域，把控制体看作是一个稳定流动过程的开口系统，由热力学第一定律可以得到，所研究控制体的能量守恒方程为

$$m_1 e_1 - m_2 e_2 = \mathrm{d}Q + \mathrm{d}W \tag{9-1}$$

$$m_1 e_1 - \left(m_1 + \frac{\partial m}{\partial x}\mathrm{d}x\right)\left(e_1 + \frac{\partial e}{\partial x}\mathrm{d}x\right) = \mathrm{d}Q + \mathrm{d}W \tag{9-2}$$

$$e = c_p T + \frac{1}{2} v^2 + gx \sin\theta \qquad (9\text{-}3)$$

式中，e——单位工质的总能量，kJ/kg；

c_p——烟气的定压比热，kJ/(kg·K)。

烟气流动为稳定流动，由假设条件可以得

$$m_1 = m_2 = m$$

$$\frac{\mathrm{d}m}{\mathrm{d}x} = 0$$

$$\mathrm{d}W = 0$$

则式(9-1)可简化为

$$\frac{\mathrm{d}Q}{\mathrm{d}x} + m\frac{\mathrm{d}e}{\mathrm{d}x} = 0 \qquad (9\text{-}4)$$

$\dfrac{\mathrm{d}Q}{\mathrm{d}x}$ 表示单位时间内控制体接受的火灾燃烧生成热和与隧道壁面及环境之间的热交换热量之和，由于假设火灾的燃烧生成热在隧道流动过程中为零，则可以得

$$\frac{\mathrm{d}Q}{\mathrm{d}x} = -\alpha D(T_0 - T) \qquad (9\text{-}5)$$

式中，α——热交换系数；

D——烟流控制体横截面周长与隧道壁面接触的部分长度，m；

T_0——环境温度，K。

结合式(9-3)、式(9-4)和式(9-5)，化简后得

$$c_p m \frac{\mathrm{d}T}{\mathrm{d}x} + \alpha DT + m \frac{\mathrm{d}}{\mathrm{d}x}\left(\frac{v^2}{2}\right) - \alpha DT_0 + mg\sin\theta = 0 \qquad (9\text{-}6)$$

由于假设中忽略烟气在流动过程中动能的变化，即有

$$\frac{\mathrm{d}}{\mathrm{d}x}\left(\frac{v^2}{2}\right) = 0 \qquad (9\text{-}7)$$

则有

$$c_p m \frac{\mathrm{d}T}{\mathrm{d}x} + \alpha DT - \alpha DT_0 + mg\sin\theta = 0 \qquad (9\text{-}8)$$

上式可转化为

$$\frac{\mathrm{d}T}{T - T_0 + \dfrac{mg\sin\theta}{\alpha D}} = -\frac{\alpha D}{c_p m}\mathrm{d}x \qquad (9\text{-}9)$$

在 $x=0$ 位置处，隧道烟气的温度为火源位置的温度，用 T_{fire} 表示，则由式(9-8)积分得到隧道火灾烟气温度沿隧道纵向分布的计算公式如下：

$$T = T_0 - \frac{mg\sin\theta}{\alpha D} + \left(T_{\text{fire}} - T_0 + \frac{mg\sin\theta}{\alpha D}\right)\exp\left(\frac{\alpha Dx}{mc_p}\right) \qquad (9\text{-}10)$$

对于水平隧道，即 $\theta=0$ 时，隧道火灾烟气温度沿隧道纵向分布的计算公式为

$$T_{\theta=0} = T_0 + (T_{\text{fire}} - T_0)\exp\left(-\frac{\alpha Dx}{mc_p}\right) \qquad (9\text{-}11)$$

则式(9-10)可以转化为

$$T = T_0 + (T_{fire} - T_0)\exp\left(-\frac{\alpha Dx}{mc_p}\right) - \frac{mg\sin\theta}{\alpha D}\left[1 - \exp\left(-\frac{\alpha Dx}{mc_p}\right)\right] \quad (9\text{-}12)$$

则有

$$T = T_{\theta=0} - \frac{mg\sin\theta}{\alpha D}\left[1 - \exp\left(-\frac{\alpha Dx}{mc_p}\right)\right] \quad (9\text{-}13)$$

由于 $0 \leqslant \left[1 - \exp\left(-\frac{\alpha Dx}{mc_p}\right)\right] < 1$，由式（9-13）可得，对于隧道内任何固定的位置，在火源的上坡方向（$\theta > 0$）时，隧道火灾烟气温度随着坡度（$|\theta|$）的增大而逐渐降低；在火源的下坡方向（$\theta < 0$）时，隧道火灾烟气温度随着坡度（$|\theta|$）的增大而逐渐升高。

9.1.3　坡度对火灾隧道浮力烟流阻力（火风压）影响的理论分析

假设在坡度为 θ 的隧道内发生火灾，火源处的温度为 T_{fire}，如图 9-2 所示。

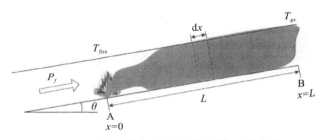

图 9-2　坡度隧道火灾火风压计算模型示意图

浮力效应烟流阻力（火风压）可以理解为隧道内发生火灾时风流密度变化在垂直方向上产生的浮升力的总和，由此可得，对于一小段的烟流段 dx，所产生的浮力效应烟流阻力为

$$dP_f = (\rho - \rho_a)g \cdot dh \quad (9\text{-}14)$$
$$dh = \sin\theta g \cdot dx \quad (9\text{-}15)$$

则有

$$dP_f = (\rho - \rho_a)g\sin\theta g\,dx \quad (9\text{-}16)$$

式中，P_f——烟流密度，kg/m^3；

ρ_a——风流密度，kg/m^3。

为求出火源处 $A(x=0)$ 到烟流下游处 B 处（$x=L$）之间的浮力效应烟流阻力，可通过对式（9-16）进行积分，得到隧道发生火灾后的浮力效应烟流阻力的计算公式：

$$P_f = \int_0^L (\rho - \rho_a)g\sin\theta g\,dx \quad (9\text{-}17)$$

隧道内刚发生火灾时，隧道内的各项参数，包括温度、密度、压强等，均处于不断变化之中，是时间的函数，这时通过式（9-17）计算隧道内的浮力效应烟流阻力较为复杂。随着火灾的发展，隧道内不同位置的各项参数的变化梯度逐渐减小，到一定时间后，可以认为隧道火灾处于一个稳定的状态，不同位置的各项参数不变，各项参数只是关于位置的函数，而与时间没有关系，这时可以通过式（9-17）计算隧道内的浮力效应烟流阻力。

假设隧道内发生火灾前后，隧道内的静压近似不变，忽略隧道内火灾烟流流动过程

中静压的变化，则由理想气体状态方程可得

$$\rho T = \text{const} \tag{9-18}$$

则有

$$\rho = \frac{\rho_a T_0}{T} \tag{9-19}$$

将上式代入式(9-17)得

$$P_f = \int_0^L \left(\frac{\rho_a T_0}{T} - \rho_a \right) g \sin\theta \cdot g \, dx \tag{9-20}$$

结合坡度对温度分布影响所得到的结果可得

$$T = T_0 - \frac{mg\sin\theta}{\alpha D} + \left(T_{\text{fire}} - T_0 + \frac{mg\sin\theta}{\alpha D} \right) \cdot g \exp\left(-\frac{\alpha D x}{mc_p} \right) \tag{9-21}$$

$$dx = \frac{mc_p}{\alpha D T_0 - \alpha D T - mg\sin\theta} \cdot g \, dT \tag{9-22}$$

当 $x = 0$ 时，$T_{gx} = T_{\text{fire}}$，当 $x = 0$ 时，$T_{gx} = T_{gL}$，将上式代入式(1-20)得

$$\begin{aligned} P_f &= \int_{T_{\text{fire}}}^{T_{gL}} \left(\frac{\rho_a T_0}{T} - \rho_a \right) \frac{mg\sin\theta c_p}{\alpha D T_0 - \alpha D T - mg\sin\theta} \cdot g \, dT \\ &= \frac{mg\sin\theta c_p \rho_a}{\alpha D} \int_{T_{\text{fire}}}^{T_{gL}} \frac{1}{T - T_0 + \frac{mg\sin\theta}{\alpha D}} \cdot g \, dT \\ &\quad - \frac{mg\sin\theta T_0 c_p \rho_a}{\alpha D} \int_{T_{\text{fire}}}^{T_{gL}} \frac{1}{\left(T - T_0 + \frac{mg\sin\theta}{\alpha D} \right)} \cdot g \, dT \end{aligned} \tag{9-23}$$

令 $A_k = T_0 - \dfrac{mg\sin\theta}{\alpha D}$，$B_k = \dfrac{\alpha D}{mc_p}$，$C_k = \dfrac{c_p \rho_a mg\sin\theta}{\alpha D}$，则由式(9-16)和式(9-23)有

$$T = A_k + (T_{\text{fire}} - A_k) \cdot \exp(-B_k x) \tag{9-24}$$

$$P_f = C_k \int_{gL\,T_{\text{fire}}}^{T} \frac{1}{T - A_k} g \cdot dT - C_k T_0 \int_{gL\,T_{\text{fire}}}^{T} \frac{1}{T(T - A_k)} g \cdot dT \tag{9-25}$$

设从火源处($x = 0$)到隧道上坡出口处($x = L$)是距离为 L，考虑到积分边界：

$$T_{gx} = T_{\text{fire}}$$

$$T_{gx} = A_k + (T_{\text{fire}} - A_k) \cdot \exp(-B_k L), (x = L)$$

对式(9-25)进行积分可以得

$$P_f = C_k \ln\left(\frac{T_{gL} - A_k}{T_{\text{fire}} - A_k} \right) + \frac{C_k T_0}{A_k} \ln\left(\frac{T_{gL}(T_{\text{fire}} - A_k)}{T_{\text{fire}}(T_{gL} - A_k)} \right) \tag{9-26}$$

将 $T_{gx} = A_k + (T_{\text{fire}} - A_k) \cdot g \exp(-B_k L)$，$A_k = T_0 - \dfrac{mg\sin\theta}{\alpha D}$，$B_k = \dfrac{\alpha D}{mc_p}$，$C_k = \dfrac{c_p \rho_a mg\sin\theta}{\alpha D}$ 代入式(9-26)得

$$\begin{aligned} P_f = &-\rho_a g L \sin\theta \\ &+ \frac{\alpha D \rho_a g L T_0 \sin\theta}{\alpha D T_0 - mg\sin\theta} \end{aligned}$$

$$+ \frac{c_p \rho_a m g T_0 \sin\theta}{\alpha DT_0 - mg\sin\theta} \ln\left[\frac{\alpha DT_0 - mg\sin\theta + (\alpha DT_{\text{fire}} - \alpha DT_0 - mg\sin\theta)\cdot g\exp\left(\dfrac{-\alpha DL}{mc_p}\right)}{\alpha DT_{\text{fire}}}\right]$$

$$(9\text{-}27)$$

在式(9-27)中，即隧道火灾浮力烟流阻力(火风压)计算公式中，$\rho_a gL\sin\theta$ 部分由 $\int_0^L \rho_a g\sin\theta \mathrm{d}x$ 积分所得到，与火灾后的烟流状态无关，只与火灾前隧道内的结构特征与风流状态有关，表示隧道发生火灾前，隧道两端的位压差，隧道的长度越长，隧道坡度越大，$\rho_a gL\sin\theta$ 的值越大；其余部分由 $\int_0^L \dfrac{\rho_a T_0}{T} g\sin\theta \mathrm{d}x$ 积分所得到，与隧道内发生火灾后的烟流状态和隧道的结构特征有关，表示隧道内发生火灾后，隧道两端由烟流所产生的位压差，隧道的长度越长，坡度越大，该部分值也越大。

由于隧道火灾发生后，隧道内的温度要比火灾发生前的温度要高，则有

$$\frac{\rho_a T_0}{T} < \rho_a \tag{9-28}$$

因此有

$$\int_0^L \frac{\rho_a T_0}{T} g \mid \sin\theta \mid \mathrm{d}x < \int_0^L \rho_a g \mid \sin\theta \mid \mathrm{d}x \tag{9-29}$$

对在坡度为正的隧道内(即 $\theta > 0$)，隧道内火灾浮力烟流阻力(火风压)为

$$P_f = \int_0^L \left(\frac{\rho_a T_0}{T} - \rho_a\right) g\sin\theta \mathrm{d}x < 0 \tag{9-30}$$

说明当隧道坡度为正时，隧道内的行车方向、火灾前的风流方向均向着隧道的正坡度方向，火灾发生后，为使火源下游侧的受困车辆不受火灾烟气的影响，需将烟气控制在上坡侧，而此时隧道内火灾浮力烟流阻力 $P_f < 0$，对烟气产生了一个向隧道上坡方向抽吸的作用，也就是说，火灾的浮力效应推动烟气向隧道的上坡方向流动，对隧道内的通风排烟有利。

对在坡度为负的隧道内(即 $\theta < 0$)，隧道内火灾浮力烟流阻力(火风压)为

$$P_f = \int_0^L \left(\frac{\rho_a T_0}{T} - \rho_a\right) g\sin\theta \mathrm{d}x > 0 \tag{9-31}$$

说明当隧道坡度为负时，隧道内的行车方向、火灾前的风流方向均向着隧道的负坡度方向，火灾发生后，为使火源下游侧的受困车辆不受火灾烟气的影响，需将烟气控制在下坡侧，而此时隧道内火灾浮力烟流阻力 $P_f > 0$，对烟气产生了一个向隧道上坡方向抽吸的作用，即隧道火灾的浮力效应阻碍烟气向隧道的下坡方向流动，对隧道内的通风排烟不利。

9.2　城际及水下铁路隧道地下车站火灾通风排烟模式

9.2.1　地下车站建筑形式

城际铁路站台形式主要有岛式站台、侧式站台和混合式站台。

   岛式站台，又名中置式站台、中央站台，为路轨在两旁、站台被夹在中间的设计，如图 9-3 所示。其主要优点为：站台总宽度较侧式站台小；与站台相关的设备（例如升降机、电动扶梯等）只需购置一组，可降低投资及营运成本；较易于监控；可以衍生出同站台平行转乘的设计，从而大幅节省通勤换车旅客的转乘时间和徒步距离，提升系统运作的效率；旅客若搭错路线或方向较易于换线返回。但岛式站台的一大缺点就是站台面积受到限制，因而造成了旅客动线复杂及扩建不易的问题。

   因为常成对使用，侧式站台又称为相对式站台或对向式站台，相对岛式站台，其设计为路轨在中央，站台在左、右两侧，如图 9-4 所示。侧式站台可避免上、下行乘客相互干扰，正线和站线间不设喇叭口，造价低，改建容易，缺点是站台面积利用率低，不可调剂客流，中途改变方向须经过地道或天桥，车站管理分散，站台空间不及岛式站台宽阔。

   混合式站台，即指同时包括岛式和侧式设计的站台，可有一岛二侧和一岛一侧等多种形式，如图 9-5 和图 9-6 所示。

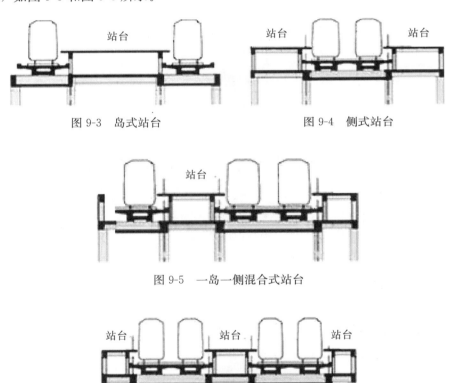

图 9-3 岛式站台   图 9-4 侧式站台

图 9-5 一岛一侧混合式站台

图 9-6 一岛两侧混合式站台

9.2.2 地下车站通风排烟模式

   典型的火灾列车停靠在车站内的通风排烟模式如图 9-7 和图 9-8 所示。

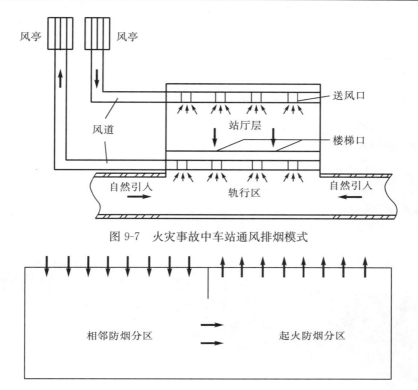

图 9-7　火灾事故中车站通风排烟模式

图 9-8　防烟分区示意图

完整的排烟路径如下：火灾列车停靠在轨行区后，送风风亭通过风道送风至站厅层，保证有一定风速的风流由站厅层通过各楼梯口进入站台层，保证烟流不侵入站厅层；同时轨行区上端及下端排烟风阀开始排烟。

9.2.3　地下车站火灾烟气分布特性及通风控制模式

数值模拟主要探讨火灾列车停靠在城际铁路地下车站时，屏蔽门、防烟帷幕以及排烟量对岛式城际铁路地下车站烟气的扩散特点及规律的影响，以研究该火灾场景下通风排烟的关键因素，并验证通风排烟理论的可行性。

1. 计算参数

计算参数包括土建结构和风机配置两部分

（1）土建结构部分。本次计算的土建结构包括城际铁路地下车站尺寸，列出的隧道地下车站参数如表 9-1 和表 9-2 所示。

表 9-1　城际铁路地下车站参数表

车站形式	有效站台长度/m	站台宽度/m	站台层净高	站台高度	屏蔽门（宽×高）/m	屏蔽门间距	楼梯宽
岛式	220	11.5	5.6	1.25	1×1.85	8	4

表 9-2　城际铁路地下车站排烟系统表

排烟形式	轨顶排风道			轨底排风道		
	间距/m	排烟口尺寸/m	数量	间距/m	排烟口尺寸/m	数量
半横向式	50	2×2.5	4个	13.8	0.8×0.4	7组×8个

（2）风机配置部分。针对车站站台列车火灾，本次计算的风机配置包括：轨行区排烟风机、站厅层送风风机。排烟量按照理论计算取值 75m³/s，站厅层送风 60m³/s。

2. 计算模型

模型采用 FDS 火灾模拟软件按 1∶1 比例模拟地下车站的温度场、速度场、压力场及烟流分布。模型示意图如图 9-9～图 9-11 所示。

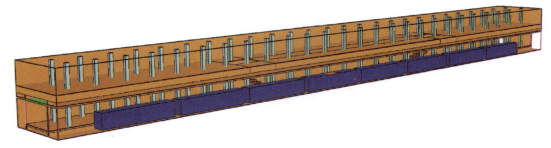

图 9-9　计算模型整体图

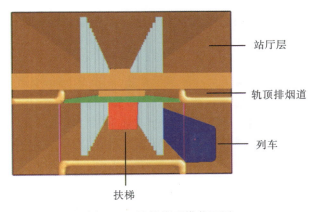

图 9-10　计算模型横截面图

图 9-11　计算模型纵截面图

3. 计算工况

该模型的工况具体见表 9-3。

表 9-3　地下车站通风排烟工况表

工况	屏蔽门	防烟帷幕	排烟阀
1	无	无	无
2	无	无	100
3	半封闭	无	100
4	全封闭	无	100
5	无	有	100

4. 计算结果分析

数值模拟主要探讨火灾列车停靠在城际铁路地下车站时，屏蔽门、防烟帷幕以及排烟量对岛式城际铁路地下车站烟气的扩散特点及规律的影响，并且分析不同工况下车站的温度场以及人员疏散情况。

本节主要讨论火灾列车停靠在城际铁路地下车站，屏蔽门、防烟帷幕以及排烟量对岛式城际铁路地下车站烟气的扩散特点及规律的影响。

（1）工况 1：自然蔓延。由图 9-12 和图 9-13 可知，在没有自然通风的情况下，烟气蔓延的速度非常快，烟流在吊顶处沿着隧道以及站台层蔓延，发生火灾 60s 时，烟气已经蔓延指站厅层，同时，随着火灾的发展，站台层及站厅层烟流厚度逐渐增高，火灾发生 360s 时，烟气已充满整个站台层和站厅层。

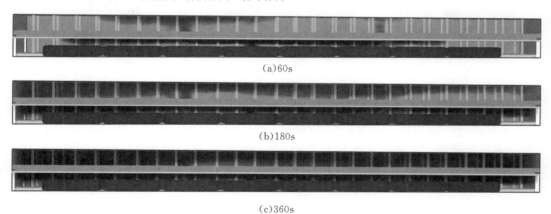

(a)60s

(b)180s

(c)360s

图 9-12　烟流蔓延纵断面分布图（工况 1）

(a)60s　　　　　　　　　　(b)180s　　　　　　　　　　(c)360s

图 9-13　烟流分布横截面分布图（工况 1）

（2）工况2：通风条件下，无防烟帷幕、屏蔽门时的情况。由图9-14和图9-15可知，在通风条件下，无防烟帷幕、屏蔽门时，烟气蔓延的速度依然非常快，烟流在吊顶处沿着隧道以及站台层蔓延，发生火灾60s时，可以看到站台层烟流仍然有少量蔓延指站厅层，发生火灾360s时，站台层烟气厚度较大，站厅层烟气浓度相对较小。

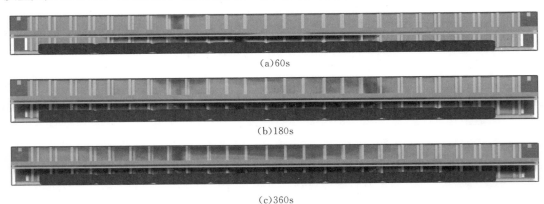

(a)60s

(b)180s

(c)360s

图9-14　烟流蔓延纵断面分布图（工况2）

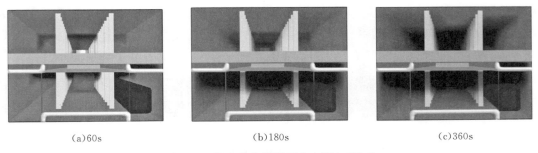

(a)60s　　　　　　　　　　(b)180s　　　　　　　　　　(c)360s

图9-15　烟流分布横截面分布图（工况2）

（3）工况3：通风条件下，无防烟帷幕且为半屏蔽门时的情况。由图9-16和图9-17可知，在通风条件下，无防烟帷幕且为半屏蔽门的情况下，烟气蔓延的速度较快，烟流在吊顶处沿着隧道以及站台层蔓延，发生火灾60s时，烟气有少量蔓延指站厅层，随着火灾发展，站台层上方烟气浓度加重，站厅层烟气浓度较小。

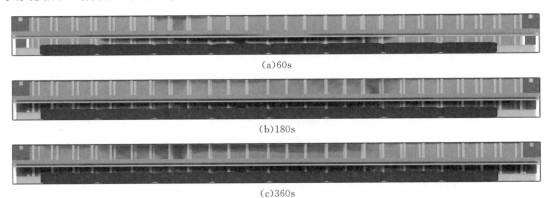

(a)60s

(b)180s

(c)360s

图9-16　烟流蔓延纵断面分布图（工况3）

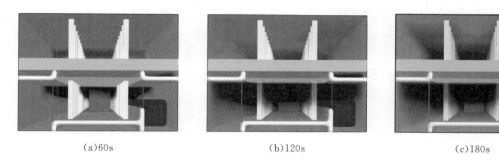

(a)60s　　　　　　　　　(b)120s　　　　　　　　　(c)180s

图 9-17　烟流分布横截面分布图(工况 3)

　　(4)工况 4：通风条件下，无防烟帷幕且为，全屏蔽门时的情况。由图 9-18 和图 9-19 所示，在通风条件下，无防烟帷幕且为全屏蔽门的情况下，由于屏蔽门的阻挡，烟流沿着隧道以及站台层蔓延，随着火灾发展，烟气主要分布在轨行区间内，站台层、站厅层几乎无烟流。

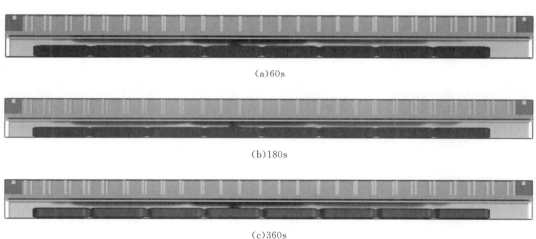

(a)60s

(b)180s

(c)360s

图 9-18　烟流蔓延纵断面分布图(工况 4)

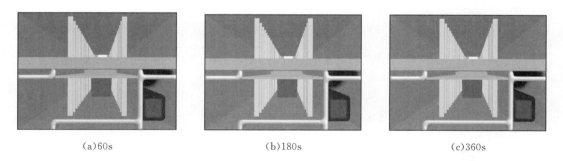

(a)60s　　　　　　　　　(b)180s　　　　　　　　　(c)360s

图 9-19　烟流分布横截面分布图(工况 4)

　　(5)工况 5：通风条件下，有防烟帷幕但无屏蔽门时的情况。由图 9-20 和图 9-21 可知，在通风条件下，有防烟帷幕但无屏蔽门的情况下，由于防烟帷幕的阻挡，烟流沿着隧道以及站台层蔓延，烟流主要分布在轨行区间内、站台层顶端 3m 处，而站厅层几乎无烟流进入。

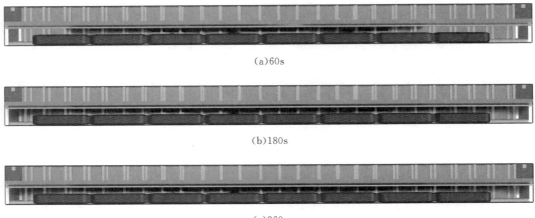

(a)60s

(b)180s

(c)360s

图 9-20　烟流蔓延纵断面分布图(工况 5)

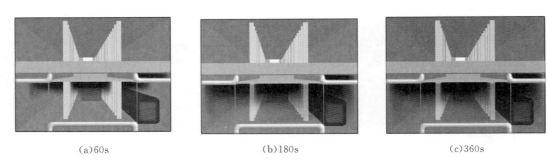

(a)60s　　　　　　　　　(b)180s　　　　　　　　　(c)360s

图 9-21　烟流分布横截面分布图(工况 5)

综上所述,通过对地下车站烟流分布的研究可以得到如下结论。

(1)不采取任何控烟措施时,烟流由火灾列车迅速蔓延至隧道拱顶,同时沿着横向(车站方向)、纵向(隧道方向)扩散,随着火灾的发展,烟流通过楼梯口蔓延至站厅层,站厅层烟流由于温度不高,迅速充满站厅层;而站台层烟流由于温度较高,主要分布于站台层顶部。

(2)在无屏蔽门条件下,即使通风排烟,烟气仍会扩散到站厅层。

(3)设置屏蔽门或者防烟帷幕,可以有效控制烟流蔓延范围,保证无烟流侵入站厅层。

9.2.4　火灾列车停靠在城际铁路地下车站时人员安全评价

火灾列车停靠在地下车站时,有无屏蔽门、防烟帷幕以及排烟量大小对岛式地下车站拱顶及人眼特征高度处的最高温度如图 9-22 所示。

由图 9-22 可知,拱顶最高温度依次为 812℃、760℃、760℃、773℃、758℃,站台 2m 高度处温度依次为 103℃、41.2℃、42.0℃、28℃、38℃,可以得到在无通风条件,站台 2m 高度处温度较高,人员不能安全撤离;而当通风后,站台层 2m 高度处温度显著降低,即通风可以有效降低站台层 2m 高度处的温度,以保证人员安全疏散。

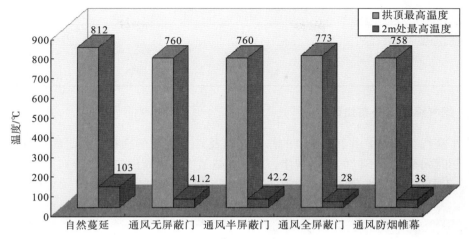

图 9-22　不同控烟模式下最高温度对比图

不同控烟模式下人员安全评价如表 9-4 所示。

表 9-4　人员安全评价表

工况	屏蔽门	防烟帷幕	排烟量	360s 时是否安全疏散完毕	烟流是否侵入站厅层
1	无	无	无	否	是
2	无	无	100	是	是
3	半封闭	无	100	是	是
4	全封闭	无	100	是	否
5	无	有	100	是	否

由表 9-4 可知，在不采取任何控烟措施条件下，发生火灾后 360s 内人员不能安全疏散；当仅采取通风措施或半开封闭门时，虽然可以保证人员安全疏散，但烟气大量进入站厅层，危害疏散人员安全；设置全屏蔽门或防烟帷幕，可以有效控制烟流蔓延范围，保证人员安全疏散，无烟气侵入站厅层。

9.3　城际及水下铁路隧道携火列车进站时烟气扩散规律特性

9.3.1　列车携火进入车站的烟气分布特性

携火列车进入车站时，根据车站内有无屏蔽门及排烟阀，将车站内烟气分布特征分为 4 个工况进行研究，如表 9-5 所示。

表 9-5　携火列车进站烟流计算工况表

工况	屏蔽门	排烟阀
1	关闭	关闭
2	关闭	开启

续表

工况	屏蔽门	排烟阀
3	开启	关闭
4	开启	开启

1. 烟气纵截面分布规律

列车在行驶过程中由于活塞风的作用，以及列车本身车速和阻塞比的影响，纵向烟流分布随时间呈现出不同的分布规律。以下为隧道中心纵断面的烟气分布云图。

（1）工况 1：车站关闭屏蔽门和顶部排烟阀。其纵向烟气分布如图 9-23 所示。

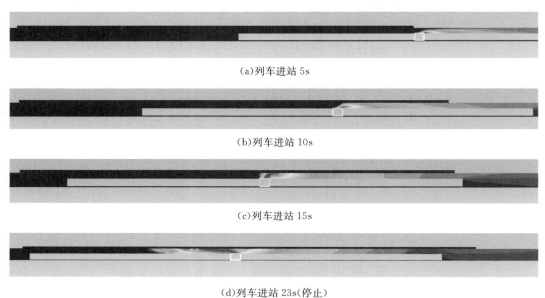

（a）列车进站 5s

（b）列车进站 10s

（c）列车进站 15s

（d）列车进站 23s（停止）

图 9-23　列车制动过程中烟气纵向分布图（工况 1）

由图 9-23 可知，列车携火进入地下车站过程中，烟气的发展过程可分为两个阶段。第一阶段为列车车速较快，列车与隧道之间的环形空间存在较大的背离列车行驶方向的风速，使火灾烟气全部往上游车厢扩散；第二阶段为列车车速降低，环形空间活塞风风向与行驶方向一致，烟气出现回流，往下游扩散。

（2）工况 2：车站关闭屏蔽门，开启顶部排烟阀。其纵向烟气分布如图 9-24 所示。

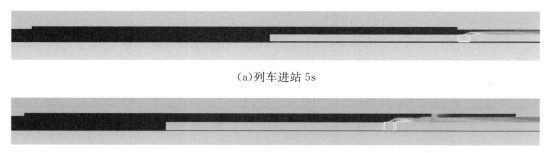

（a）列车进站 5s

（b）列车进站 10s

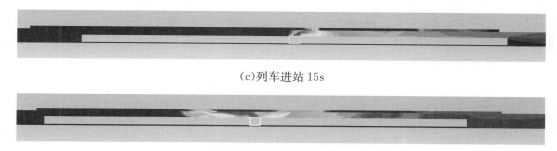

(c)列车进站 15s

(d)列车进站 23s(停止)

图 9-24　列车制动过程中烟气纵向分布图(工况 2)

由图 9-24 可知,其与工况 1 烟气纵向分布规律相似,分为车速较快时向上游扩散和车速降低后烟气回流两个阶段。开启顶部风阀后,位于火源附近的两个顶部风阀的排烟效果明显。

(3)工况 3:车站开启屏蔽门,关闭顶部排烟阀。其纵向烟气分布如图 9-25 所示。

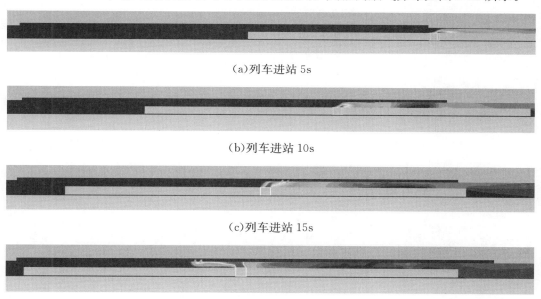

(a)列车进站 5s

(b)列车进站 10s

(c)列车进站 15s

(d)列车进站 23s(停止)

图 9-25　列车制动过程中烟气纵向分布图(工况 3)

由图 9-25 可知,车站开启屏蔽门时,列车制动过程中烟气分布规律与工况 1 有较大区别。列车进站时由于断面的突然扩大,不稳定风速打乱了烟气的自然分层,烟流在着火车厢后方出现漩涡,轨行区烟气减少,向车站站台层内蔓延。列车逐渐停止时,烟气开始回流。

(4)工况 4:车站开启屏蔽门,开启顶部排烟阀。其纵向烟气分布如图 9-26 所示。

(a)列车进站 5s

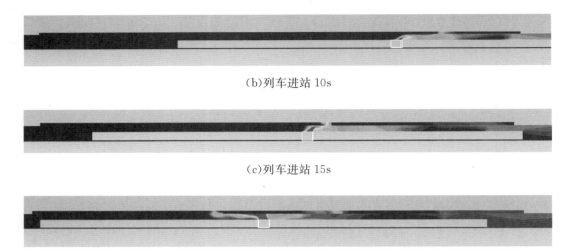

（b）列车进站 10s

（c）列车进站 15s

（d）列车进站 23s（停止）

图 9-26　列车制动过程中烟气纵向分布图（工况 4）

由图 9-26 可知，其与工况 3 的烟气分布规律相似，列车进站后烟流会在火源后方形成漩涡区，与有屏蔽门时相比，烟流向站台层蔓延，轨行区烟气浓度降低，进入顶部风阀的烟气有所减少。

2. 烟气水平截面分布规律

火灾列车进入车站后，若没有屏蔽门的阻拦，烟气会扩散至站台层，本节通过对比有、无屏蔽门时列车上方 3m 处，即车站顶部水平截面云图来说明烟气的横向蔓延规律。有、无屏蔽门时不同时刻烟气水平截面云图如图 9-27 和图 9-28 所示。

（a）列车进站 10s

（b）列车进站 15s

（c）列车进站 23s（停止）

图 9-27　关闭屏蔽门时列车制动过程中烟气水平截面分布图

(a)列车进站 10s

(b)列车进站 15s

(c)列车进站 23s(停止)

图 9-28　开启屏蔽门时列车制动过程中烟气水平截面分布图

由图 9-27 和图 9-28 可知，关闭屏蔽门时，列车制动过程中烟气未扩散至站台层，烟气先往上游扩散，距离火灾车厢越远，烟气浓度越低，当列车逐渐停止时，受活塞风作用而向上游回流。开启屏蔽门时，烟气扩散至站台层，在车速较快时，车厢周围会形成弧形空气幕，阻止烟流向下游车厢蔓延，当车速逐渐降低至列车停止时，烟流向下游扩散，站台层烟流分布浓度不均匀。

3. 屏蔽门处烟气分布规律

当火灾列车进入车站时，每个屏蔽门处的烟气分布会随列车移动而变化，图 9-29 为列车进站后不同位置屏蔽门处的烟气浓度变化图。列车停止后，着火车厢的两个车门对应站台的第九个与第十个屏蔽门，不同屏蔽门处的烟气浓度如图 9-29 所示。

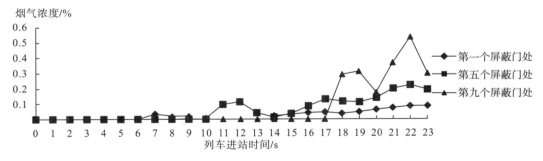

图 9-29　列车进站后不同屏蔽门处的烟气浓度变化图

由图 9-29 可知，着火车厢通过瞬间，屏蔽门处烟气浓度迅速提高，着火车厢通过后，烟气浓度下降，随着列车速度的下降，烟气逐渐累积，距离火源越近，烟气浓度越高。

火灾列车停止后，着火车厢对应的屏蔽门处的横截面烟气分布如图 9-30 所示。

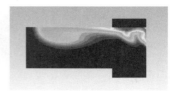

（a）有屏蔽门且开启风阀　　　　（b）有屏蔽门且关闭风阀　　　　（c）无屏蔽门且开启风阀

图 9-30　着火车厢屏蔽门处横截面烟流分布图

由图 9-30 可知，当开启轨行区排烟风阀后，着火车厢屏蔽门处侵入站台内的烟气明显减少，设置屏蔽门后，烟气主要集中在隧道顶部，当没有屏蔽门时，大量烟气侵入站台层，集中在站台层顶部。

9.3.2　最高温度与列车车速的关系

火灾列车在隧道内行驶时，列车周围产生的活塞风时速可达到 20m/s 以上，随着列车车速的变化，洞内烟气的最高温度会发生变化。列车进入车站后制动过程中，列车车速与洞内烟气最高温度的关系如图 9-31 所示。

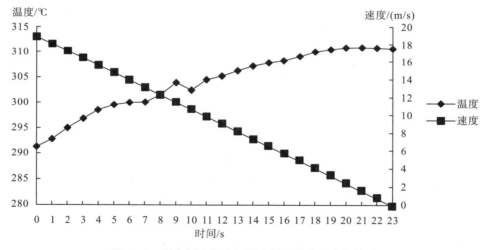

图 9-31　列车制动车速与洞内烟气最高温度的关系

由图 9-31 可知，随着列车制动，速度逐渐降低，洞内最高温度逐渐上升，车头进站时为 292℃，列车停止时为 312℃。

9.3.3　列车制动车速与活塞风速的关系

当前，国内外学者对铁路隧道发生火灾的研究，多是以静止着火列车作为研究对象。根据国内外隧道火灾事故案例分析，列车火灾多发生在行进过程中，此时的应对措施是控制列车开出洞外或到达紧急救援站。对于城际铁路，则可行进到前方地下车站进行疏散救援。与常见的分析静止列车在车站着火后的烟气控制模式相比，列车携火进入车站时，隧道内气流在车辆的带动下将会产生活塞风，活塞风对地下车站的烟气扩散规律、温度分布、通风排烟模式均会产生较大影响。本节基于伯努利方程，采用非恒定流活塞风计算理论，推导列车制动车速与活塞风速的关系，得到活塞风速的解析解，并通过动网格数值模拟，验证解析解的正确性。

1. 非恒定流活塞风速理论推导

气体在运动过程中，密度和速度的变化要受质量守恒定律的制约，其压强 P 也要发生变化，其变化规律与密度 ρ、速度 u、阻力 F 等因素有关。沿气体的流线 s 方向取一微小柱体，如图 9-32 所示。

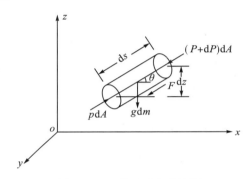

图 9-32　一维运动方程简图

微柱体长度为 $\mathrm{d}s$，端面积为 $\mathrm{d}A$，质量为 $\mathrm{d}m$，单位质量所受的阻力为 F，微柱体两端面所受的压力分别为 $\rho\mathrm{d}A$ 及 $\left(P + \dfrac{\partial P}{\partial s}\mathrm{d}s\right)\mathrm{d}A$，微柱体的速度为 u。

根据牛顿第二定律，可写出沿流线方向的力与加速度的关系式如下：

$$\rho\mathrm{d}A - \left(P + \frac{\partial P}{\partial s}\mathrm{d}s\right)\mathrm{d}A - g\,\mathrm{d}mg\sin\theta - F\mathrm{d}m = \mathrm{d}mg\,\frac{\mathrm{d}u}{\mathrm{d}t} \tag{9-32}$$

又 $\sin\theta = \dfrac{\partial z}{\partial s}$，所以有

$$\frac{\mathrm{d}u}{\mathrm{d}t} = \frac{\partial u}{\partial t} + \frac{\partial u}{\partial s}\frac{\mathrm{d}s}{\mathrm{d}t} = \frac{\partial u}{\partial t} + u\,\frac{\partial u}{\partial s} \tag{9-33}$$

$$\mathrm{d}m = \rho\mathrm{d}s\mathrm{d}A \tag{9-34}$$

以上三式代入式(9-34)中，并以 $\rho\mathrm{d}s\mathrm{d}A$ 除全式，整理得

$$\frac{\partial u}{\partial t} + u\,\frac{\partial u}{\partial s} + \frac{1}{\rho}\frac{\partial p}{\partial s} + g\,\frac{\partial z}{\partial s} + F = 0 \tag{9-35}$$

式(9-35)称为流体一维运动方程。

当列车驶入隧道时，在列车的推动下，隧道内的空气将会发生流动。严格来说，其流动速度是随着时间而变化的，这种流动称为非恒定流动。为求得密度不变的非恒定流动中流速和压强的变化关系，可将式(9-35)沿流线 s 由 1 点积分到 2 点(图 9-33)，得出式(9-36)：

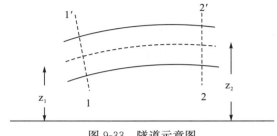

图 9-33　隧道示意图

$$\frac{u_1^2}{2} + \frac{P_1}{\rho} + gz_1 = \frac{u_2^2}{2} + \frac{P_2}{\rho} + gz_2 + h'_f + \int_s \frac{\partial u}{\partial t} ds \tag{9-36}$$

式中，h'_f——总流水头，m。

将式(9-36)各项乘以 $\rho u dA$，对整个过流断面积分，再以 ρQ 除全式，可得非恒定流总流的伯努利方程为

$$\frac{\alpha v_1^2}{2} + \frac{P_1}{\rho} + gz_1 = \frac{\alpha v_2^2}{2} + \frac{P_2}{\rho} + gz_2 + h'_f + \beta \int_s \frac{\partial v}{\partial t} ds \tag{9-37}$$

式中，$\beta \int_s \dfrac{\partial v}{\partial t} ds$ 称为惯性水头，它表示单位质量流体的动能随时间的变化量，其中，β 为流速不均匀的修正系数。对隧道中的气流，$\alpha \approx 1$，$\beta \approx 1$，如隧道的横断面积不变，即有 $A_1 = A_2 = A$，则 $v_1 = v_2$，$\dfrac{\partial v}{\partial t} = \dfrac{dv}{dt}$，积分得

$$\int_s \frac{dv}{dt} ds = l \frac{dv}{dt} \tag{9-38}$$

式中，l 为沿流线由断面 1-1′至断面 2-2′的距离。则可将式(9-38)变为

$$\frac{P_1}{\rho} + gz_1 = \frac{P_2}{\rho} + gz_2 + h'_f + l \frac{du}{dt} \tag{9-39}$$

列车在隧道中运行时，由于前后端压力差而在隧道内形成的气流为列车活塞风，如图 9-34 所示。现推出图中断面 3-3′与断面 2-2′之间气流相对于列车运动的非恒定流伯努利方程。当洞内无自然风时，由式(9-39)得

$$\frac{P_3}{\rho} - \frac{P_2}{\rho} = h'_f + l_0 \frac{dv_s}{dt} \tag{9-40}$$

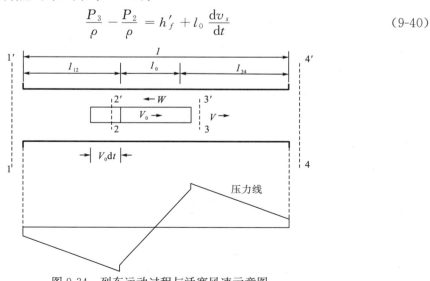

图 9-34　列车运动过程与活塞风速示意图

对于环状空间气流的沿程损失以及环状空间与列车前后隧道段的局部损失，不能简单套用工程常规的套管环流及突扩、突缩的局部阻力系数，其与壁面粗糙度、列车运行速度、隧道阻塞比、列车长度等诸多因素相关，要得到精确解较为困难。铁路工程中一般将这三部分之和考虑成一个常数系数与列车长度乘积的形式，这个常数系数称为活塞作用系数。因此有

$$\xi_1 + \lambda_0 \frac{l_0}{d_0} + \xi_2 = N l_0 \tag{9-41}$$

式中，ζ_1——气流由列车前方的隧道段进入环状空间的进口局部阻力系数；

λ_0——环状空间气流的沿程阻力系数；

ζ_2——气流由环状空间进入列车后方隧道段的出口局部阻力系数；

l_0——列车长度及环状空间的长度，m；

d_0——环状空间的当量直径，m。

根据《铁路隧道运营通风设计规范》(TB10068)，列车活塞风作用系数不是一个常数，与行车条件、阻塞比等参数有关，可按式(9-41)计算，该式系根据数值风洞试验结果回归得出，计算结果与现场实测结果与原规范取值较吻合。

$$K = \frac{N l_0}{(1-\alpha)^2} \tag{9-42}$$

$$N = \frac{1}{l_0} \left(0.807\alpha^2 - 1.322\alpha + 1.008 + \lambda_0 \frac{l_0}{d_0} \right) \tag{9-43}$$

式中，K——活塞风作用系数；

N——列车阻力系数。

列车在空旷的地面上运行时，列车前方的空气可毫无阻挡地被排挤到列车的两侧和前方，然后绕流到列车的后面。列车在隧道中运行时，由于隧道壁的限制，列车所排开的空气不能全部绕流到列车后方，必然有部分空气被列车推出隧道出口之外。设列车的速度为 v_t，列车的横断面积为 A_0，隧道横断面积为 A，活塞风速为 v，列车与隧道壁之间的环状空间中气流的绝对速度（相对于隧道壁的速度）为 w。在 dt 时间内，列车在隧道中移动所排开的空气体积为 $A_0 v_t dt$；在列车前方，有部分空气被推移出隧道出口之外，其体积为 $A v dt$，另一部分空气通过列车与隧道壁之间的环状空间由列车前方流向列车后方，其体积为 $(A-A_0)w dt$，根据气体流动的连续性方程可知：

$$A_0 v_t dt = A v dt + (A - A_0) w dt \tag{9-44}$$

即有

$$w = \frac{A_0 v_t - A v}{A - A_0} \tag{9-45}$$

其中，v_t 为列车制动后的瞬时车速，$v_t = v_0 + at$，v_0 为列车制动前匀速运动的车速。

则环状空间中的气流相对于列车的速度 v_s 可表示为

$$v_s = w + v_t = \frac{A_0 v_t - A v}{A - A_0} + v_t = \frac{v_0 + at - v}{1 - \frac{A_0}{A}} = \frac{v_0 + at - v}{1 - \alpha} \tag{9-46}$$

式中，α——列车对隧道的阻塞比，$\alpha = \dfrac{A_0}{A}$。

将式(9-46)等式两侧同时求导可得

$$\frac{\mathrm{d}v_s}{\mathrm{d}t} = \frac{1}{1-\alpha}\left(a - \frac{\mathrm{d}v}{\mathrm{d}t}\right) \tag{9-47}$$

式中，v——随时间而变化的列车活塞风速。

由式(9-45)、式(9-46)、式(9-47)可得环状空间的压头损失为

$$h_f = \left(\xi_1 + \lambda_0\frac{l_0}{d_0} + \xi_2\right)\frac{v_s^2}{2} = Nl_0\frac{v_s^2}{2} = \frac{Nl_0}{(1-\alpha)^2}\frac{(v_0 + at - v)^2}{2} = K\frac{(v_0 + at - v)^2}{2} \tag{9-48}$$

将式(9-46)及式(9-47)代入式(9-48)可得

$$P_3 - P_2 = \frac{\rho K(v_0 + at - v)^2}{2} + \frac{\rho l_0}{1-\alpha}\left(a - \frac{\mathrm{d}v}{\mathrm{d}t}\right) \tag{9-49}$$

同理，对隧道中的气流引用式(9-49)可得

$$\frac{P_3}{\rho} + \frac{v^2}{2} = \frac{P_a}{\rho} + \left(\lambda\frac{l_{34}}{d} + 1\right)\frac{v^2}{2} + l_{34}\frac{\mathrm{d}v}{\mathrm{d}t} \tag{9-50}$$

$$\frac{P_a}{\rho} = \frac{v^2}{2} + \frac{P_2}{\rho} + \left(\zeta + \lambda\frac{l_{34}}{d}\right)\frac{v^2}{2} + l_{12}\frac{\mathrm{d}v}{\mathrm{d}t} \tag{9-51}$$

则有

$$P_3 - P_2 = \left(\zeta + \lambda\frac{l - l_0}{d} + 1\right)\frac{\rho v^2}{2} + \rho(l - l_0)\frac{\mathrm{d}v}{\mathrm{d}t} = \xi_t\frac{\rho v^2}{2} + \rho(l - l_0)\frac{\mathrm{d}v}{\mathrm{d}t} \tag{9-52}$$

式中，λ——隧道沿程阻力系数；

l_{34}、l_{12}——列车前方及列车后方的隧道段长度，m；

l——隧道的长度，m；

p_a——隧道洞口的大气压强，Pa；

ζ——隧道的局部阻力系数；

ξ_t——除环状空间外的隧道段的阻力系数。

联立式(9-51)及式(9-52)可得

$$\frac{\rho K(v_0 + at - v)^2}{2} + \frac{\rho l_0}{(1-\alpha)}\left(a - \frac{\mathrm{d}v}{\mathrm{d}t}\right) = \xi_t\frac{\rho v^2}{2} + \rho(l - l_0)\frac{\mathrm{d}v}{\mathrm{d}t} \tag{9-53}$$

化简后为

$$K(v_0 + at - v)^2 - \xi_t v^2 + \frac{2l_0 a}{1-\alpha} = 2\left(l + \frac{\alpha l_0}{1-\alpha}\right)\frac{\mathrm{d}v}{\mathrm{d}t} \tag{9-54}$$

此式为一阶非线性常微分方程，其表征了列车匀变速运动的瞬时速度与活塞风速度的关系。要解该方程，就必须知道其初值条件，即列车开始制动时的活塞风速，可通过以下方法确定。

当 $a = 0$ 时，式(9-54)变形为

$$K(v_0 - v)^2 - \xi_t v^2 = 2\left(l + \frac{\alpha l_0}{1-\alpha}\right)\frac{\mathrm{d}v}{\mathrm{d}t} \tag{9-55}$$

此式可计算列车匀速运动时产生的活塞风速，即为式(9-55)的初值条件 $v(0)$。

2. 动网格数值模拟验证

为验证式(9-55)的正确性，利用本节建立的列车-隧道模型进行动网格计算，并与理

论计算结果进行比较。模型参数如表 9-6 所示。

表 9-6　数值模拟与理论计算的基础参数

隧道长度/m	列车长度/m	隧道断面积/m²	列车断面积/m²	阻塞比
700	200	30.825	12.506	0.406

通过理论计算与数值模拟，得到二者活塞风速度的结果对比如图 9-35 所示。

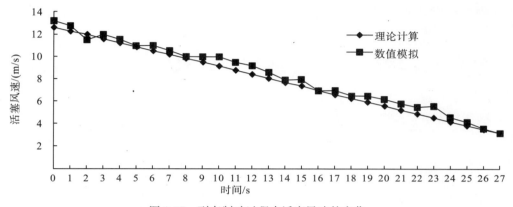

图 9-35　列车制动过程中活塞风速的变化

由图 9-35 可知，数值模拟结果与理论计算结果基本吻合，说明了理论计算公式的正确性，列车以 80km/h 的初速度制动进站停止后，其形成的平均活塞风速为 3.22m/s。

3.　活塞风对车站通风排烟系统的影响

轨行区顶部排烟道排烟效率是衡量地下车站区间火灾通风方案排烟效果的重要指标。各个排烟阀的排烟效率定义为单位时间内该排烟阀的排烟量占烟气生成总量的百分率，排烟系统的总排烟效率定义为单位时间内所有排烟阀的排烟量占烟气生成总量的百分率。

基于本章 9.3.3 节对地下车站着火的模拟，提取其四个排烟阀各时刻的烟雾分布情况，如图 9-36 所示。

由图 9-36 可知，1min 时，火源燃烧规模较小，烟雾量较小，烟雾完全由排烟阀 2、3 排出；2～3min 时，由于排烟量较小，烟流大部分从排烟道排出，另外一部分沿着隧道蔓延，同时出现烟流流出排烟道的现象，流出排烟道的烟流与主隧道烟流混合；4～6min 时，烟雾产生量大于排烟量，烟雾充满排烟道后，烟雾在主隧道内前进蔓延。最终排烟道充满烟雾，同时大量烟雾向隧道纵向蔓延。

通过本章对列车携火进站的模拟，由于列车停止后其形成的活塞风并不会立即消失，使烟气整体向下游扩散，对各排烟阀的排烟效率会产生影响。有无活塞风情况下各排烟阀的排烟量如表 9-7 所示。

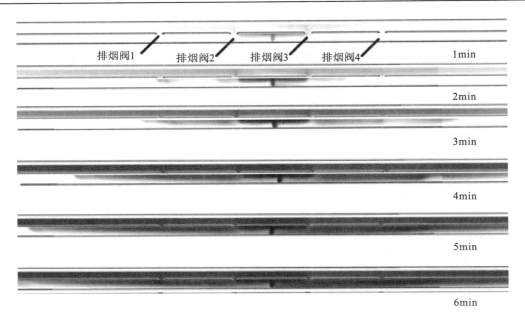

图 9-36　静止列车着火后各时刻排烟道烟雾分布

表 9-7　有无活塞风情况下排烟阀排烟量分布　　　　　　　（单位：kg/s）

工况	排烟阀 1	排烟阀 2	排烟阀 3	排烟阀 4	总排烟量
列车静止且无活塞风	−0.53	23.49	24.02	0.53	47.51
列车携火进站且有活塞风	1.6	11.74	13.88	12.81	40.04

通过对各排烟阀排烟量进行统计，可以得到各排烟阀的排烟效率如图 9-37 所示。

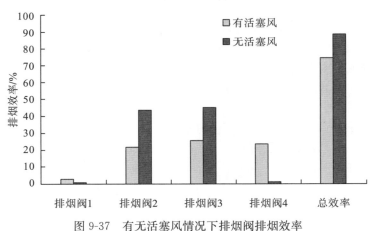

图 9-37　有无活塞风情况下排烟阀排烟效率

由图 9-37 可知，当静止列车在车站着火时，位于火源附近的两个排烟阀的效率最高，距离火源越远，排烟效率迅速降低，甚至可能出现烟流从排烟道逆流进入主隧道的情况，排烟总效率为 89%。若列车携火进站，在活塞风的作用下，烟流向下游移动，火源附近的两个排烟阀和下游的排烟阀排烟效率较为接近，与静止工况相比，下游排烟阀的排烟效率提高了 23%，但排烟总效率为 75%，下降了 14%。

9.4　城际及水下铁路隧道地下车站人员疏散救援设计

9.4.1　人员疏散时间确定

1. 人员疏散数值模拟参数确定

1）站台参数

数值模拟主要探讨火灾列车停靠在城际铁路地下车站时，人员的疏散情况。选取一地下两层车站进行计算，车站站台宽度为 11.5m。站台参数如表 9-8 所示。车站按不同长度分为两种工况进行计算，分别为 220m 和 440m，对应的分别是 8 辆编组的动车组和 16 辆编组的动车组。采用人员疏散软件 Building-Exodus 进行数值模拟计算。

表 9-8　城际铁路地下车站参数表

有效站台长度/m	站台宽度/m	站台层净高/m	站台高度/m	屏蔽门宽×高/m	屏蔽门间距/m	楼梯宽/m	楼梯高度/m
440	11.5	5.6	1.25	1×1.85	8	4	5.6
220	11.5	5.6	1.25	1×1.85	8	4	5.6

2）人员属性参数

（1）人员数量。8 辆编组为 610(55＋100＋85＋100＋55＋100＋51＋64)人，16 辆编组为 610×2＝1220 人。每节车厢定员人数如表 9-9 所示。人员数量考虑 20％的人员超载，总数为 732 人和 1464 人。

表 9-9　8 辆编组的动车组各车厢人员数量表

二等座车				二等座车/餐车	二等座车	一等座车	二等座车
CRH2A-2xxx ZE 2xxx01	ZE 2xxx02	ZE 2xxx03	ZE 2xxx04	ZEC 2xxx05	ZE 2xxx06	ZY 2xxx07	CRH2A-2xxx ZE 2xxx00
55	100	85	100	55	100	51	64

（2）人员比例。根据旅客列车客流量调研及实测，得到不同年龄及性别的人员所占比例，如表 9-10 所示。

表 9-10　人员分配比例

性别	男性				女性			
年龄	16 以下	17～30	31～50	51 及以上	16 以下	17～30	31～50	51 及以上
比例	6％	21％	24％	4％	4％	21％	17％	3％

（3）人员速度。根据《建筑防火规范》规定。不同类别人群中的速度分布采用均匀分布模式，不同人群疏散速度见如表 9-11 所示。考虑到人员疏散时，受心理的压力影响会提高人的行动速度，在人员疏散模拟计算时予以考虑。人员分配比例如表 9-12 所示。

表 9-11　模拟计算中不同人员类型的人员属性取值

人员类型	儿童	成年男性	成年女性	老年人
速度基数	0.8	1.2	1	0.72
有烟行走速度($KS=0.35$)/(m/s)	0.78	1.17	0.97	0.7
考虑心理严重惊慌(1.66)	1.29	1.94	1.61	1.16
忍耐度	1～3	3～5	3～5	2～4

2.　人员疏散时间数值模拟

1)计算工况

车站模型按照车站站台长度(220m 和 440m)及站台宽度(11.5m),共计算 5 种工况,如表 9-12 所示。

表 9-12　城际铁路地下车站人员疏散工况表

工况	有效站台长度/m	楼梯间距/m	楼梯数量/个	人员数量/人
1	220	70	2	732
2	220	100	2	732
3	440	120	2	1464
4	440	100	3	1464
5	440	70	4	1464

采用人员疏散软件 Building-Exodus 建立场景模型进行模拟计算。站台有效长度分别取 220m 和 440m,均采取对称结构,取一半建立模型,楼梯间距采用 70m、100m、120m 等多种工况进行计算,楼梯高度为 5.6m,宽度为 4m,同时考虑了人员心理压力对移动速度的影响。

2)计算结果

(1)工况 1 计算结果。

在工况 1 情况下,站台有效长度为 220m,采用对称结构取一半建立模型,取宽度为5.5m 的站台进行计算,8 节编组的动车组中部发生火灾。楼梯间距为 70m,模型如图 9-38 所示。

人员疏散时间如图 9-39 所示。在 29s 时,开始有人员完成疏散,此后,人员疏散速率大致呈线性下降趋势。在 230s 时,672 人完成疏散。此时,大部分人员完成疏散,楼梯口处基本上无人员聚集,个体疏散速度加快。但是由于大部分人员完成疏散,此时人员疏散速率有所下降。

图 9-38　220m 站台、楼梯间距为 70m 的模型图

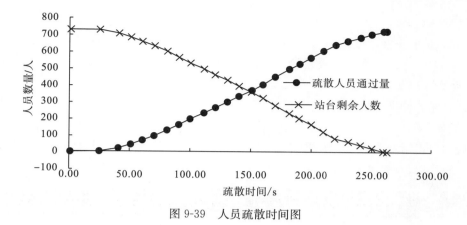

图 9-39　人员疏散时间图

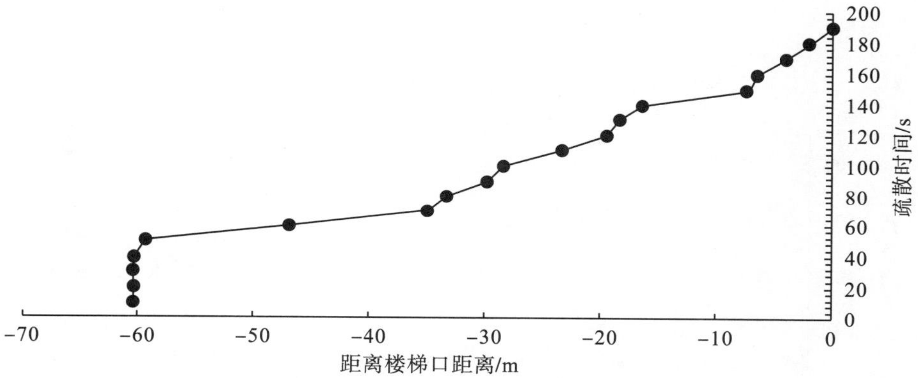

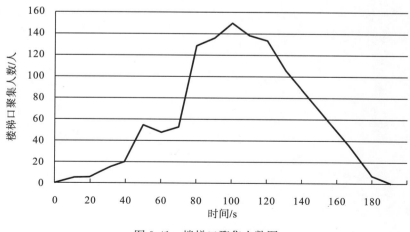

图 9-40　必需安全疏散时间图

必需安全疏散时间如图 9-40 所示，随着时间的变化，离出口的距离越来越近。在
30~40s 时，由于人员在车厢出口处的聚集，人员移动速度较慢。人员逃离车厢后，移动
速度加快，在 120~140s 时，由于人员在楼梯口处聚集，人员移动速度较慢。此后，随
着楼梯口人员聚集数量的减少，人员疏散速度大大加快。

图 9-41　楼梯口聚集人数图

楼梯口聚集人员数量表如图 9-41 所示，疏散开始后，聚集人员逐渐增多，达到峰值后，随着人员的疏散，聚集人员数量逐渐减少。在 13s 左右时，在楼梯口处人员开始聚集。在约 110s 时，人员聚集数量最多，此时聚集 150 人。至 190s 时，基本上无人员在楼梯口聚集。聚集时间为 90s。

(2) 工况 2 计算结果。

在工况 2 情况下，站台有效长度为 220m，采用对称结构取一半建立模型，取宽度为 5.5m 的站台进行计算，8 节编组的动车组中部发生火灾。楼梯间距为 100m，模型如图 9-42 所示。

图 9-42   220m 站台、楼梯间距为 100m 的模型图

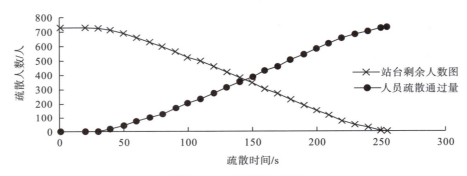

图 9-43   人员疏散时间表

人员疏散时间如图 9-43 所示，随着时间的增长，疏散的人员越来越多，站台剩余人数越来越少。22s 时，开始有人员完成疏散，此后，人员疏散速率大致呈线性下降趋势。在 227s 时，680 人完成疏散。此时，大部分人员完成疏散，楼梯口处基本上无人员聚集，个体疏散速度加快。但是由于大部分人员完成疏散，此时人员疏散速率有所下降，至 262s，车厢内的所有人员完成疏散。

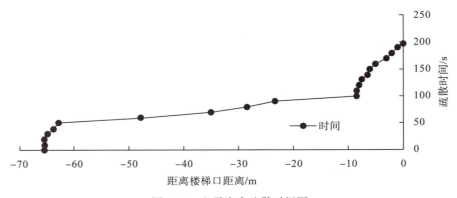

图 9-44   必需安全疏散时间图

必需安全疏散时间如图 9-44 所示，随着时间的变化，离出口的距离越来越近。在 10~50s 时，由于人员在车厢出口处聚集，人员移动速度较慢。人员逃离车厢后，移动速度加快，在 100~140s 时，由于人员在楼梯口处聚集，人员移动速度较慢。此后，随着楼梯口人员聚集数量的减少，人员疏散速度加快。

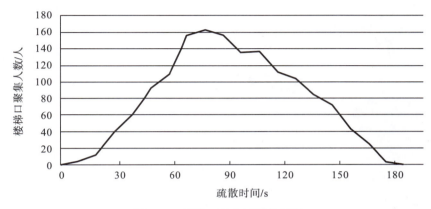

图 9-45　楼梯口处人员聚集时间

楼梯口聚集人员数量如图 9-45 所示，随着时间的增加，楼梯口处聚集的人数先增加，达到峰值后，随着时间的增加而减少。在 80s 时，楼梯口处人员聚集较多。此时聚集人数为 162 人。此后随着人员的疏散，聚集人员数量呈下降趋势，在 190s 时，楼梯口无人员聚集。聚集时间为 110s。

（3）工况 3 计算结果。

在工况 3 情况下，站台有效长度为 440m，采用对称结构取一半建立模型，取宽度为 5.5m 的站台进行计算，16 节编组的动车组中部发生火灾。楼梯间距为 120m，共有两个楼梯，模型如图 9-46 所示。

图 9-46　440m 站台、楼梯间距为 120m 的模型图

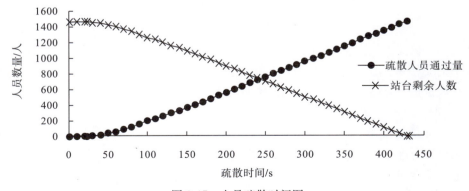

图 9-47　人员疏散时间图

人员疏散时间表如图 9-47 所示，随着时间的增加，疏散的人员在逐渐增加，站台人员聚集数量逐渐减少。21s 时，开始有人员完成疏散，430s 时，已完成所有人员的疏散。

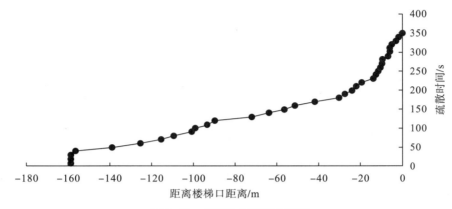

图 9-48　必需安全疏散时间图

必需安全疏散时间如图 9-48 所示，随着时间的增加，人员距离出口的距离逐渐减小，在 10~40s 时，由于人员在车厢出口处聚集，人员移动速度较慢。人员逃离车厢后，移动速度加快，在 200~240s 时，由于人员在楼梯口处聚集，人员移动速度较慢。此后，随着楼梯口人员聚集数量的减少，人员疏散速度大大加快。

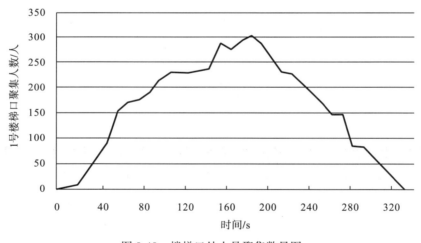

图 9-49　楼梯口处人员聚集数量图

楼梯口处聚集人员数量如图 9-49 所示，随着时间的增加，人员数量在逐渐增多，在 190s 左右时，楼梯口处人员聚集较多。此时聚集人员数量为 300 人，此后随着人员的疏散，聚集人员数量呈下降趋势，在 350s 时，楼梯口处基本上无人员聚集。聚集时间为 270s。

（4）工况 4 计算结果及分析。

在工况 4 的情况下，站台有效长度为 440m，采用对称结构取一半建立模型，取宽度为 5.5m 的站台进行计算，16 节编组的动车组中部发生火灾。楼梯间距为 100m，共设置 3 个楼梯，模型如图 9-50 所示。

人员疏散时间表如图 9-51 所示，随着时间的增加，疏散的人员越来越多，站台上人数呈下降趋势，在 29s 时，开始有人员完成疏散，59s 后，人员疏散速率大大加快。在 369s 时，已完成人员的疏散。

图 9-50　440m 站台、楼梯间距为 100m 的模型图

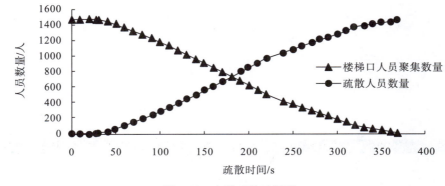

图 9-51　人员疏散时间图

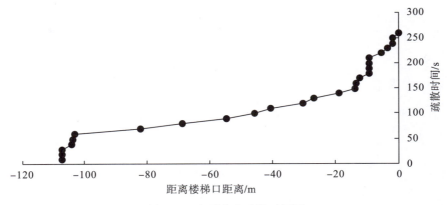

图 9-52　必需安全疏散时间图

楼梯口处聚集人员数量如图 9-52 所示，随着时间的变化，距离出口的距离越来越小。在 10~60s 时，由于人员在车厢出口处聚集，人员移动速度较慢。人员逃离车厢后，移动速度加快，在 180~210s 时，由于人员在楼梯口处聚集，人员移动速度较慢。此后，随着楼梯口处人员聚集数量的减少，人员疏散速度大大加快。

楼梯口聚集人员数量如图 9-53 所示，随着时间的增加，人员数量在逐渐增多，在 90s 左右时，楼梯口处人员聚集较多。此时聚集人数为 228 人。此后随着人员的疏散，聚集人员数量呈下降趋势，在 280s 时，楼梯口处基本上无人员聚集。聚集时间为 200s。

（5）工况 5 计算结果。

在工况 5 情况下，站台有效长度为 440m，采用对称结构取一半建立模型，取宽度为 5.5m 宽的站台进行计算，16 节编组的动车组中部发生火灾。楼梯间距为 70m，共设置 4 个楼梯，模型如图 9-54 所示。

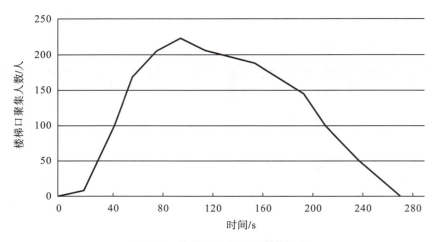

图 9-53　楼梯口处人员聚集数量图

图 9-54　440m 站台、楼梯间距为 70m 的模型图

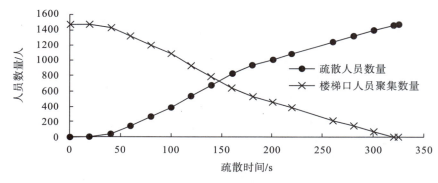

图 9-55　人员疏散时间图

　　人员疏散时间如图 9-55 所示，随着时间的增加，人员疏散数量越来越多，站台聚集人员越来越少，在 25s 时，开始有人员完成疏散，173s 后，由于聚集人员的减少，人员疏散速率加快。在 357s 时，已完成人员的疏散。

　　楼梯口处聚集人员数量如图 9-56 所示。随着时间的变化，距离出口的距离越来越近。在 10～60s 时，由于人员在车厢出口处聚集，人员移动速度较慢。人员逃离车厢后，移动速度加快，在 140～150s 时，由于人员在楼梯口处聚集，人员移动速度较慢。此后，随着楼梯口处人员聚集数量的减少，人员疏散速度大大加快。

　　楼梯口处聚集人员数量如图 9-57 所示，随着时间的增加，人员数量在逐渐增多，在 120s 左右时，在楼梯口人员聚集较多。此时聚集人数为 214 人。此后随着人员的疏散，聚集人员数量呈下降趋势，在 220s 时，楼梯口处基本上无人员聚集。聚集时间为 160s。

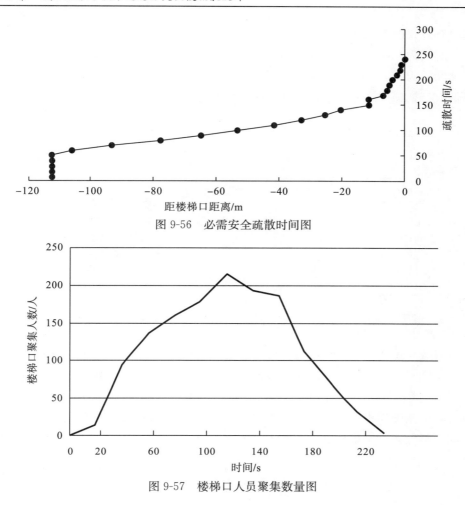

图 9-56　必需安全疏散时间图

图 9-57　楼梯口人员聚集数量图

9.4.2　地下车站结构设计参数确定

不同结构参数下人员疏散时间的对比如图 9-58～图 9-61 所示。

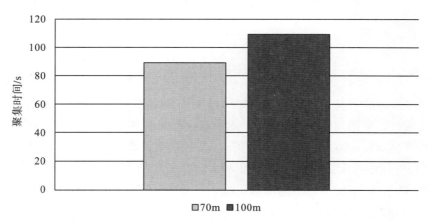

图 9-58　站台人员聚集时间对比图(站台有效长度为 220m)

站台有效长度为 220m 时，站台人员聚集时间如图 9-58 所示。楼梯间距为 70m 时，人员聚集时间为 90s，楼梯间距为 100m 时，人员聚集时间为 110s。说明对于 220m 站台，楼梯间距为 70m 时，人员聚集时间较短，可以加快人员疏散速度，减少人员聚集时间，降低人员聚集程度有利于火灾时人员的疏散。

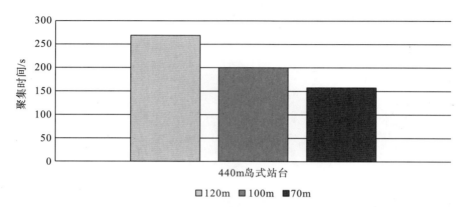

图 9-59　站台人员聚集时间对比图(站台有效长度为 440m)

站台有效长度为 440m 时，站台人员聚集时间如图 9-59 所示。疏散楼梯有 2 处，楼梯间距为 120m 时，人员聚集时间为 270s。疏散楼梯有 3 处，楼梯间距为 100m 时，人员疏散时间为 200s。疏散楼梯有 4 处，楼梯间距为 70m 时，人员疏散时间为 160s。说明当楼梯有 4 处，楼梯间距 70m 时，人员聚集时间较短，可以加快人员疏散速度，减少人员聚集时间，降低人员聚集程度，有利于火灾时人员的疏散。

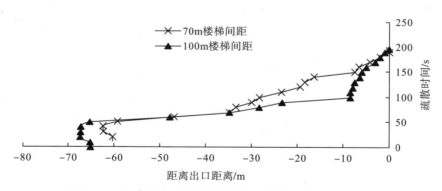

图 9-60　220m 站台不同楼梯间距必需安全疏散时间对比图

站台为 220m 的情况下，70m 和 100m 楼梯间距必需安全疏散时间如图 9-60 所示。对于 220m 站台，楼梯间距为 70m 时，必须安全时间为 190s。最远疏散距离为 62.5m。楼梯间距为 70m 时，必须安全时间为 197s。最远疏散距离为 67.5m。从图中分析可得，220m 站台长度在中部设置的楼梯间距为 70m 时，更有利于人员的疏散。

站台为 440m 的情况下，不同楼梯间距必需安全疏散时间的对比情况如图 9-61 所示。440m 岛式站台设置 2 处楼梯，楼梯间距为 120m 时，必需安全疏散时间为 350s，最远疏散距离约为 159m。当站台设置 3 处楼梯，楼梯间距为 100m 时，必须安全时间为 260s，最远疏散距离约为 108m。当站台设置 4 处楼梯，楼梯间距为 70m 时，必须安全时间为 240s，最远疏散距离约为 113m。从图中分析可得，440m 站台长度在中部设置 4 部楼梯，楼梯间距为 70m 时，更有利于人员的疏散。

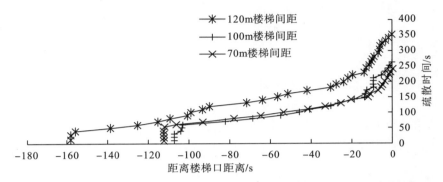

图 9-61　440m 站台不同楼梯间距必需安全疏散时间对比图

上述五种工况的人员疏散情况如表 9-13 所示。

表 9-13　各个工况计算结果对比表

站台长度/m	楼梯间距/m	数量	必需安全疏散时间/s	聚集时间/s	聚集程度
220	70	2	190	90	不严重
220	100	2	197	110	不严重
440	120	2	350	270	严重
440	100	3	260	200	较严重
440	70	4	240	160	不严重

如表 9-13 所示，通过对各个工况的计算结果进行对比，发现对于 220m 站台，中部设置 2 处楼梯，楼梯间距为 70m 时，人员聚集程度不严重，经软件模拟计算，可在 267s 内完成所有人员的疏散，疏散时间小于 6min。220m 站台中部设置 2 处楼梯，楼梯间距为 100m 时，人员聚集程度不严重，经软件模拟计算，在 262s 内完成所有人员的疏散，疏散时间小于 6min。440m 站台中部设置 4 处楼梯，楼梯间距为 70m 时，人员聚集程度不严重，经软件模拟计算，在 357s 内完成所有人员的疏散，疏散时间小于 6min。

综上所述，推荐城际铁路地下车站具体结构参数为：当站台长 220m 时，楼梯间距为 70m，设置 2 座疏散楼梯为最佳；当站台长 440m 时，楼梯间距为 70m，设置 4 座疏散楼梯为最佳。

第10章 铁路隧道防灾工程实例

10.1 关角隧道防灾救援设计

关角隧道的防灾救援设计主要包括防灾救援的管体系统设计、疏散系统设计、土建设施设计、通风控烟设施设计及机电控制设施设计。

10.1.1 工程概况

关角隧道位于青藏线西宁至格尔木段增建第二线天棚车站与察汗诺车站之间,全长32.69km,设计为两座平行的单线隧道,线间距为40m,隧道位于直线上,Ⅰ、Ⅱ线隧道的纵向设计坡度基本一致,从进口至出口,设计坡度及坡长依次为10‰/145m、8‰/13850m、3‰/600m、−7‰/600m、−9.5‰/17495m(图10-1)。

10.1.2 管理系统设计

1. 管理原则

(1)以人为本。将保障人民群众的生命财产安全作为隧道应急救援的首要任务,采取有效措施确保旅客、沿线群众和救援人员的人身安全,最大限度减少人员伤亡和财产损失。

(2)预防为主。坚决贯彻"安全第一、预防为主"的指导思想,关口前移,加强对关角隧道危险源的排查和控制,努力实现由被动抢险向主动防范转变。加强对隧道内固定设备设施风险隐患的排查和整改,加强铁路隧道应急体系建设,应用先进预警监测技术,不断提高隧道救援装备技术水平和应急救援能力。

(3)统一指挥。建立健全"统一指挥、分级负责、反应灵敏、运转高效"的隧道应急救援工作机制,明确应急救援工作的部门和责任人,统筹协调和指挥隧道应急救援工作。各相关单位和部门要统一执行应急预案,并结合具体情况制定细化方案,强化协同应对,确保救援有序、高效进行。

(4)快速救援。针对客货列车在隧道内发生火灾、爆炸、冲突、脱轨等事故情况,快速制定救援方案。隧道内救援难度大,要抓住有利时机,快速果断处置,防止事态进一步扩大和蔓延,力争将突发事件控制在萌芽状态,尽可能降低突发事件造成的影响和损失。

(5)确保畅通。在快速抢救人员的同时,要调集足够的救援队伍、材料和机具,快速实施隧道救援、起复机车车辆，抢通受损线路，尽快恢复通车。

2. 管理流程

关角隧道火灾事故管理流程如图 10-2 所示。

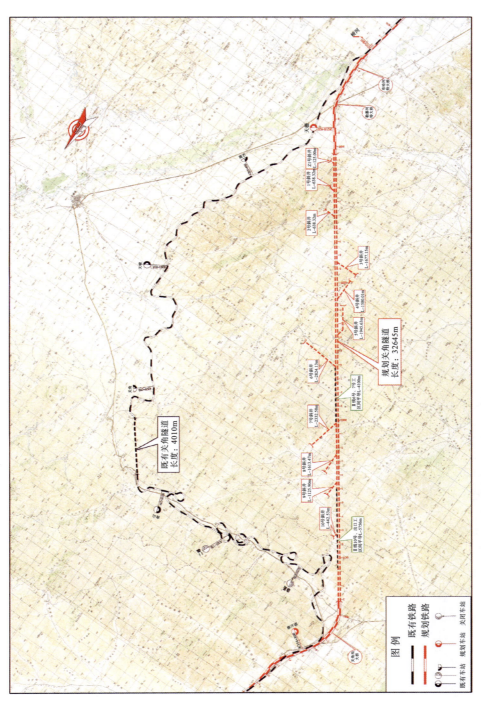

图10-1　青藏铁路西宁至格尔木段关角隧道平面示意图

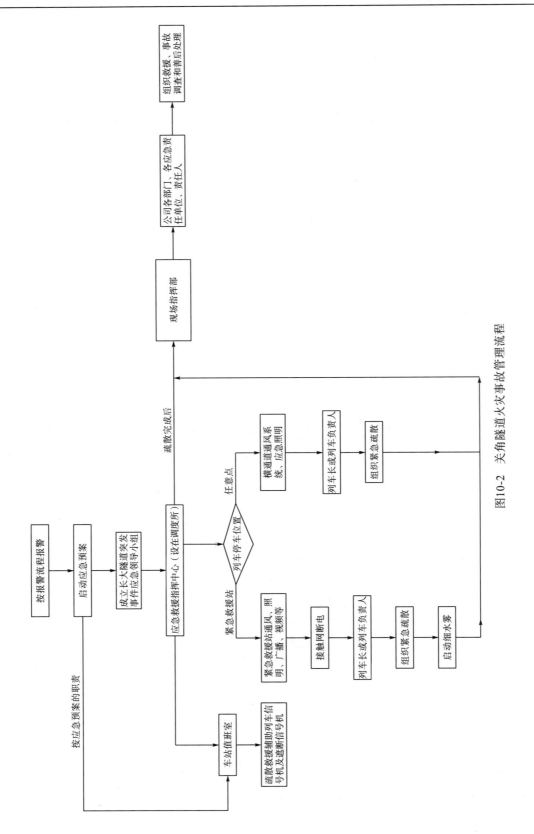

图10-2　关角隧道火灾事故管理流程

10.1.3　疏散系统设计

1. 紧急救援站疏散

列车停靠在紧急救援站后，由列车长负责旅客的紧急疏散。整个疏散工作应在 6min 内完成，全部人员离开着火隧道，撤离到横通道或另外一隧道的疏散站台上等待救援。

紧急疏散时，列车乘务人员及志愿者应紧急分成多个工作小组，分工、协作，统一指挥，紧张、有序地完成旅客疏散：

(1)第一组为预防组，负责在开始疏散前，向旅客提前告知重要的疏散程序、办法，及隧道内的引导标示、标志、疏散方向、疏散目的地等，避免发生混乱。

(2)第二组为疏散组，专人负责打开车门，疏散过程中利用手持式喇叭让旅客保持最大限度的冷静，引导旅客，让旅客有组织地疏散。专人负责车内引导，并在旅客下车后确认车厢内无滞留人员，最后撤离列车，进入等待区域。

天棚指挥所也可以通过视频系统监控现场疏散情况，并通过广播系统协助指挥疏散。专人负责带队，实现人员分流，避免拥挤，负责紧急疏散横通道门的开启与关闭，并负责横通道口电动风门的紧急手动开启和关闭。

(3)第三组为消防组，负责疏散过程中着火车厢的火势控制，利用灭火器等设施进行初步灭火，此灭火的目的不在于要熄灭大火，而是为控制火势，尽量为旅客疏散争取到更多的时间。疏散完成后，或疏散过程中被迫需要启动细水雾系统，应请求远程启动或现场人工启动细水雾系统。由专人负责细水雾系统启动前的接触网断电请求和确认。

(4)第四组为信息联络组。负责通过有线或无线电话等通信手段同防灾救援指挥中心等外界进行联络，报告火灾发展情况并听取有关指示，进一步明确下一步需采取的行动。

(5)第五组为救助组。负责帮助、救助事故过程中的伤员、病员和老弱病残等不能自救的人员疏散。

(6)其他组为紧急疏散过程中特殊需要的工作组，完成特定的工作任务。

2. 随机停车疏散

(1)成立与前述相同的多个工作小组，各司其职，疏散目的地需要根据具体的停车位置确定。通常有两个目的地：安全隧道或隧道外。

(2)与紧急救援站不同之处在于，疏散横通道减少为 2~3 个，或疏散通道为事故隧道的安全区间。

(3)事故货物列车不得在紧急救援站停靠，如果无法驶离隧道，则很少的人员可通过横通道很快疏散。

10.1.4　土建设施设计

1. 紧急救援站设计

为了良好地利用施工期间的辅助坑道，关角隧道在 6 号斜井井底附近设置紧急救援站。为了达到安全可靠、技术经济合理的目的，采用了Ⅰ线、Ⅱ线隧道之间设共用纵向待避所、加密横通道及斜井送排风的方案。Ⅰ线、Ⅱ线隧道之间设纵向避难所，长度为550m，与横通道连通，避难所净空尺寸为 4.8m×3.5m(宽×高)；紧急救援站长度为550m，两管隧道间设 12 条联络横通道，间隔 50m，横通道断面尺寸为 4.5m×5.25m(宽×高)，两端设置防护门，防护门通行净空尺寸为 2×1.7m(宽)×2m(高)。紧急救援站平面图如图 10-3 所示。

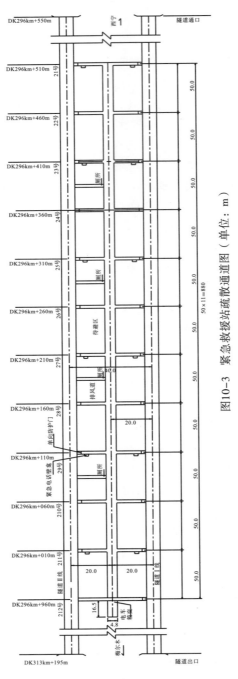

图10-3　紧急救援站疏散通道图（单位：m）

2. 随机停车设计

隧道共设计 77 座联络横通道，平均间隔 420m，进口与出口处的两条横通道距离洞口分别为 405m 和 365m。横通道断面尺寸为 4.5m×5.25m(宽×高)，两端设置防护门，防护门通行净空尺寸为 2×1.7m(宽)×2m(高)。

10.1.5　通风控烟设施设计

1. 紧急救援站通风排烟设计

(1)供风方案。为了降低工程投资，考虑在正常运营时，列车只要能够安全地通过隧道，则认为安全运营的隧道内的空气即为新鲜空气。因此，当一管隧道发生火灾后，从另一管隧道取风，以保障紧急疏散时，人员能够迎着新鲜空气进行逃逸、疏散。

每个横通道两端各设有 1 个电动风门，火灾事故一旦发生，开启隧道两端洞口附近的射流风机向洞内供风，同时开启横通道顶部的电动风门，确保在打开横通道防护门之前，横通道内已有一定的空气流动。

(2)排烟方案。在隧道紧急救援站范围内，隧道拱顶每 100m 设 1 座排烟竖井，通过横向排烟道连通排烟竖井与纵向排烟道，并通过联络排烟道排到 6 号斜井内，最终通过 6 号斜井将隧道内的烟气排入隧道外大气层中。

为了实现两座隧道共用一条排烟通道，在横向排烟道设置防烟电动风门(图 10-4)，当Ⅰ线隧道发生火灾时，关闭Ⅱ线隧道横向排烟道的防烟风门，通过 6 号斜井抽排Ⅰ线隧道的火灾烟雾。当Ⅱ线隧道发生火灾时，也可执行同样的方案。紧急救援站的排烟方案如图 10-5 和图 10-6 所示。

(3)通风排烟设备。每个横洞口通行总净空尺寸为 3.4m×2.0m(宽×高)，按横通道口风速满足《铁路隧道防灾救援疏散工程设计规范》(TB10020－2012)条款的要求(2m/s 新鲜风)计算，斜井内排风轴流风机参数为：风量不小于 200m³/s，风压不小于 800pa。按此配备的设备见表 10-1。

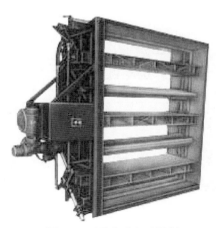

图 10-4　百叶式电动风门

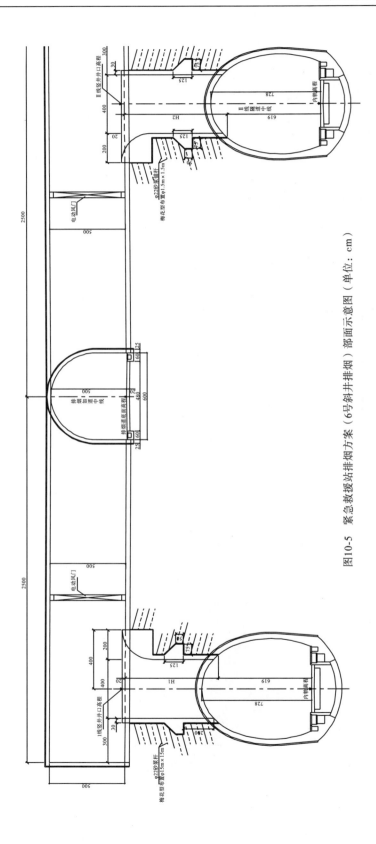

图10-5　紧急救援站排烟方案（6号斜井排烟）部面示意图（单位：cm）

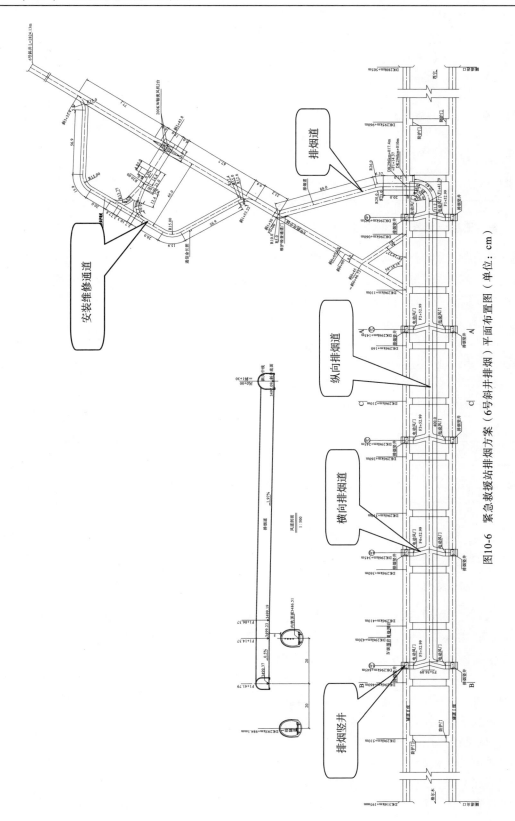

图10-6　紧急救援站排烟方案（6号斜井排烟）平面布置图（单位：cm）

表 10-1　救援站通风排烟设备表

设备	型号	功率/kw	数量	其中备用	位置	功能
排烟轴流风机	特殊制造	2×200	2 台	1 台	6 号斜井风机室	救援站排烟
电动风门	特殊制造	10×1	10 个	—	横向排烟道	控制排烟，关闭安全隧道横向排烟道风门，保证事故隧道排烟
电动风门	特殊制造	2×1	2 个	1 台	排烟风机端头	配合工作的排烟风机
电动风门	ZAJWK-0.05K DN1250 * 630	24×400	24 个	—	疏散横通道	紧急疏散时保证供风

2. 任意点停车通风排烟设计

（1）供风方案。所有的横通道均设置 1 樘防护门，防护门通行尺寸为 $1.7\text{m}\times2\text{m}$（宽×高）。与救援站的供风方案类似，利用隧道口附近的射流风机向安全隧道、横通道加压，以此保证疏散时的横通道内有必要的新鲜风。

（2）排烟方案。疏散完成后，可启用事故隧道的射流风机纵向排烟。

如果火灾列车离风机位置较远（大于 1000m），则可开启洞口两端的风机，向与自然风向一致的方向供风。如果火灾列车离风机位置较近（小于 1000m），高温烟气会对风机的运转造成一定的影响，此时可开启远端洞口的风机，向与自然风向一致的方向供风。

（3）通风排烟设备。通风排烟设备的具体情况见表 10-2。

表 10-2　任意点停车通风排烟设备表

设备	型号	功率/W	数量	其中备用	位置	功能
电动风门	ZAJWK-0.05K DN1250 * 630	170×400	170 个	—	所有一般横通道	紧急疏散时保证供风

10.1.6　机电控制设施设计

1. 监控设施

（1）应急电话系统。为保证灾害情况下，救援指挥人员与事故现场人员、抢险人员之间通话联络保持畅通，可通过有线电话方式报警。另外，还可实现隧道日常维护以及灾害发生时的通信联络功能，在关角隧道内设置有线应急电话系统。

本工程在隧道 12、60 号横通道处无线基站设备洞室分别设置隧道内应急电话系统主机设备。应急电话终端在隧道横通道（含救援横通道）两侧，通过 ZR-HEYFLT23-4×4×0.9 电缆实回线接入洞内应急电话系统主机设备。

（2）视频监控系统。本系统的主要功能为旅客列车在隧道内发生事故并停靠在隧道疏散横通道处，被疏散旅客进入疏散横通道以后提供现场画面监视。可对事故隧道列车的灾害情况、人员疏散情况、安全隧道内的列车通过和人员流动情况和精神状况等进行实时监视和录像，便于救援人员及时开展救援方案和安全措施的制定，救援准备、抢险和救援工作的组织及实施等工作。

隧道口视频摄像机主要用于对隧道口环境及进入隧道列车外观状况进行监视，以便隧道守护人员及时阻止故障列车进入隧道。在左、右线隧道口、救援横通道及 6 号斜井适当位置分别安装枪式摄像机。察汉诺、天棚车站咽喉新设枪式摄像机各 2 套，对车体外观进行监测。全线共计 14 台。

（3）广播系统。关角隧道横通道（含救援横通道）设手持式喊话器。当出现紧急情况时，相关工作人员可以向现场进行实时广播，临时指挥或者现场发布指令。

2. 消防设施

1）紧急救援站消防设施

根据隧道安全防灾系统设计原则，本设计以客车消防为主，兼顾一般货车火灾，不考虑油罐车火灾。隧道紧急救援站处设消防设施，采用高压细水雾消火栓系统。

（1）消火栓设置原则。在每个紧急救援横通道口及其对侧隧道壁上，各设一套单栓单出口高压细水雾消火栓，共设 48 套消火栓。

（2）消火栓技术参数。每个消火栓流量为 32L/min，3 个消火栓同时喷放时的设计流量为 96L/min。

（3）消防用水量的确定。按任一着火点最多使用 3 个消火栓进行灭火，每个细水雾消火栓流量为 32L/min，高压细水雾消火栓系统工作用水量为 96L/min 来，火灾延续时间按 2h 确定。消防用水量为 $96 \times 60 \times 2/1000 = 11.52 \mathrm{m^3/h}$。

（4）水源选择。6 号斜井地下水类型为岩溶裂隙水，无侵蚀性，预测 6 号斜井稳定涌水量 $8199 \mathrm{m^3/d}$，最大涌水量 $19678 \mathrm{m^3/d}$，可作为隧道内消防系统水源。

（5）消防蓄水池及加压泵站。于隧道 6 号斜井适当位置设一座 $50 \mathrm{m^3}$ 消防蓄水池，隧道涌水通过集水井汇入蓄水池。加压泵站位于救援站内 DK296km+110m 横通道的一侧。要求隧道内的气温不得低于 4℃，否则要采取保温措施，以免水流结冰。

（6）消防方式。当接到火灾信号后，启动排烟风机，手动启动细水雾消防水泵，向细水雾消防系统进行充水。发生火灾列车在救援站内定点停车位停稳后，救援站内接触网停电，车上旅客可以迅速疏散到紧急疏散横通道内进行避险。

因紧急疏散横通道两端均设有防护门，故紧急疏散横通道内不用再设置灭火设施，仅在紧急救援站设置高压细水雾消火栓系统。

（7）控制方式。该系统泵组为手动操作启动，消防泵手工启动按钮装置安装在消火栓箱内。应将火灾信息通知到电调系统，列车在救援站停稳后，救援站内接触网应停电，以便开始消防工作。

（8）高压细水雾泵的选择。高压细水雾消火栓工作时设计流量为 96L/min，选用 3 台高压细水雾泵（其中 1 台为备用），实际泵组流量为 112L/min。泵组、控制柜和水箱集中放置在隧道中部的设备间。

（9）其他。根据《铁路隧道防灾救援疏散工程设计规范》（TB10020－2012）中的相关规定，避难所附近应配备 10 套消防防护装备。故在救援站（DK296km+260m）附近设置 10 套消防防护装备。

2）洞口消防系统

（1）确定消防用水量消火栓的用水量为 20L/s，火灾延续时间按 4h 计算。则消防用水量为 $20 \times 4 \times 3600/1000 = 288m^3$/次。

（2）水源选择。进、出口消防点均利用隧道地下水源。

（3）水池及消防设施。隧道进、出口适当位置设置一座 $300m^3$ 圆形钢筋混凝土蓄水池，设置消火栓，并配备直径为 25cm、长 25m 的消防水带 8 条，口径为 19cm 的水枪 4 支。

3. 照明设施

关角隧道照明系统由固定照明、疏散标志照明、标识照明和疏散照明组成。

（1）疏散标志照明。采用集中应急电源，应急电源屏设于横通道内，应急时间按 120min 考虑。隧道内设应急照明干线，疏散标志灯接于其上，隧道及横通道内每 30m 设一套疏散指示灯具，灯具距隧道地面 0.8m，隧道内疏散指示灯具箭头指向横通道，横通道内疏散指示灯具箭头指向就近洞口。

（2）疏散通道照明。疏散照明与固定照明共用灯具，隧道内正常维护检修时，灯具由固定照明电源供电，火灾时灯具由应急电源屏供电。

紧急救援站内每隔 10m 设一套疏散照明灯，灯具安装高度距地面 3m。

（3）标识照明。隧道内区间通话柱、设备洞室、配电控制箱、横通道口等处设标识照明，标识灯显示名称、里程等信息，交流电源由固定照明干线接引。

（4）固定照明。隧道内每隔 30m 设一套固定照明灯具，灯具距地面 3m，固定照明灯具接于隧道照明干线上。

（5）照明控制。固定照明采用就地分段双端控制，疏散标志照明、标识照明采用常亮模式。

4. 附属设施

1）防护门

横通道与隧道相连处应设防护门（抗爆荷载不应小于 0.1MPa，耐火极限不应小于 3h），隧道内所有横通道每端均设防护门，紧急救援站横通道每端设 2 樘防护门，其余一般横通道每端设 1 樘防护门，防护门的设置要求如下。

（1）紧急疏散横通道。①横通道内无设备洞室的防护门尺寸为 1.7m×2.0m（宽×高），每端 1 个共 2 个。②横通道内有设备洞室的防护门尺寸为 2.4m×2.7m（宽×高）和 1.7m×2m（宽×高），共 2 个。

（2）其他横通道。①横通道内无设备洞室的防护门尺寸为 1.7m×2m（宽×高），每端 1 个。②横通道内有设备洞室的防护门尺寸为 2.4m×2.7m（宽×高），每端 1 个。

（3）施工横通道。施工横通道的防护门尺寸为 1.7m×2m（宽×高），每端 1 个。

（4）斜井。斜井与隧道交叉处及 6 号斜井内均设置检查通道，检查通道安装防护门，防护门尺寸为 1.7m×2m（宽×高）。

2）其他附属设施

（1）指示标志。紧急救援站范围内两个横通道居中位置设置光电图像标志，指向两个方向的距离。除了光电标志以外，还设置方向诱导线。方向诱导线采用反光材料制作，色彩选择天蓝色。每个横通道口正上方、防火门正面均安装光电图像标志，并标明"紧急出口"字样。

（2）安全扶手。在紧急救援站范围内隧道边墙站台以上 1.25m 处，设置一道不锈钢安全扶手。

（3）电力箱式变电站。在 DK296km+110m 处横通道内设排烟及消防泵箱式变电站一座，洞室尺寸为 4.5m×4.05m×12m（宽×高×深）。

（4）细水雾消防泵间。在 DK296km+110m 处横通道内设细水雾消防泵间一处，洞室尺寸为 6m×3m×20m（宽×高×深）。

（5）余长电缆腔。在每个横通道口及每个疏散横通道口设置电力电缆余长腔，余长腔半径为 2.5m。每个横通道口及每个疏散横通道口对侧隧道壁上设置通信电缆余长腔，余长腔尺寸为 2m×1m×0.3m（长×宽×深）。

（6）检修维护及安装通道。在送排风机机房处，分别设置检修维护通道，以便后期风机的安装、更换、检修、维护。

（7）电力电缆过轨。疏散横通道 4（DK296km+110m）与Ⅱ线隧道交叉处预埋 2 根内径为 100mm 和 9 根内径为 70mm 的热镀锌钢管。

（8）通信电缆过轨。疏散横通道 4（DK296km+110m）处两端预埋 6 根内径为 70mm 热镀锌钢管，其他疏散横通道每端预埋 4 根内径为 70mm 热镀锌钢管。

（9）接地件。按各专业要求预留接地件。

（10）消防水池。在 6 号斜井内设一座 50m³ 消防水池。

（11）其他。电缆槽、预留设备孔洞、预留预埋等按相关专业的要求施做。

10.2　成兰线隧道群防灾救援设计

10.2.1　工程概况

新建成兰铁路成都至川主寺（黄胜关）段设计范围为成都枢纽至黄胜关车站（含），线路为设计时速 200km/h 客货共线电气化铁路。成都至川主寺（黄胜关）段起于成都青白江，经什邡、绵竹、安县、茂县、松潘，止于黄胜关。正线建筑长 275.814km，桥隧总长 219.656km，占正线长度的 79.64%。成兰线线路平面示意图如图 10-7 所示。

成兰铁路成都至川主寺（黄胜关）段新建隧道 17 座，其中有 7 座为分修隧道，隧道左线总长为 176304.643m，占线路总长的 63.92%，右线隧道总长为 256883.592m。成兰线隧道简表如表 10-3 所示，隧道分布图如图 10-8 所示。

表 10-3 成兰线隧道简表

编号	隧道名称	左线长度/m	右线长度/m	合分修
1	安县	3015	—	合修
2	柿子园左线	14069	—	进口合修出口分修
	柿子园右线	—	3412.41	
3	跃龙门左线	19981	—	分修
	跃龙门右线	—	20042	
4	杨家坪左线	12815	—	进口分修出口合修
	杨家坪右线	—	1492.363	
5	茂县左线	9913	—	进口合修出口分修
	茂县右线	—	8595.339	
6	榴桐寨左线	16262	—	分修
	榴桐寨右线	—	16257.5	
7	平安左线	28426	—	分修
	平安右线	—	28400.708	
8	新民左线	6526.925	—	进口分修出口合修
	新民右线	—	2378.629	
9	解放村	3868	—	合修
10	金瓶岩	12773	—	合修
11	王登	6601	—	合修
12	云屯堡	22923.419	—	合修
13	松潘	8048	—	合修
14	红桥关	3169.33	—	合修
15	川主寺一号	5195.709	—	合修
16	川主寺二号	435	—	合修
17	黄胜关	2283.26	—	合修
	合计	176304.643	80578.949	—

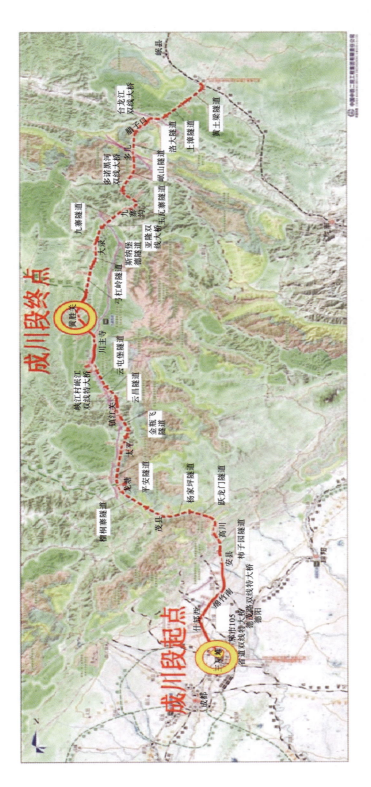

图10-7　成兰线线路平面示意图

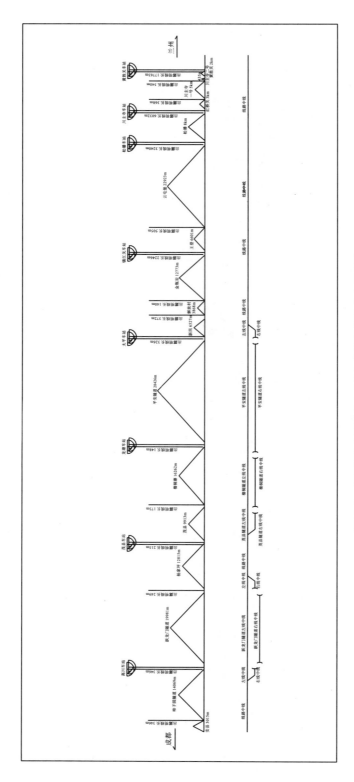

图10-8　成兰铁路成都至川主寺段初步设计隧道分布示意图

10.2.2　管理系统设计

1.　管理模式

本线隧道防灾救援管理模式为：统一指挥、分级管理、综合救援。

（1）建立铁路局防灾救援指挥中心，对救援疏散设备进行集中管理及监控，具备与火灾列车、行车调度、牵引供电调度数据交换及信息传输功能，实现救援疏散的联动及统一指挥。铁路局防灾救援指挥中心确定救援模式后，由人工下达救援疏散命令。

（2）对隧道防灾疏散救援设备实行分级管理与监控，即采取铁路局防灾救援指挥中心、综合维修车间、隧道现场三级管理模式。

（3）铁路局防灾救援指挥中心能协调各系统进行信息化救援疏散，并建立与铁路局各部门及地方政府畅通的应急通信联系，实现多方参与救灾及信息化救援疏散的综合救援模式。

2.　管理流程

成兰线隧道防灾救援管理流程图如图 10-9 所示。

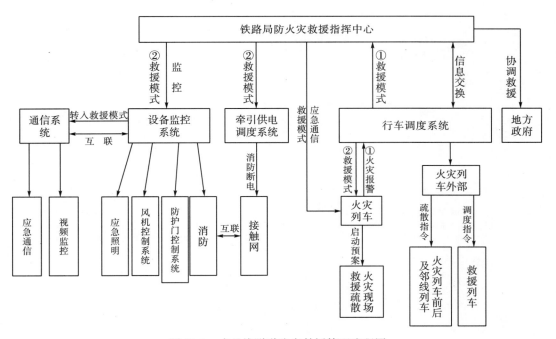

图 10-9　成兰线隧道防灾救援管理流程图

10.2.3　疏散系统设计

1.　疏散模式

隧道防灾救援疏散工程主要考虑旅客列车火灾工况，按同一隧道同一时段内发生一次火灾进行考虑；救援疏散模式以定点疏散为主，兼顾双洞分修隧道地段随机停车疏散工况；设备配备应满足不同救援模式下的功能需求，各系统的互联及集成应实现全线隧道救援的信息化、集中管理。

根据本线隧道的实际情况，制定以下 6 种救援疏散模式。

（1）紧急救援站疏散模式，包括单洞双线隧道、双洞单线隧道、双线分修桥隧联合、双线合修桥隧联合紧急救援站 4 种模式。

（2）随机停车疏散模式，包括双洞单线分修隧道、单洞双线隧道随机停车 2 种救援疏散模式。

当旅客列车发生火灾时，车内人员疏散及消防救援流程图如图 10-10 所示。

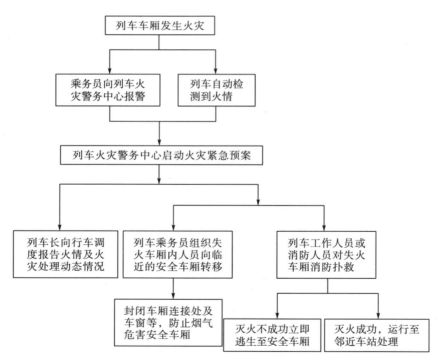

图 10-10　列车内火灾紧急情况下的救援疏散模式框图

列车停在紧急救援站处人员疏散模式如图 10-11～图 10-14 所示，随机停车人员疏散模式如图 10-15 和图 10-16 所示（图中"①"、"②"、"③"表示执行步骤）。

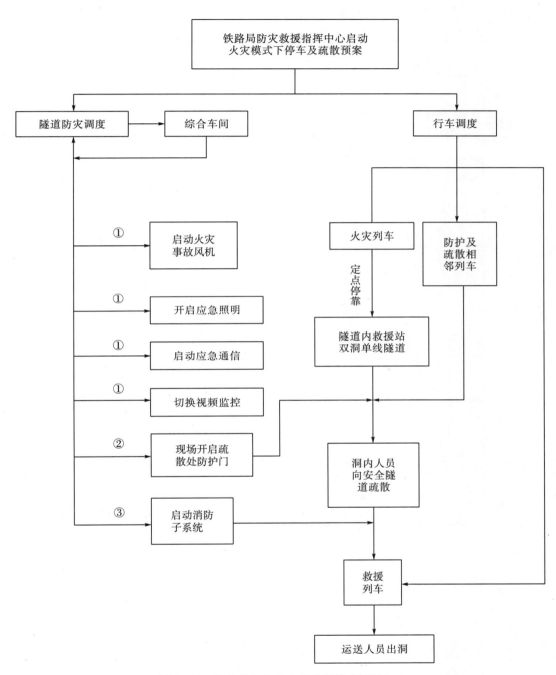

图 10-11 紧急救援站处人员疏散模式框图(一)

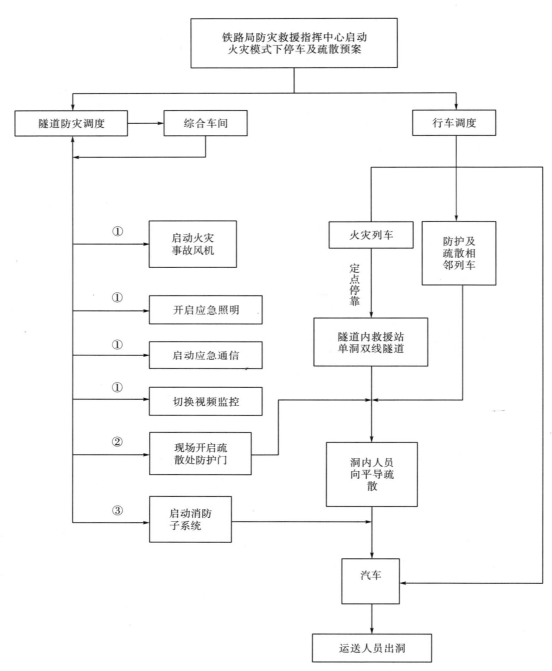

图 10-12　紧急救援站处人员疏散模式框图（二）

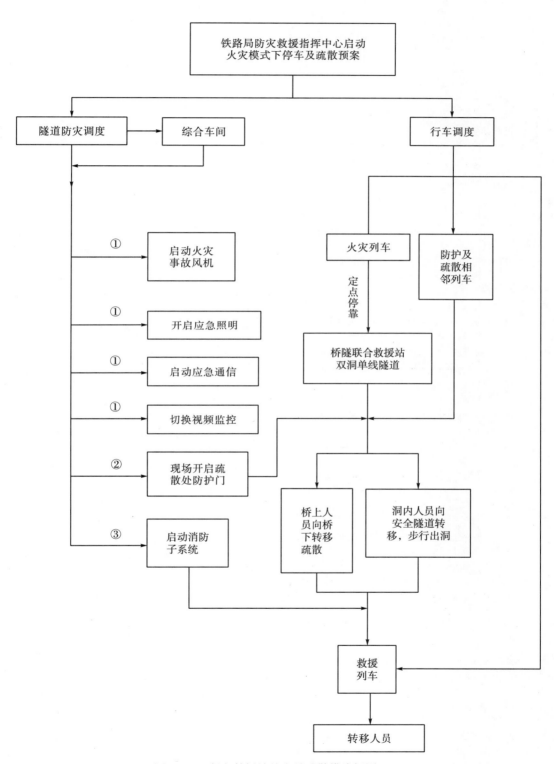

图 10-13　紧急救援站处人员疏散模式框图(三)

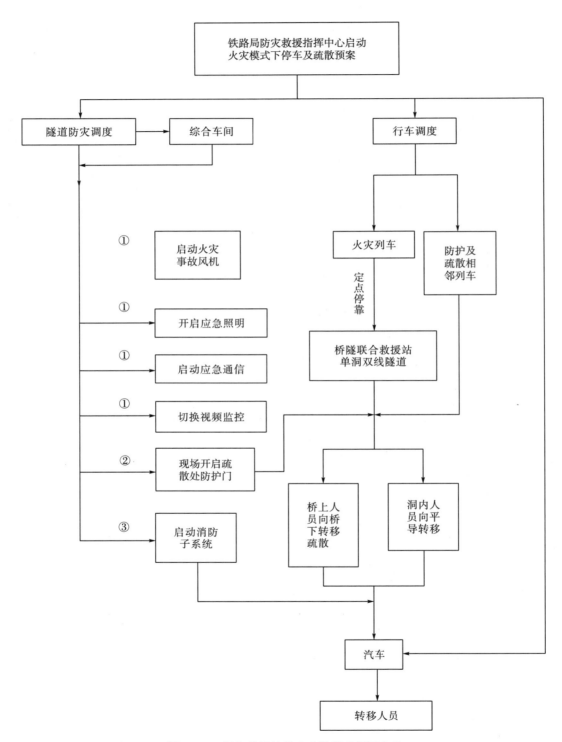

图 10-14　紧急救援站处人疏散模式框图(四)

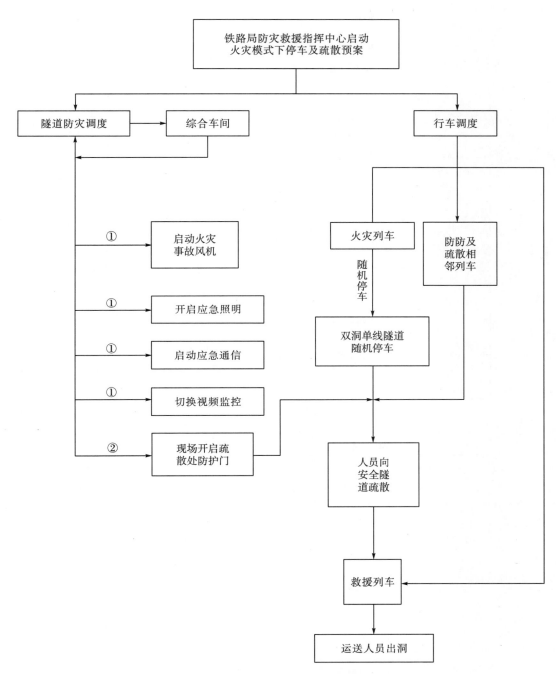

图 10-15 分修隧道随机停车人员疏散模式框图

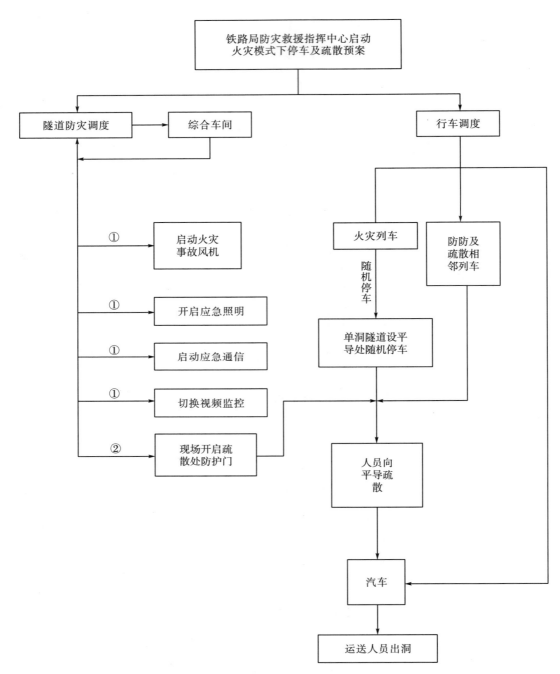

图 10-16 合修隧道随机停车人员疏散模式框图

2. 疏散导向

本段隧道内设置的疏散导向主要包括人员疏散导向标线、标志及紧急救援站列车停车标线。其具体设置情况如下。

1）人员疏散导向标志、标线

隧道内应设置疏散导向标线，并注明距最近隧道口、紧急救援站、紧急出口、避难所的方向和距离，配合指示标志引导旅客快速疏散。单线隧道仅在救援通道侧隧道侧壁上设置疏散导向标线；双线隧道双侧均设置救援通道，故隧道两侧的侧壁上设置疏散导向标线。

疏散导向标志宜采用热熔型反光涂料涂刷在隧道壁上，疏散导向标志箭头标牌面具体设计如图 10-17 所示。

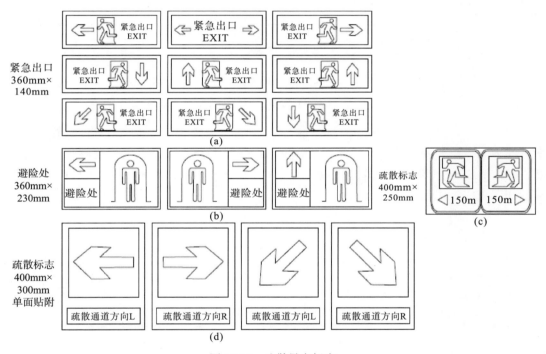

图 10-17　疏散导向标志

紧急出口及避难所指示标志应设置于隧道边墙上，底部距地面不大于 1.3m，间距不大于 50m；疏散指示标志应设置于隧道边墙上，底部距地面不大于 1.3m，间距不大于 50m。此外，紧急电话指示标志应设置于紧急电话上部，底部距地面不小于 2.5m；消防设备指示标志应设置于消火栓上方，底部距地面不大于 2.5m。

成川段隧道共计设置反光疏散标志 9134 处，具体设置方案如下。

（1）一般单洞双线隧道。于隧道内边墙处设置疏散导向标线，其疏散标线方向应指向就近的隧道洞口，其间距按 50m 设置。其具体布置如图 10-18 所示。

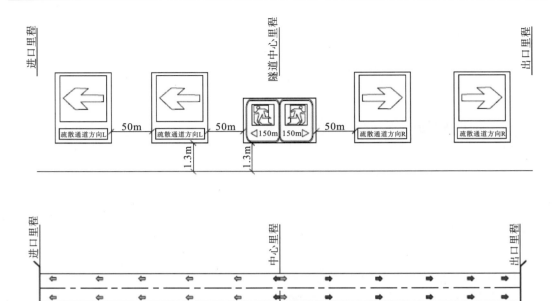

图 10-18　一般单洞双线隧道疏散标志布置示意图

　　(2)设紧急出口或避难所的单洞双线隧道。于隧道内边墙处设置疏散导向标线，其疏散标线方向应指向就近的隧道洞口、紧急出口或避难所处，除紧急出口或避难所与隧道相交处前后 15m 各设置 1 处外，隧道其余地段及疏散工程内均按间距 50m 设置。其具体布置如图 10-19～图 10-22 所示。

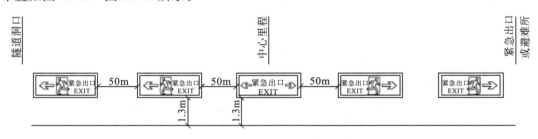

图 10-19　设紧急出口或避难所的隧道疏散标志布置示意图(一)

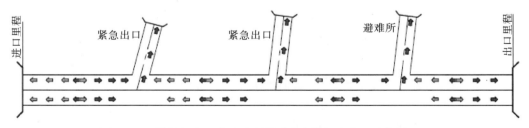

图 10-20　设紧急出口或避难所的隧道疏散标志布置示意图(二)

图 10-21　紧急出口或避难所旁疏散标志布置示意图(一)

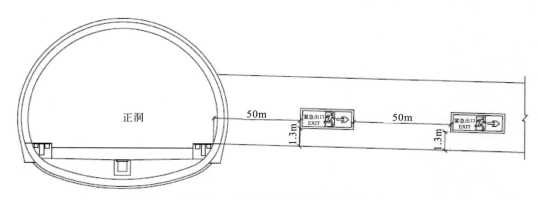

图 10-22　紧急出口或避难所内疏散标志布置示意图(二)

(3)设平导的单洞双线隧道。对于设平导及横通道的地段,应于靠平导侧的隧道边墙处设置疏散导向标志,其方向应指向就近的横通道,除横通道与隧道相交处前后 15m 各设置 1 处外,隧道其余地段及疏散工程内一般按间距 50m 设置。其具体布置如图 10-23~图 10-25 所示。

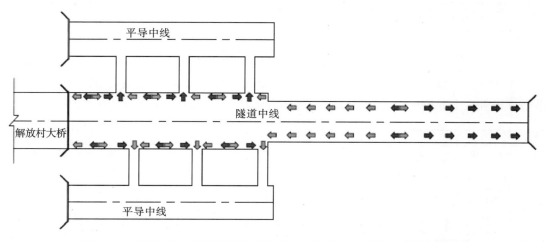

图 10-23　设平导的单洞双线隧道疏散标志布置示意图(以解放村隧道为例)

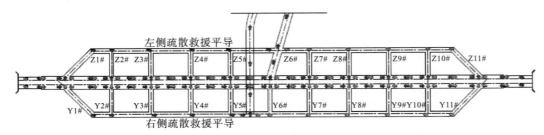

图 10-24　设平导的单洞双线隧道救援站地段疏散标志布置示意图（以云屯堡隧道为例）

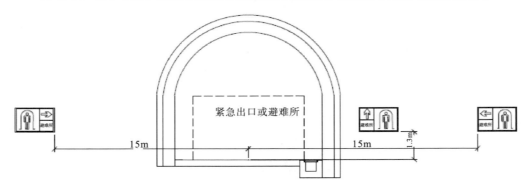

图 10-25　横通道或疏散联络通道旁疏散标志布置示意图

（4）双洞单线隧道。对于双洞分修隧道，应于靠横通道侧的隧道边墙处设置疏散导向标志，其方向应指向就近的横通道或隧道洞口，除横通道与隧道相交处前后 15m 各设置1 处外，隧道其余地段内一般按间距 50m 设置。其具体布置如图 10-26 所示。

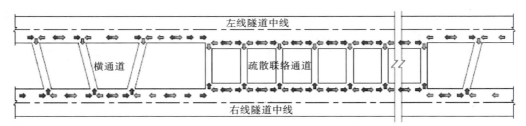

图 10-26　双洞分修隧道疏散标志布置示意图

对于双洞分修隧道之间设置平导的地段（如跃龙门隧道），除隧道洞身靠平导侧设置疏散标志外，平导内应设置指向临近横通道的疏散标志。如图 10-27 和图 10-28 所示。

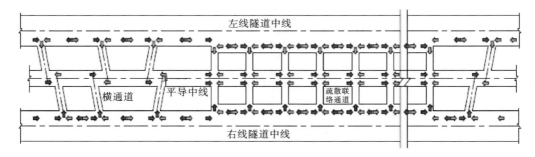

图 10-27　设平导双洞分修隧道疏散标志布置示意图

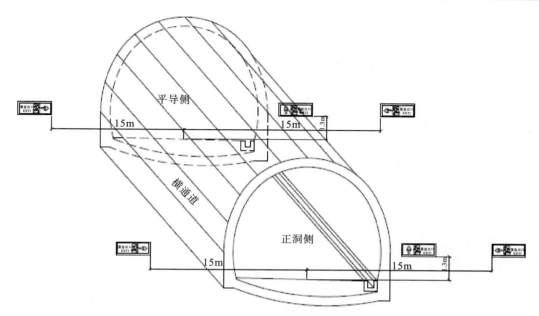

图 10-28　设平导双洞分修隧道横通道或疏散联络通道旁疏散标志布置示意图

2）紧急救援站列车停车标线

紧急救援站内应设置列车停车标线。停车标线位于紧急救援站沿列车前进方向的一端。隧道口停车标线采用明线段停车标志；隧道内停车标线采用热熔型反光涂料涂刷，除停车线全部采用红色反光涂料外，100～1000m 的标志线标牌面均采用红色与白色相间条纹，条纹宽度为 200mm，倾斜角度为与水平方向成 45°。标志面距隧道水沟盖板顶约 4.8m 高度处书写"1000m、500m、200m、100m、停"的指示标记，标记高度为 1m。隧道内停车标线标志设计要求如表 10-4 所示，停车标志标线示意图如图 10-29 和图 10-30 所示。

表 10-4　隧道内停车标线标志设计要求表

单/双线隧道	距停车位置距离/m	垂直线路方向长度/m	线路方向宽度/m	标牌面图案	备注
单线隧道	1000	9.85	5	红白条纹	减速提示标线
	500	8.35	5	红白条纹	
	200	6.85	5	红白条纹	
	100	5.35	5	红白条纹	
	0	5.35	5	红色	停车标线
双线隧道	1000	11.75	5	红白条纹	减速提示标线
	500	10.25	5	红白条纹	
	200	8.75	5	红白条纹	
	100	7.25	5	红白条纹	

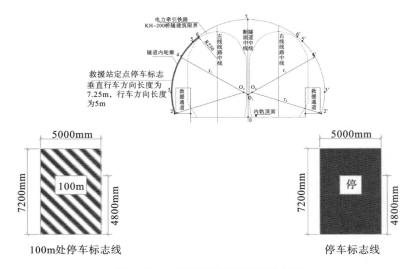

图 10-29　双线隧道停车标线示意图

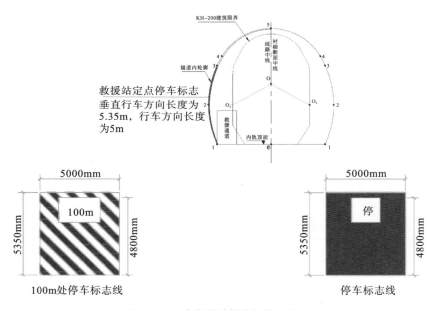

图 10-30　单线隧道停车标线示意图

　　为便于失火列车准确停靠在隧道救援站范围内以进行人员疏散，隧道紧急救援站内设置列车停车标线。具体设置方案如下。

　　(1)隧道洞身中部紧急救援站。隧道洞身救援站，如跃龙门—杨家坪隧道群紧急救援站、平安隧道紧急救援站以及云屯堡隧道紧急救援站，均于紧急救援站线路前进方向侧的起始里程或终止里程处各设置 1 处停车标线，并距停车标线 100～1000m 处设置减速提示标线，具体设置要求详见表 10-4。隧道内紧急救援站停车标线设置如图 10-31 所示。

　　(2)隧道群洞口段紧急救援站。隧道群结合洞口段设置的紧急救援站，如茂县—榴桐寨隧道群紧急救援站、新民—金瓶岩隧道群紧急救援站，于紧急救援站线路前进方向侧的起始或终止里程处各设置 1 处停车标线，并距停车标线 100～1000m 处设置减速提示标线，具体设置要求详见表 10-4；同时于紧急救援站地段隧道洞口处设置明线段停车标志，主要便于 8 辆编组动车将大部分车身停靠在明线段上。隧道群紧急救援站停车标线设置如图 10-32～图 10-35 所示。

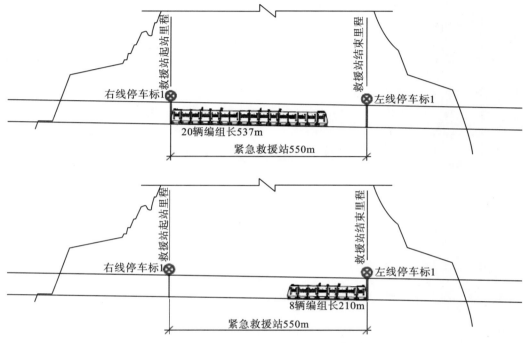

图 10-31　隧道洞身段救援站停车标线设置示意图

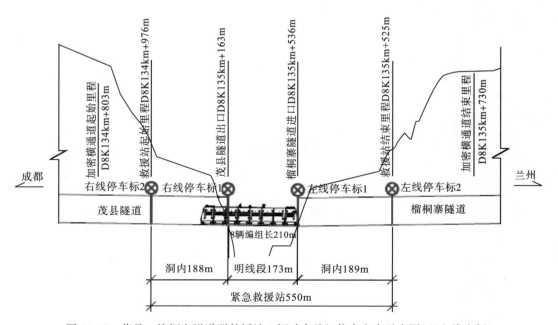

图 10-32　茂县—榴桐寨隧道群救援站 8 辆动车编组停车方案示意图（以左线为例）

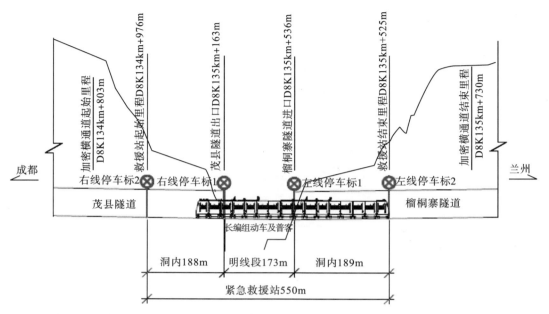

图 10-33　茂县—榴桐寨隧道群救援站长编组动车及普客停车方案示意图（以左线为例）

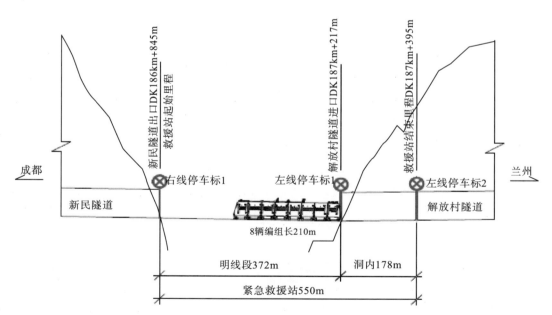

图 10-34　新民—金瓶岩隧道群救援站 8 辆动车编组停车方案示意图（以左线为例）

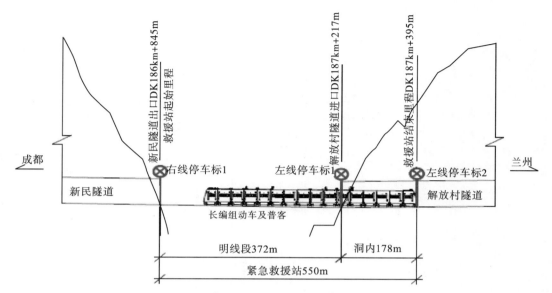

图 10-35　新民—金瓶岩隧道群救援站长编组动车及普客停车方案示意图（以左线为例）

10.2.4　土建设施设计

本线隧道及隧道群共计设置 5 座紧急救援站，全线单洞隧道共计设置 13 处紧急出口、2 处避难所；双洞分修隧道互为救援疏散隧道。其防灾救援疏散土建工程布置如图 10-36 所示。

1. 紧急救援站设计

成兰线 20km 以上的隧道及隧道群共有 5 座，共计设置救援站 5 处。其设置情况汇总如表 10-5 所示。

表 10-5　成兰线隧道及隧道群紧急救援站设置汇总表

序号	隧道名称	隧道长度/km	紧急救援站长度/m	备注
1	跃龙门—杨家坪隧道群	33.031	550	—
2	茂县—榴桐寨隧道群	26.348	550	结合桥梁设置
3	平安隧道	28.426	550	—
4	新民—金瓶岩隧道群	23.68	550	结合桥梁设置
5	云屯堡隧道	22.923	550	—

（1）跃龙门—杨家坪隧道群紧急救援站。紧急救援站设置于跃龙门隧道 3 号横洞与正洞的交叉处附近，紧急救援站长度为 550m。紧急救援站内每隔 50m 设一处疏散联络通道，共计设置 11 条疏散联络通道。疏散站台宽度不小于 2.3m，站台面高于轨面 0.3m。跃龙门—杨家坪隧道群紧急救援站布置关系图如图 10-37 所示，布置细部示意图如图 10-38 所示。

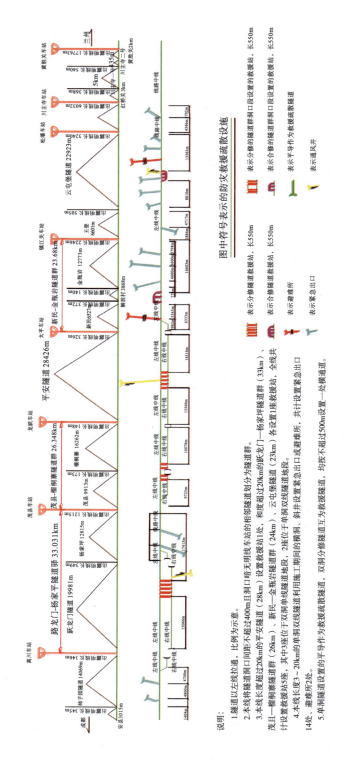

说明：

1. 隧道以左线拉通，比例仅示意。

2. 本线将隧道洞口间距不超过400m且洞口暗口明线车站的相邻隧道划分为隧道群。

3. 本线长度超过20km的平安隧道（28km）设置救援站1处、跃龙门—杨家坪隧道群（33km）、茂县—榴桐寨隧道群（26km）、新民—金瓶岩隧道群（23.68km）、云屯堡隧道（23km）各设置1座救援站，全线共计设置救援站5座，其中3座位于双洞单线隧道地段，2座位于单洞双线隧道地段。

4. 本线设救援站5座、救援疏散通道的平导均作为救援疏散隧道。

5. 单洞隧道设置的平导作为救援疏散隧道，双洞分修隧道互为救援疏散隧道，均按不超过500m设置一处横通道。避难所设2处，紧急出口出口或避难隧道，斜井设置紧急出口，井计设置紧急出口14处。

图10-36 大成兰铁路成都至川主寺段初步设计修编防灾救援隧道设施布置示意图

图中符号表示的防灾救援疏散设施

符号	说明
	表示分修隧道救援站，长550m
	表示合修隧道救援站，长550m
	表示避难所
	表示紧急出口
	表示分修的隧道群洞口段设置的救援站，长550m
	表示合修的隧道群洞口段设置的救援站，长550m
	表示平导作为救援疏散隧道
	表示通风井

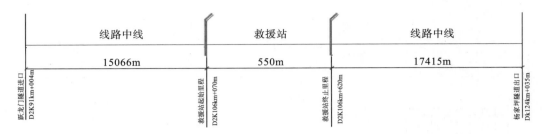

图 10-37　跃龙门—杨家坪隧道群紧急救援站布置关系图

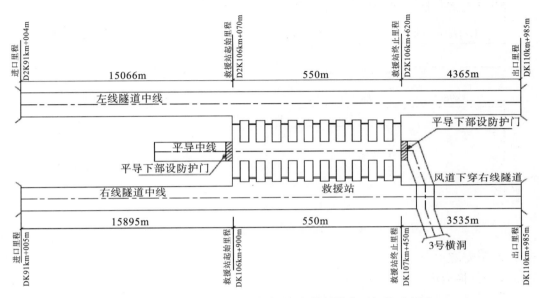

图 10-38　跃龙门—杨家坪隧道群紧急救援站布置细部示意图

（2）茂县—榴桐寨隧道群紧急救援站。结合两隧道间出露的核桃沟大桥设置一处紧急救援站。紧急救援站长度为 550m，距隧道群进口端 9.725km，距隧道群出口端 16.078km。紧急救援站位于隧道地段按间距 50m 设置一处疏散联络通道，茂县隧道、榴桐寨隧道救援站地段各设 3 条疏散联络通道。过渡段按间距 50m 设置疏散联络通道，茂县隧道、榴桐寨隧道救援站过渡段分别设置 4 条和 5 条疏散联络通道。茂县—榴桐寨隧道群紧急救援站布置关系图如图 10-39 所示，布置细部示意图如图 10-40 所示。

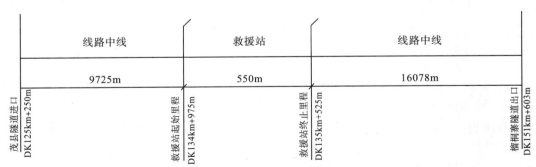

图 10-39　茂县—榴桐寨隧道群紧急救援站布置关系图

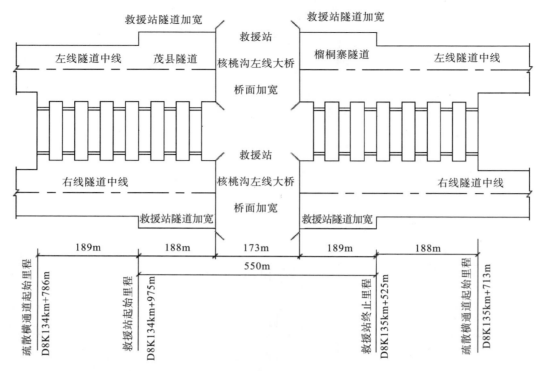

图 10-40　茂县—榴桐寨隧道群紧急救援站布置细部示意图

（3）平安隧道紧急救援站。该紧急救援站长为 550m。紧急救援站左、右线间每隔 50m 设一处横通道，共计 11 条横通道。其平面布置示意如图 10-41 所示。

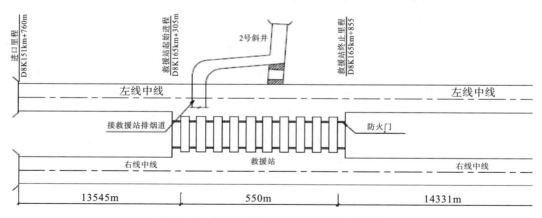

图 10-41　平安隧道紧急救援站布置示意图

（4）新民—金瓶岩隧道群紧急救援站。新民隧道与解放村隧道之间明线出露 372m，设计在明线地段设置 1 座紧急救援站，长度为 550m。于解放村隧道进口紧急救援站段左、右两侧各设置一段长 178m 的救援平导，两侧平导与正洞之间每隔 50m 设置一处横通道，共计需设置 6 条横通道。新民—金瓶岩隧道群紧急救援站布置关系图如图 10-42 所示，布置细部示意图如图 10-43 所示。

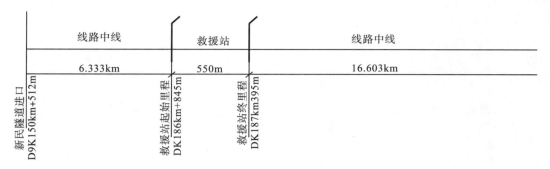

图 10-42　新民—金瓶岩隧道群紧急救援站布置关系图

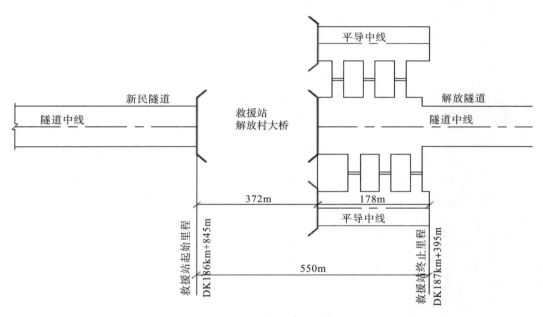

图 10-43　新民—金瓶岩隧道群紧急救援站布置细部示意图

(5)云屯堡隧道紧急救援站。云屯堡隧道在 4 号横洞与隧道交叉处设置 1 座紧急救援站，长度为 550m。于紧急救援站地段两线线路中线外侧 30m 处各设一段长 450m 的左侧平导和长 447m 的右侧平导，并于左、右侧平导与救援站相邻侧疏散站台之间按间距 50m 设置一处疏散联络通道，两侧各设 11 处，共计 22 处疏散联络通道。此外，将 4 号横洞作为紧急救援站左侧平导的紧急出口，并于右侧平导中部设置 1 处联络通道下穿正洞及左侧平导，与 4 号横洞相接，以形成通向洞外的逃生通道。云屯堡隧道紧急救援站及疏散联络通道布置示意图如图 10-44 所示，布置细部示意图如图 10-45 所示。

2. 紧急出口、避难所设计

成兰线单洞隧道利用横洞或斜井作为紧急出口及避难所，共计设置紧急出口 13 处、避难所 2 处。其总体分布情况如表 10-6 所示。

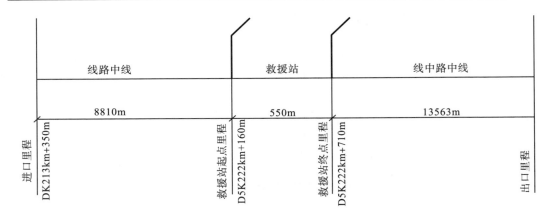

图 10-44 云屯堡隧道紧急救援站及疏散联络通道布置示意图

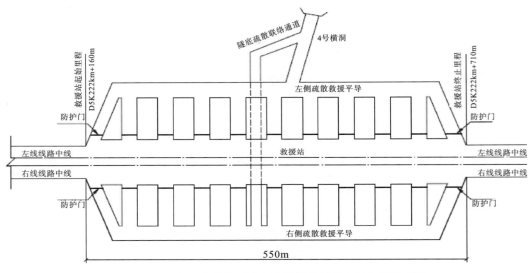

图 10-45 云屯堡隧道救援站及疏散联络通道布置细部示意图

表 10-6 成兰线设置紧急出口、避难所的隧道统计表

隧道名称	隧道长度/km	数量	结构形式
柿子园隧道	14.069	2	横洞(紧急出口)
杨家坪隧道	12.815	2	横洞(紧急出口)
新民隧道	6.527	1	横洞(避难所)
金瓶岩隧道	12.773	3	横洞(紧急出口)
王登隧道	6.601	1	横洞(紧急出口)
云屯堡隧道	22.923	5	横洞(紧急出口)3 条 斜井(紧急出口)1 条 横洞(避难所)1 条
松潘隧道	8.048	1	斜井(紧急出口)

(1)柿子园隧道。柿子园隧道全长 14.069km。隧道进口端约 10.6km 为双线合修，利用 1 号无轨双车道横洞(424m)、3 号无轨双车道横洞(750m)作为紧急出口。隧道出口端 3.4km 为双洞分修隧道，每隔 500m 左右设置一处横通道。该段隧道分布如图 10-46 所示。

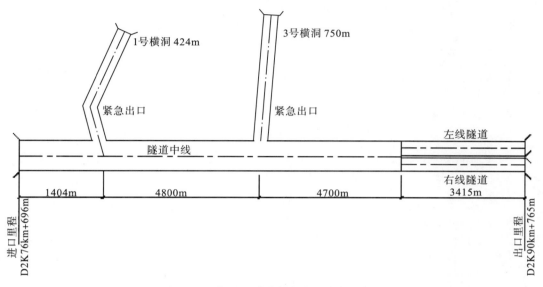

图 10-46　柿子园隧道紧急出口分布示意图

(2)杨家坪隧道。杨家坪隧道全长 12.815，隧道进口约 1.5km 为双洞分修，其余地段均为合修，利用 2 号、4 号横洞作为隧道紧急出口，其间距均小于 5km。其平面布置示意如图 10-47 所示。

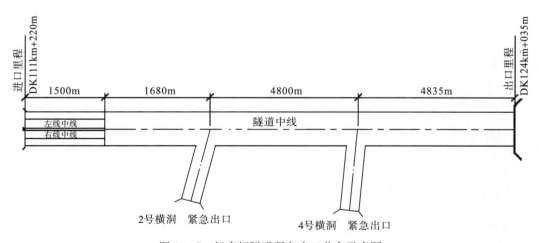

图 10-47　杨家坪隧道紧急出口分布示意图

(3)新民隧道。新民隧道全长 6.527km。新民隧道进口 2.5km 为双洞分修，出口端为合修。洞身中部设置有 1 座无轨双车道横洞，长 1314m，利用该横洞作为避难所，如图 10-48 所示。

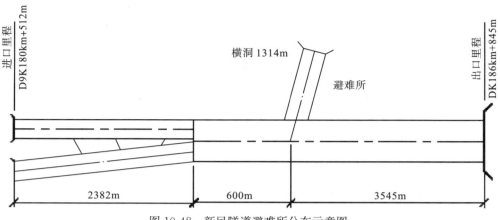

图 10-48 新民隧道避难所分布示意图

（4）金瓶岩隧道。金瓶岩隧道全长 12.773km，为双线合修隧道，利用 1～3 号无轨双车道横洞作为紧急出口。紧急出口分布如图 10-49 所示。

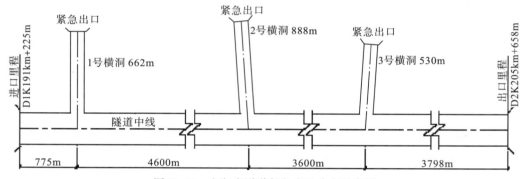

图 10-49 金瓶岩隧道紧急出口分布示意图

（5）王登隧道。王登隧道全长 6.601km，为双线合修隧道。设置 2 座横洞，其中 1 号无轨双车道横洞长 83m，距进口 1.884km。利用 1 号横洞作为隧道的紧急出口。紧急出口分布如图 10-50 所示。

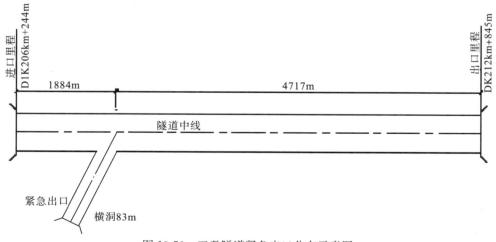

图 10-50 王登隧道紧急出口分布示意图

（6）云屯堡隧道。云屯堡隧道为单洞双线合修隧道，隧道全长 22.923km。隧道为利用 2 号横洞（814m）、3 号横洞（915m）与 6 号横洞（654m）及 7 号斜井（213m）作为紧急出口，并利用 5 号横洞（1235m）作为避难所，各紧急出口、避难所之间及距洞口的距离均不超过 4.5km。紧急出口、避难所分布图如图 10-51 所示。

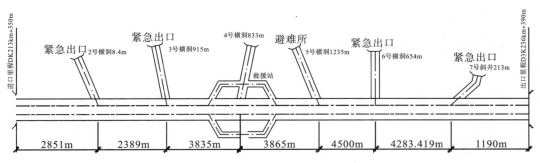

图 10-51　云屯堡隧道紧急出口、避难所分布示意图

（7）松潘隧道。松潘隧道全长 8.048km，洞身中部设置 1 座无轨双车道斜井，运营阶段将该斜井作为防灾救援的紧急出口，斜井长 339m，距隧道进口约 4.35km，距隧道出口约 3.7km。斜井分布图如图 10-52 所示。

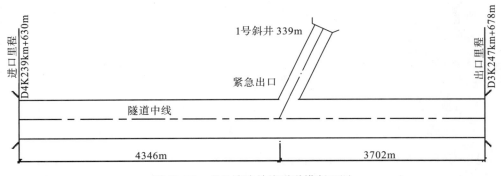

图 10-52　成兰铁路单线隧道横断面图

10.2.5　通风控烟设施设计

1. 紧急救援站通风排烟设计

（1）跃龙门—杨家坪隧道群紧急救援站。为改善紧急救援站范围内的人员疏散环境，增强逃生疏散的安全性，将隧道紧急救援站地段的平导在一般段的基础上加高约 2m，并设置隔板将平导分隔为上、下两部分，平导下部作为人员逃生避难空间，上部分隔形成专用排烟道并与 3 号横洞相接，排烟道净空尺寸为 5m（宽）×3.6m（高），并于左、右线隧道拱肩处分别设置联络烟道，并与平导上方的排烟道相接。联络烟道间距按 100m 设置，左、右线各设置 5 处联络烟道，联络烟道内径不小于 2m。为防止平导上部排烟道内火灾烟气窜入平导下部，将紧急救援站排烟道起始端封堵，末端设置一道排烟风阀。并且在平导紧急救援站起始、终止里程处下部各设一道防护门，以控制紧急救援站段平导内的

风流方向。具体设置情况如图 10-53～图 10-54 所示。

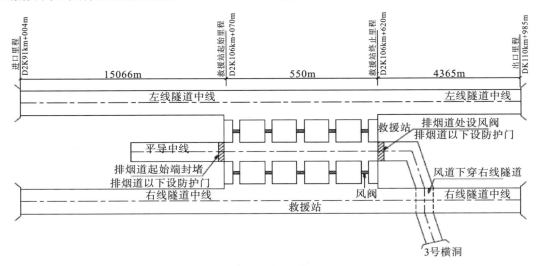

图 10-53 跃龙门—杨家坪隧道群紧急救援站排烟道设置平面示意图

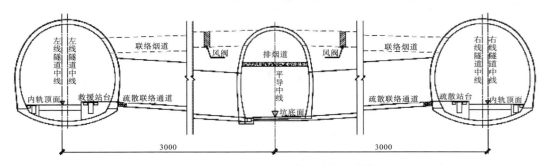

图 10-54 跃龙门—杨家坪隧道群紧急救援站排烟道横断面布置示意图

（2）平安隧道紧急救援站。右线间的拱部上方设置排烟道并与 2 号斜井相接，排烟道净空尺寸为 4.5m（宽）×4m（高），并于左、右线隧道拱顶按间距 100m 设置竖井式联络烟道与排烟道相接，左、右各设置 5 处竖井式联络烟道，其内径均不小于 2m。隧道紧急救援站排烟道及联络烟道设置情况如图 10-55 和图 10-56 所示。

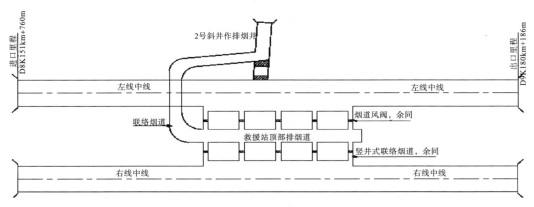

图 10-55 平安隧道紧急救援站拱部上方排烟道设置平面示意图

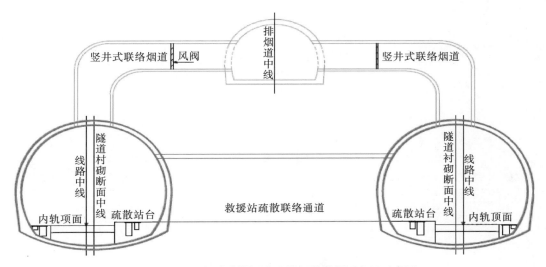

图 10-56　平安隧道救援站及排烟道横断面布置示意图

（3）云屯堡隧道救援站。为改善救援站地段的人员疏散环境，于隧道救援站地段拱顶上方约 15m 处设置一段长 430m 的排烟道，结合排烟要求并兼顾施工因素，其断面净空尺寸为 5.0m（宽）×6.0m（高）。排烟道底部与正洞拱顶间设置 6 处竖井式联络烟道，联络烟道内径均不小于 2m，并于排烟道与地表间设置 1 座排烟斜井，斜井长 652m，斜井平均坡度约 12%，断面净空尺寸为 5.0m（宽）×6.0m（高）。隧道紧急救援站地段排烟设施的具体设置情况如图 10-57 和图 10-58 所示。

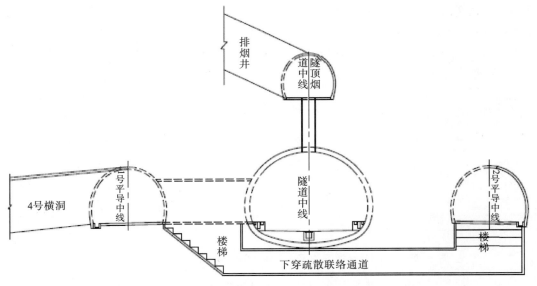

图 10-57　云屯堡隧道救援站及排烟道横断面布置示意图

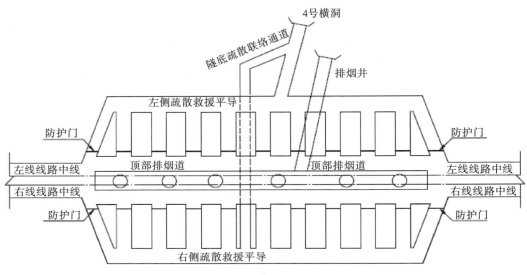

图 10-58　云屯堡隧道救援站及排烟道平面布置示意图

2. 随机停车通风排烟设计

本线成川段柿子园隧道出口段 3.4km 范围，跃龙门隧道、杨家坪隧道进口 1.5km 范围，茂县隧道、榴桐寨隧道、平安隧道、新民隧道进口 2.4km 范围均为分修隧道，分修隧道救援站之外的地段均利用横通道实现左、右线互为救援。

（1）一般双洞分修隧道。对于一般的双洞分修隧道，当列车发生火灾并于分修隧道紧急救援站之外地段随机停车时，应立即开启安全隧道内风机送风，并开启临近列车处的 3 条横通道防火门，其余防火门均应关闭，新鲜风经横通道流向火灾隧道，以确保人员面迎新鲜风向安全隧道逃生，并防止火灾烟气蔓延至安全隧道。其防灾通风方案如图 10-59 所示。

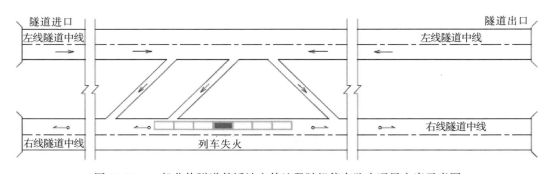

图 10-59　一般分修隧道救援站之外地段随机停车防灾通风方案示意图

（2）设平导的双洞分修隧道。对于三洞并行的分修隧道（如跃龙门隧道），隧道洞身中部的左、右线间设置平导，当列车发生火灾时，需开启列车附近处的左、右线各 3 条横通道防火门，其余防火门均应关闭，并利用 3 号横洞处的轴流风机向平导内压送新鲜风，同时开启安全隧道两端洞口风机向中部送风，新鲜风从平导流入火灾隧道，人员面迎新鲜风向平导或安全隧道内逃生疏散。其防灾通风方案如图 10-60 所示。

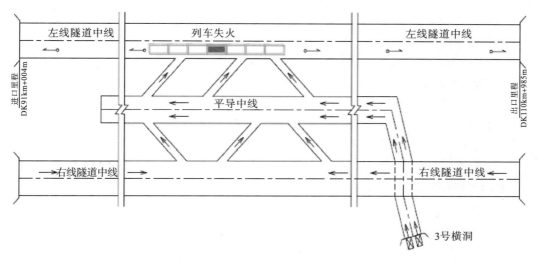

图 10-60　分修隧道救援站之外设平导地段随机停车防灾通风方案示意图

（3）防灾通风系统设置。经计算，在考虑不同自然风速（±1.5m/s 或 0m/s）条件下，各分修隧道随机停车条件下防灾通风风机数量设置如下。

柿子园隧道：左、右线出口段需设置 SLFJ-100 射流风机 8 台。

茂县隧道：左、右线各需设置 SLFJ-100 射流风机 8 台。

榴桐寨隧道：左、右线各需设置 SLFJ-100 射流风机 8 台，由于隧道长度超过 15km，根据运营通风要求，本隧道左、右线各需设置 16 台 SLFJ-100 射流风机。

新民隧道：于横通道内各设置 1 台 SLFJ-63 射流风机，共计设置 5 台。

平安隧道：左、右线各需设置 SLFJ-100 射流风机 10 台。

跃龙门隧道：左、右线各需设置 SLFJ-100 射流风机 8 台。

10.2.6　机电控制设施设计

1. 监控设施

1）紧急救援站的应急通话系统

（1）跃龙门—杨家坪隧道群紧急救援站。在救援站部分横通道进口处及平导内设置隧道应急通话终端，在紧急救援站设置手提式广播。

（2）茂县—榴桐寨隧道群紧急救援站。在紧急救援站桥面及部分疏散横通道进口处设置隧道应急通话终端，在紧急救援站设置手提式广播。

（3）平安隧道紧急救援站。在隧道左、右线的救援站部分横通道进口处设置隧道应急通话终端，在紧急救援站设置手提式广播。

（4）新民—金瓶岩隧道群紧急救援站。在解放村隧道左右两侧平导、部分横通道进口及解放村大桥紧急救援站设置隧道应急通话终端，在紧急救援站设置手提式广播。

（5）云屯堡隧道救援站。在隧道紧急救援站的部分横通道进口处设置隧道应急通话终端，在紧急救援站设置手提式广播器。

2)避难所及紧急出口的应急通话系统

在各紧急出口或避难所通道进、出口处分别设置隧道应急通话终端。另外，根据《铁路隧道防灾救援疏散工程设计规范》，在大于5km的各长大隧道内按分修隧道单侧每500m设置一个隧道应急通话终端，合修隧道两侧每500m分别设置一个隧道应急通话终端。

3)紧急救援站的视频监控系统

在本工程设置的5座隧道紧急救援站、2处避难所及13处紧急出口设视频采集点。

(1)跃龙门—杨家坪隧道群救援站。在紧急救援站横通道进口处及平导内设置摄像机。具体设置位置如图10-61所示。

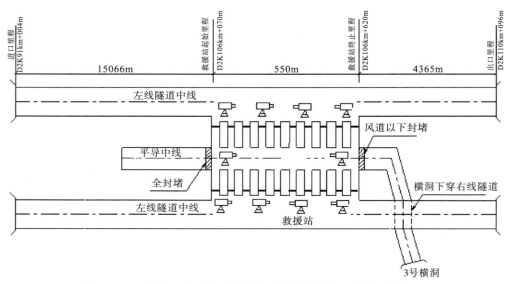

图 10-61　跃龙门—杨家坪隧道群紧急救援站视频监控终端布置图

(2)茂县—榴桐寨隧道群紧急救援站。在紧急救援站桥面及疏散横通道进口处设置摄像机。具体设置位置如图10-62所示。

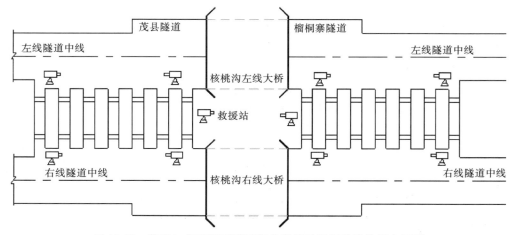

图 10-62　茂县—榴桐寨隧道群紧急救援站视频监控终端布置图

（3）平安隧道紧急救援站。在隧道左、右线的紧急救援站横通道进口处设置摄像机。具体设置位置如图 10-63 所示。

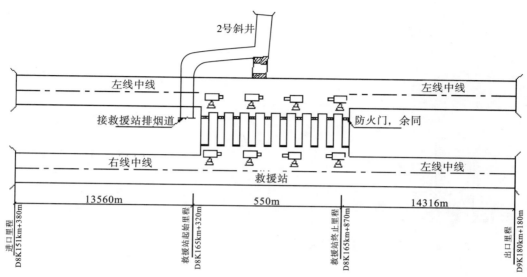

图 10-63　平安隧道救援站视频监控终端布置图

（4）新民—金瓶岩隧道群救援站。结合两隧道间明线地段解放村大桥设置紧急救援站，在解放村隧道左、右两侧平导、横通道进口及解放村大桥救援站设置摄像机。具体设置位置如图 10-64 所示。

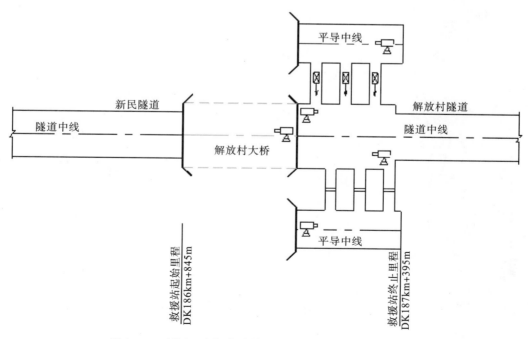

图 10-64　新民—金瓶岩隧道群救援站视频监控终端布置图

（5）云屯堡隧道救援站。在隧道救援站横通道进口、疏散救援平导处设置摄像机。具体设置位置如图 10-65 所示。

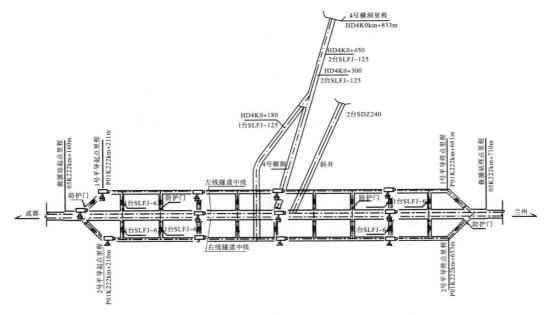

图 10-65　云屯堡隧道救援站视频监控终端布置图

4）避难所及紧急出口的视频监控系统

在各紧急出口或避难所通道进出口处分别设置摄像机。具体设置位置如图 10-66～图 10-68 所示。

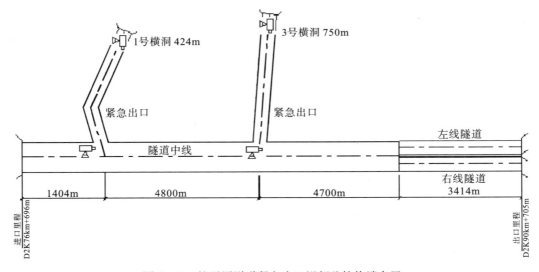

图 10-66　柿子园隧道紧急出口视频监控终端布置

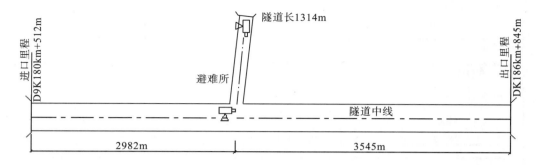

图 10-67　新民隧道避难所视频监控终端布置图

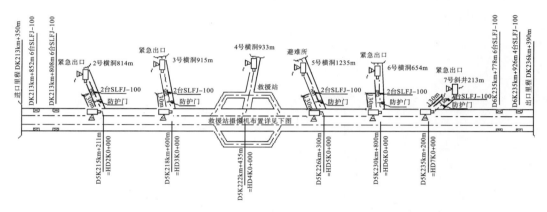

图 10-68　云屯堡隧道紧急出口及避难所视频监控终端布置图

2. 消防设施

细水雾灭火技术兼具气体灭火和水灭火的双重优点，在隧道消防中具有明显的优势。为快速有效抑制、扑灭旅客列车火灾，在跃龙门—杨家坪隧道群、平安隧道和云屯堡隧道群洞内的紧急救援站内，设置了固定式中压开式细水雾灭火系统，同时辅助设置细水雾消火栓；对茂县—榴桐寨隧道群和新民—金瓶岩隧道群位于桥上的紧急救援站设置了消火栓系统。

固定式细水雾系统覆盖整个紧急救援站，以 30m 作为一个分区进行划分，每个分区设置细水雾分区控制阀。细水雾喷头沿列车边缘布置 2 层，上层细水雾喷头水平管标高为 5m，斜向下呈 45°喷射，用于扑灭列车顶部火灾及抑制车厢内火灾向车厢外蔓延；下层细水雾喷头水平管标高为 0.2m，斜向上呈 15°喷射，用于扑灭车厢底部的火灾，布置图如图 10-69 和图 10-70 所示。

为有效利用单个细水雾喷头的保护面积，隧道两侧的细水雾喷头交叉布置。喷头间距为 2m，每个消防分区设置 64 个细水雾喷头。

细水雾消火栓系统在隧道紧急救援站两侧设置双阀双出口细水雾消火栓，交错布置，消火栓间距为 45m，每座隧道设细水雾消火栓 14 套，两座隧道总计 28 套。

紧急出口、避难所在自身附近配备 10 套消防防护装备。

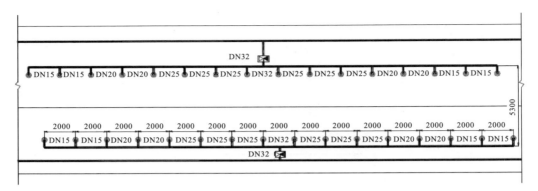

图 10-69　细水雾喷头平面布置图（单位：mm）

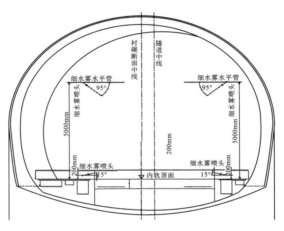

图 10-70　隧道断面细水雾喷头布置图

3. 照明设施

紧急救援站、避难所、紧急出口疏散指示照明灯具安装于距人行地面 1m 处，按间距 30m 设置；紧急救援站、避难所等逃生集中的地方，指示照明按不大于 20m 间距设置，并应安装在距地面 1m 以下的墙上和地面（紧急救援站站台）。

4. 供电设施

电力供电系统负责向防灾救援机电设备、应急及疏散照明等用电负荷及各子系统提供可靠的电源，对防灾设备按照一级负荷供电标准提供两路独立的电源，其他负荷由一路可靠电源供电。

（1）柿子园隧道。柿子园隧道在绵竹南站设 10kV 配电所，距隧道进口 31.825km；隧道出口的高川站设 35/10kV 变配电所。拟自铁路 10kV 贯通线接取电源，就近设箱式变电站供电。风机由高川变配电所提供两路 10kV 专盘专线电源供电。

（2）跃龙门—杨家坪隧道群。跃龙门—杨家坪隧道群进口端有高川 35/10kV 变配电所，出口端有茂县 35/10kV 变配电所。跃龙门隧道沿用既有由高川 35/10kV 变配电所提供两路 10kV 防灾救援通风电源，给隧道进口、救援站通风机组供电，同时延长其供电臂给 3 号横洞照明及横洞外轴流风机、风机控制、洞外给水所供电。杨家坪隧道在进、出口预留通风机组，其 2 号、4 号横洞作为紧急出口，用电设备负荷较小，且仅在救灾时使用，拟自铁路 10kV 贯通线接取电源，就近设箱式变电站供电。

（3）茂县—榴桐寨隧道群。在其进口端有茂县 35/10kV 变配电所，出口端有龙塘 35/10kV 隧道通风用配电所。整个隧道群救援通风设施由龙塘 35/10kV 通风变配电所供电。

（4）平安隧道。平安隧道进口端有龙塘 35/10kV 铁路隧道通风变配电所，出口端有太平 35/10kV 变配电所。平安隧道进口端至救援站，由龙塘 35/10kV 通风变配电所提供两路 10kV 电源，出口端由太平 35/10kV 变配电所提供 10kV 电源。太平 35/10kV 变配电所需增加两回通风馈线间隔。

（5）新民—金瓶岩隧道群。新民—金瓶岩隧道群在隧道群进口端的太平站设有 35/10kV 变配电所，隧道群出口端的镇江关站无铁路变配电所，车站用电就近接引地方电源；隧道群出口方向的松潘站设有 10kV 配电所，距隧道群出口约 33km。

（6）王登隧道。王登隧道在太平站设 35/10kV 变配电所，距隧道进口 26.212km；松潘站设 10kV 变配电所，与隧道出口相距 24.761km。鉴于通风用电负荷较小，且仅在救灾时使用电源，拟自铁路 10kV 贯通线接取电源，就近设箱式变电站供电。

（7）云屯堡隧道。云屯堡隧道群采用单洞双线合修方案，隧道左线长约 22.923km。电力初步设计在太平站设 35/10kV 变配电所，距本隧道进口约 33.287km；隧道出口的松潘站设铁路 10kV 配电所。

（8）松潘隧道。松潘隧道在松潘站设 10kV 配电所，距松潘隧道进口 2.099km；在川主寺站设 10kV 配电所（单电源），距隧道出口 9.069km。

主要参考文献

北京市设备安装工程公司. 1997. 全国通用通风管道计算表. 北京：中国建筑工业出版社.

曹正卯，杨其新，郭春. 2014. 高海拔特长铁路隧道定点防灾救援研究. 铁道标准设计，58(10)：83-88.

范磊，曾艳华，何川. 2009. 设排烟道的隧道中火灾烟气控制效果的模拟研究. 防灾减灾工程学报，02：206-212.

范维澄，孙金华，陆守香，等. 2004. 火灾风险评估方法学. 北京：科学出版社.

范维澄. 1995. 火灾学简明教程. 合肥：中国科学技术大学出版社.

郭春，王明年，赵海东. 2007. 铁路特长隧道火灾应急救援问题研究. 中国安全科学学报，17(9)：153-158.

胡隆华. 2006. 隧道火灾烟气蔓延的热物理特性研究. 北京：中国科学技术大学.

霍然，胡源，李元洲. 1999. 建筑火灾安全工程导论. 北京：中国科学技术大学出版社.

交通部重庆公路科学研究所. 2000. 公路隧道通风照明设计规范(JTJ026.1-1999). 北京：人民交通出版社.

李琦，王明年，于丽. 2015. 长大铁路隧道火灾模式下人员疏散试验研究. 中国铁道科学，36(6)：78-84.

李琦，王明年，于丽. 2015. 铁路隧道斜井式紧急出口的入口段结构参数确定. 中国铁道科学，36(5)：36-42.

王明年，田尚志，郭春，等. 2012. 公路隧道通风节能技术及地下风机房设计. 北京：人民交通出版社.

王明年，杨其新，袁雪戡，等. 2003. 公路隧道火灾情况下风压场变化的模型试验研究，23（3）：60-63.

王明年，杨其新，袁雪戡，等. 2004. 公路隧道火灾温度场的分布规律研究. 地下空间，3：317-322.

王明年，杨其新，曾艳华，等. 2002. 终南山特长公路隧道火灾模式下网络通风研究. 地下空间，22(1)：65-71.

王明年，杨其新，赵秋林，等. 2000. 秦岭终南山特长公路隧道防灾方案研究. 公路，11：87-91.

王明年，杨其新. 2002. 秦岭终南山特长公路隧道网络通风研究. 公路交通科技，4：65-68.

西南交通大学. 2014. 长大及大规模隧道群的防灾救援技术研究.

闫志国，杨其新. 2003. 秦岭特长公路隧道火灾温度场分布试验研究. 地下空间，23(6)：191-195.

闫治国，杨其新，王明年，等. 2006. 火灾工况下公路隧道竖井通风模式试验研究. 土木工程学报，39（11）：101-106.

闫治国. 2002. 长大公路隧道火灾研究. 成都：西南交通大学.

杨其新，王明年，邹金杰. 2008. 隧道火灾烟流性态的模型试验分析. 地下空间与工程学报，4(3)：569-571.

于丽，王明年，郭春. 2007. 秦岭特长公路隧道火灾温度场的数值模拟. 土木工程学报，40(6)：64-68.

于丽，王明年. 2007. 长大公路隧道火灾模式下的烟雾特性研究. 现代隧道技术，44（4）：52-55.

于丽. 2009. 终南山特长公路隧道火灾模式下通风设计和控制技术研究. 成都：西南交通大学.

中华人民共和国交通部. 2014. 公路隧道通风设计细则(JTJ/T D70/2-02-2014). 北京：人民交通出版社.

中华人民共和国行业标准. 2016. 铁路隧道防灾救援疏散工程设计规范(TB10020-2016). 北京：中国铁道出版社.

Carvel R O, Beard A N, Jowitt P W. 2001. Variation of heat release rate with forced longitudinal ventilation for vehicle fires in tunnels. Fire Safety Journal，36(6)：569-596.

Hitoshi Kurioka, Yasushi Oka, Hiroomi Satoh, et al. 2003. Fire properties in near field of square fire source with longitudinal ventilation in tunnels. Fire Safety Journal，38：319-340.

PIARC. 2005. Committee on Road Tunnels. Fire and Smoke Control in Road Tunnels.

The Society of Fire Protection Engineers. 2002. Handbook of Fire Protection Engineering. Boston：National Fire Protection Association.